高等院校法学精品课教材

税法学（第二版）

陈少英　主编

格致出版社　上海人民出版社

作者简介

陈少英，女，华东政法大学教授，中国财税法学研究会副会长、上海财税法学研究会会长。著有税法学方面的专著6部；主编《税法学教程》、《税法学案例教程》、《税法学》、《国际税法学》、《会计法学》等教材；发表相关论文100余篇，主持省部级以上课题10多项。

第二版序

税法作为国家法律的重要组成部分,在保障国家财政收入、实行宏观调控、维护经济秩序、保护纳税人合法权益、促进国际经济交往等方面具有十分重要的作用。随着我国税法的日益复杂、涉税诉讼不断增加以及公民税法风险防范意识的加强,税务机关、人民法院、人民检察院、各类企业对税法专业人才的需求越来越大。为此,许多高等院校在非经济法专业和非法学专业中也都开设了税法理论与实务这门课。

开课首先需要解决的是教材问题。近年来,税法方面的教材不断推出,就是我本人也主编出版了《税法学教程》和《税法学案例教程》,但每部教材适用的教学内容和授课对象是不同的。因此,我们从非经济法专业和非法学专业的学生对税法相关专业知识积累的程度入手,有针对性地编写了这部具有税法学课程特色的教材。

本教材着眼于市场经济对税法学的需要,以培养应用型专业人才为目标,以素质教育为基础,以能力培养为本位,注重创新意识与创新能力的培养。为此,我们努力消除以往教材概念阐述多、实际事例少,文字多、图表少,讲授内容多、操作要求少的缺陷,不但注重内容更新,而且注重体例更新,使教材成为教师精讲、学生多练的"蓝本"。

本教材在前两部教材的基础上,进一步探索和创新。在编写体例上,由税法理论、税收实体法、税收程序法三大部分组成,并以较大篇幅详尽阐释我国现行税法的具体规定。在编写内容上,以国家最新的相关法律、法规为依据,参阅国内外最新版本的相关教材,参照实际操作要求和方法,深入浅出、通俗易懂地阐述有关理论,详细讲解有关的操作方法,增强学生的感性认识,培养学生的动手能力。在编写形式上,在每个部分前面有基础铺垫、绪论等导读,每章之后有重要内容小结和思考题,并辅以大量的学术前沿、延伸拓展、实例演示、法条连接、税务博览等栏目设计,将税法理论与实务紧密地结合起来,使读者对抽象、复杂的税法产生兴趣。总之,在本教材的编写过程中,我们追求文字精炼,篇幅适中,不仅满足非经济法专业、非法学专业的本科生使用,而且可以作为各种不同专业、成人教育等的税法教材,也可作为企业经营管理人员及其税务机关工作人员熟悉和掌握税法的参考用书。

本教材由陈少英主编,负责全书的总纂和定稿。参加本教材编写的人员按照编排顺序具体分工如下:

陈少英(税法基础铺垫、第一章、第二章、第三章、第四章);戚垠川(流转税法绪论、第五章、第六章);邢新(第七章);邓瑛(第八章);沐莉敏(所得税法绪论、第九章);傅丽妹(第十章);刘一佳(其他税种法绪论、第十一章、第十二章);王圣艳(税收程序法绪论、第十三章、第十四章、第十五章)。

尽管我们在编写本教材的过程中付出了许多的努力,其间几易其稿,但书中仍难免存在疏漏和错误之处,殷盼读者予以批评、指正。

陈少英

CONTENTS 目　录

税法基础铺垫

一、税收的概念

所谓税收，就是国家为了实现其公共职能，凭借政治权力，运用法律手段，强制地、无偿地、固定地集中一部分社会产品，形成的特定分配关系。税收包括的深层涵义，下面分专题予以揭示。

（一）税收的本质

国家征税，纳税人纳税，在这一过程中，就必然产生社会产品的分配关系。分配，实际上就是解决社会产品归谁占有，归谁支配，以及占有多少，支配多少的问题。分配的结果就会发生社会产品所有权或支配权的单方面转移。这就决定了社会产品分配的实现，要依靠一定的权力。马克思说："在我们面前有两种权力：一种是财产权力，也就是所有者的权力，另一种是政治权力，即国家权力。"[①]国家对社会产品进行分配，所凭借的不外乎这两种权力。凭借财产权力进行的分配，是社会再生产中的一般分配。比如，在奴隶社会，奴隶主凭借占有生产资料和奴隶本身，占有奴隶的全部劳动成果；在封建社会，地主凭借占有土地，向农民收取地租，占有农民的剩余劳动；在资本主义社会，资本家凭借占有的生产资料，占有工人创造的剩余价值；在我国，国家凭借生产资料所有权，向国有企业收取利润。税收不同于这种一般的分配形式，它是一种特殊的分配形式，其所以特殊，就在于税收是凭借国家的政治权力，而不是凭据财产权力来实现分配。国家通过制定法律征税，纳税人必须依法纳税，不依法纳税就对其实行法律制裁。总之，税收是国家凭借政治权力实现的一种特殊的分配关系。

---

① 《马克思恩格斯选集》第1卷，人民出版社1972年版，第170页。

(二) 税收的特征

税收上述内在的本质属性,通过税收的形式特征,即强制性、无偿性和固定性,外在而清晰地表现出来。

税收的强制性,是指税收分配关系一般以法律形式规定下来,国家实行依法征税,而非纳税人自愿缴税。纳税人只要发生了税法规定的应税行为,就必须依法履行纳税义务,违反者要受到法律的制裁。税收的强制性,在封建社会更多地表现为暴力强征关系;现代国家的税收强制性则突出体现为法律的约束性。

税收的无偿性包含两层意思:一是指在征税过程中,国家无需向纳税人支付任何报酬,不同于集贸市场上一手交钱、一手交货的等价交易关系;二是指国家征税之后,税款即成为国家的收入,不再直接退还给纳税人本人,即国家和单个纳税人之间不存在完全的利益对等关系。应该指出的是,税收无偿性只是就税收征纳过程而言,并不排斥在一定社会条件下,税收与公民整体利益的对等交换。

税收的固定性,是指在国家征税之前,一般都预先规定征税对象、征税数额及征税时间等,即国家通过税法,把对什么征税、征多少税,以及如何征税等情况都清楚地告知纳税人,并将其作为征纳双方共同遵守的标准,既不可模棱两可,也不能随意伸缩,以保证税务机关不多征、不滥征和纳税人不少纳、不滞纳。

(三) 税收的职能

税收职能是指税收这种分配关系本身所固有的功能和职责,是税收的一种长期固定的属性,它是客观存在,并不以人的意志为转移。一般地讲,税收有三种职能。

1. 组织财政收入的职能——财政职能

税收作为国家取得财政收入的重要工具,可以把分散在各个纳税人手中的一部分国民收入,集中到国家财政,用以满足国家行使职能的需要。组织财政收入是税收的基本职能。从税收的产生原因来看,首先就是为了集中收入来满足国家的需要,故国家财政的需要,产生了税收。在各种不同的社会制度下,在不同的国家里,税收都在财政收入中占有重要地位。

2. 调节经济的职能——经济职能

税收调节经济的职能是税收组织财政收入职能派生的。国家征税取得财政收入,必然同时改变了社会财富的原有分配状况,包括社会财富在不同经济领域之间的分配,在不同生产部门之间的分配,在不同的纳税人之间的分配,以及在不同的地区之间的分配等。这样,就必然会对经济情况产生某种影响。国家就是通过这种影响,来实现它的一定政策,达到一定的政治经济目的。国家按照自己的意志,通过税收的一征一免,多征少征,调节纳税人的经济利益,就会直接影响经济。税收本身具有的这种调节经济的职能,使税收成为国家手中的重要经济杠杆。

3. 反映与监督的职能——监督职能

税收反映与监督的职能也是税收的财政职能所派生的。国家在征税的过程中,通过税收的征收管理,反映有关的经济动态,从而为国民经济管理提供信息。在国民经济活动中,企业可提供很多方面的信息,税收所提供的信息是十分重要的一方面。通过日常的征收管理,可以对企业的经营活动进行监督,看其是否遵守财政纪律和税收制度。这种监督保证了税收作用的实现,它是实现税收财政职能和经济职能的必要条件。税收还可以对非法经营活动和经济领域里的犯罪活动进行打击,保证经济的健康发展。

二、税收的根据

税收的根据,即税收产生、存在和发展的客观基础。

(一)税收产生的客观基础

税收不是自古以来就有的。恩格斯曾经指出:“捐税是以前的氏族社会完全没有的。”①原始社会初期,生产力极端低下,社会产品除了维持社会成员生存外很少有剩余,社会产品没有剩余,就没有私有财产,没有阶级和国家,因而也就没有税收。到了原始社会末期,随着生产力的发展和剩余产品的增多,出现了社会分工,同时也出现了分配上的差别和私有财产,从而出现了经济上相互对立的阶级以及代表统治阶级利益的国家。国家一旦出现,“为了维持这种公共权力,就需要公民缴纳费用——捐税。”②由此可见,私有财产的出现和国家的产生是税收产生的根本原因。

(二)税收存在的客观基础

国家为了维持其存在和实现其职能,必须消耗一定的物质财富,因而就必然需要通过一定的途径、采取一定的方式取得财政收入。在阶级社会早期,通过战争掠夺别国的财产,通过国有土地收取地租,通过国民的捐献或赠予得到一部分资金。但是随着国家的发展,以往的筹资手段已不能满足国家经常性支出的需要和执行社会公共职能的需要,于是国家开始征税。马克思指出:“国家存在的经济体现就是捐税。”③“捐税体现着表现在经济上的国家存在。官吏和僧侣、士兵和女舞蹈家、教师和警察、希腊

①② 《马克思恩格斯选集》第4卷,人民出版社1972年版,第167页。
③ 《马克思恩格斯选集》第1卷,人民出版社1972年版,第181页。

式的博物馆和哥特式的尖塔、王室费用和官阶表这一切童话般的存在物于胚胎时期就已安睡在一个共同的种子——捐税之中了。"①

(三)税收发展的客观基础

随着经济和社会的发展,国家的职能越来越多元化。从一定意义上说,国家的职能已经远远不限于过去的政治职能、军事职能,而越来越强调其经济职能和社会职能。在市场经济条件下,现代国家的职能就是提供公共物品②。公共物品具有与私人物品完全不同的特征:即效用的不可分割性、消费的不排他性和受益的不可阻止性。③这就决定了公共物品或者是私人主体无法提供,或者是以营利为目的的私人主体不愿提供,因此,只能由国家或代表国家的政府来提供。国家提供私人主体需要的公共物品,就必须拥有大量的资金,但国家原则上不从事财富生产和交换活动,故只能从私人主体那里获取资金,形成国家的财政收入。在财政收入中,比例最大的就是税收收入。

除税收外,国家还可以通过增发货币、举借公债、收费、罚款等多种形式取得财政收入。与这些形式相比,税收更为可取。税收是社会财富从私人经济领域向公共经济领域的转移,仅是一种购买力的转移,不会像增发货币那样凭空扩大社会购买力,引起通货膨胀;税收在征收时不存在直接的交换关系,不会像发行国债那样存在还本付息的财政压力;税收是强制征收的,国家可以制定法律向其管辖范围内的纳税人课征税款,同收费、罚款等获取财政收入的手段相比,不仅更具有可操作性,而且更能使国家稳定地获取大量的财政收入。因而在各种可供选择的财政收入形式中,税收作为最佳形式,备受推崇。目前,税收已经成为世界各国政府提供公共物品的最主要的资金来源。在绝大多数国家,税收收入一般均已占财政收入的80%以上。其中,在许多发达国家,税收收入已经占财政收入总额的90%以上④;我国的这个比例已经达到95%左右。

三、税收的分类

税收的分类亦即税收体系的构成方式,一国现行的税收体系是由该国现行的税种

① 《马克思恩格斯选集》第1卷,人民出版社1972年版,第181页。

② 公共物品是用来满足人们的公共需求的东西。既包括如国防、外交、宇宙空间探索、公安司法、环境保护、货币稳定等纯公共物品,也包括教育、医疗等准公共物品。

③ 私人物品的产权是明确的,具有独占性、排他性和可转让性等特点,从而使私人物品的消费也具有了排他性和可分割性。

④ 在日本占91%;在英国占96%;在美国占98%。见郝如玉、王国华编著:《中国新税制》,经济科学出版社1994年版,第2页。

构成的。税收体系就是由各个税种构成的内在和谐、统一的整体。国内外学者依据不同的标准对税种作了多种分类,现根据我国的税制①对各种分类作一简介:

(一)按照征税对象分类

依据征税对象的不同,税收可以分为商品税、所得税和财产税。在我国一般分为5大类,即流转税、所得税、财产税、资源税和行为税。这是税收的最重要、最基本的分类方法。

1. 流转税

流转税是指以纳税人的商品流转额和非商品流转额为征收对象的一类税收。具体是根据商品交换和提供劳务收费的流转额进行征收,即它的经济前提是商品交换和劳务收费。征税是在商品销售和劳务收费之后进行的,征税的依据主要是商品的价格和劳务收费标准,税额即作为商品价格和劳务收费标准的组成部分。我国目前的流转税有:增值税、消费税、营业税、关税,以及即将开征的证券交易税。

2. 所得税

所得税是指根据纳税人的所得额(收益额)征收的一类税收。我国现行的所得税有:企业所得税、个人所得税,以及将要开征的社会保障税。

3. 财产税

财产税是指以纳税人所拥有或支配的财产为征税对象的一类税收。我国现行的财产税有:房产税、契税、土地增值税、车船税,以及将要开征遗产赠予税。

4. 资源税

从理论上讲,广义的资源税是对物质资料生产过程中或社会总产值创造过程中的自然力和自然资料征税。但广义的资源税,无论是税制设计,还是具体操作都非常困难。狭义的资源税是对土地、矿藏、水流、草原、森林等现代人类正在进行开发利用的各种自然资源征税。我国取狭义的资源税,包括资源税、耕地占用税、土地使用税。随着税收在生态环境保护中的作用越来越大,资源税的征收范围也将不断扩大。

5. 行为税

行为税是指以纳税人的某些特定行为为征收对象的一类税收。我国现行的行为税有:印花税、固定资产投资方向调节税、车辆购置税、城市维护建设税、筵席税。

---

① 经济意义上理解的税制同对税收体系的认识是一致的,因为从经济角度看,"税收制度是由各个税种构成的税收调节体系,它说明一国税制主要有哪些税种构成,哪些税种是主要税种和辅助税种及其调节方向和构成情况,因而也被称为税制结构"。参见董庆铮主编:《外国税制》,中国财政经济出版社1993年版,第2页。

上述分类之所以重要,是因为征税对象是税制的核心要素,是区分不同税种的主要标准,据此便于揭示和把握各税种的特征,同时,也便于发挥各税种的不同作用。

(二) 按照计税依据分类

按照计税依据分类可分为从价税和从量税。

从价税是指以征税对象的价格为依据,按一定比例计征的税种。如增值税、营业税、关税。从价税直接受价格变动影响,有利于体现国家的经济政策。

从量税是指以征税对象的数量(重量、面积、件数)为依据,规定固定税额计征的税种。如资源税、车船税、土地使用税。从量税不受征税对象价格变动的影响,计算简便,税负水平较为固定。

(三) 按照税收管理权和税收收入归属分类

依据税收管理权和税收收入归属的不同,税收可分为中央税、地方税、中央和地方共享税。凡由国家最高权力机关或经其授权的机关进行税收立法,且税收管理权和收入支配权归属于中央政府的税收为中央税,简称国税;凡由地方权力机关通过立法决定征收,且税收管理权和收入支配权归属于地方政府的税收为地方税,简称地税;由中央政府和地方政府按分成比例共同享有税收收入的税种称为中央与地方共享税,简称共享税。

(四) 按照税负是否转嫁分类

依据税负能否转嫁,税收可以分为直接税和间接税。

直接税是税负不能转嫁于他人,需由纳税人直接承担税负的税种,如各类所得税和一般财产税。直接税中纳税人和负税人是一致的。

间接税是可以将税负转嫁给他人,纳税人只是间接承担税负的税种,如增值税、消费税等流转税。间接税中纳税人和负税人不一致,纳税人只是法律意义上的纳税人,负税人是经济意义上的纳税人。

(五) 按照税收与价格的关系分类

依据税收与价格的关系,税收可分为价内税和价外税。价内税是征税对象的价格中包含有税款的税,如我国现行的消费税;价外税是税款独立于征税对象的价格之外的税,如增值税。

价内税的税款是作为征税对象的商品或劳务的价格的有机组成部分,该税款需随商品交换价值的实现方可收回,并且,随着商品的流转会出现“税上加税”的重复征税问题。而价外税比价内税更容易转嫁,且一般不存在重复征税问题。

第一章 税法概述

【学习目的】

学习税法必须从一些基本前提开始，本章要求掌握的相关理论包括税法的概念、特征、性质、地位、体系及其基本原则等内容。

第一节 税法概念的界定

税法就是国家权力机关及其授权的行政机关制定的调整税收关系的法律规范的总称。为了充分理解税法的概念，我们应正确把握这一概念所包含的基本内容。

一、税法的调整对象

税法的调整对象是税收关系，即有关税收活动的各种社会关系的总和。为了便于对税收关系形成直观的认识，按照是否属于税收征纳关系为标准，可以将税收关系简单地分为税收征纳关系和其他税收关系。税收征纳关系是指代表国家的征税机关与负有纳税义务的单位和个人之间因征税、纳税而发生的社会关系。狭义的税收关系就是指税收征纳关系。税收征纳关系还可进一步分为税收征纳实体关系和税收征纳程序关系。其他税收关系是指除税收征纳关系以外的税收关系，主要是指纳税人与国家之间的关系，相关国家机关之间在税法的制定及解释权、税种开征与停征决定权、税率调整与税目增减决定权、减免税决定权和税收监督权等方面的权限划分关系（在这一关系中，一般不直接涉及纳税主体一方），纳税主体、征税机关和相关国家机关之间发生的税收救济关系，还包括主权国家之间发生的国际税收权益分配关系等税收关系。在税收关系中，税收征纳关系居于主导地位，是税法最主要的调整对象。其他税收关系在税法调整对象体系中居于次要、从属的地位，但仍然是广义的税收关系不可分割的有机组成部分。

税收关系的具体划分直接影响着税法体系的结构，也影响着对税法概念的认识。

二、税法的特征

由于税法调整对象的特殊性，因而具有区别于其他部门法的本质特点，深入研究税法的特征有助于加深对税法概念的理解。

（一）税法的规制性

税法的规制性特征体现在，有税必有法，税收与税法密不可分。国家一般按单个税种立法，作为征税时具体的、可操作性的法律依据；税法能够把积极的鼓励、保护与消极的限制、禁止相结合，审时度势，灵活规制，以实现预期的经济、社会和法律目标。

（二）税法的综合性

税法是由实体法、程序法、争讼法等构成的综合法律体系，其内容涉及课税的基本原则、征纳双方的权利义务、税务管理规则、法律责任、解决税务争议的法律规范等，包括立法、行政执法、司法各个方面。其结构大致有宪法加税收法典，宪法加税收基本法加税收单行法律、法规，宪法加税收单行法律、法规等不同的类型。税法具有综合性，是保证国家正确行使课税权力，有效实施税务管理，确保依法足额取得财政收入，保障纳税人合法权利，建立合作信赖的税收征纳关系的需要，也表明税法在国家法律体系中的重要地位。

（三）税法的技术性

由于税法的规定既要确保税收收入，又要与私法的秩序相协调；既要尽量减少对经济的不良影响，又要体现出适度的调控，因而税法具有较强的技术性。这种技术性，一是体现在税收实体法中，税法构成要素的设计上；二是表现在税收程序法中，在税务登记制度、发票制度和管辖制度等方面。[①]

---

① 刘剑文、魏建国："新《征管法》在我国税法学上的意义"，载《税务研究》2001年第9期。

(四)税法的经济性

税法的经济性特征体现在:

(1)税法作用于市场经济,直接调整经济领域的特定经济关系,即税收关系。税法的适度调整有助于弥补市场缺陷,节约交易成本,提高经济效益。

(2)税法能反映经济规律,从而能够引导市场主体从事经济合理的市场行为,不断解决效率与公平的矛盾。

(3)税法是对经济政策的法律化,它通过保障税收杠杆的有效利用,能够引导经济主体趋利避害。

三、税法的性质

大陆法系国家将法律划分为公法和私法的传统做法,最早源于罗马法。到了19世纪,在西欧大陆广泛开展的法典编纂和法律改革中,公私法之分被普遍应用,并成为法律教育和法学研究的基础。进入20世纪后,公法私法化、私法公法化趋势日益明显,但公法和私法之分仍然是大陆法系的基本分类。对公法、私法的划分标准,学术界并没有取得一致认识。概括起来,大致有以下标准:

1. 主体说。以参与法律关系主体为划分标准,认为在法律所调整的法律关系中,主体双方或一方为国家或国家所属的公共团体者为公法,主体双方都是私人的为私法。

2. 权力说。主张公私法划分的标准在于法律关系上的差别。认为凡规定国家与公民之间的权力服从关系的是公法,凡规定公民之间的权利对等关系的是私法。

3. 利益说。利益说又称目的说,该说以法律保护的利益不同而进行公私法划分。认为凡以保护国家公益为目的的法律为公法,凡以保护私人利益为目的的法律为私法。

实际上,通过单一的标准划分公私法是比较困难的,应该综合多重标准进行划分。税法是调整税收关系的法律部门。在税收法律关系主体中,至少有一方是国家或者代表国家行使税收方面权力的机关,同时,税法的主要目的是为了维护国家税收利益的实现,而税收利益是一种公共利益,因此,税法的性质应属于公法。但与宪法、行政法、刑法等典型公法相比,税法仍有其特殊性。随着税收是一种"公法之债"观念的产生,人们对税法的认识发生了转变。在近现代公法私法化、私法公法化的大背景下,税法也呈现出强烈的私法化趋势,是带有浓厚私法色彩的公法。

第二节 税法的地位

税法的地位,通常是指税法在法律体系中是否具有不可替代的独立存在的理论和价值。而税法在法律体系中是否具有自己独立的地位,取决于它是否能够成为一个独立的法律部门。税法并非按传统的调整对象标准而划分出的单独部门法,而是一个综合领域。税法的独特调整对象决定了税法在整个法律体系中的独特地位。在现代各国法律体系中税法的重要地位已人尽皆知。在我国,税法是经济法的重要部门法,在经济法的宏观调控法中居于重要地位。下面我们通过分析税法与其他部门法的关系以明确税法在整个法律体系中的地位。

一、税法与宪法的关系

宪法是一个国家的根本大法。宪法中关于公民纳税义务的规定,国家享有征税权的规定,国家机关之间税收权限的划分等规定,是制定税法的重要基础。因此,税法的内容不得与宪法相抵触,税法的执行也不得违宪。世界上无论是联邦制国家,还是单一制国家,都将有关税收的规定列为宪法文件的重要内容。此外,税法的基本原则——税收法定主义,只有在宪法中予以体现,才能真正确立其地位,并进而推进税收法治。同时,现代税法价值、税法意识也和宪法价值、宪法意识密切相关。现代税法还必须体现宪法中的保障公平和正义、提高经济效益、增进社会福利的基本精神。

二、税法与行政法的关系

税法与行政法的关系相当密切,这种关系的主要表现是税法具有行政法的一般特征。税法的执行主体主要是行政机关,税收征管、税收行政复议、税收行政诉讼和税收行政赔偿的基本原理和基本制度与一般行政法并无二致。尽管如此,税法与行政法仍有较大区别,尤其在调整对象、宗旨、职能、法域等方面。

三、税法与经济法的关系

税法与经济法的联系甚为密切。目前在我国法学界有两种观点。比较流行的观点认为,税法作为经济法体系中的一个重要组成部分,其在宗旨、本质、调整方式等许多方面与经济法的整体都是一致的。但同时,税法作为经济法的一个具体部门法,在调整对象、特征、体系等许多方面又有其特殊性。因此,经济法与税法是共性与个性、整体与部分、普遍性与特殊性的关系。①另一种观点认为,税法并不必然构成经济法的组成部分,但由于近年来把税收作为经济政策手段的趋势日益增强,这样使得税法和经济法有重叠之处。通过考察税法和经济法的发展史,以及它们的特征、价值和基本制度,税法和经济法还是有区别的。②笔者赞成后一种观点。

四、税法与民法的关系

税法与民法的区别是明显的,前者属于公法,后者属于私法。但二者同样存在密切的联系,主要表现在税法大量借用了民法的概念、规则、原则和制度。第一,税法借用了民法的概念。例如,税法中对于纳税人的确定,必须以民法中关于民事法律关系主体的条件为依据,税法对自然人和法人的解释与确定必须与民法相一致;税法中经常使用的居民、企业、财产、固定资产、无形资产、商标权、专利权、代理、抵押、担保、赔偿、不可抗力等概念都来自民法。第二,税法借用了民法的规则。例如,民法规定法人以其所有的财产或者以国家授予其经营的财产承担民事责任,自然人以个人或家庭财产承担民事责任,对于纳税责任也同样适用;再如,税法中规定对遗产征税应与民法中关于财产所有权的规定相一致,对产权使用和转让收益征税时,纳税人的确定也必须与民法中有关知识产权的规定相一致;此外,税法中纳税人与纳税担保人、纳税人与税务代理人之间的法律关系具有民事法律关系的性质,民法中规定的“代理”是税法履行的一个具体方面等。第三,税法借用了民法的原则,如民法中诚实信用原则在税法中的适用。第四,税法借用了民法的具体制度。在税收债务关系说被普遍认同的情况下,税法的具体制度,尤其是税收实体法律制度借鉴了民法债法的具体制度。

五、税法与社会法的关系

税法与社会法是平行并列的两个部门法,二者有着明显的区别。但由于税法直接关系到社会产品分配的公平问题,具有一定的社会性,因而与社会法的关系又十分密

① 张守文:《税法原理》(第2版),北京大学出版社2001年版,第27页。
② 刘剑文主编:《税法学》,人民出版社2003年版,第25页。

切。税法通过所得税、社会保障税、遗产赠予税等来实现社会公平正义的目标。在这种意义上，税法和社会法一样，都是实现社会政策目标的重要工具。

六、税法与刑法的关系

税法与刑法属于不同的法律部门，其区别是显见的。但二者都是侵权性规范，都属于可以影响国民财产权利的公法，因而二者在法理方面有许多共通之处。此外，由于严重违反税法的行为构成犯罪，涉税犯罪是刑法调整的犯罪种类之一，对涉税犯罪的制裁是保障国家债权实现的主要方式，因而形式意义上的税法中规定的犯罪作为附属刑法构成整个刑法的组成部分。由此看来，税法和刑法也具有密切的关系。

七、税法与国际法的关系

税法原本是国内法，是没有超越国家权力的约束力的。然而，随着国际交往的加深，各国的经济活动日益国际化，税法与国际法的联系越来越密切，并且在某些方面出现交叉。在跨国经济活动中，为避免因税收管辖权的重叠而出现国际双重征税，国与国之间形成了一系列双边或多边税收协定、国际税收公约。这些协定或公约是国际法的重要组成部分。换一个角度看，被一个国家承认的国际税法也应是这个国家税法的组成部分。所以，税法与国际法的关系是互相补充，互相配合的。

第三节 税法的体系

税法体系是指一个国家各类税收法律规范有机联系所构成的协调统一的整体。因此，在了解税法体系之前，应首先了解一下税收法律规范的各种具体表现形式，即税法的渊源。

一、税法的渊源

法的渊源是指法的各种具体表现形式，具体讲是指国家机关制定或认可的具有不

同法律效力或法律地位的各种法律类别,如宪法、法律法规、条例、章程、习惯、判例等。我国现行税法的渊源有:

(一)宪法

宪法规定了国家的根本制度和根本任务,是国家的根本大法,具有最高的法律效力,是税法最重要的法律依据。我国宪法概括性强、容量小,宪法中直接涉及税收的第56条规定:"中华人民共和国公民有依照法律纳税的义务。"这就规定了公民对国家的纳税义务,同时也表明了非依照法律规定,不得使公民增加纳税负担或减少纳税义务。由此,如果征税机关擅自决定对某些纳税人加收或减免税款,则其决定属于违宪。因此,宪法是税法的重要渊源。但从长远看,应通过修改宪法,增设直接与税收有关的条款,加强宪法对税法的指导,提高税法的法律地位。

(二)法律和有关规范性文件

这里的法律是指狭义上的法律。根据我国宪法的规定,法律包括全国人民代表大会制定的基本法律,以及全国人大常委会制定的基本法律以外的其他法律。法律在规范性文件体系中的地位,仅次于宪法。全国人大及其常委会作出的规范性的决议、决定,同全国人大及其常委会制定的法律具有同等的法律效力。上述规范性文件如果涉及税收的规定,就构成税法的渊源,如《中华人民共和国个人所得税法》等。根据税收法定主义的要求,税法渊源的主体应该是法律。

(三)行政法规和有关规范性文件

国务院是我国最高国家权力机关的执行机关,是最高国家行政机关。国务院制定的各种法规即为行政法规,其数量远远多于法律,其地位仅次于宪法和法律,是税法的重要渊源。国务院发布的涉及税收的规范性的决定和命令,同行政法规具有同等的法律效力,也属于税法的渊源,如《国务院关于加强依法治税严格税收管理权限的通知》、《国务院关于地方税务机构管理体制问题的通知》等。

按照税收法定主义的要求,对人民设定纳税义务的事项,原则上均应以法律规定。但税法所规范对象的实际活动,极为错综复杂且频繁变化,而法律多数为原则性规定,且受立法技术的限制,不可能做到完全周延,因此完全以法律形式对税收活动进行规定,是比较困难的。所以,一方面,由国务院制定颁布的专门性税收行政法规,在我国经济体制改革过程中,其过渡性作用是不可缺少的,在税法发展过程中具有重要的地位和作用;另一方面,这些行政法规的效力低于税收法律,缺乏应有的权威性、规范性和稳定性，采取这种形式也仅仅是过渡性的，今后应尽早上升为正式法律的形式。

（四）部委规章和有关规范性文件

这里所指的部委主要是财政部、国家税务总局。它们单独或联合发布了大量的有关税收的规章和规范性的命令、指示，如财政部发布的《一般消费税和一般增值税退付申报和审批办法》、《税务代理试行办法》等，国家税务总局发布的《税务稽查案件复查暂行办法》、《税务登记管理办法》、《税务行政处罚听证程序实施办法》（试行）、《发票管理办法》等。两部门联合或与其他部门联合发布的《外国公司船舶运输收入征税办法》、《邮寄纳税申报办法》等，也构成税法的渊源。

（五）地方性法规、地方政府规章和有关规范性文件

省、自治区、直辖市以及省级人民政府所在地的市和经国务院批准的较大的市的人民代表大会及其常委会可以制定地方性法规，人民政府可以制定规章。除地方性法规、规章外，地方各级国家权力机关及其常设机关、执行机关制定的决定、命令和决议，凡属规范性者，也属于法的渊源之列。根据法律规定，中央税、中央地方共享税以及地方税的立法权都集中在中央。但地方可以依据本地实际情况，制定一些只适用于本地区的税收征管规范，如青海省政府发布的《青海省契税征收管理办法》、江苏省政府发布的《江苏省普通发票管理办法》等。另外，筵席税的管理权限已下放到地方，地方国家机关有权对有关问题制定地方性法规或其他规范性文件。

（六）条约

我国同外国缔结或我国加入并生效的条约虽然不属于我国国内法的范畴，但根据“条约必须遵守”的国际惯例，条约对各缔约国的国家机关和公民都具有法律上的约束力，也属于我国的法的渊源。在国际税收条约中，主要是关于避免所得双重征税和防止偷税、漏税的协定，为防止重复征税而签订的双边或多边的税收协定占重要地位。我国从 1981 年初就开始同有关国家谈判签订国际税收协定，这些税收协定构成我国税法的渊源。

（七）法律解释

法律解释，是指有权机关就法律规范在具体适用的过程中，为进一步明确界限

或进一步补充,以及如何具体运用所作出的解释,即有权解释。有权解释包括立法解释、司法解释、行政解释和地方解释。全国人大常委会、国务院及财政部和国家税务总局、地方有权立法机关和行政机关就税法作出的解释具有规范性,构成税法的正式渊源,在税法渊源体系中,起补充作用。法律解释在我国税收立法中常见的表现形式有施行细则和实施细则、办法、通知、批复等,数量庞大。这些解释性规定主要是就税收业务问题的具体立法或者对实践中发现的问题作出解释。如《中华人民共和国税收征收管理法实施细则》、《财政部、国家税务总局关于对福利企业、学校办企业征税问题的通知》、《关于增值税会计处理的规定》等。

税法除以上正式渊源以外,还有非正式渊源。在我国,税法的非正式渊源主要是指判例、习惯、税收通告和一般法律原则或者法理。与正式渊源不同,税法的非正式渊源不能作为税收执法和司法的直接依据,但也具有一定的参考价值。

【图形表示】

★ 宪法
(全国人民代表大会制定)
↓
★ 税收法律
(全国人民代表大会及其常委会制定)
税收实体法:《中华人民共和国企业所得税法》、《中华人民共和国个人所得税法》;税收程序法:《中华人民共和国税收征管法》
↓
★ 税收行政法规
(国务院制定)
税收实体法除以上列举的由全国人民代表大会及其常委会制定的税收法律以外,其余均为国务院制定的税收行政法规
↓
★ 部委规章
(主要是财政部、国家税务总局制定)
↓
★ 地方性税收法规、规章
(地方人民代表大会可以制定地方性税收法规,地方人民政府可以制定规章)

二、我国的税法体系

按照对税收法律规范进行分类的标准，一个国家的税法体系可以有多种构成方式，而我国税法体系的具体结构取决于税法的调整对象。依据前述对税法调整对象的认识，税法调整的税收关系可以分为税收权限关系和税收征纳关系，税收征纳关系又可以分为税收征纳实体关系和税收征纳程序关系。由此而知，税法体系在结构上包括税收权限法、税收实体法和税收程序法。在税法体系的各个组成部分中，税收权限法是规定有关税收权力的分配的法律规范的总称，它在税法体系中居于基础和主导地位，没有税收权限法就不可能有税收征纳法。税收征纳实体法作为规定征纳双方实体权利义务的法律规范的集合，在税法体系中居于主体地位。税收征纳程序法作为规定税收征管程序及相关主体程序权利义务的法律规范的集合，对于保障税法主体的实体权利的实现具有重要意义，在税法体系中居于保障地位。由于我国目前的税收权限法只有国务院制定的《关于实行分税制财政管理体制的决定》，因此，税法体系中主要是税收实体法和税收程序法。现简要介绍如下：

（一）税收实体法

我国税收实体法的内容包括流转税法、所得税法、财产税法、行为税法。

1. 流转税法

流转税法是指调整以流转额为征税对象的税收关系的法律规范的总称。在流转税法中，包括《中华人民共和国增值税暂行条例》、《中华人民共和国消费税暂行条例》、《中华人民共和国营业税暂行条例》及其实施细则以及《中华人民共和国海关进出口税则》、《中华人民共和国出口关税条例》、《中华人民共和国海关法》的有关规定等。

2. 所得税法

所得税法是指调整所得税之税收关系的法律规范的总称。在所得税法中，包括《中华人民共和国企业所得税法》、《中华人民共和国个人所得税法》及其实施细则。

3. 财产税法

财产税法是指调整财产税关系的法律规范的总称。在财产税法中，包括《中华人民共和国资源税暂行条例》、《中华人民共和国房产税暂行条例》、《中华人民共和国契税暂行条例》、《中华人民共和国耕地占用税暂行条例》、《中华人民共和国土地使用税暂行条例》、《中华人民共和国土地增值税暂行条例》、《中华人民共和国车船税暂行条例》及其实施细则。

4. 行为税法

行为税法是指调整行为税关系的法律规范的总称。在行为税法中,包括《中华人民共和国印花税暂行条例》、《中华人民共和国固定资产投资方向调节税暂行条例》、《中华人民共和国城市维护建设税暂行条例》、《中华人民共和国车辆购置税暂行条例》、《中华人民共和国筵席税暂行条例》及其实施细则等。

(二) 税收程序法

我国税收程序法的主要内容包括税收征管法、税收处罚法和税收救济法。

1. 税收征管法

税收征管法是规定税务机关税收征管和纳税程序方面的法律规范的总称。我国现行的税收征管法是1992年颁布的《中华人民共和国税收征收管理法》(1995年2月、2001年4月先后两次修订)及《中华人民共和国税收征收管理法实施细则》。

2. 税收处罚法

税收处罚法是与税收处罚的原则、设定、实施等有关的法律规范的总和。目前我国税收处罚法包括:(1)《中华人民共和国税收征收管理法》及《中华人民共和国税收征收管理法实施细则》的有关规定;(2)国家税务总局《税务登记管理办法》(2003年12月17日公布)的有关规定;(3)《中华人民共和国发票管理办法》(财政部1993年12月12日公布)及《中华人民共和国发票管理办法实施细则》(国家税务总局1993年12月28日发布)的有关规定;(4)《关于惩治偷税、抗税犯罪的补充规定》(1992年9月4日第七届全国人大常委会27次会议通过);(5)《关于惩治虚开、伪造和非法出售增值税专用发票犯罪的决定》(1995年10月30日第八届全国人大常委会16次会议通过);(6)《中华人民共和国行政处罚法》(1996年3月17日第八届全国人大第4次会议);(7)《中华人民共和国海关法》的有关规定;(8)《中华人民共和国刑法》(1997年修订)的有关规定等。

3. 税收救济法

税收救济法是有关国家机关解决税务争议所应遵循的原则、途径、方法和程序等法律规范的总称。目前我国税收救济法包括:《中华人民共和国行政诉讼法》(1989年4月4日第七届全国人大第二次会议通过);《中华人民共和国国家赔偿法》(1994年5月12日第八届全国人大常委会第七次会议通过);《中华人民共和国税收征收管理法》的有关规定;《中华人民共和国行政复议法》(1999年4月29日第九届全国人大常委会第九次会议审议通过)及《税务行政复议规则(试行)》(1999年9月23日国家税务总局发布)。

第四节 税法的原则

一、税收法定主义原则

在现代西方税法理论中,税收法定主义系指“税收的课征事项,均应以法律明确地规定它,若无法律的规定,国家不得向人民课税,人民亦不能负纳税义务”。①

【税务博览】

在古代,征税权属于君权的作用范围,税收的课征和减免,均以君主的命令为依据。例如,英国在公元七世纪形成封建制度后,国王可以任意向领主、臣民征收款项,增加赋税。封建制度末期,人民对贵族及僧侣阶级的免税特权、对过重的人头税及盐税越来越不满。随着民主主义的发展,国家主权逐渐由君主手中转至国民全体,征税权也因之转归国民全体掌握。最早确定税收法定主义的国家是英国。1215年,英国诺曼王朝的国王约翰被迫签署了《大宪章》,明确规定:“若非依据朕王国一般评议会的同意,在朕的王国中不课征一切楯金或援助金。”这正是“无论何种负担均须得到被课征者的同意”这一原则的体现,从此可窥视到税收法定主义的萌芽。②1628年的《权利请愿书》呼吁臣民“非经国会同意,得有不被强迫缴纳任何赋税、特种地产税、捐献及其他各种非法捐税之自由”,而国王“非经国会法案共表同意,不宜强迫任何人征收或缴付任何贡金、贷款、强迫献金、租税或类似负担”。1689年的《权利法案》更明确宣告:“非经国会同意不得征税”,正式确立了近代意义上的税收

① 国家税务总局税收科学研究所编著:《西方税收理论》,中国财政经济出版社1997年版,第307页。

② 在近代以前的国家中,封建领主和独裁君主为筹集战争费用,满足其个人的欲望,肆意课税业已司空见惯。当然,所谓“楯金”和“援助金”,都是具有强烈封建色彩的上缴金,并非近代意义上的税收,且一般评议会也不过是封建贵族的代表机构而已,因此这个规定尚不能解释清楚近代意义上的税收法定主义。但是,对国王的课税权加以限制,且国王课税权要依一般评议会的赞同而得以行使这一点,的确对税收法定主义的形成和发展给予了极大的影响。[日]金子宏:《日本税法原理》,中国财政经济出版社1989年版,第48—49页。

法定主义。

爆发于1775年的北美独立战争,也是起因于北美殖民地不堪忍受大不列颠王国强加的种种重税。在战争中,打出了“不出代议士,不纳税”的口号。1776年的美国《独立宣言》,在谴责英国对北美殖民地的反动统治,宣布成为自由独立的合众国的同时,历数了英国殖民者在北美滥设官职、吞食当地民脂民膏、强迫征税的暴行。1787年的《美利坚合众国宪法》,规定了国会在征税等方面的权力,强调“征税法案应由众议院提出”。1789年,法国大革命订立的人权宣言载明:“一切公民得由自己或其代表,决定税收有无必要而自由认定之……”

可见,税收法定主义的产生是新兴资产阶级领导人民群众与封建君主斗争的直接结果,它与资产阶级民主法治思想的产生发展密切相关。

税收法定主义作为宪法原则,包括两个要素:其一,税收事项均为立法事项。各法治国家无不将课税权转归于国民全体所掌握。由于课税权只是一种抽象的权力,要想将其具体化而付诸实现,须由国民全体选出代表,按立法程序将其制定为法律。因此,课税权与立法权合为一体,由国会或立法机关代表国民全体来行使。其二,人民仅限于法律明定范围内负担纳税义务。人民的纳税义务因法律规定而产生,因法律修正而发生变动。超过法律规定的范围,自然没有纳税义务,借以保障人民的财产权。因此,税收法定主义要求的法律仅限于国家立法机关或最高权力机关依照立法程序制定的法律,而不包括效力层次位于其后的税收行政法规等其他的税收法律渊源。有关机构在符合《宪法》规定的前提下可以取得一定的税收立法权,但是,这些得到授权的机关只能具体制定已由最高权力机关制定的税法中的某些细节性的规则。

《中华人民共和国税收征收管理法》将税收法定主义的内涵表述如下:

1. 税种必须由法律规定。一个国家向人民征什么税、征哪几种税,应由法律规定。每开征一种新税都要制定一种法律,法律尚未规定的税不能向人民征收。

2. 每种税的征税要件必须在法律中明确规定,行政机关尤其是征税机关无征税自由裁量权。

3. 符合征税条件的事项,征税机关应一律征收,税法无规定,征税机关则不得随意减免税。

4. 征税机关应依法定程序征税,纳税人有获得行政救济或司法救济的权利。

在现代复杂的经济社会中,税收问题是应当考虑的最重要因素。因此,税收法定主义,“在历史的沿革中,以保护国民、防止掌握行政权的国王任意课税为目的。

那么，在现代的商品社会里，它的机能在于使国民的经济生活具有法的稳定性和预测可能性”。①

二、税收公平原则

税收公平原则最基本的含义是指“国家征税应使各个纳税人的税负与其负担能力相应，并使纳税人之间的负担水平保持平衡”。②税收公平原则不仅是有关纳税人之间分配税收负担的法律原则，而且也是在国家与纳税人之间以及不同的国家机构之间分配税收权利义务与税收利益的法律原则。③

国家与纳税人之间的公平在于：防范课税的过度，即不能剥夺纳税人最起码的生存条件，不可以侵犯人性尊严，不可以危害纳税人的生存权；税收作为财产权的一种权利成本或社会义务，必须限制在有限的范围内，即不得对资本本身课税。

纳税人之间的公平分为纳税人在人格上的公平和纳税人在税负上的公平。前者是指对所有的纳税人一视同仁，即公平保护、公平适用、公平制裁，使其都具有相同的权利或义务；后者包括横向公平和纵向公平两个不同的方面：税收横向公平也叫税收水平公平，是指经济情况相同、负担能力相等的纳税人，其税收负担也应相同；税收纵向公平也叫税收垂直公平，是指经济情况不同、负担能力不等的纳税人，其税收负担也应不同。

与其他税法原则相比，税收公平原则渗入了更多的社会要求，它被视为宪法平等原则的延伸或在税收领域中的体现，自然兼有税收平等与税收正义之义。税收公平原则所要求的高收入阶层多纳税，低收入阶层少纳税，无收入阶层不纳税，来自于宪法平等原则；要求最低生活费不课税来自于宪法生存权保障原则；财产或投资本体不课税，仅就收益或所得课税，来自于宪法财产权保护原则。如此，税收公平原则不只是纳税人之间的纵向和横向公平，还包括税收在国家与纳税人之间的公平与正义，并偏向于正义。

根据税收公平原则的要求，从税收立法、执法、司法各个方面考虑税收公平问题。纳税人既可要求实体利益上的税收公平，也可要求程序上的税收公平。对税收执法、税收司法中受到的不公正待遇，纳税人可以通过税务行政复议、税务行政诉讼制度得到合理合法的解决。

---

①②③ ［日］金子宏：《日本税法原理》，中国财政经济出版社1989年版，第49页。

【理论拓展】

在西方税收思想史上,税收公平的衡量主要依据“税收利益交换说”和“税收支付能力说”。“税收利益交换说”主张税负应按每个人受到国家多大程度的保护或从国家那里得到多大利益的比例来进行分配。然而,在绝大多数情况下,税收与财政支出之间的利益联系并不能准确衡量,因此,“税收利益交换说”很难作为衡量税收公平的标准,它逐渐被“税收支付能力说”所取代。

财政史上的税收负担能力标准有四个发展阶段。在生产力水平低下的自然经济时代,劳动成为获得收成的主要分配形式,人丁的数目可以作为衡量支付能力的标准。在商品经济不发达,财产形态相对集中于土地、房屋等有形不动产的情况下,通过征收财产税,使财产多的人多纳税,财产少的人少纳税,无财产的人不纳税,基本上反映了纳税的客观能力。但随着商品经济的发展,动产的价值越来越大甚至超过不动产的价值,这时,有形的不动产已无法准确反映纳税人的税负能力,从而财产标准又被消费和产品标准取代。一般情况下,消费多的人购买力大,其生产力和税收负担能力大;反之,税收负担能力就小。因此,消费可以成为衡量税收负担能力的标准。但就消费课税而言,生活越贫困,其消费占收入的比例越大;而富裕阶层的人,无论消费多大,也不过占其总收入的一小部分。可见,对消费课税自然要成为较贫困阶级的重大负担。产品税是根据收入的多少按比例课税。一般来说,收入多的人税负能力较高,收入少的人税负能力自然较低。但产品税是一种对物税,同样的产出,其费用、负债、财产的数量和价值都可能不同,个人对产出所付出的努力程度也不一样。加之产品税的税负容易转嫁,纳税人和负税人还会出现差异,因此,以产品为能力的标准同样不理想。相对而言,只有所得才最适合作为现代社会衡量税收能力的标准。所得是纳税人在一定时期内取得的总收入,减除相关的费用、损失和税金后的余额,无所得或所得达不到标准不纳税,所得多则纳税。此外,所得税是对人税,税负不易转嫁,容易判断真实负税人,税收负担容易落在实处。因此,以所得为能力标准稳定可靠,将财产、消费、产品等作为所得标准的有益补充。

三、税收信用原则

在税法中,诚实信用原则主要用于公平分配税收征收机关与纳税人之间的权利义务,实现纳税人利益与国家利益之间的平衡。其功能有:第一,指引功能。税收信用原则作为一种行为规范,为征税人、纳税人、用税人提供了一定的行为模式,设定了一定的标准,要求各自正确认识自身的权利和义务,反对征税人滥用税收执法权以及用税人乱用税款,提供不符合社会所需或无效的公共产品或服务,侵害纳税人的合法权益;反对纳税人采取欺诈、隐瞒等手段偷逃税款或减轻纳税义务,损害国家的税收利益,以共同构建他们之间的诚信状态。第二,补充功能。税收信用原则对现行税收法律、法规在适用时,特别在税收法律法规本身较为模糊或事实性质难以认定的情况下,具有解释和补充作用,以均衡各方利益。第三,评价功能。税收信用原则作为一种行为规则,具有评判和衡量征税人、纳税人、用税人三方行为是否合乎社会普遍认同的价值观念和价值趋向的作用。比如,征税人是否依法征税,应收尽收,是否公平、公正执法;纳税人是否依法纳税,有否采取隐瞒、欺诈等手段偷逃税款或恶意拖欠税款;用税人是否乱用税款,提供的公共产品或服务是否符合社会(纳税人)所需。另外,在税收司法中,特别是在法律存在模糊规定或者缺乏法律依据时,法官更多地应从诚信角度考虑,对征税人和纳税人的行为作出客观评判,维持二者之间权利义务的平衡。第四,教育功能。税收信用原则使人们调整自己的行为使之与税法提供的行为模式相一致,养成守法、诚信的习惯,有助于征纳双方在相互信任中转化为合作关系。同时,通过建立激励与处罚机制,对诚信者予以鼓励、保护,对失信者加以惩罚。这样,对一般人的行为将分别起到示范、促进作用,有助于营造整个社会诚信的税收环境。

税收信用原则的适用主要在于纳税人信赖利益的保护。征纳双方的关系应当是相互信赖的。没有充足的依据,税务机关不能提出对纳税人是否依法纳税有所怀疑,纳税人有权利要求税务机关予以信任;纳税人也应信赖税务机关的决定是公正和准确的,税务机关作出的法律解释和事先裁定,可以作为纳税人缴税的根据,当这种解释或裁定存在错误时,纳税人并不承担法律责任。这是因为不管什么原因造成的对税法的违反,都坚持税收法定主义原则,势必给诚实的纳税人带来损害,使其产生一种受骗上当的感觉,不利于税收法律关系和税收法律制度的稳定。因此,税收信用原则是为了排除税收法定主义原则适用上所产生的不合理性,其目的在于平衡国家与纳税人的利益,实现税法的正义,是税收法定主义原则必要而有益的补充。

【法条连接】

《中华人民共和国税收征收管理法》第 52 条第 1 款规定:“因税务机关的责任,致使纳税人、扣缴义务人未缴或者少缴税款的,税务机关在 3 年内可以要求纳税人、扣缴义务人补缴税款,但是不得加收滞纳金。”这一规定即由于税务机关的行为,纳税人基于信赖而做出少缴或未缴税款的行为,税务机关不得加收滞纳金,纳税人的信赖应该尊重。但税务机关在3年内仍可以要求纳税人、扣缴义务人补缴税款。可见,我国税法在税收本金上未给予信赖保护,却在滞纳金方面给予了信赖保护。许多西方国家的税法认可因税务机关的解释或裁定不当,纳税人少缴的税款不必再补缴,因而我国税法的信赖保护是有保留的。

【本章小结】

税法的基本问题包括税法的概念、特征、性质、地位、体系以及基本原则等内容。由于税法特有的调整对象,其具有鲜明的本质特征,故现代税法呈现出强烈的私法化趋势。税法在整个法律体系中具有独特的地位,是一个综合的法律部门。税法中既有涉及国家根本关系的宪法性规范,又有浸透宏观调控精神的经济法规范,还包含大量的规范行政管理关系的行政法规范。此外,税收犯罪涉及刑法规范;税款征收的保障还必须借助民法的相关制度来解决。我国社会主义税法体系已初步建立,税法渊源丰富,但尚需进一步完善。税法基本原则是税收法定主义原则、税收公平原则和税收信用原则,它是贯穿于税收立法、执法、司法、守法的指导思想。

思考题

1. 税法的本质特征是什么?如何理解税法的公法私法化趋势?
2. 税法在现代国家中的地位如何?
3. 简述税法的基本原则。

第二章　税法构成要素

【学习目的】

在征税过程中，国家依据税法征税，纳税人按照税法纳税，税法是征纳双方共同遵守的准则。因此，税法不仅要规定对谁征税，对什么东西征税，征多少税，而且还要规定征纳的程序和征管的方法。虽然各个税种法的内容不尽相同，但都是由一些共同的要素构成的。对其进行全面深入的学习，才能认识和理解整个税收法律制度。

第一节　税法构成要素概述

一、税法构成要素的概念

所谓税法构成要素，或称税法构成要件，是纳税义务成立的要件。即通过课税要件的满足产生了使纳税义务成立的这一法律效果的法律要件。①也就是说，税法构成要素是国家有效征税必须具备的条件。只有在符合构成要素的情况下，国家才可以征税。

税法构成要素的概念具有重要的理论和实践价值，对于税收法制建设和税法研究意义重大。

从税收法制建设上看，税法构成要素的确立是税收立法的核心内容，缺少税法构成要素的税收立法一定是存在缺陷的制度设计。此外，税收执法的过程就是按照法定

① ［日］金子宏：《日本税法》，法律出版社2004年版，第111页。

的税法构成要素来进行征税活动的过程,如果不满足构成要素,征税机关就不能征税,从而为税收司法、法律监督以及保护纳税人的合法权益提供了准绳。

从税法理论研究上看,税法构成要素作为税法理论的一个重要范畴,它使税法与传统的民法和行政法都有了很大的不同。民法上的债务关系成立以意思要素为核心,意思表示是否真实,在相当大的程度上决定着民事行为是否有效。传统行政法的"权力关系说"强调以"课税处分"来确定纳税义务是否成立。在税法上,相关主体的纳税义务是否成立,国家是否有权对其征税,不以征纳双方的意思表示为准,也不以国家的单方面的意思表示为准,而是看是否符合法定的税法构成要件。只有在符合课税要件的情况下,国家才可以征税,才具有"可税性"。

二、税法构成要素的分类

税法构成要素依据不同的标准,可以作出多种分类。下面分别作一简介。

(一)广义要素和狭义要素

所谓广义要素,即国家征税通常所需具备的各种要件。由于国家征税不仅要符合实体法,而且要符合程序法,因此,广义的税法构成要素包括实体要素和程序要素;同时,由于有关这些要素的规定与整个税法的主要内容大体相当,因而广义的税法构成要素也被称为"税法的构成要素"。

所谓狭义要素,仅指确定相关主体的实体纳税义务成立与否所需具备的要件,因而它仅是指课税的实体要素,而不包含程序要素。应当说,实体的纳税义务是否成立是最重要的,因为没有实体的纳税义务,也无从涉及程序要素,因而在现实中大量的税收立法,主要是确定狭义的课税要素,从而使狭义的课税要素始终是税法研究的一个重点。

(二)一般要素与特别要素

所谓一般要素,是在各类税法中都需要加以规定的、具有普遍意义的共同要件。大略可以分为人的要素、物的要素和关系要素三类。其中,人的要素也称主体要素,包括征税主体和纳税主体两个方面;物的要素是同征税客体相关的各类要件,包括征税对象、计税依据和税率;关系要素体现的是主体之间以及主体与客体之间的关系,包括征税主体对纳税主体的管辖关系,以及征税对象对纳税主体的归属关系。①

---

① 有学者将关系要素融入实体要素或程序要素中,并不将关系要素独立出来;也有学者仅将"课税对象的归属"作为实体要素中的一个重要组成部分。

所谓特别要素，是不需要在各类税法中加以确定的，并不具有普遍意义的特殊要件。也就是说，特别要素仅是在个别的税种或税法上所必备的要件或内容。例如，纳税环节、纳税方式、文书送达、处罚程序等，并不是每个税法都要对其作出规定，但对某个或某些税法而言，却是很重要且必不可少的，因而属于特别要素。

（三）实体要素和程序要素

所谓实体要素，就是税收实体法必须规定的内容，是确定相关主体纳税义务成立所必须具备的要件。实体要素是广义的课税要素的核心，也有学者认为课税要素就是指实体要素或称实体法要素。实体要素可进一步分为基本要素和例外要素。基本要素主要包括征税主体、征税对象、税率这几个要素，以揭示征税主体和客体的范围，以及征税的广度和深度。例外要素是基本要素之外的辅助性要素，是以纳税主体通常的基本负担为基础而对其税负的减轻或加重，它主要包括税收优惠措施和税收重课措施。

所谓程序要素，就是税收程序法必须规定的内容，是纳税人具体履行纳税义务所必须具备的条件，也称程序法要素。在专门的税收程序法中必须规定的内容是很多的，但在各类税收立法中规定的用以保障纳税人有效纳税的要件，主要是纳税时间和纳税地点。

第二节 税收实体法的构成要素

税收实体法的构成要素，简称实体法要素，作为构成税收实体法的不可或缺的内容，是决定征税主体能否征税以及纳税主体的纳税义务能否成立的必要条件，也有学者称之为“课税要件”或“课税要素”。在这种狭义的课税要素中，最为重要的是纳税人、征税对象和税率，而其他要素则为辅助性的要素。

一、纳税人

（一）纳税人的概念

纳税人是税法上规定的直接负有纳税义务的单位和个人。纳税人的规定解决了对谁征税，或者谁该缴税的问题。

1. 自然人和法人

国家税法规定的纳税人,可以是自然人,也可以是法人。法人包括企业法人,还包括机关、事业单位和社会团体法人。

2. 扣缴义务人

扣缴义务人是税法规定的,在其经营活动中负有代扣税款并向国库缴纳的单位,扣缴义务人必须按税法规定代扣税款,并按规定期限缴库,否则依税法规定要受法律制裁。对不按规定扣缴的扣缴义务人,除限令其缴纳税款外,还要加收滞纳金或酌情处以罚金。国家一般在收入分散、纳税人分散时,采用源泉控制的征收方法,在税法上明确规定扣缴义务人,以保证国家财政收入,防止偷税、漏税,简化纳税手续。如《中华人民共和国个人所得税法》第8条规定,以支付所得的单位和个人为扣缴义务人。

在学习纳税人的概念时,还应注意负税人的概念。负税人是最终负担国家征收的税款的单位和个人。纳税人同负税人是两个不同的概念。税法中并没有负税人的规定,国家在制定税法时,只规定由谁负责缴纳税款,并不规定税款最终由谁负担,但我们在考虑税收政策和设计税收制度时,必须认真研究税收负担问题。

(二)纳税人的分类

在所得税法中,纳税人分为居民纳税人和非居民纳税人;在增值税法中,纳税人分为一般纳税人和小规模纳税人;在税收征管和税收负担方面,纳税人还可分为单独纳税人和连带纳税人,实质上的纳税人和形式上的纳税人,等等。纳税人在各个具体的税法或税收条例中不尽相同,它直接影响到征税的范围,因而是各税法或税收条例必须首先加以明确的要素。

二、征税对象

(一)征税对象的概念

征税对象,也称征税客体或课税对象,是指征税的目的物。它说明对什么征税的问题。如消费税是对消费品征税,其征税对象就是消费品(如烟、酒等都是消费税的征税对象);房产税就是对房屋征税,其征税对象就是房屋。征税对象是税法最基本的要素。首先,征税对象体现着征税的最基本界限,凡是列入某一税种的征税对象的,就属于这种税的征收范围,就要征税;而没有列入征税对象的,就不是该税种的征收范围,不征这种税。其次,征税对象决定了各个不同税种在性质上的差别,并且决定着各个不同税种的名称。如消费税、增值税和所得税,它们的征税对象不同,税种的性质不同，税名也不同。

（二）与征税对象相关的概念

（1）税目。即征税对象的具体内容，是在税法中对征税对象分类规定的具体的征税品种和项目。规定税目首先是为了明确具体的征税范围。列入税目的就是应税产品，没有列入税目的就不是应税产品。另外，通过规定各种税目，可以对不同的项目制定高低不同的税率，体现国家的政策。设计税目的方法，可以采取列举法，即按照每一种商品或经营项目分别设计税目，如化妆品、摩托车等，一种商品就是一个税目。这种方法的优点是界限明确，便于掌握；缺点是税目过多，不便查找。设计税目也可以采取分类法，即按照商品大类或行业设计税目。如电子产品类、日用化工类、文化用品类等，一个大类的商品就是一个税目。这种方法的优点是税目较少，查找方便；缺点是税目过粗，不便于贯彻合理负担的政策。

（2）计税依据。即征税对象的计量单位和征收标准，计税依据解决征税的计算问题。如消费税征税对象是消费品。举例来说，卷烟怎样计算征税呢？我们规定按照卷烟的销售价格计算征税，这个销售价格就是消费税的计税依据。在规定计税依据时，可以规定为征税对象的价格，也可以规定为征税对象的数量。此外，有的税种征税对象和计税依据是一致的，如各种所得税，征税对象和计税依据都是应税所得额。但是有的税种则不一致，如消费税，征税对象是应税消费品，计税依据则是消费品销售收入。

（3）税源。是税收收入的来源，即各种税收收入的最终出处。税源归根结底是物质生产部门劳动者创造的国民收入，但每种税收都有其各自的经济来源，如企业所得税的税源是企业的经营利润；个人所得税的税源是个人取得的各种收入。税源与征税对象有时是一致的。例如各种所得税，征税对象是纳税人的纯收入，税源也是纳税人的纯收入。有很多税种的税源与征税对象并不一致。例如房产税，征税对象是房屋的价值，而税源则是房产的收益或房产所有人的收入。房产所有人并不是拆了房或卖了房缴纳房产税。税法上并不明确规定税源，但我们分析征税对象与税源的关系，对研究税收的调节作用以及税收的负担是很重要的。

三、税率

税率是计算税额的尺度，反映征税的深度。税率的高低直接关系到国家的财政收入和纳税人负担水平，是国家税收政策的具体体现，为税收制度的中心环节。

税率有名义税率和实际税率之分。名义税率就是税法规定的税率，是应纳税额与征税对象的比例。实际税率是实际税额与实际征税对象的比例。在实际征税中,由于计税依据、减免税等不同原因,纳税人实纳税额和应纳税额会不一致,实际征税对象数量与税法规定的征税对象数量也会不一致,实际税率也就会与名义税率不一致。在税法上并没有实际税率的规定,但实际税率真实地反映了纳税人的负担。在研究税收政策,制定税法时,应注意到名义税率与实际税率的差别。

税率一般分为如下三种。

(一)比例税率

比例税率是应征税额与征税对象数量为等比关系。这种税率不因征税对象数量多少而变化。即对同一征税对象,不论数额大小,只规定一个比例征收的税制。如交通运输营业税的税率是3%,不论纳税人的营业额是10元,还是100元,税率都是3%。

比例税率可分为:

1. 单一比例税率:即一个税种只规定一个税率,如企业所得税采用的税率为25%。

2. 差别比例税率:即一个税种规定不同比例的税率。按使用范围具体可分为:(1)产品差别比例税率,对不同的产品使用不同的税率,如消费税;(2)行业差别比例税率,对不同的行业采用不同税率,如营业税;(3)地区差别比例税率,按照不同地区规定不同税率,如原农业税采用的税率。

3. 幅度比例税率:国家只规定最低税率和最高税率,各地可以因地制宜在此幅度内自行确定一个比例税率。如营业税中原娱乐业采用的税率。

比例税率计算简便,并且不论征税对象数量大小,只规定一个比例的税率,不妨碍流转额的扩大,适合于对商品流转额的征收;但是用比例税率调节收入的效果却不太理想。

表2-1 比例税率表

年收入(元)	考虑照顾低收入			考虑调节高收入(元)		
	税率%	税额(元)	纳税后收入(元)	税率(%)	税额(元)	纳税后收入(元)
400	5	20	380	50	200	200
50 000	5	2 500	47 500	50	25 000	25 000
年收入(元)	既照顾低收入,又调节高收入					
	税率(%)	税额(元)	纳税后收入(元)			
400	5	20	380			
50 000	50	25 000	25 000			

（二）累进税率

累进税率是随征税对象数额的增大而提高的税率，即按征税对象数额大小，规定不同等级的税率。征税对象数额越大，税率越高。累进税率税额与征税对象数量的比，表现为税额增长的幅度大于征税对象数量的增长幅度。累进税率对于调节纳税人收入有着特殊的作用。所以各种所得税一般都采用累进税率。

1. 累进税率的形式——全额累进税率和超额累进税率

（1）全额累进税率

全额累进税率是累进税率的一种，即征税对象都按其相应等级的累进税率计算征税。

表 2-2 全额累进税率表

级 数	所得额级距	税率(%)
1	全年所得额在 400 元以下(含 400 元)	5
2	全年所得额在 400—1 000 元	10
3	全年所得额在 1 000—2 000 元	15
4	全年所得额在 2 000—5 000 元	20
5	全年所得额在 5 000—10 000 元	25
6	全年所得额在 10 000—20 000 元	30
7	全年所得额在 20 000—50 000 元	40
8	全年所得额在 50 000 元以上	50

【实例演示】

某甲全年收入 300 元，某乙全年收入 2 500 元，求甲、乙各自的应纳税额。

甲应纳税额 = 300 × 5% = 15（元）；

乙应纳税额 = 2 500 × 20% = 500（元）。

由此可见：全额累进税率实际上是按征税对象数额的大小，分等级规定的一种差别比例税率。

全额累进税率在调节收入方面，较之比例税率要合理，但在两个级距的临界部位会出现税负增加超过应税所得额增加的现象,使税收负担极不合理。

【实例演示】

某甲年收入1 000元,某乙年收入1 001元,求甲、乙各自的应纳税额。

甲应纳税额 = 1 000 × 10% = 100(元)

乙应纳税额 = 1 001 × 15% = 150.15(元)

以上问题可以用超额累进税率来解决。

(2) 超额累进税率

超额累进税率是把征税对象划分为若干等级,对每个等级部分分别规定相应税率,分别计算税额,各级税额之和为应纳税额。由此看来,一定数量的征税对象可以同时适用几个等级部分的税率。超额累进税率的"超"字是指征税对象数额超过某一等级时,仅就超过部分,按高一级税率计算征税。

表2-3 超额累进税率表

级 数	所得额级距	税率(%)	速算扣除数
1	全年所得额在400元以下(含400元)	5	0
2	全年所得额在400—1 000元	10	20
3	全年所得额在1 000—2 000元	15	70
4	全年所得额在2 000—5 000元	20	170
5	全年所得额在5 000—10 000元	25	420
6	全年所得额在10 000—20 000元	30	920
7	全年所得额在20 000—50 000元	40	2 920
8	全年所得额在50 000元以上	50	7 920

【实例演示】

请计算2 500元所得额的应纳税额。

(1) 400 × 5% = 20(元)

(2) (1 000 - 400) × 10% = 60(元)

(3) (2 000 - 1 000) × 15% = 150(元)

(4) (2 500 - 2 000) × 20% = 100(元)

应纳税额 = 20 + 60 + 150 + 100 = 330(元)

但是用定义方法计算应纳税额过于复杂,特别是所得额越大,适用税率越多,计算越复杂;在实际工作中使用一种简单的计算方法,叫速算扣除数法,即:

应纳税额 = 用全额累进方法计算的税额 - 速算扣除数

按全额累进方法计算的税额,比超额累进方法计算的税额要多征一定的数额,这个多征的数是常数,就是速算扣除数。速算扣除数,即按全额累进方法计算的税额减去按超额累进方法计算的税额的差额。

【实例演示】

用速算扣除数法计算上题。

(1) 按全额累进计算的税额 = 2 500 × 20% = 500(元)

(2) 按超额累进计算的税额 = 330(元)(前已计算过)

(3) 速算扣除数 = 500 - 330 = 170(元)

(4) 用速算扣除数法计算的超额累进税额为:

2 500 × 20% - 170 = 330(元)

结果与定义法计算的税额相同。

由此可以看出,速算扣除数法的原理为:

全额累进计算的税额 - 超额累进计算的税额 = 速算扣除数

超额累进计算的税额 = 全额累进计算的税额 - 速算扣除数

这说明速算扣除数是个常数。

从超额累进税率表看,计算速算扣除数可以使用计算公式:

本级速算扣除数 = 上一级最高所得额 ×(本级税率 - 上一级税率) + 上一级速算扣除数

【实例演示】

第二级速算扣除数 = 400 ×(10% －5%)+0 = 20(元)

第三级速算扣除数 = 1 000 ×(15% －10%)+20 = 70(元)

……以此类推。

2. 按不同依据划分累进级距

累进税率的形式有两种,但划分累进级距的依据却可以是多种多样的。不论划分累进级距的依据有何不同。累进的形式只有两种,即全额累进和超额累进,计算原理也相同。下面我们用销售利润率作为划分累进级距的依据,说明其计算方法。

(1) 全率累进税率

应纳税额 =(销售收入额 × 销售利润率)× 税率

表 2-4　全率累进税率表

级　数	销　售　利　润　率	税率(%)
1	不超过 5%(含)	0
2	5%—10%	10
3	10%—15%	20
4	15%—20%	30
5	20%—30%	50
6	30%以上	70

【实例演示】

某甲销售收入额为 10 000 元,销售利润率为 6%;某乙销售收入额为 10 000 元,销售利润率为 18%,求甲、乙按全率累进税率计算的应纳税额。

(1) 甲应纳税额 =(10 000 ×6%)×10% = 60(元)

(2) 乙应纳税额 =(10 000 ×18%)×30% = 540(元)

(2) 超率累进税率

超率累进与超额累进的原理是一样的,只不过超率累进是用各种比率(如销售利润率),划分征税对象数额的等级。

表 2-5 超率累进税率表

级 数	销 售 利 润 率	税率(%)	速算扣除数(%)
1	不超过5%(含)	0	0
2	5%—10%	10	0.5
3	10%—15%	20	1.5
4	15%—20%	30	3
5	20%—30%	50	7
6	30%以上	70	13

【实例演示】

某乙销售收入额为10 000元,销售利润率为18%,请计算其应纳税额。

用定义法计算超率累进税额:

(1) (10 000 × 5%) × 0 = 0(元)

(2) 10 000 × (10% − 5%) × 10% = 50(元)

(3) 10 000 × (15% − 10%) × 20% = 100(元)

(4) 10 000 × (18% − 15%) × 30% = 90(元)

应纳税额 = 50 + 100 + 90 = 240(元)

用速算扣除率法计算超率累进税额。速算扣除率法的原理与超额累进速算法的原理是一样的,即:

应纳税额 = 销售收入额 × (销售利润率 × 税率 − 速算扣除率)

【实例演示】

某乙的应纳税额 = 10 000 × (18% × 30% − 3%) = 240 元

从超率累进税率表看,计算速算扣除率可以使用计算公式:

本级速算扣除率=上一级最高销售利润率×(本级税率-上一级税率)+上一级速算扣除率。

【实例演示】

第二级速算扣除率 =5% ×(10% -0) +0 =0.5%

第三级速算扣除率 =10% ×(20% -10%) +0.5% =1.5%

……以此类推。

累进税率有两种形式,即全累(包括全额累进和全率累进)和超累(包括超额累进和超率累进),现对比如下:

(1) 在名义税率相同的情况下,实际税率不同,全累负担重,超累负担轻。

(2) 全累的最大缺点是在累进级距的临界点附近,全累负担不合理。

(3) 在各个级距上,全累税负变化急剧,而超累变化缓和。也就是随着征税对象数额的增长,税款的增加,全累较快,超累较缓和。

(4) 在计算上,全累计算简单,超累计算复杂。

按照不同依据划分累进级距,产生的效果是不一样的。例如,按利润额划分级距(简称额累)与按利润率划分级距(简称率累)效果就不同。额累使利润额大而利润率低的企业负担重;反之,利润额小而利润率高的企业负担轻。如有些建厂历史长的企业,设备陈旧,利润额大;但人均利润率却很低,目前采用的额累税率,使这些大企业负担很重。而有些小厂虽利润额小,但人均利润率却很高,负担就轻。在实际工作中,采用何种累进依据,是运用额累还是运用率累,应该视税收政策及调节目的而定。

(三) 定额税率

定额税率又称固定税额,是按单位征税对象,直接规定固定税额的一种税率形式。如土地使用税,按使用土地面积,规定每平方米税额多少。定额税率又可分为三种:

1. 地区差别定额税率,即为了照顾不同地区的自然资源、生产水平和盈利水平的差别,根据各地经济发展水平的不同情况,对各地分别规定不同的税额。如原盐税规定每吨盐的税额,辽宁141元,山东154元,广东130元。

2. 幅度定额税率,即只规定一个税额幅度,由各地根据本地的实际情况,在特定的幅度内确定一个具体执行的固定税额。如土地使用税,大城市每平方米年税额1.5—30元。

3. 分级定额税率,即把征税对象划分为若干个类别和等级,对各类各级由低到高分别规定相应的固定税额。等级高的税额高,等级低的税额低。如车船税对船舶按净吨位多少,分别规定不同税额。200吨以下的,每吨每年3元;201—2 000吨的,每吨每年4元;2 001—10 000吨的,每吨每年5元。如此递增,具有一定全额累进的性质。

定额税率计算简便,适用于从量计征的税种,这些税种的征税对象应该是价格固定、质量和规格标准较统一的商品。如果征税对象价格不稳定,就要频繁调整税额,以保持原税负,给征税工作带来大的困难;例如对水果就不能采用定额税率。如果征税对象的质量和规格标准不统一,也无法采用定额税率。例如,对日用品锅征税,就很难采用定额税率,因为钢有大小之分,又有铁锅、铝锅之分,质量规格标准很难统一,分别给每一种锅规定税额,是一项十分繁琐的工作。

对于价格稳定、质量规格标准统一的产品,应尽量采用定额税率。一方面定额税率计算简单;另一方面定额税率有利于企业改进包装,企业改进包装后,售价提高而税额不增,避免了从价征税这方面的缺点;定额税率还有利于促进企业提高产品质量。在优质优价,劣质劣价的情况下,税额固定,优质优价的产品相应税负轻,劣质劣价产品相应税负重。

上述三个要素是税收的基本要素。纳税人和征税对象规定了对谁征税,对什么东西征税,确定了征税范围,体现着征税的广度。税率规定了征税的数量,即征多少税,体现着征税的深度,是税收负担的中心环节。这三个要素可以称为税法三大要素。

四、税收特别措施

税收特别措施之所以"特别",是因为它是在上述基本的税法要素之外体现税法的规制性特征的一系列措施。由于规制性的特征包含了积极的鼓励和促进,以及消极的限制和禁止这两个方面,因而规制性措施就要体现一定政策倾向和法律的褒贬的价值取向。

(一)税收优惠措施

1. 税收优惠措施的概念

税收优惠措施,作为减轻或免除纳税人税负,从而使其获得税收上的优惠的各种措施的总称,它体现的是对纳税人行为的鼓励和促进。在我国,税法作为宏观调控法的重要组成部分,其对宏观经济运行的调控,不仅体现在征税对象的确定、具体税目的变更和税率的调整等方面,而且也直接体现在税收优惠措施的适用方面。

税收优惠措施有广义和狭义之分。广义的税收优惠,包括优惠税率在内的各种最终减轻或免除税负的优惠;狭义的税收优惠,主要是通过减少税基,或直接减少应纳税额来减低税负的优惠。纳税人通过依法减少税基来获取优惠的措施,主要是税前扣除优惠、亏损结转优惠等;通过直接减少应纳税额来使纳税人获得优惠的措施主要是税收减免、税收抵免等。税收优惠措施的实行会直接影响到计税基数,从而会直接影响到纳税人的具体纳税义务,因而对征纳主体的利益和相关的经济和社会政策目标的实现,均产生直接影响。

2. 我国主要的税收优惠措施——减免税

(1) 减免税的概念

减税、免税是税法中对某些特殊情况给予减少或免除税负的一种规定。减税是对应征税款减征其中一部分;免税是对应征税款全部予以免征。在我国,税收优惠施适用非常普遍,其中最为引人注目的是税收减免。税收减免既是纳税人的实体性权利,也是其程序性权利。

(2) 减免税的分类

税收减免可以有多种分类。例如,依据税收减免的性质和原因,可以将其分为困难性减免和调控性减免;依据税收减免的条件和程序,可以将其分为法定减免和裁量减免;依据税收减免的时间,可以将其分为长期减免税和定期减免等。

(3) 减免税的意义

减免税把税收的严肃性和必要的灵活性正确结合起来,有利于贯彻国家的税收政策,有利于因地制宜、因事制宜地处理税收方面的特殊情况。但是,对减税和免税必须严格控制,严格执行减免税的审批权限,不能随意减免。

(4) 与减免税相关的概念

起征点与免征额是与减免税有关的两个概念。

起征点是税法规定对征税对象开始征税的数额。征税对象数额未达到起征点的不征税,达到或超过起征点的就其全部数额征税。如我国现行增值税就有起征点的规定,其中销售货物的起征点为月销售额 2 000 元。规定起征点是为了免除收入较少的纳税人的税收负担,缩小征税面,贯彻合理负担的政策。

免征额是税法规定的征税对象中免于征税的数额。免征额部分不征税。只对超过免征额的部分征税。例如,我国现行个人所得税就有免征额的规定,其中对工资薪金的征税，免征额为2 000元。规定免征额是为了照顾纳税人的最低需要。

（二）税收重课措施

税收重课措施，是依法加重纳税人的税收负担的各种措施的总称，它体现的是对纳税人行为的限制和禁止。如果说在某些税种或税法中要体现“寓禁于征”的思想，那么在税收重课措施上，这种思想就体现得更加明显。当然，由于现代税法更多地要体现激励，并通过优惠来引导纳税人的行为，因此，对于税收重课措施运用得并不普遍。

税收重课措施的种类没有税收优惠措施那么多，较为重要的是加成征收、加倍征收。例如，《中华人民共和国个人所得税法》中规定，对于个人劳务报酬所得一次收入畸高的，就可以依法加成征收。此外，根据某些税法规定，在纳税人由于故意或过失而导致账目混乱，从而不能准确地核定其应纳税额时，征税机关享有税额调整权；如果纳税人经营的项目所适用的税率高低不一，则税务机关可以依法从高适用税率。这也可视为一种税收重课措施。

第三节 税收程序法的构成要素

税收程序法的构成要素，简称程序法要素，是保障税收实体法有效实施的必不可少的程序方面的要件。对于程序法要素，学者的认识历来不尽相同，笔者认为程序法应包括纳税环节、纳税期限、纳税地点、违法处理等一般要素。

一、纳税期限

（一）纳税期限的概念

纳税期限是纳税人向国家缴纳税款的法定期限。各种税都明确规定了税款的缴纳期限。纳税期限是税收固定性特征的重要体现。税收的固定性，不仅表现在税法预先规定了征税的数量，而且还表现在明确规定了缴纳税款的期限，保证了国家取得财政收入的及时性和连续性。纳税期限可分为纳税结算期和税款缴库期两类。

(二)结算期限

纳税结算期说明纳税人应多长时间计缴一次税款,反映了计税的频率。在确定结算期限时应考虑以下因素:

1. 根据国民经济各部门生产经营的不同特点和不同的征税对象所决定。如农业税,考虑到农业的收获季节,规定分夏秋两季征收。各种所得税,以年所得额为征税对象。实行按全年所得额计算征收,分期预缴,年终汇算清缴,多退少补的办法。

2. 根据纳税人缴纳税款数额的多少来决定。缴纳税款多的纳税人,纳税期限核定短些,反之,纳税期限核定长些。

3. 根据纳税行为发生的情况,以从事生产经营活动的次数为纳税期限,实行按次征收。如原屠宰税,就是在发生纳税行为后按次缴纳。

4. 从保证国家财政收入,防止偷税、漏税,在纳税行为发生前预先缴纳税款。如原奖金税规定:企业在年度内累计发放的奖金额超过四个半月标准工资时,应先缴税,后发奖金。

纳税结算期可分为按次结算和按期结算。按次结算是以纳税人从事应税行为的次数作为应纳税额的结算期限,一般较少适用。按期结算是以纳税人发生纳税义务的一定期限作为纳税结算期,通常可以日、月、季、年为一个期限。在我国,结算期限由税务机关根据应纳税额的多少,逐户核定。一般分为 1 天、3 天、5 天、10 天、15 天、1 个月、一季、一年为一期等几种,按期结算适用较广。

(三)缴库期限

税款缴库期说明应在多长期限内将税款缴入国库,它是纳税人实际缴纳税款的期限。应纳税款到了结算期限,纳税人需要有个计算税款和办理纳税手续的时间。一般规定按 1 个月结算纳税的,税款应在期满后 7 天内缴纳;其余的均在结算期满 5 天内缴纳。税款缴库期不仅关系到纳税义务的实际履行,而且也关系到国家能否获取稳定的、及时的财政收入。

此外,纳税期限与纳税义务的发生时间是不同的。前者是一定的期间,而后者则是指一个时间点;并且,只有在纳税义务发生以后,才会有纳税期限的问题。

二、纳税地点

纳税地点是纳税人依据税法规定向征税机关申报纳税的具体地点,它说明纳税人应向哪里的征税机关申报纳税以及哪里的征税机关有权实施管辖的问题。

在税法中明确规定纳税地点,对于纳税人正确、有效地履行纳税义务,确保国家有效地取得财政收入,实现宏观调控的经济政策及保障社会公平的社会政策,均甚为重要。

一般来说,在税法上规定的纳税地点主要有以下几类:机构所在地、经济活动发生地、财产所在地、报关地等。

三、纳税环节

所谓纳税环节,就是对处于运动之中的征税对象,选定应该缴纳税款的环节。一般指的是在商品流转过程中应该缴纳税款的环节。商品从生产到消费要经过许多流转环节。从总的方面来说,它包括产制、批发和零售三道环节。如工业品一般要经过工业生产、商业批发和商业零售,农产品一般要经过农业生产、商业采购、商业批发和商业零售。从具体方面来说,它又包括从产制到消费以前,所经历的一系列的转手交易的各个环节在内。如工业企业相互间提供原材料、零配件、出售产品和加工协作的情况。商业企业相互间的商品交易更加频繁。在上述商品流转环节中,可以选定一个或几个环节缴纳税款,一个税种在商品流转环节征税的,叫"一次课征制",建国初期的商品流通税和原盐税就是采用一次课征制,这些税在商品出厂(场)时征税以后,行销全国,不再重征。一次课征制税源集中,可以避免重复征税;一个税种在商品流转环节中选择两个环节征税的,叫"二次课征制",我国原工商统一税和工商税,都实行二次课征制,即应税产品在生产和零售两个环节征税;一个税种,在商品流转各个环节多次征税,叫做"多次征税制"或"道道征税制",如建国初期的营业税、印花税。产品出厂时要征工业营业税、印花税,经过商业批发要征营业税,印花税,到了零售环节,还要征营业税、印花税。我国现行的增值税也属于这种征税制,所不同的是道道征税,道道还不重征。

纳税环节的确定,根据纳税人在各个流转环节的分布状况而定;要符合不同经济部门和不同产品的经营特点,有利于经济发展;要有利于保证国家的财政收入;要便于征收、管理和监督。

四、违法处理

违法处理是税法不可缺少的要素,它保证了税收法律、法规的贯彻执行。违法处理具体体现了税收的强制性,即纳税人必须依法纳税,否则要受到法律的制裁。违法处理规定了什么是违法行为以及不同的处理措施。

(一) 违法行为的种类

违法行为包括:违反税务登记规定的行为;违反账簿、凭证、发票管理规定的行为;偷税行为;逃避追缴欠税行为;骗税行为;抗税行为等。

(二) 法律责任的种类

根据不同的标准,可以对纳税人违反税法的责任作不同的划分:

1. 以责任内容为标准,分为财产责任和非财产责任。

2. 以承担责任的方式为标准,分为补偿责任和制裁性责任。

3. 以责任主体为标准,分为纳税人责任和扣缴义务人责任等。

4. 以违反法律规范的性质不同,分为税收行政责任、税收刑事责任、税收民事责任等。

其中最后一种分类是普遍采用的、最具意义的基本分类形式。

(三) 法律责任的形式

纳税人承担税收法律责任的形式是指税收责任的承担方式,也就是纳税人因税收违法行为所应承担的不利法律后果的类型。根据税收法律责任的基本分类,纳税人承担税收法律责任的形式主要有:

1. 纳税人承担税收行政责任的形式:主要包括罚款、停止办理出口退税、没收违法所得、收缴发票或者停止发售发票等行政处罚措施。

2. 纳税人承担税收刑事责任的形式:主要包括管制、拘役、有期徒刑、无期徒刑、死刑以及罚金、没收财产等刑事处罚措施。

3. 纳税人承担税收民事责任的形式:主要是补偿性责任,包括补缴未缴或少缴税款,承担加收滞纳金的附带性赔偿责任等。

总之,税法的构成要素是非常重要的。尤其是其中的课税要素,作为确定纳税义务是否成立的一系列要件或称要素,它取代了传统私法上债务关系成立所需要的意思要素,也排除了在无法定要素情况下的行政机关的自由裁量,因而从民主与法治的角度来说是很有进步意义的。

【本章小结】

税法构成要素是指国家有效征税必须具备的条件。在税法中,不仅要规定对谁征税,对什么东西征税,征多少税,而且还要规定征纳的程序和征管的方法。广义的税法构成要素既包括税收实体法构成要素,也包括税收程序法构成要素;狭义的税法构成要素仅包括税收实体法构成要素。税收实体法构成要素包括:纳税人、征税对象、税率、税收特别措施等。税收程序法构成要素包括:纳税期限、纳税地点、纳税环节、违法处理等。

思考题

1. 如何区分纳税人和负税人?扣缴义务人法律地位如何?
2. 简述不同的税率形式对不同税种法的适用。
3. 简述税收特别措施对经济的调控作用。

第三章 税权与纳税人权利

【学习目的】

通过学习，要求学生掌握税收法律关系的概念和特征、税收法律关系的构成要素和税收法律关系的运行。在此基础上，了解税收法律关系主体双方的权力和权利，即国家拥有的税收立法权、税收执法权和税收司法权以及纳税人所享有的实体和程序方面的权利。

第一节 税收法律关系

一、税收法律关系的概念和特征

法律关系是根据法律规范产生的、以主体之间权利与义务关系的形式表现出来的特殊的社会关系。由于各种法律规范所调整的社会关系不同，因而就形成了内容和性质各不相同的法律关系。税法在调整税收关系时，形成的是税收法律关系。因此，所谓税收法律关系就是由税法所调整而形成的、在税收活动中各税收法律关系主体之间发生的、具有权利义务内容的社会关系。这一概念需要注意的是：(1)这种法律关系是受广义上的税法所调整而形成的社会关系，一定的社会关系经由税法调整就成为税收法律关系；(2)这种法律关系是发生在与税收相关联的所有社会活动中的社会关系；(3)这种关系是以权利义务为内容的社会关系，其中税权与纳税人的权利是税收法律关系内容的核心。

【延伸拓展】

税收法律关系是一个具有多层次的、系统化的法律关系体系。

(1) 税收宪法法律关系。一是国家与公民之间的税收法律关系，如《中华人民共和国宪法》(以下简称《宪法》)，第 56 条规定："中华人民共和国公民有依照法律纳税的义务。"这里的国家和纳税人之间的关系是一种抽象的税的法律关系，税务机关不可能以此作为依据向公民征税。二是国家与国家的代表之间的税收法律关系，规定作为国家的代表的各国家机关的权限。按照我国《宪法》规定，税收的立法权应当由全国人民代表大会及其常务委员会和地方人民代表大会及其常务委员会行使，税法的执行权由国务院和地方人民政府行使。在执行税法的过程中，国务院和地方政府可以行使税收行政立法权、税收行政管理权和税收行政复议权，但不能直接行使税收征收权。税收征收权只能由各级财政机关、税务机关和海关行使。

(2) 税收经济法法律关系。享有税收立法权的权力机关可以或授权行政机关制定具体的税收实体法，税收实体法规范的是国家和纳税人之间的具体税收权利义务关系，是一种具体的税收法律关系，税务机关以此作为依据向负有纳税义务的纳税人征税，而不能向所有的公民征税。需要注意的是，税收实体法规范的不是行政管理机关和税务机关与纳税人之间的关系，而是国家与纳税人之间的关系，所以，如果纳税人对税收实体法的规定有异议时，不可能通过行政复议或行政诉讼获得解决，而只能通过提起宪政诉讼，要求确认税收实体法违宪而无效，纳税人才可能被免除纳税义务。

(3) 税收行政法律关系。税收行政法律关系，分为内部税收行政法律关系和外部税收行政法律关系。前者是指各级政府之间、各级政府与税务机关之间和税务机关之间的法律关系。后者是指税务机关与纳税人之间的法律关系。各级政府不可能成为外部行政法律关系的主体。需要指出的是，外部税收行政法律关系的主体双方在征税过程中产生的争议只能是税收行政争议，只能通过行政复议或行政诉讼解决。双方不可能讨论税收实体法是否合宪、纳税人是否有权不缴纳税款等问题。

(4) 税收刑事法律关系。当纳税人的行为适用刑法的规定时，就会产生税收刑事法律关系。

(5) 税收民事法律关系。税收民事法律关系是指税务代理人和纳税人之间的法律关系。

(6) 税收救济法律关系。一是因税收经济法律关系发生争议而引发的税收宪政诉讼法律关系；二是因税收行政法律关系发生争议而引发的税收行政诉讼法律关系；

三是因税收刑事法律关系发生争议而引发的税收刑事诉讼法律关系;四是因税收民事法律关系发生争议而引发的税收民事诉讼法律关系。[①]

与民事法律关系相比,税收法律关系相对复杂。民事法律关系的主体具有基本一致的法律性质和特征。税收法律关系中各个主体的法律性质和特征不尽一致。由于国家、征税机关和纳税人是税收活动中最重要的主体,他们之间发生的法律关系理应成为最重要的税收法律关系。金子宏教授认为,税收法律关系的中心,是国家与纳税人之间的关系。[②]北野弘久教授也认为,租税法律关系,简而言之,是如何看待课税厅和纳税者之间的法律关系的问题,它历来是税法学中最大的焦点课题。[③]因此,可以把税收法律关系简化为税收宪法性法律关系和税收征纳法律关系,甚至还可以进一步把税收法律关系简化为税收征纳法律关系,也就是狭义的税收法律关系(本节以下仅对此问题进行探讨)。

如此一来,税收法律关系的特征便可概括如下:(1)税收法律关系中固有一方主体是国家或国家及其征税机关;(2)税收法律关系就具体的纳税人和具体的时空而言,是一种财产所有权或支配权单向转移的关系;[④](3)税收法律关系中双方主体享有的权利的性质不同,而义务关系在一般情况下不对等;(4)税收法律关系的产生以发生了税法规定的行为或条件为前提,这对于征纳双方都是一样的。

二、税收法律关系的构成要素

任何法律关系都是由主体、客体、内容三要素构成的,税收法律关系也不例外,其三要素之间互相联系,不可分割,形成统一的整体。

(一)税收法律关系的主体

税收法律关系的主体,简称税法主体,是指税收法律关系的参加者,即在税收法律关系中依法享有权利和承担义务的当事人。在税收法律关系中,最重要的主体是征税主体和纳税主体。

1. 征税主体

从严格意义上讲,只有国家才具有征税权。但国家是一个抽象的实体,其征税的

① 梁文永:《论人权与税权》,载《中国财税法学教育研究会2006年年会论文集》。

② [日]金子宏:《日本税法原理》,中国财政经济出版社1989年版,第23页。

③ [日]北野弘久:《税法学原论》,中国检察出版社2001年版,第158页。

④ 所谓支配权主要是就国有企业和其他国有性质的纳税人而言的。以所得税为例,国有企业的应纳税所得和征税机关就此征收的税款,都属于国家所有,税款从国有企业向征税机关转移不过是同一所有人下支配权的转移,实际上就是占有权人的变换。财产所有权则是针对除国有企业等以外的其他纳税人的。

权力通过立法授权于具体的国家职能机关来行使。在具体的税收征纳法律关系中,行使征税权的征税主体包括:各级税务机关、财政机关和海关。

2. 纳税主体

我国税法上的纳税主体包括两类:纳税人和扣缴义务人。

纳税人是最重要和最普遍的纳税主体,即指法律、行政法规规定负有纳税义务的单位和个人。按照民法中身份的不同,纳税人可分为自然人和法人;按照承担纳税义务的程度不同,纳税人可分为无限纳税义务人和有限纳税义务人。

扣缴义务人是指法律、行政法规规定负有代扣代缴、代收代缴税款的单位和个人。扣缴义务人又可以分为代扣代缴义务人和代收代缴义务人。扣缴义务人只是将他人应缴税款经手后交给税务机关,自身并不负有纳税义务,但扣缴义务人如果不履行义务应承担的法律责任与纳税人没有本质区别。所以,一些国家的税法将扣缴义务人作为纳税人的一种特殊情况来处理。

(二)税收法律关系的内容

税收法律关系的内容,是指税收法律关系主体双方在征纳活动中依法享有的权利和承担的义务,即税法主体权利和税法主体义务。它决定了税收法律关系的实质,是其核心。从范围上看,税收法律关系的内容包括征税主体的权利义务和纳税主体的权利义务。在税收法律关系中,征税主体的权利与纳税主体的义务,征税主体的义务与纳税主体的权利往往是相互对应的。

(三)税收法律关系的客体

税收法律关系的客体,简称税法客体,是指税收法律关系主体双方的权利和义务所共同指向和作用的客观对象。它是税收法律关系产生的前提、存在的载体,又是税收权利和义务联系的中介。税收法律关系的客体包括应税商品、货物、财产、资源、所得等物质财富和主体的应税行为。“从物质实体看,税收法律关系客体与征税对象较为接近,但二者又有所不同:税收法律关系的客体属于法学范畴,侧重于征税主体与纳税主体之间权利义务关系的连接,不注重其具体形态及数量关系,较为抽象;而征税对象属于税收学范畴,侧重于表明国家与纳税人之间物质利益转移的形式、数量关系及其范围,较为具体。”[①]税收法律关系客体与征税对象在许多情况下是重叠的,但是有时二者并不一致,这在实体税法中表现得较为明显。

① 徐孟洲主编:《税法学》,中国人民大学出版社2005年版,第52页。

三、税收法律关系的运行

所谓税收法律关系的运行,是指税收法律关系的产生、变更和消灭的过程。与其他法律关系一样,税收法律关系也是处于不断发生、变更和消灭的运行过程之中。

(一) 税收法律关系的产生

税收法律关系的产生是指在税收法律关系主体之间形成权利义务关系。税收法律关系的产生以引发纳税义务的法律事实为基础和标志,而纳税义务产生的标志是纳税主体进行的应当课税的行为,如销售货物,取得应税收入等,不是以征税事实的出现为标志。

(二) 税收法律关系的变更

税收法律关系的变更是指由于某一税收法律事实的发生,使税收法律关系的主体、内容或客体发生变化。引起税收法律关系变更的原因多种多样,归纳起来,主要有以下几个方面:

1. 纳税人自身的组织状况发生变化。例如纳税人发生改组、分立、合并、联营、迁移等情况需要向税务机关申报办理变更登记或重新登记,从而引起税收法律关系的变更。

2. 纳税人的经营或财产情况发生变化。例如,某企业由商品生产变为服务性经营,则由缴纳增值税改为缴纳营业税,税收法律关系因此而变更。

3. 税收机关组织结构或管理方式的变化。例如,国家税务局与地方税务局分设后,某些纳税人需要变更税务登记;申报大厅的设立,也会带来税收法律关系的某些变更。

4. 税法的修订或调整。例如,2008 年新企业所得税法实行以后,原来的分支机构纳税变为汇总纳税。诸如此类的税法修订或调整,会使税收法律关系发生量或质的变更。

5. 不可抗力。不可抗力是不能预见、不能避免并不能克服的客观事件,如地震、洪水、战争等。由于发生不可抗力,往往给纳税人造成重大财产损失,迫使纳税人停产、减产等。在此情形下,如果纳税人向主管税务机关申请减免税得以批准,则税收法律关系发生变更。

(三) 税收法律关系的终止

税收法律关系的终止是指这一法律关系的消灭,即其主体间权利义务关系的终止。税收法律关系终止的原因主要表现为:

1. 纳税人完全履行纳税义务。纳税人依法如期履行纳税义务和税务机关采取必要的法律手段,强制纳税人履行纳税义务。这是最常见的税收法律关系终止的原因。

2. 纳税义务的免除。纳税人符合法定免税条件,并经税务机关审核确认后,纳税义务免除,导致税收法律关系消灭。

3. 超过时效期间。《中华人民共和国税收征收管理法》规定:未缴或者少缴税款的,一般追缴期限为3年。超过3年,除法定的特殊情况外,即使纳税人没有履行纳税义务,税务机关也不得追缴税款,从而使税收法律关系消灭。

4. 与多纳的税款相抵消。由于征纳双方都可能存在过失,从而可能产生税款的超纳或误纳,形成征税机关的多收税款。因此,纳税人的某项具体纳税义务可以与其同类的多纳税款相充抵,从而使该项具体的税收法律关系消灭。

5. 纳税人的消失。纳税主体的消失,可以导致相应的税收法律关系消灭。例如企业破产、撤销和个人居民纳税人的死亡等。

第二节　税　　权

一、税权的概念

"税权"是一个含义丰富的概念。我国立法机关第一次正式使用"税权"一词,始于第七届全国人大第四次会议通过的《国民经济和社会发展十年规划和第八个五年计划纲要》中的"统一税政、集中税权、公平税负"。由于缺乏权威的立法解释,学界至今对"税权"的含义看法不一,莫衷一是。

笔者认为,尽管税权的探讨分歧较大,但都有其合理性的一面。笔者更赞同这样的观点:税权是国家立法机关、国家行政机关、国家司法机关在有关税收方面所拥有的各类国家权力的总称。①这里,应当从以下几个方面来把握税权的内涵:(1)税权是一种公权,是国家公权在税收领域的反映;(2)税权是专属于国家的权力;(3)税权的主体是国家,按照税权内容的不同,分别由国家立法机关、国家行政机关、国家司法机关代

① 施政文:"论征纳权利——兼论税权问题",载《中国法学》2002年第6期。

表国家(以国家的名义)来行使,这是对税权的基本定位。

【学术争鸣】

综合有关"税权"概念的界定,主要有三种观点:

(1) 税权是由国家主权派生出的、国家对税拥有的取得权(课税权)和使用权(支出权),简言之,就是国家所享有的课征和使用税的权力。①

(2) "税权是国家为实现其职能,取得财政收入,在税收立法、税款征收、税务管理方面的权力或权利,是取得财产所有权之权"。②

(3) 从国际法上看,税权是国家主权的重要组成部分,即通常所称的税收管辖权。从国内法上看,税权可以分为广义的税权和狭义的税权两类。广义的税权又可以从主体和客体两方面把握,从主体上看,第一个层次是国家与国民。其中,国家的税权包括税收权力与税收权利。国民也享有税权,即国民整体所享有的一项权力。第二个层次是发生在具体的税收征纳过程中的征税主体与纳税主体。征税主体的税权主要是税收征管权和税收入库权;而纳税主体则不仅享有上述一般国民所享有的税权,而且还享有税收减免权、退税请求权等作为纳税人才能享有的税法权利。第三个层次是有权作出征税决策的主体,即税收立法机关,其享有的税权是税收立法权。从客体上看,税权的客体实际上就是作为财政收入的最主要来源的税收收入。狭义的税权,实际上已经体现在上述广义的税权之中,它就是国家或政府的征税权或称税收管辖权,包括税收立法权、税收征管权和税收受益权(即税收入库权)。③

二、税权的内容

税权包括以下几项具体内容:

(一) 税收立法权

税收立法权,是指特定国家机关依法享有的制定、修改和废止税法的权力,即特定的国家机关依法享有的进行税收立法的权力。

1. 税收立法权的横向分配

横向分配指同级国家机关之间,主要指中央一级国家机关之间的税收立法权分

① 陈刚:"税的法律思考与纳税者基本权利的保障",载《现代法学》1995年第5期。
② 赵长庆:"论税权",载《政法论坛》1998年第1期。
③ 张守文:"税权的定位与分配",载《法商研究》2000年第1期。

配，涉及立法机关与行政机关在税收立法方面各自享有的权利范围。从世界范围看，税收立法权的横向分配可以分为独享式和共享式。独享式指税收立法权主要由立法机关享有，行政机关享有的立法权来自立法机关的委托或授权。如美国立法机关行使固有的立法职能，行政机关则行使从属的立法职权。共享式指立法机关和行政机关都享有立法权，行政机关享有的立法权部分来自立法机关的授权，部分来源于自身的职权，如法国、日本等国。

【实例演示】

我国税收立法权的横向分配

我国《宪法》规定，全国人大及其常委会制定法律，国务院制定行政法规，但对其各自可以制定法律和行政法规的事项范围却都没有明晰的界定。近年来我国强调加强全国人大及其常委会的作用，但在税收领域，国务院则在税收立法方面居主导作用：一是根据全国人民代表大会及其常委会制定的税收法律制定实施条例及有关行政法规；二是根据全国人民代表大会及其常委会的授权，拟定有关税收条例，以草案形式发布试行，待条件成熟后，再由全国人大或常委会制定法律；三是国务院可以根据宪法规定向全国人大及其常委会提出税收立法议案。此外，国务院还在未经授权的情况下，自行发布了一些税收暂行条例。

行政机关依据法律或依照授权制定大量的税收行政法规，这在我国的现实国情下有其合理的一面，但行政机关的税收立法权不可无限制的膨胀。目前，财政部、国家税务总局等发布的各种“通知”、“批复”、“办法”，涉及税收制度的方方面面，其中有些文件在某种程度上已经对税收法律、行政法规的实体性规定作出了修正，使得行政机关的立法权一定程度上侵犯了本属于立法机关的事项，违背了税收法定主义的根本宗旨。

2. 税收立法权的纵向分配

税收立法权的纵向分配则指中央机关与地方机关之间的税收立法权的分配。一般分为集权和分权两种模式。集权模式是指税收立法权被高度集中于中央，地方只有很少的或没有税收立法权，如斯里兰卡、土耳其等一些单一制国家。分权模式指税收立法权在中央和地方之间分享，如美国、加拿大等一些联邦制国家。

由于各个国家的历史传统、民族习惯、地理环境、国家性质以及国家结构形式等不同，税收立法权限体制也各不同，即使在同一个国家的不同时期，对税收立法权限划分的规定也可能有所不同。

【实例演示】

我国税收立法权的纵向分配

我国是单一制的国家,在税收立法方面,历来强调税收管理权限要高度集中在中央。1994年税制改革中,屠宰税和筵席税下放地方管理,各省、自治区、直辖市人民政府可以根据本地区经济发展的实际情况,自行决定继续征收或者停止征收。继续征收的地区,省、自治区、直辖市人民政府可以根据《中华人民共和国屠宰税暂行条例》和《中华人民共和国筵席税暂行条例》的规定,制定具体征收办法,并报国务院备案。此外,在城镇土地使用税等几个小税种中有在中央规定的税率幅度内决定本行政区域适用税率的权力等。

(二)税收执法权

税收执法权,是指法定的涉税国家行政机关依照税法及其他相关法律文件的规定进行税款征收以及税务管理等具体行政行为的权力。不同国家由于国情不同,其具体的税收执法权内容也有一些差异。不过,一切与税收执法相关的权力都可以被包括在税收执法权的外延之内。根据税收执法权的不同用途,可以将这些庞杂的具体权力分为以下五类:

1. 税收管理权

税收管理权是税收执法主体为了完成税款征收而享有的一系列基础性的管理性权力,具体包括税收登记权、账簿凭证管理权、发票管理权、资格审核权等,税收管理权是税收执法权顺利行使的前提,没有税收管理权作基础,税收执法就无法做到"有的放矢"。

2. 税款征收权

税款征收权是税收执法主体根据相关税收法律法规的规定,要求纳税人足额缴纳相应税款、并视情况决定是否对给予特定纳税人减税、免税、退税、缓征等税收特别待遇的权力,包括税款征收权、纳税申报受理权、漏管漏征清理权、税收减免权、出口退税审核权、缓征税收审批权等。税款征收权是税收执法权的核心,其他的税收执法权都不得不围绕税款征收权展开。

3. 税收检查权

税收检查权是税收执法主体以国家税收法律、法规和财务会计制度等为依据,对纳税人、扣缴义务人履行纳税义务、扣缴税款义务的情况进行审查监督并在发现其有违法现象时进行检查和处理的权力，具体又可分为狭义的税收检查权和税收稽查权。①税收检查权是一项较为重要的权力，对纳税人的商誉和正常生产经营影响较大，同时也是税收执法主体发现税收违法行为的重要手段和主要途径。

4. 税收保障权

税收保障权是税收执法主体为了保证税款的足额及时征收入库，遏制破坏税收征管秩序的违法行为及打击纳税人的偷漏逃税行为所享有的一系列保障性权力，包括税收优先权、税收保全措施权、税收强制执行权、税收处罚权等。税收保障权是税收执法权顺利运作的保证，有了这个保证，前面提到的税收管理权、税款征收权、税收检查权才能真正具有威慑力，从而真正发挥应有的作用。

5. 税收复议权

税收复议权是指在纳税人将其与税收执法主体在税收执法过程中产生的争议提交法定机关进行复议时，该复议机关所具有对该引起争议的税收执法行为进行复查并作出相应裁决的权力。税收复议权的设置为纳税人提供了一种有效的救济途径，同时对税收执法主体的执法行为合法化、合理化也是一种有力的监督和促进，有利于征纳双方权利义务的平衡。

（三）税收司法权

我国《宪法》中没有出现“司法”、“司法权”、“司法机关”等字样。根据我国《刑法》第 94 条规定：“本法所称司法工作人员，是指有侦查、检察、审判、监管职责的人员。”实践中，税收司法有广义和狭义之分。狭义上的税收司法权，是指人民法院按照法律规范审判税收案件的权力。广义上的税收司法权，是指公安机关、人民检察院和人民法院等国家司法机关，在宪法和法律、行政法规规定的职权范围内，按照法定程序对税收案件进行侦查、检察、审判，并使依法作出的判决、裁定得以执行的权力。在此是从广义上探讨税收司法权。税收司法权的特点：

1. 独立性

独立性，是指税收司法机关依法独立行使司法权，不受行政机关、社会团体和个人的干涉。我国《宪法》第 126 条规定：“人民法院依照法律规定独立行使审判权，不受行政机关、社会团体和个人的干涉”，这是我国税收司法权独立的宪法依据。与西方国家

① 二者呈现一种交叉关系，其根据是《关于进一步加强税收征管基础工作若干问题的意见》（国税发〔2003〕124 号）中提出的三个基本原则：征收管理部门与稽查部门在税务检查上的职责范围要按照以下三个原则划分：一是在征管过程中，对纳税人、扣缴义务人履行纳税义务的日常性检查及处理由基层征收管理机构负责；二是税收违法案件的查处（包括选案、检查、审理、执行）由稽查局负责；三是专项检查部署由稽查局负责牵头统一组织。

相比,我国的司法独立只是法院的独立,而非负责具体审判的法官的独立。

2. 公正性

税收司法公正性是指法院在审判时必须处于裁判的地位,不偏不倚,认真听取诉讼双方的意见,然后作出公正、正确的判断。税收司法的公正性还要求法院“不告不理”,对税务案件要在当事人起诉的范围内作出判决,非因诉方、控方请求不得主动干预。

3. 终局性

终局性,是指行使司法权作出的生效判决、裁定是就具体诉讼标的的最后结果,当事人必须履行有关判决、裁定,其具有的最终确定力和执行力毋庸置疑。

4. 专业性和复杂性

专业性,就是指对税收案件行使司法权时,应当熟悉法律法规、税收政策和税收征管工作,了解税收征管机关、纳税人和其他税务当事人进行税务活动的特点,基本懂得与税收业务有关的财务会计知识,比较全面地考察案件当事人的行为对国家权益的影响。复杂性是由税收案件的专业性决定的。由于税收案件的专业性,使税务纠纷案件当事人或者违法当事人在实施行为时,会采取多种多样的专业手段,使对税收案件的办理复杂化。

【延伸拓展】

我国没有独立的税务司法机关,在一些地方建立了附属性的税收司法组织,如税务机关与公安机关合办的“税务公安派出所”、“涉税犯罪侦察室”,与检察机关合办的“税务检察室”,与法院合办的“税务审判庭”、“涉税案件执行室”等,对税收司法职能的实现起到了积极的作用,但存在没有法律依据、稳定性不强、职能有限等弊端。①完善我国税收司法的思路是:第一,设立专门的税收司法组织。世界上很多国家都设立了独立的税收司法组织,如美国、加拿大、德国、意大利、俄罗斯等国都设有独立的税务警察机构,专门负责税务案件的侦查;而德国、美国、日本等国也都设立了独立的税务法院,专门负责税务案件的审判。第二,培养专职的税务律师。在当前税务律师比较缺乏的情况下,可以赋予税务代理人诉讼代理权。第三,建立一套适应税务案件的诉讼制度。赋予税法审判机关独立的、不受行政干涉的税法解释权,建立税务案件中举证责任的分配、举证责任倒置及证明程度等制度;建立税务案件的证据制度,如庭前证据开示制度、证据交换制度、证据收集程序以及非法证据的排除规则等。

---

① 金人庆:《中国当代税权要论》,人民出版社2002年版,第223页。

第三节 纳税人的权利

从税收法律关系的内容来看,与纳税人有关的税收法律关系主要是纳税人与国家之间的税收法律关系以及纳税人与税收征管机关之间的税收法律关系,前者主要由宪法来规范和调整,后者则主要由一般税收实体法和程序法来调整,因此可将纳税人权利划分为纳税人宪法上的权利和纳税人税法上的权利。

一、纳税人宪法上的权利

纳税人是公民的重要组成部分,所以宪法对公民在政治、经济、文化等方面的权利规定均适用于纳税人。此外,基于税收国家对纳税人的特殊依赖,纳税人在宪法上依其身份应当享有一定的特殊权利,来监督国家征税权和用税权的行使。这里,根据纳税人享受权利所处的地位和角色将纳税人宪法上的权利划分为消极防御权和积极参与权。

(一)纳税人宪法上的消极防御权

纳税人在宪法上的消极防御权是以人权和公民基本权利的视角,"强调纳税人权利保护的底线"。[①]在现代民主国家,纳税人的这部分权利一般都可从宪法中业已存在的权利中找到诠释,而无需重新创设。纳税人在宪法上的消极防御权主要有:

1. 纳税人的财产权

对纳税人而言,其最重要的宪法权利首先是财产权。我们说,征税是对纳税人财产的合法剥夺,但"财产权依赖于一个乐于征税和花钱的政府"。尽管如此,如果宪法不承认或者不保护纳税人的财产权,必然使税源枯竭、无税可征。因此有效的财产权必然反对课税过度,提倡平等课税,坚持税收法定主义,其存在对征税构成有力制约,而且纳税人向国家缴税也是为了国家保护其缴税之后其他剩余财产的安全。我国《宪法》第13条规定之"公民的合法的私有财产不受侵犯"已经从实质上确认了纳税人的

① 刘剑文、熊伟:《税法基础理论》,北京大学出版社2004年版,第87页。

财产权这一宪法权利。

2. 纳税人的生存权

纳税人的生存权是对税收国家一项不可抗拒的权利要求,税收的任何征收均不得侵犯纳税人的生存权,并保障纳税人维持基本生活的权利。具体包括:其一,税法规定最低课税限度,以确保纳税人生存权免受侵犯;其二,税法将生存权性质的财产,排除在课税范围之外,即使课税也适用较其他类型财产更低的税率。

【延伸拓展】

纳税人维持生活所必需的住房和用品排除在税收保全措施和税收强制执行措施之外,纳税人这一权利在我国《宪法》中并无体现,但在2001年修订的《中华人民共和国税收征收管理法》第38条中规定:"个人及其所抚养家属维持生活必需的住房和用品,不在税收保全措施的范围之内。"体现了对纳税人财产权的确认和保护。

3. 纳税人的平等权

我国《宪法》第33条规定:"中华人民共和国公民在法律面前一律平等"。纳税人平等权主要体现在:其一,不受歧视权。纳税人应获得税法适用的平等对待,既不因其身份地位不同而享有任何特别的税收待遇,也不因民族、宗教、肤色、出身、语言等而受到任何不利的税收待遇。其二,应能负担的权利。

4. 纳税人的自由权

纳税人享有的宪法上的自由权,具体包括人身自由权、人格尊严权和隐私机密权等内容。

其一,人身自由权。我国《宪法》第37条也规定:"中华人民共和国公民的人身自由不受侵犯。"据此,纳税人除依法被限制人身自由外,其他任何形式的税收征管均不得侵犯其人身自由权。

其二,人格尊严权。我国《宪法》第38条规定:"中华人民共和国公民的人格尊严不受侵犯。"据此,纳税人的人格尊严权应受到两方面的保护:一是即使有证据证明纳税人确有偷税、漏税、欠税、逃税等违法行为时,纳税人也有权维护并要求税务机关切实保护其人格尊严。二是税务机关在尚无真凭实据证明某一违法事实或行为存在的情况下,应首先认定纳税人是诚实的,是可以信赖的。[①]

---

① 涂龙力等:《税收基本法研究》,东北财经大学出版社1998年版,第147—148页。

【法条连接】

加拿大《纳税人权利宣言》赋予纳税人诚实推定的权利，“你有权被认定为诚实，除非有相反的证据”。[①]澳大利亚《纳税人宪章》也规定，“除非纳税人行为有异，应视纳税人是诚实地处理有关税务事宜。”

其三，隐私机密权。《公民和政治权利国际公约》对隐私权的规定为“任何人的私生活、家庭、住宅和通信不得加以任意或非法干涉”。[②]对于纳税人而言，其隐私权不仅涉及个人及其家庭重大隐秘事项，还包括虽不重大却为当事人所不愿为人知晓的个人信息以及与其生存、发展有关的经济信息、经营管理秘密等内容。这项权利对维护纳税人的人格尊严及自由权非常重要。

【法条连接】

OECD《纳税人宣言》范本中规定的隐私权内容为“所有纳税人有权要求税务机关不要过分侵害纳税人的权利。纳税人有权拒绝税务机关无理搜查住宅及被要求提供与正常课税并不相关的信息”。[③]美国《纳税人权利宣言》第2条专门规定了隐私与机密的权利——“除非法律允许，国内收入署不应向任何人泄露你提供给我们的信息。你有权知道我们为什么要求你提供信息，我们将如何使用这些信息，以及如果你不提供所要求的信息将会有什么后果”。[④]英国《纳税人权利宪章》也规定了隐私与保密的权利——“您提供给税务局和海关的有关您纳税事务的信息，将被严格保密，只在法律允许的范围内使用”。加拿大《纳税人权利宣言》中规定了“隐私与机密权”——“你有权要求我们仅为法律允许的目的使用你所提供的个人与财产信息”。[⑤]《中华人民共和国税收征收管理法》第8条第2款也规定：“纳税人享有保密权，即纳税人、扣缴义务人有权要求税务机关为纳税人、扣缴义务人的情况保密。税务机关应当依法为纳税人、扣缴义务人的情况保密。”

① 甘功仁：《纳税人权利专论》，中国广播电视出版社2003年版，第196页。
② 参见《公民和政治权利国际公约》，载 http://news.xinhuanet.com/ziliao/2003-01/20/content_698226.htm。
③ 万幸：“美国及其他国家关于纳税人权利的保护”，载财税法网（http://www.cftl.cn）。
④ 甘功仁：《纳税人权利专论》，中国广播电视出版社2003年版，第189页
⑤ 甘功仁：《纳税人权利专论》，中国广播电视出版社2003年版，第196页。

(二) 纳税人在宪法上的积极参与权

纳税人在宪法上的积极参与权,即"从现行宪法精神中构造出来的一项旨在维护纳税者对税的课征与支出两个方面进行民主化管理的权利,它也是社会主义民主原则在税财政领域中的具体体现"。[①]实践中,纳税人通常会作为一个整体或者通过选举出相应的代议机关来行使这些权利。

1. 参与税收立法权

"税收国家"之税权来源于纳税人之授权,授权方式就是通过由公民选举自己的代表组成代表机构制定法律授予国家权力。税法的制定权应当保留于民意代表机构,民意代表将广大公民(包括纳税人)的意愿集中起来体现在所制定的法律中,非经民意代表机构授权,任何机关不得制定税收法规,即使经过授权的机关制定的税收法规,仍然需要接受代表机构的监督和审查。[②]

2. 公共物品选择权

纳税人作为公共物品费用的主要提供者,在其履行了为公共物品提供资金的义务之后,自然就取得了选择、决定和享用公共物品的权利。我国每年召开人民代表大会对财政支出预算案的审议和通过都是这一权利的具体体现。

【税法动态】

纳税人通过自己选举的人大代表间接行使公共物品选择权,人大代表之外的纳税人无从了解到财政预算报告的内容,也就无从知晓自己缴纳税款的去向。2004 年参加全国人民代表大会广东团人大代表就此问题提出一份名为《推进预算公开打造阳光财政》的重磅议案,建议政府应向全社会公开财政预算,让全体纳税人都了解税款的去向。遗憾的是,由于种种原因这一议案最终并未获得通过。

3. 享受公共物品权

享受公共产品的权利既是纳税的结果,又是税收得以继续的原因。纳税人之所以向国家纳税,是因为国家由此取得财政收入,才能满足公共开支的需要,为公民提供公共服务。因此享受公共物品权是纳税人应有的权利。

---

① 陈刚:"宪法化的税法学与纳税者基本权——代译者序",载[日]北野弘久:《税法学原论》,中国检察出版社 2001 年版,第 31 页。

② 甘功仁:《纳税人权利专论》,中国广播电视出版社 2003 年版,第 60 页。

4. 言论自由权

言论自由权即容许纳税人在不违反宪法的前提下自由发表意见和观点，目的在于保证纳税人的意愿和意见得到有效的传达，并使国家税权运行真正处于纳税人的监督之下。

5. 税收征收的监督权

税收征收的监督权，是纳税人对国家立法机关制定税收法律、税务行政机关执行国家税收法律的情况，进行总体评价和监督的权利，与在具体的税收征纳过程中纳税人对税务机关及其税务人员进行的一对一的监督是不同的。

6. 税收使用的监督权

税收使用的监督权，即对国家财政支出的监督权。我国的财政支出主要是对纳税人缴纳的税收的使用过程，政府根据纳税人的授权而成为纳税人缴纳税收的托管人和支配者，纳税人理所当然享有监督权。然而在我国，一方面，没有建立保障纳税人参与监督管理公共资金支配使用的健全制度；另一方面，纳税人缺乏参与对公共资金监督管理的意识，这样政府便成了单纯税收征收和支配权力的拥有者，纳税人则成为单纯缴纳税收的义务人，现实的税收法律关系中，国家与纳税人尚未处于真正的平等地位。

二、纳税人税法上的权利

纳税人税法上的权利是其宪法权利在税收领域的具体化。目前，我国纳税人税法上的权利大都属于程序性权利，这主要是因为税收实体性权利是静态意义上的权利，主要围绕"纳税人的收入和财产不被非法征收"①这一核心设置的，大都已在宪法上予以体现。相对于纳税人的宪法权利来说，纳税人税法上的权利更多体现出工具主义的色彩，其设置往往着眼于从程序上保护纳税人的宪法权利。2009 年 11 月 6 日，国家税务总局根据《中华人民共和国税收征收管理法》及其实施细则和相关税收法律、行政法规的规定，发布了《关于纳税人权利与义务的公告》。按照纳税人与行政机关发生的不同法律关系，纳税人税法上的权利可以分为如下几种。

（一）知情权

纳税人有权了解国家税收法律、行政法规的规定以及与纳税程序有关的情况。包括：现行税收法律、行政法规和税收政策规定；办理税收事项的时间、方式、步骤以及需

① 施正文：《税收程序法论——监控征税权运行的法理与立法研究》，北京大学出版社 2003 年版，第 162 页。

要提交的资料;应纳税额核定及其他税务行政处理决定的法律依据、事实依据和计算方法;与税务机关,在纳税、处罚和采取强制执行措施发生争议或纠纷时,可以采取的法律救济途径及需要满足的条件。

(二) 保密权

纳税人有权要求为其情况保密。主要包括:技术信息、经营信息和纳税人、主要投资人以及经营者不愿公开的个人事项。但根据法律规定,税收违法行为信息不属于保密范围。

(三) 税收监督权

纳税人对违反税收法律、行政法规的行为,如税务人员索贿受贿、徇私舞弊、玩忽职守,不征或者少征应征税款,滥用职权多征税款或者故意刁难等,都可以检举和控告。同时,对其他纳税人的税收违法行为也有权进行检举。

(四) 纳税申报方式选择权

纳税人可以直接到办税服务厅办理纳税申报或者报送代扣代缴、代收代缴税款报告表,也可以按照规定采取邮寄、数据电文或者其他方式办理上述申报、报送事项。

(五) 申请延期申报权

纳税人如不能按期办理纳税申报或者报送代扣代缴、代收代缴税款报告表,应当在规定的期限内提出书面延期申请,经核准,可在核准的期限内办理。

(六) 申请延期缴纳税款权

纳税人因有特殊困难①,不能按期缴纳税款的,经批准,可以延期缴纳税款,但是最长不得超过三个月。

(七) 申请退还多缴税款权

纳税人超过应纳税额缴纳的税款,税务机关发现后,将自发现之日起10日内办理

① 满足以下任何一个条件,均可以申请延期缴纳税款:一是因不可抗力,导致正常生产经营活动受到较大影响的;二是当期货币资金在扣除应付职工工资、社会保险费后,不足以缴纳税款的。

退还手续;如纳税人自结算缴纳税款之日起三年内发现的,可以向税务机关要求退还多缴的税款并加算银行同期存款利息。

(八) 依法享受税收优惠权

纳税人可以依照法律、行政法规的规定书面申请减税、免税。

(九) 委托税务代理权

纳税人有权就办理、变更或者注销税务登记、除增值税专用发票外的发票领购手续、纳税申报或扣缴税款报告、税款缴纳和申请退税、制作涉税文书、审查纳税情况、建账建制、办理财务、税务咨询、申请税务行政复议、提起税务行政诉讼以及国家税务总局规定的其他业务等事项,委托税务代理人代为办理。

(十) 陈述与申辩权

纳税人对税务机关作出的决定,享有陈述权、申辩权。如果纳税人有充分的证据证明自己的行为合法,税务机关就不得对其实施行政处罚;即使纳税人的陈述或申辩不充分合理,税务机关也会解释实施行政处罚的原因,不会因申辩而加重处罚。

(十一) 拒绝检查权

税务人员进行税务检查时,应当出示税务检查证和税务检查通知书;对未出示税务检查证和税务检查通知书的,纳税人有权拒绝检查。

(十二) 税收法律救济权

纳税人对税务机关作出的决定,依法享有申请行政复议、提起行政诉讼、请求国家赔偿等权利。

(十三) 依法要求听证的权利

对纳税人作出规定金额以上罚款的行政处罚之前,税务机关会送达《税务行政处罚事项告知书》,告知已经查明的违法事实、证据、行政处罚的法律依据和拟给予的行政处罚。对此,纳税人有权要求举行听证。为税务机关指定的听证主持人与本案有直接利害关系,纳税人有权申请主持人回避。

(十四)索取税收凭证的权利

税务机关征收税款时,必须开具完税凭证①;扣押商品、货物或者其他财产时,必须开付收据;查封商品、货物或者其他财产时,必须开付清单。

在税收法律关系中,权利与义务是对等的,纳税人在享有权利的同时也必须承担相应的义务。

【延伸拓展】

国家税务总局在《关于纳税人权利与义务的公告》中,告知纳税人在纳税过程中负有以下义务:

(一)依法进行税务登记的义务

纳税人应当自领取营业执照之日起30日内,持有关证件,向税务机关申报办理税务登记;同时,应当按照规定使用税务登记证件,不得转借、涂改、损毁、买卖或者伪造税务登记证件。

(二)依法设置账簿、保管账簿和有关资料以及依法开具、使用、取得和保管发票的义务

纳税人应当按照有关法律、行政法规和国务院财政、税务主管部门的规定设置账簿,根据合法、有效凭证记账,进行核算;从事生产、经营的,必须按照国务院财政、税务主管部门规定的保管期限保管账簿、记账凭证、完税凭证及其他有关资料;不得伪造、变造或者擅自损毁账簿、记账凭证、完税凭证及其他有关资料;此外,在购销商品、提供或者接受经营服务以及从事其他经营活动中,应当依法开具、使用、取得和保管发票。

(三)财务会计制度和会计核算软件备案的义务

财务、会计制度或者财务、会计处理办法和会计核算软件,应当报送税务机关备案。如果纳税人的财务、会计制度或者财务、会计处理办法与国务院或者国务院财政、税务主管部门有关税收的规定相抵触,应依照国务院或者国务院财政、税务主管部门有关税收的规定计算应纳税款、代扣代缴和代收代缴税款。

(四)按照规定安装、使用税控装置的义务

纳税人应当按照规定安装、使用税控装置,不得损毁或者擅自改动税控装置。如未按规定安装、使用税控装置,或者损毁或者擅自改动税控装置的,税务机关将责令限

① 扣缴义务人代扣、代收税款时,纳税人要求扣缴义务人开具代扣、代收税款凭证时,扣缴义务人应当开具。

期改正，并可根据情节轻重处以规定数额内的罚款。

（五）按时、如实申报的义务

纳税人必须依照法律、行政法规规定或者税务机关依照法律、行政法规的规定确定的申报期限、申报内容如实办理纳税申报，报送纳税申报表、财务会计报表以及税务机关根据实际需要要求报送的其他纳税资料；即使在纳税期内没有应纳税款，也应当按照规定办理纳税申报；享受减税、免税待遇的，在减税、免税期间应当按照规定办理纳税申报。

（六）按时缴纳税款的义务

纳税人应当按照法律、行政法规规定或者税务机关依照法律、行政法规的规定确定的期限，缴纳或者解缴税款；未按照规定期限缴纳税款或者未按照规定期限解缴税款的，税务机关除责令限期缴纳外，从滞纳税款之日起，按日加收滞纳税款万分之五的滞纳金。

（七）代扣、代收税款的义务

如果按照法律、行政法规规定负有代扣代缴、代收代缴税款义务的，必须依照法律、行政法规的规定履行代扣、代收税款的义务；纳税人拒绝的，应当及时报告税务机关处理。

（八）接受依法检查的义务

纳税人有接受税务机关依法进行税务检查的义务，应主动配合税务机关按法定程序进行的税务检查，如实反映自己的生产经营情况和执行财务制度的情况，并按有关规定提供报表和资料，不得隐瞒和弄虚作假，不能阻挠、刁难检查和监督。

（九）及时提供信息的义务

纳税人除通过税务登记和纳税申报向税务机关提供与纳税有关的信息外，还应及时提供其他信息，如歇业、经营情况变化、遭受各种灾害等特殊情况。

（十）报告其他涉税信息的义务

1. 与关联企业之间的业务往来，向当地税务机关提供有关的价格、费用标准等资料；

2. 有欠税情形而以财产设定抵押、质押的，应当向抵押权人、质权人说明欠税情况。

3. 有合并、分立情形的，应当向税务机关报告，并依法缴清税款。合并时未缴清税款的，应当由合并后的纳税人继续履行未履行的纳税义务；分立时未缴清税款的，分立后的纳税人对未履行的纳税义务应当承担连带责任。

4. 纳税人从事生产、经营，应当持税务登记证件，在银行或者其他金融机构开立基本存款账户和其他存款账户，并自开立基本存款账户或者其他存款账户之日起15日内，向主管税务机关书面报告全部账号；发生变化的，应当自变化之日起15日内，向主管税务机关书面报告。

5. 纳税人欠缴税款数额在5万元以上，在处分不动产或者大额资产之前，应当向税务机关报告。

思考题

1. 税收法律关系的性质是什么?
2. 简述税权的主要内容。
3. 简述纳税人的权利。

第四章 税收规避

【学习目的】

要求学生了解减轻税负采取的办法有节税、避税与逃税。节税是合法的，避税是脱法的，逃税是违法的。在实务操作中，把握三种税收规避的性质，采用合法节税的方法来减轻税负，以防范税收风险。

第一节 税收规避的概念

税收规避有广义和狭义之分。广义的税收规避包括各种正当的和不正当的规避行为，即节税行为和狭义的避税行为，甚至包括逃税行为。狭义的税收规避，是指为了规避税法，避免纳税义务成立，而采取的不正当的行为。本章重点研究节税与狭义的避税。

一、节税的概念

节税是指纳税人在不违背税法立法精神的前提下，在税法规定许可的范围内，利用税法中固有的起征点、免征额、减免税等一系列优惠政策和税收惩罚等倾斜调控政策，通过对企业经营、筹资、投资、理财等活动的事先安排和筹划，尽可能地取得节约税收成本的税收收益。节税具有以下特点：

1. 合法性。合法性是节税筹划最基本的特点。从节税的概念可以看出，节税只能在法律许可的范围内，以不违反国家现行的税收法律、法规为前提，在对国家制定的税法进行比较分析、研究后,作出的纳税优化选择。因此,纳税人应具备相当的法律知识,尤其是熟悉相关的税收法律知识,并能够准确地把握合法与不合法的界限。

2. 超前性。超前性是事先规划、设计、安排的意思。在经济活动中,纳税义务通常具有滞后性。企业交易行为发生后才缴纳增值税或销售税;收益实现或分配之后,才缴纳所得税;财产取得之后,才缴纳财产税。这在客观上提供了对纳税事先作出筹划的可能性。另外,经营、融资、投资和理财活动是多方面的,税法规定也是有针对性的。纳税人和征税对象的性质不同,税收待遇也往往不同,这在另一个方面为纳税人提供了可选择较低税负决策的机会。

3. 目的性。目的性表示纳税人要取得"节税"的税收利益。节税是一种理财活动,也是一种筹划活动,而纳税人的策划活动总是为了实现一定的意图和目标而进行的,没有明确的意图和目的就无法进行筹划。在节税筹划中,一切选择和安排都围绕节约税收成本的目标而进行,以实现企业利益的最大化和使其合法权益得到充分享受与行使。这里有两层意思:一层是选择低税负。低税负意味着较低的税收成本,较低的税收成本又意味着较高的资本回报率;另一层是滞延纳税时间(不是指不按税法规定期限缴纳税收的欠税行为)。纳税期的推后,也许可以减轻税收负担(如避免高边际税率),也许可以降低资本成本(如减少利息支出)。不管是哪一种,其结果都是税收成本的节约,即"节税"。

4. 时效性。时效性表示节税要紧跟时事变化。国家的税收政策法令是纳税人进行理财的一个外部环境,它实际上给纳税人的行为提供了空间,纳税人只能适应它,而无法改变它,节税受现行的税收政策法令所约束。然而,任何事物都是不断向前发展的,国家税收政策法规也不例外。纳税人面对的行为空间并不是一成不变的。随着国家政治、经济形势的变化,国家的税收法律也会不断修正和完善。纳税人在进行节税筹划时,必须随时注意税收政策和法律的变化,及时作出相应的变动与调整。

5. 专业性。专业性表示节税要具备综合的专业知识。节税是纳税人对税法的能动运用,是一项专业技术性很强的筹划活动。它要求筹划者要精通国家税收法律、法规,熟悉财务会计制度,更要时刻清楚如何在既定的纳税环境下,组合成能够达到实现企业财务管理目标,节约税收成本的目的。

二、避税的概念

所谓"避税"是指纳税人在充分了解现行税法的基础上,通过掌握相关会计知识,在不触犯税法的前提下,对经济活动的筹资、投资、经营等活动作出巧妙安排,这种安排手段处在合法与非法之间的灰色地带,达到规避或减轻税负目的的行为。从避税概念的定义中，我们可窥视到避税行为的特征：

1. 主观故意性[①]

从主观动机看，纳税人必须存在避税意图，避税者是有意钻税法的漏洞。换言之，避税必须是具有规避意图的行为，如果人们因为误解法律、欠缺经验、不成熟等，而选择不相当的法律形成时，则不属于避税所把握的范围。

2. 形式合法性[②]

避税是纳税人利用私法自治、契约自由原则对于法律形式的形成可能性，在欠缺合理的理由的情况下，而选择与正常经济交易的常规形式相异的法律形式，达成与通常交易形式同一的经济结果，同时因规避了对应于通常使用的法律形式的课税要件，实现减轻或排除税收负担的行为。这种行为外观上并不违反法律的形式规定或文义规定，且是私法上适法有效的行为，因而具备形式的合法性。

3. 实质违法性[③]

为了减轻税负而采取了脱法手段的避税行为并不违法，但不能因此认定其是合法行为，因为其毕竟是利用法律上漏洞所为的行为，人为地事后割断私法和税法的连接点，导致原本应当成立的纳税义务未能成立，未尽到一个诚信纳税人应尽的义务，其行为结果客观上造成税收收入的不当流失，使其他守法诚信的纳税人的平等负担的权利受到侵犯，因此其实质是违反税法宗旨的，具有实质违法性。

【学术争鸣】

关于避税行为的法律性质，法学界曾有合法、违法与脱法的不同界定。持合法观点者认为避税具有合法性的理由是：避税行为并不违反税法的文义规定，且是私法上适法有效的行为，选择何种行为方式是纳税人的行为自由，因而避税具有合法性。持违法观点者认为避税虽形式合法但实质违法，它违反了税法的宗旨，不符合量能课税的公平原则，有损税法的实质正义，因此应定性为违法，并应予以法律规制。持脱法观点者认为避税是为了实现一定的行为目标，利用了法律上的漏洞，虽然与法律的宗旨相抵触，但在法律上对其却无法适用。避税处于既不合法也不违法的灰色地带，属于“非违法”或“脱法”的性质。第一种观点因为避税行为越演越烈，进而导致税收功能实现的严重障碍以及避税规制的现实必要性而渐渐被多数学者所摒弃，而第三种观点应

① 陈少英：《中国税法问题研究》，中国物价出版社2000年版，第342页。
② 刘剑文、丁一：“避税之法理新探（上）”，载《涉外税务》2003年第8期。
③ 刘剑文、丁一：“避税之法理新探（下）”，载《涉外税务》2003年第9期。

为税法学界现今的主流观点——避税行为是脱法。

三、节税、避税和逃税的比较

节税、避税和逃税，反映在经济上虽然都能为纳税人降低税收成本，但节税、避税与逃税在本质上是完全不同的。对于大多数纳税人来说，往往将节税与避税，甚至偷税、逃税等税收违法行为等同起来。而且，许多纳税人所作的筹划方案既不规范也不合理，有一部分实际上是偷税、逃税的违法行为。这样，纳税人将面临被税务机关处罚的风险。因此，必须清楚地了解节税与避税、逃税的区别。

“节税”是纳税人为了维护自身的利益，在遵守国家政策、法律的前提下，通过合法、合理的手段进行的安排。“避税”是指纳税人利用税法中的漏洞和含糊之处，曲解税法，规避纳税义务，具有一定的隐蔽性。从表面看似乎是合法的，不是对法定义务的抵制和对抗。但实际上有悖于国家的立法意图，因此税务机关是坚决反对，并采用有效措施予以制止的。“逃税”则是指纳税人利用非法手段，例如隐瞒收入、涂改账簿和资料等手段，欺诈性地逃避税法规定的纳税义务的行为，是国家坚决予以打击和严惩的。逃税属于低素质纳税人的所为，而避税者往往素质较高，通过对现行税法的了解甚至研究，找出其中的漏洞，加以巧妙安排。

税收违法行为由于有相关法律、法规的明文规定，其内涵、外延比较明晰，税务机关和司法机关认定的难度并不大。在法制相对并不完善的情况下如何认定避税行为就变得十分重要了。我国理论界一般把节税与避税的分歧基点放在立法意旨的遵从程度，但立法中尚未规定“避税行为”的定义。一般认为，纳税者的行为被界定为避税行为时，至少要具备三个客观要件：一是纳税者采用了不相应的方法或选择了异常的行为形式；二是纳税者根据其所实施的前条规定行为达到了与选择通常的行为形式为同一经济目的；三是纳税者通过上述方式减轻了大额的租税。①至于主观要件则一定是故意。现代社会经济自由在不断扩展，纳税人安排商业交易时肯定会考虑税收因素，从中选择有利于避税的法律行为或事实。

【延伸拓展】

避税是属于税收法律意志企图予以控制但却是已存法律不能成功办到的行为，因

① [日]北野弘久：《税法学原论》，中国检察出版社2000年版，第148—149页。

为避税行为的发生是由于税法的具体规定和具体制度存在的内在缺陷。纳税人在进行避税活动时,必须是在法律许可或未能涉及的领域来进行。国家或政府在对一种行为或事实判定为避税时,必须有法律和事实作为根据。

一般地,判断避税是否存在以实质重于形式为标准。实质重于形式这一标准,是法律对一件事实的适用性,不仅要求这一事实和法律条文的要求相一致,还要求它与法律意图相一致,否则就是不适用的。通行的做法是:(1)检验经济上的实质关系与法律上形式条件是否一致。有一判例的判词是这样阐明的:"一个人在法律上即使不属于一项所得的所有人,但在事实上有权享受此项所得,或有权基于本身的利益控制该所得的处置问题,则可认为该人为该项所得的有效拥有者。"(2)是否存在虚伪的因素。"虚伪"即指用以蒙蔽事实的主要方法,或利用人为的或异常的法律上的形式。"一项虚伪的现象,必定有一被隐蔽的真实交易来代替。"(3)有无经营上的目的。如果没有合理的经营上的目的,则此类交易上的行为即为税收法律上所不可接受的。比如,获取盈利是商品经营活动最主要、直接的目的,而一项不以获取利润为目的的交易(不是由于客观因素无法获得盈利),则要考虑是否存在避税的动机。以上标准通常应用于采用成文法的国家。

第二节 合法节税的方法

一、企业经营中的节税方法

(一) 企业设立的节税筹划

国家出于政治或经济方面的考虑,对于不同性质的企业规定不同的征税办法,正是这些税收政策规定的不同,给企业的纳税筹划提供了空间。

【实例演示】

有限责任企业和股份制企业的选择

从税收负担的角度来讲,公司形式以股份有限公司更为有利。因为:(1)我国税法鼓励投资的有关税收减免政策,主要是以股份有限公司为适用对象,企业以这种形式出现,可获得更多的税收优惠;(2)就股东而言,采用这种企业形式进行生产经营也可以享受一定的税收优惠待遇。比如股份制企业的股东个人所获资本公积金转增股本时,不征收个人所得税。

(二)从属机构的节税筹划

办事处、分公司和子公司这三种形式的从属机构在税收上各有利弊。从法律上讲,子公司属于独立法人,而分公司和办事处不是独立法人,它们的不同之处在于:子公司是独立法人企业,应独立计算并独立申报纳税,分公司和办事处不是独立法人企业,由总公司进行核算盈亏和统一纳税,如果有盈亏的,分公司或总公司可以相抵后才缴纳所得税,使当期税负相对较轻。子公司承担全面纳税义务,分公司和办事处仅承担有限纳税义务。子公司是独立法人,可以享受税收优惠;后者作为非独立法人,则不能享受这些优惠待遇。

在从属机构静态筹划的基础上,可以进一步进行动态筹划,即在不同的经营时期设立不同的从属机构。

【实例演示】

在生产经营初期先设立分公司或办事处,待生产经营走上正常轨道后,再改为设立子公司,因为在设立初期,其产生亏损的可能性极大,这时,采用分公司或办事处的形式进行经营活动,如果其经营亏损,则可用来抵减总公司的利润,从而减少总公司当期应纳税的所得额。待生产经营走上正常轨道出现盈利后,改为设立子公司,则可以充分利用国家对新办企业的税收优惠政策进行筹划。

(三)员工结构的节税筹划

凡企业年度安置城镇待业人员人数占职工总数超过一定比例的,可享受税收优惠。因此,企业应积极选拔下岗职工来企业工作。

(四)企业分立的节税筹划

企业在比例税率条件下分立产生的所得税筹划机会取决于各方适用税率不同的条件,如果分立各方的适用税率不同,则有必要进行节税筹划。企业分立时,由于支付方式的不同,导致所得税处理方式也不同,如被分立资产的财产转让是否缴纳所得税,被分立企业亏损是否能够得到弥补等问题,必须进行恰当的筹划。

(五)企业兼并的节税筹划

1. 盈亏相抵的节税筹划

盈亏相抵是指通过企业之间的合并,将亏损企业的亏损和盈利企业的盈利合并缴纳企业所得税,从而减轻自身税收负担的筹划方法。但运用此法时要注意:首先对亏损额的确认和盈亏的相抵要符合税法的有关规定;其次,兼并应建立在资产清楚的基础上,否则会给企业背上包袱(如有负债)。

2. 吸收合并与收购股权的节税筹划

企业兼并时,可采用现金吸收合并,也可采用持有股份的形式。采用现金吸收合并,其产权关系清楚,但被合并方收到现金时,就要缴纳所得税;如果采用持有股份的形式,虽不能将全部股份一次性转移,但不需缴纳所得税。

二、企业筹资的节税方法

筹资是进行一系列经营活动的先决条件。一般来说,筹资方法有:争取财政拨款和补贴;金融机构贷款;自我积累;社会集资和企业间拆借;企业内部集资。从纳税角度看,这些筹资方法产生的税收后果有很大的差异。因此,对某些筹资形式的利用,可有效地帮助企业减轻税负,获得税收上的好处。

通常的情况是,自我积累筹资方法所承受的税收负担要重于向金融机构贷款筹资方法所承受的税收负担,企业之间互相拆借所承受的税收负担重于企业内部集资所承受的税收负担。这是因为从资金的实际拥有或对资金风险负责的角度看,自我积累的方法最大,企业内部集资入股方法最小。因此,他们承担的税负也相应地增加或减少。从纳税角度看,企业内部集资和企业之间拆借方式产生的效果最好,金融机构贷款次之,自我积累效果最差。原因是内部集资和企业间的拆借涉及的人员和机构较多,容易使纳税利润规模降低,有助于实现"削山头"。金融机构贷款次之,但是企业仍可利用与金融机构的特殊联系实现部分减轻税负的目的。自我积累法由于资金的占有者和所有者合二为一,税收难以分摊和抵消,从税负和经营的效益关系来看,自我积累资金要经过很长时间才能完成,而且企业投入生产和经营活动之后,产生的全部税负由企业自负。贷款则不同,它不需很长时间就可以筹足,而且投资产生收益后,出资机构实际上也要承担一定的税收,即企业归还利息后,企业的利润有所降低,特别是税前还贷政策,其本质是用财政的钱还贷款,因此,企业实际税负被大大地降低了。所以说,利用贷款从事生产经营活动是减轻税负、合理避开部分税款的一个途径。

三、企业投资的节税筹划

(一) 投资行业的选择

国家扶持某些产业发展的一个重要手段就是利用税收的减免政策来引导投资,因而在进行投资时,要研究国家税收政策,顺应国家政策导向,这样可为企业节约更多的税收成本。

(二) 投资方向的选择

我国为了调整产业结构,对于从事农、林、牧、渔业项目,从事国家重点扶持的公共基础设施项目,从事环境保护、节能节水项目以及技术转让等项目的所得,给予企业所得税方面的优惠。因此,若投资于上述项目的企业就可享受到优惠的税收待遇。

(三) 投资方式的选择

1. 有形资产投资方式

税法规定,按照合同规定作为外国合营者出资的机械设备、零部件和其他物料,合营企业以投资总额内的资金进口的机械设备、零部件和其他物料,以及经审查批准,合营企业以增加资本新进口的国内不能保证供应的机械设备、零部件和其他物料,可免征关税和进口环节的增值税。

2. 无形资产投资方式

以无形资产的方式进行投资,不仅可以获得一定的超额利润,而且还能达到节税的目的。

【实例演示】

甲、乙双方为中外双方投资者,准备开办一家中外合资企业。创办过程中,甲方须向乙方购买一项技术,价值500万元,须缴纳50万元的预提所得税。但如果改为将该技术转由乙方用无形资产对合资企业进行投资,则乙方出让该项专有技术无需缴纳50万元的税收。

3. 现汇投资方式

中外合资双方均以货币方式投资,用其投资总额内的资本或追加投入的资本进口的机械设备、零部件等,同样可以享受免征关税和进口环节增值税的照顾,达到节税的效果。

四、企业理财的节税筹划

(一)成本调整节税筹划

1. 材料计算法

对企业来说,材料费用计入成本可以采用先进先出法、后进先出法、先进后出法和折中计算法等不同方法。[①]不同计算方法产生的结果对企业利润、纳税的影响是不同的。一般来说,原材料价格总是不断上涨。后进材料先出,打入成本就高。否则,同样的材料,先进先出势必使成本价格总是少半拍,导致成本不够高。

2. 折旧计算法

从减轻税负出发,一般来说,平均使用年限法使企业承担的税负最轻,自然损耗法次之,快速折旧法最重。这是因为平均使用年限法使折旧额摊入成本的数量平均,从而有效地避免了某一年利润过于集中,而别的年份利润骤减,避免山头式利润的"谷"和"峰",因此,纳税金额和税负都比较小,比较轻。相反,快速折旧法把利润收入统统集中在后几年,使后几年的利润收入与前几年形成明显的差距,从而导致后几年必然承担较重的税负,使企业纳税额增加,税负加重。

3. 费用分摊法

费用分摊法一般有三种:实际费用摊销法、平均分摊法和不规则摊销法。这三种方法产生的结果不同,对企业利润冲减程度和纳税多少均有差异。一般来说,平均费用分摊法是最大限度抵消利润、减少纳税的最佳选择。只要生产经营者不是短期经营,而是长期从事某一经营活动,那么将一段时期发生的各项费用进行最大限度的平均,就可以将这段时期获得的利润进行最大限度的平均,这样就不会出现某个阶段利润额及税负过高的现象,部分税负就可以有效地规避。

(二)合理安排获利年度

企业开办初期有亏损的,可以在五年内逐年接转弥补,以弥补后有利润的纳税年度为开始获利年度。合理安排开始获利年度,可以为企业节省大量应上缴的税款。

---

① 所谓先进先出法是指材料费用进入成本时,根据材料进库时间,按先后次序,将先入库的材料优先计入成本。随后两个方法是采用与先进先出法正好相反的措施,把后进材料的费用先计入产品成本,而先购入的材料后计入产品成本。折中计算法是将所有进库材料费用平均摊在单位材料上计入成本。

第三节 脱法避税的方式

避税的方式主要是寻找和利用税法上的漏洞,使相关的行为或事实恰好在税法调整的“空白区域”,从而避免纳税义务的直接成立。目前国内避税与国际避税的方式越来越类似。

一、国内避税方式

(一)转移定价法

转移定价法主要是通过关联企业以不合营业常规的交易形式进行避税。一般来说主要有以下几种方法。

1. 利用商品交易避税

关联企业间的商品交易采取压低定价或抬高定价的策略,转移利润或收入,以实现从整体上减轻税收负担。

2. 利用原材料及零部件避税

即通过控制零部件和原材料的购销价格进而影响产品成本来实现避税,例如,由母公司向子公司低价供应零部件产品,或由子公司高价向母公司出售零部件,以此降低子公司的产品成本,使其获得较高的利润。

3. 利用机械设备避税

机械设备购销业务中的转移定价,一般都表现为抬高价格、以次充好、以旧冒新的情况。

4. 利用提供劳务避税

关联企业之间相互提供劳务时,可以通过高作价或低作价甚至不作价的方式收取劳务费用,从而使关联企业之间的利润根据需要进行转移,达到减轻税收负担的目的。

5. 利用无形资产避税

因为无形资产价值的评定比较困难,很难有统一的标准,关联企业可以通过无形资产的特许权使用费转移定价,以此调节其利润,追求税收负担最小化。有些企业将本企业的生产配方、生产工艺技术、商标或特许权无偿或低价提供给一些关联企业,其报酬不通过技术转让收入核算,而是从对方的企业留利中获取好处。

6. 利用租赁业务避税

关联企业之间利用租赁机器设备进行避税的方法有多种:(1)利用自定租金来转移利润。如处在高税地区的公司借入资金购买机器设备,以最低价格租给低税地区的关联企业,后者再以高价租给另一高税地区的关联企业,就可以达到一箭双雕转移利润进行避税的目的。(2)利用不同国家不同的折旧政策进行避税。(3)先卖后租用。购进设备投入生产后,即可提取折旧,如将投产后不久的设备先出售再租回使用,这样买卖双方对同一设备都可以享受首年折旧免税额,租用设备的承租方还可享受在利润中扣除设备租金的好处。如果是在加速折旧的情况下,这种效果会更加明显。

7. 利用贷款业务避税

在借贷款业务中,关联企业可以通过人为地增加或减少贷款利息的方法转移利润,以减少整体税收负担。有些资金比较宽裕或贷款来源较流畅的企业,由于其税负相对较重,往往采用无偿借款或支付预付款的方式给其关联企业使用,这样,这部分资金所支付的利息全部由提供资金的企业负担,增加了成本,减轻了税收负担。

(二) 利用税法漏洞避税①

1. 利用选择性条文避税

这种避税形式主要是指税法对同一征税对象同时作了几项并列而又不同的规定,企业可以根据具体情况选择有利于自己的方法。

2. 利用不明晰条文避税

这一避税类型主要是指税法的规定过于抽象,纳税人可以从自身利益角度加以理解并据此执行,从而实现避税。

3. 利用伸缩性条文避税

这主要是指税法所规定的条文在实际执行时可宽可严,弹性较大,纳税人采用一些简单的手法,就能轻而易举地实现避税。例如,原《中华人民共和国外商投资企业和外国企业所得税法》中有关于新办企业减免税的规定。有的企业为了避税,在减免税到期后,就改头换面,申报停业或关闭,另以新的名义再办开业等方法,继续享受新办企业的减免税待遇。

4. 利用矛盾性或冲突性条文避税

这一避税类型主要是利用税法的具体规定相互矛盾方面进行避税。

① 盖地编:《税务会计与税务筹划》,中国人民大学出版社2003年版,第464页。

(三) 滥用税收优惠避税

1. 虚设常设机构营业

某些投资经营企业利用特区的各项优惠政策,在名义上将企业设在特区,实际业务活动则不在特区或不主要在特区进行。这样,该企业在非特区获得的经营收入或业务收入,就可享受特区的税收减免照顾,特区境外的利润所得就可以通过向境内企业总部转移而减少纳税。

2. 虚设信托财产

信托避税法是利用某一特别税收优惠地区,通过在该地区设置信托机构,让非优惠区的财产挂在优惠地区信托机构下,利用税收优惠的一种避税方法。常见的是在特区设置信托机构实行财产信托。所谓财产信托是指企业将其拥有的机器、设备、房产等部分财产的经营所得、利润收入挂在特区信托公司的名义下,以达到逃避纳税义务的目的。

【实例演示】

上海浦东新区某集体企业在1983年将整个企业财产金额虚设为珠海市某信托公司的财产。1984年该企业年利润13 477万元,按当时集体企业所得税税率计算,该企业应纳税497.3万元。然而由于实行虚设信托财产,其当年的实纳税额为78.21万元,避开了420余万元的税额。

3. 挂靠避税

挂靠避税是指企业想方设法挂靠拥有优惠政策的企业,从而搭车享受这些税收优惠,实现避税的目的。企业能否实现挂靠,关键在于以下三个因素:(1)获取挂靠企业称号,如"校办企业"、"福利企业"等;(2)获取税务机关认可;(3)努力掌握国家优惠政策,并使本企业符合条件。

4. 假合资避税

最普遍的"假合资"就是大陆驻外机构在当地办的公司又回大陆投资。它还有其他种种形式:在境外兜一圈取得护照的某大陆人,或自己筹资或亲友提供资金,以外商名义回大陆办公司,享受合资的优惠政策,待公司获得利润后,他就用种种手段把利润全部转移出境。甚至有一天也没有出国的人,亦当起"外商"来,享受我国对外商投资企业的税收优惠待遇。

（四）利用税收征管漏洞避税

我国的反避税工作起步较晚，税法中关于反避税方面的规定不够系统和具体，可操作性较差，为企业避税提供了条件。

另外，我国税务部门分设国税、地税两个机构，国税、地税征管不同的税种，由于信息的不沟通及实际存在的税源争夺，也为企业避税提供了便利条件。

二、国际避税方式

（一）课税主体避税方式

1. 法人居所的虚假迁移

国际上对居民纳税人的判定标准主要有两类：一类是按机构登记所在地；另一类是按实际管理机构所在地。按前一类判定标准，纳税人只要采取变更登记地的临时措施，便较容易地达到避税的目的。后一类实际管理机构判别标准有多种，例如总机构标准①、管理中心标准②、主要经济活动标准③。

利用居所变化躲避纳税义务的核心就是消除使其母国或行为发生国成为控制和管理地点的所有实际特征，实行公司居所“虚无化”。比如，改变其参与公司管理的股东和常务董事的国籍，改变其股东大会和董事会召开的所在国，改变其发出经营决策指令的国家等，设法把这些活动安排在低税国进行。

在利用公司居住地变化进行避税的过程中，还可借助“信箱”公司④或中间操作等方式。例如，美国税法规定，对汇出境外的股息、利息等所得须征收20%的预提税；法国税法则规定对汇出境外的股息、利息等所得征收30%的预提税。同时为协调美、法两国税收利益，两国签订税收协定，规定发生在两国之间的同类所得只征收5%的预提税。德国甲公司贷款给美国乙公司，每年乙公司需向甲公司支付200万美元的利息。为减轻预提税负，甲公司在法国租用一个“信箱”，冒充法国居民，使利息的预提税税率由20%降为5%。中间操作是通过所得来源地与最终所得人或收益人中间设置一个中心机构，该机构通常设在避税港、自由港或拥有某些税收优惠规定的国家或地区。当该中心机构收入或利润积累到一定程度和规模时，可用作再投资或作他用。⑤“中间操

---

① 即在一个行使居民税收管辖权的国家内设有总机构的公司。

② 即在一个行使居民税收管辖权的国家内设有实际控制或实际管理中心的公司，则该公司法人就是该国的居民。

③ 只要某公司的主要经济行动在一个行使居民税收管辖权的国家境内，则该公司法人就成为该国的居民。

④ “信箱”公司是指那些仅具有法定的组织形式（公司章程等），但已完成居住所在国法定登记手续的公司。

⑤ 刘隽亭、刘李胜：《纳税、避税与反避税》，社会科学文献出版社2002年版，第289—290页。

作公司"的避税作用主要体现在取得股息、利息、汇率不动产及有价证券方面。

2. 课税主体的非转移

课税主体的非转移避税,主要是采用在避税地建立信托的方式。①跨国公司并不实际迁移出境,而只是采取信托的方式转移一部分财产或所得。这些财产在法律形式上与原所有者分离,但实际上仍然受控于原所有者,只是通过避税地的低税率或零税率达到避税的目的。

【实例演示】

新西兰朗伊桥公司为躲避本国的所得税,将其年度利润的70%转移到巴哈马群岛的某一信托公司。由于巴哈马群岛是世界著名的自由港和避税港,税率比新西兰低35%—50%,因此,朗伊桥公司每年可以有效地躲避300万美元到470万美元的税款。

3. 滥用税收协定②避税

滥用税收协定以逃避税收大体上可归为三类:第一,设置直接的导管公司③。如,A国甲公司有来源于B国乙公司的股息收入,但A、B两国尚未建立税收协定关系。A国甲公司又在C国组建一家丙公司。乙公司可先将股息支付给C国的丙公司,丙公司再转付给A国的甲公司,利用A、C两国和B、C两国的两个税收协定,迂回C国取得在B国本来得不到的税收利益,丙公司便是一家滥用税收协定的导管公司。第二,设置脚踏石式的传输公司。如A、B两国,B、C两国之间均未签订税收协定。C国规定,C国的公司向他国公司支付的投资所得允许作为费用扣除,并按照常规税率课证预提税。A国的甲公司要向B国的乙公司支付股息,B国乙公司就在C国组建丙公司,在与B国签订税收协定的D国组建丁公司。甲公司先将股息支付给丙公司,丙再付给丁,最后由丁支付给乙。采用这种手段使丙公司的所得可大量扣除乙公司的投资支出,又使其在C国缴纳的预提税在D国得到抵免,还使丁公司的收入享受到优惠待遇,丁公司便是一家脚踏石式的传输公司。第三,设置外国低股权的控股公司。许多国家对外缔结双边税收协定都明确规定,缔约国一方居民公

---

① 罗宏斌:《国际税收学》,湖南大学出版社2003年版,第188页。信托是指财产所有者(信托人)把资产或权利(信托财产)移交给他人(受托人),让受托人成为财产的独立所有者,受托人按双方约定的条件以自己的名义管理和使用这笔财产,并将管理和处理财产所得的收益返还给信托人。

② 滥用税收协定(Abuse Tax Treaty),是指非缔约国居民利用国际税收协定的某些优惠条款,设法使自己的应税行为符合其有关规定,以此全部或部分得到税收协定提供的本不该由其享有的税收优惠待遇,以达到避税目的。

③ 直接的导管公司是指介于两个公司之间的能得到有关税收协定优惠的一个中介公司。

司向缔约另一方居民公司支付股息、利息或特许权使用费，可享受协定优惠的必要条件是该公司由外国投资者控制的股权不得超过一定比例（全部股权的25%以上）。这样，非缔约国的居民公司可精心组建外国低股权的控股公司（小于25%），以获得优惠。①

（二）课税客体避税方式

1. 课税客体的转移避税

课税客体的转移是指跨国纳税人通过资金、商品、劳务、费用等相关要素在各国国境之间的流动，将课税对象从高税国向低税国转移，改变或避免所得的来源地，以避免一个国家的税收管辖，实现避税的目的。②课税客体转移的避税方法有以下几种：

（1）利用常设机构转移收入和费用

第一，利用常设机构转移营业财产。跨国纳税人权衡转出国和转入国对营业财产不同的评估计算方法以及税率的差异，利用常设机构之间营业财产的转移，尽量减少现在或将来的纳税义务。

第二，利用常设机构转移管理费用。一般情况下，各国税法和税收协定对常设机构的管理费用分配标准都做了规定，但实际上，总机构在管理费用分配上有很大的弹性，跨国公司可以利用这一点达到避税的目的。

第三，建立从事免税活动的常设机构转移货物。当有的常设机构所在国没有常设机构免税的规定时，就可以把需要储存或加工的货物转移到有免税活动规定的常设机构去，以达到避税的目的。③

第四，利用常设机构亏损。跨国公司的总机构要将各国的常设机构的盈利和亏损汇总到居住国或国籍国纳税，但由于常设机构所在国的税率不同，并且各国对企业亏损有不同政策或规定，使得发生在高税国的亏损和发生在低税国的亏损会产生不同的结果。所以跨国公司让最有利国家的常设机构在最有利的时候出现亏损，从而很好地达到避税的目的。

第五，利用常设机构转移劳务。跨国公司的总部与常设机构，或常设机构之间时常会相互提供按规定不予扣除的劳务支出，如技术服务、广告宣传或推销活动等。当这种劳务支出转移是由高税国转向低税国时，就可以被高税国的转出机构加以利用，实现避税的目的。④

---

① 刘隽亭、刘李胜：《纳税、避税与反避税》，社会科学文献出版社2002年版，第296页。
② 罗宏斌：《国际税收学》，湖南大学出版社2003年版，第188—189页。
③ 梁蓓、罗勇翔编：《国际税收》，对外经济贸易大学出版社2003年版，第189页。
④ 梁蓓、罗勇翔编：《国际税收》，对外经济贸易大学出版社2003年版，第190页。

(2) 利用关联企业转移定价转移收入和费用

此问题在前已述,故不重述。

(3) 通过国际避税地实现客体转移避税

跨国公司利用国际避税地避税最主要的手段是建立基地公司。

第一,以基地公司作为虚假的中转销售公司。某跨国公司在国际避税地设立一个子公司,然后把其总公司制造的商品直接推销给另一个国家,在根本未经过国际避税地子公司中转销售的情况下,制造出一种经过子公司中转销售的假象,从而把母公司的所得转移到国际避税地子公司的账上,达到避税的目的。

第二,以基地公司作为国际控股公司。跨国公司在海外进行直接投资或购买外国公司的股份一般要直接面临两方面的税收:一是东道国对汇出股息征收的预提税,二是居住国的公司所得税。为了逃避高额的预提税,跨国公司选择在一个有广泛税收协定的国家建立国际控股公司,这样它从其他国家取得股息时就容易享受到股息来源国的预提税优惠,但此时仍需考虑居住国的公司所得税。

第三,以基地公司作为国际金融公司①。跨国公司利用其设立在国际避税地的国际金融公司来向海外金融机构借入资金,以规避很高的预提税;跨国公司还利用其设在避税地的国际金融公司向国外子公司发放贷款,子公司向母公司支付的利息,规避很高的预提税。

第四,以基地公司作为投资公司。在避税地建立这类公司的目的,是为了逃避或减轻对股息、利息、租金等所得征收的所得税和资本利得税。

2. 课税客体的非流动性避税

(1) 利用资本弱化②避税

跨国公司利用关联企业进行资本弱化,实现在同样的投资和回报率的情况下跨国公司集团纳税义务最小化。

(2) 利用延期纳税③的规定避税

首先,跨国纳税人通过在低税国或避税港成立一家子公司进行财产和资本的积累,对于其高税居住国而言,其拖延了纳税义务,等于获得了一笔无息贷款,增加了公司的流动资本,节约了公司的利息支出;其次,在通货膨胀的经济环境中,延期缴纳的

---

① 国际金融公司通常是指跨国公司的母公司在适当的地点建立起来的用于企业集团内部借入或贷出资金的中介性公司。

② 所谓资本弱化(Thin Capitalization),是指公司的资本结构中债务融资的比重大大超过了股权融资的比例,即股权小于债权。

③ 所谓延期纳税,是指实行居民税收管辖权的国家对本国母公司在外国子公司取得的利润等收入,在没有以股息等形式汇给母公司之前,对母公司不就其外国子公司的利润征税。

税款的币值下降，从而减少了实际的纳税支出。

（3）分支机构或子公司的选择

跨国纳税人决定在国外投资和从事生产经营活动时，出于追求企业利润最大化的目的，结合当地实际情况考察设立分支机构或子公司的利弊，以最终作出权衡，选择一种总体税负最轻的投资方案。

【本章小结】

广义的税收规避包括了各种正当的和不正当的规避行为，即节税行为和狭义的避税行为，甚至包括逃税行为。对于大多数纳税人来说，往往将节税与避税，甚至偷税、逃税等税收违法行为等同起来，势必面临被税务机关调整和处罚的风险。因此，必须清楚地了解节税与避税、逃税的区别。节税是纳税人的权利，避税是被规制的，逃税是遭打击的。

思考题

1. 节税的概念和特征是什么？
2. 避税的概念和特征是什么？
3. 节税和避税的本质区别是什么？
4. 举例说明节税和避税的方法。

流转税法绪论

一、流转税的概念及特征

（一）流转税的概念

流转税是指以生产经营中商品和非商品的流转额为征税对象的一类税收的总称。商品流转额是指商品在购销过程中所发生的货币金额，既可以指销货收入额，也可以指购货所支付的金额；非商品流转额是指非商品营业额，指不从事商品生产和商品交换活动的单位和个人取得的业务或劳务收入金额，如从事交通运输、建筑安装、金融保险和服务业等的单位和个人。

（二）流转税的特征

流转税在组织财政收入和调整国民经济中有着重要作用，相比所得税、财产税及行为税，流转税的税源稳定、收入及时、征收方式简便，是国家财政收入的重要来源，在大多数发展中国家和少数发达国家构成主体税种，具有以下特征：

1. 流转税是间接税。流转税的纳税人并不是负税人，随着商品的流转，流转税的税负大部分都会转嫁到后续环节，最终消费者才是流转税的实际负税人。流转税税负的可转嫁性使得流转税的纳税人和负税人发生分离，而且流转税的税款包含于商品或者劳务的价金中，其征收具有隐蔽性，真正的负税人对税负不是很敏感，“税痛感”不是很强，这一特征使得有关流转税的改革受到的阻力相对较小，改革易于推行。

2. 流转税是财政收入的有力保障。流转税是以商品或者劳务的流转额为征税对象，只要存在经营过程，存在商品流通，就能按流转额的一定比例进行征税，不需要考虑生产经营单位的生产成本、费用以及亏损或者营利。因此，相比其他税种来说，流转税具有征税范围广、税源稳定的特点，是财政收入的可靠来源。

3. 流转税具有累退性。税收征收可分为累进、比例和累退三种方式。累进征收使税负随个人收入的增加、负担能力的增强而提高；比例征收使税负与个人收入始终保持等比例关系；而累退征收使税负随个人收入的增加、负担能力的增强而降低。流转税一般按比例征收，随着收入增加，消费支出占收入比例下降，如果按消费支出比例计算，那么，流转税占个人收入比例必然下降，从而使流转税比例征收具有累退特点，因此收入越高，税收占其个人收入比重越低，税负也相对越低；相反，收入越少，税负反而相对越高，这违背了量能课税原则，不符合公平税收原则要求。而且，流转税的课税对象一般是日常生活用品，因课税而引起的商品涨价幅度往往是生活必需品最大，日常生活用品次之，对奢侈品的影响最小，因而流转税对穷人的影响要大于对富人的影响，在调节收入分配方面的功能较弱。

4. 流转税的征收简便易行。流转税的计税依据为销售收入或者营业收入，在税基的确定方面，相比所得税和财产税，较少考虑纳税人的个别情况，税基确定较为容易。除此之外，流转税的税率一般为比例税率，从价定率或者从量定额计征，在税额的计算方面，也较为简单。

二、流转税的发展

（一）流转税的沿革

流转税是一种古老的税种，其产生和发展是与商品经济的产生和发展联系在一起的，流转税在简单商品生产时期就已经存在，当时的流转税包括关卡税和商市税，关卡税不仅对进出国境的货物征收，还对境内地区间的货物流通征收；商市税是对本国市场上发生的交易行为征收的一种流转税。流转税最初产生时，征收范围较窄，但随着商品经济的发展，征收范围逐渐扩大。然而，流转税的主体税种地位是在进入资本主义社会后才确立的，流转税所包含的税种也逐渐增多，世界各国现行的流转税有增值税、营业税、消费税、关税等。

法国流转税的主要税种有增值税、消费税和关税。法国是增值税的起源国，增值税体系较为完善，增值税在税制体系中占有较为重要的地位，是法国最重要的间接税，也是主体税种之一。日本的流转税称为商品税，主要是消费税税种，包括消费税、地方消费税、酒税、烟税、汽油税、汽车税、石油液化气税等，消费税是日本的主体税种之一。美国实行联邦、州和地方三级课税制度，联邦开征的流转税主要有消费税和关税，但这两个税种都不是联邦政府的主体税种，联邦的主体税种是所得税。州和地方政府开征的流转税主要是销售税和消费税。美国的税制结构中没有增值税，这和美国的联邦制有关，虽然有学者建议引入增值税，但美国政府一直未采纳，在联邦和地方都有立法权的情形下，开征增值税时如何协调二者的关系仍是一个现实的难题。

(二) 我国流转税的立法概况

新中国成立后,国家颁布了一系列有关流转税方面的法律法规,先后有1950年的《全国税政实施要则》,1951年的《中华人民共和国暂行海关法》、《中华人民共和国海关进出口细则》和《中华人民共和国海关进出口税则暂行条例实施细则》,1952年的《商品流通税试行办法》,1972年的《中华人民共和国工商税条例(草案)》。改革开放后,我国的流转税有了进一步的发展,主要立法有《中华人民共和国增值税暂行条例》及其实施细则,《中华人民共和国消费税暂行条例》及其实施细则,《中华人民共和国营业税暂行条例》及其实施细则,《中华人民共和国进出口关税条例》和《中华人民共和国进出口税则》。

此后,国务院、财政部以及国家税务总局陆续颁布了一些补充性或调整性的行政法规和部门规章,这些法律文件构成了我国现行的流转税法律制度的基本内容。

第五章　增值税法律制度

【学习目的】

通过本章学习，知晓增值税运行的基本原理，能够熟练掌握增值税的计算方法，并对出口退税制度和增值税专用发票制度等作初步的了解。

第一节　增值税法概述

一、增值税的概念及类型

增值税是以商品生产和流通中各环节的增值额为征税对象的一种税。所谓增值额指企业或个人在生产经营过程中新创造的价值，在生产企业表现为劳动创造的价值扣除流通费用和商业企业的平均利润后的余额，在商业企业表现为销售价格减去购进价格及流通费用后的余额。

在理论上，增值税只对生产经营过程中新创造的价值征税，即商品价值中 $c+v+m$ 中的 $v+m$ 部分。但各国在制定税法时，出于财政收入等原因考虑，在税法中规定的增值额与理论上的增值额有所偏差，这二者的差异主要在于对纳税人外购生产资料中的固定资产价值的认定不同。对购入的固定资产价值的处理不同，增值税的征税范围也出现差异，由此形成三种类型的增值税：

1. 消费型增值税。在计算增值额时，允许将购进的固定资产包含的进项税额一次全部扣除，即纳税人的全部生产资料都不在征税范围之列。这种类型的增值税实际上只对消费资料征税，故称为消费型增值税。消费型增值税虽然税基较窄，但有效地避免了对生产资料的重复征税。

2. 收入型增值税。在计算增值额时,只允许将购进的固定资产的当期折旧予以扣除。从整个社会看,这种类型的增值税的计税依据相当于国民收入,故称为收入型增值税。收入型增值税在计算应纳税款时,每次得将固定资产的折旧部分单列出来,以计算扣除金额,而且该部分不能在发票上直接注明,计算比较繁琐。采用这种类型增值税的国家较少。

3. 生产型增值税。在计算增值额时,既不能减去固定资产额,也不能减去折旧。从整个社会来看,计税依据既包括生产资料,也包括消费资料,相当于生产的生产资料和消费资料的总值,与国民生产总值相一致,故称为生产型增值税。生产型增值税税基较广,但不能消除固定资产的重复征税,不利于鼓励投资和经济发展。

我国从 2009 年 1 月 1 日起取消原来的生产型增值税,实行消费型增值税,这将对我国经济的进一步发展及财税体制的完善产生积极影响:

第一,在经济方面,实行消费型增值税有利于鼓励投资,特别是民间投资,有利于促进产业结构调整和技术升级,有利于增强我国产品的竞争力。

第二,在财政方面,实行消费型增值税虽然在短期内将导致税基减少,对财政收入造成一定影响,但是有利于消除重复征税,有利于公平内外资企业和国外产品的税收负担,有利于税制的优化;从长远看,由于实行消费型增值税将刺激投资,促进产业结构的调整,对经济的增长起到重要的拉动作用,财政收入总量也会随之逐渐增长。

第三,在税收征管方面,实行消费型增值税将使非抵扣项目大为减少,征收和缴纳将变得相对简便易行,从而有助于减少偷税行为的发生,有利于降低税收管理成本,提高征收管理的效率。

【政策指引】

我国的增值税转型改革

消费型增值税允许一次性抵扣固定资产包含的进项税额,有利于促进企业投资,消除了生产型增值税由于不能抵扣固定资产包含的进项税额所造成的重复征税,也有利于增值税抵扣链条的完整性,是国际上增值税发展的趋势。我国也从 2004 年开始进行增值税转型改革。在具体实践中,从 2004 年 7 月 1 日起,增值税转型试点首先在东北三省的装备制造业、石油化工业等八大行业进行;2007 年 7 月 1 日起,将试点范围扩大到中部六省的 26 个老工业基地城市的电力业、采掘业等八大行业;2008 年 7 月 1

日，又将试点范围扩大到内蒙古自治区东部的五个盟市和四川汶川地震受灾严重地区。2008 年 12 月 19 日，财政部和国家税务总局联合下发《关于全国实施增值税转型改革若干问题的通知》，决定从 2009 年 1 月 1 日起，在全国范围内实施增值税转型改革，从原来的生产型增值税转变为消费型增值税。其具体规定如下：

1. 自 2009 年 1 月 1 日起，增值税一般纳税人购进（包括接受捐赠、实物投资）或者自制（包括改扩建、安装）固定资产发生的进项税额，可根据《中华人民共和国增值税暂行条例》及其《中华人民共和国增值税暂行条例实施细则》的有关规定，凭增值税专用发票、海关进口增值税专用缴款书和运输费用结算单据从销项税额中抵扣，其进项税额应当记入"应交税金—应交增值税（进项税额）"科目。

2. 纳税人允许抵扣的固定资产进项税额，是指纳税人 2009 年 1 月 1 日以后实际发生，并取得 2009 年 1 月 1 日以后开具的增值税扣税凭证上注明的或者依据增值税扣税凭证计算的增值税税额。

3. 东北老工业基地、中部六省老工业基地城市、内蒙古自治区东部地区已纳入扩大增值税抵扣范围试点的纳税人，2009 年 1 月 1 日以后发生的固定资产进项税额，不再采取退税方式，其 2008 年 12 月 31 日以前发生的待抵扣固定资产进项税额期末余额，应于 2009 年 1 月份一次性转入"应交税金—应交增值税（进项税额）"科目。

4. 自 2009 年 1 月 1 日起，纳税人销售自己使用过的固定资产，应区分不同情形征收增值税：

（1）销售自己使用过的 2009 年 1 月 1 日以后购进或者自制的固定资产，按照适用税率征收增值税；

（2）2008 年 12 月 31 日以前未纳入扩大增值税抵扣范围试点的纳税人，销售自己使用过的 2008 年 12 月 31 日以前购进或者自制的固定资产，按照 4% 征收率减半征收增值税；

（3）2008 年 12 月 31 日以前已纳入扩大增值税抵扣范围试点的纳税人，销售自己使用过的在本地区扩大增值税抵扣范围试点以前购进或者自制的固定资产，按照 4% 征收率减半征收增值税；销售自己使用过的在本地区扩大增值税抵扣范围试点以后购进或者自制的固定资产，按照适用税率征收增值税。

本通知所称已使用过的固定资产，是指纳税人根据财务会计制度已经计提折旧的固定资产。

5. 纳税人已抵扣进项税额的固定资产发生增值税暂行条例第 10 条（1）至（3）项所列情形的，应在当月按下列公式计算不得抵扣的进项税额：

不得抵扣的进项税额 = 固定资产净值 × 适用税率

本通知所称固定资产净值,是指纳税人按照财务会计制度计提折旧后计算的固定资产净值。

6. 纳税人发生细则第四条规定固定资产视同销售行为,对已使用过的固定资产无法确定销售额的,以固定资产净值为销售额。

7. 自2009年1月1日起,进口设备增值税免税政策和外商投资企业采购国产设备增值税退税政策停止执行。具体办法,财政部、国家税务总局另行发文明确。

二、增值税的产生和发展

增值税是在传统流转税的基础上发展起来的,传统的流转税以商品的流转额为计税依据,实行环环课税,道道按全额征税,这种课税方法适用于社会分工不发达、专业化程度较低的简单商品社会。随着商品经济的发展,生产的社会化、专业化程度日益提高,社会分工日益细化,商品的交易环节和周转环节也随之增加,传统流转税的道道按全额征税的计税方法所固有的重复征税、税上加税的弊端日渐凸显,使得商品的整体税负随着商品流转环节的增加而增加,这促使纳税人追求建立全能型的企业,以减少商品流通环节,避免重复征税,这与市场所要求的专业化协作生产是相悖的。对此各国都在找解决之道。第一次世界大战后,美国耶鲁大学教授托马斯·S.亚当斯和当时担任德国政府顾问的商人兼学者威尔海姆·F.西门子博士首次提出增值税的设想,但未被采纳。1936年,法国为解决营业税重复课税问题提出新型的"生产税","生产税"实行在工业生产领域的产成品阶段一次征税,对产品的零部件、半成品一律不课税。当时认为营业税存在重复征税问题,是因为"道道按全额征税",若将道道征税改在产品的最后一个环节征税,此弊病即可避免。这从理论上看很有道理,但在实际操作中,却出现了意想不到的困难。首先,产成品的准确界定很难,很多商品既可以直接进入消费环节,也可以作为原料、半成品进入下一个生产环节,这给征税范围的确定带来了困难;其次,只对产成品征税,对零部件、半成品不予课税,使得部分企业被排除在征税范围之外,部分企业承担着社会的全部税负,从公平角度说,不符合税收公平的原则;再次,由于税金集中在最后一个环节缴纳,使政府失去了对生产经营过程的控制。"生产税"存在的问题,使人们对征税环节的调整转为对计税依据的调整,即按销售全值(c+v+m)征税,改为按各环节新增价值(v+m)征税,使得流转税有了实质性的进步,开始具有增值税的特征。1954年法国财政官员莫里斯·劳莱发明了增值税,同年,法国对其"生产税"作了进一步改进,将扣除范围扩大到生产经营所用的一切投入物,包括购入的固定资产,同时将征税范围延伸到商业批发环节,并将"生产税"改为增值税。至此，增值税作为一个独立的税种开始出现。

增值税既具有传统的流转税的课征普遍、收入及时、稳定的优点，又能够避免传统流转税的重复课税的缺点，符合专业化、协作化社会分工的需要，有利于贸易范围的扩大。因此受到各国的青睐，迅速风靡全球。目前世界上已有110多个国家实行了增值税，还有不少国家考虑是否引进增值税，就连一直拒绝增值税的美国也在考虑应否引入增值税。①

三、增值税的特点

增值税作为一种新型的流转税，与传统的流转税相比，有以下突出的特点：

1. 以经营交易中的增值额为征税对象。增值税以商品或劳务的增值额为计税依据，即以本单位在生产经营中新创造的价值为课税对象，这与传统的流转税以商品的销售全额及劳务的收入全额为计税依据形成了鲜明对比。

2. 实行价外税。以销售额为计税依据，销售额中不包含增值税税金，在增值税专用发票中分别注明销售额和增值税税额。

3. 税收负担平衡。从全社会看，增值税的税负不受商品的结构和生产经营多寡的影响，同一商品和劳务的税负保持平衡。

4. 税收负担具有向前推移性。在增值税的征税过程中，后一阶段的纳税人总是前一阶段已缴税款的负担者，税负随着商品的流转推移至最后销售环节的商品购买者。

四、增值税的作用

增值税是流转税中的主体税种，在各国的税制结构中占有一席之位，其所以能横扫世界，与其所具有的一些传统流转税所不拥有的优点是分不开的，相比传统的流转税，增值税有如下作用：

1. 避免重复征税，有利于社会分工。传统的销售税或营业税的突出缺点就是重复征税，即在征税的每一个环节都以商品的价值总额为依据进行征税，不考虑上一环节已缴纳的税款，这样就造成了税上加税、重复征税的问题。其后果是商品流转的环节越多，承担的税额越多，税负越重，与流转环节少的同种商品相比，缺乏竞争力。这直接刺激商家采取“大而全、小而全”的生产经营模式，以减少商品流通环节。而社会化

① 参见[美]哈维·S. 罗森：《财政学》，中国人民大学出版社2000年版，第434—436页。

大生产要求各企业的生产经营必须专业化协作,以实现高尖端、大批量、低成本、低消耗的生产经营目标。销售税和营业税显然阻碍了这一目标的实现,增值税是为弥补这一不足而出现的,以商品流通环节中的增值额为征税对象,这样不管商品流通多少次,只要增值额相等,纳税人承担的税负也相同。增值税有效地解决了原来全道全额征税带来的重复征税问题。对企业来说,商品的流通次数并不影响其承担的税额,也不会影响商品的竞争力,这样有利于社会分工的发展。

2. 普遍征税,有利于保障财政收入的稳定增长。增值税在各个环节普遍征收,在发达国家,征税范围包括商品和各种服务业的生产、批发、零售等各个环节;在发展中国家,增值税的征税范围也囊括了商品生产经营过程中的流转额以及部分服务行业。可见,增值税的征税范围较广,有利于组织足额的税收收入,保证国家的财政收入稳定增长。

3. 税收中性,避免对经济产生扭曲。增值税只对增值额征税,对同一商品,流转环节的多寡不影响其税负,企业的生产组织方式亦不影响税负,因此,生产者可采取最优的生产要素的组合来达到利润的最大化,而不必担心税制的干扰。而且增值税的税率档次较少,有的国家只采取一档税率,即使采取二档或者三档税率,大部分货物的税负还是相同的,这使得增值税的征收对生产经营活动及消费行为的影响不大,不会对经济结构产生重大影响,亦不会诱导投资者的投资方向。

4. 有利于税收征管。增值税实行间接的计算方法,实行税款抵扣制度,在操作中,各国采取凭发票抵扣的征税制度。销货方开具的增值税发票既是己方销项税额的凭证,也是购货方据以计算进项税额的依据。因此,增值税通过发票将货物承担的税款从一个环节传递到下一个环节,最后传到最终消费者身上。可见,发票将供销双方形成一个有机的扣税链条,在这一链条中,若有一个环节少纳税款,将造成下一个环节的纳税人多纳税款,一个环节的偷逃税行为将会造成抵扣链条的中断,下一环节的纳税人将不能抵扣已纳税款。因此增值税发票使得买卖双方成为一种利益制约关系,通过这种制约关系可有效避免纳税人偷逃税款,也有利于税务机关的监督和检查。

五、我国增值税的立法状况

新中国成立以后,我国先后实行的货物税、营业税、商品流通税、工商统一税、工商税,都是以销售金额为计税依据,实行多环节课税的征税制度。当时的流转税税制尽管存在重复征税的弊端,但在经济体制改革以前,税制同经济发展的矛盾并不突出。随着经济体制改革的日渐深入,流转税税制同体制改革和经济发展之间的矛盾愈来愈突出,并局部激化起来,同时还产生了新的矛盾。在这种情形下,我国于1979年从法国引入增值税,财政部开始在上海、长沙、柳州、襄樊等十几个城市进行增值税的试点,试点范围主要选择重复征税矛盾比较突出的机器机械和农业机具产品。经过几年的试行,财政部于1982年制定《增值税试行办法》,规定从1983年起,在全国范围内对机器机械、农用机具、自行车和电风扇等行业试行增值税。1984年工商税制改革,国务院正式颁布了《中华人民共和国增值税条例(草案)》,自1984年10月1日起实施,标志着增值税成为我国的一个税种。当时的征收范围仅限于工业产品中的部分产品,其他产品仍然征收产品税。随后的几年,财政部又颁布了几项规定,不断改进增值税立法,并扩大增值税的征税范围。然而在建立社会主义市场经济体制的目标确立后,原有的增值税立法已不能适应新形势发展的需要,迫切需要改革。为此,财政部、国家税务总局提出了以增值税为中心的税制改革方案,相应地在立法方面,国务院于1993年12月13日颁布《中华人民共和国增值税暂行条例》(下称《增值税暂行条例》),随后财政部在1993年12月25日颁布《中华人民共和国增值税暂行条例实施细则》,该条例及实施细则于1994年1月1日起实施。从2004年开始,我国开始增值税改革试点,并在2008年底,对《增值税暂行条例》及其《增值税暂行条例实施细则》进行修订,修改后的条例及实施细则从2009年1月1日起实施。

第二节 增值税的纳税人和征税对象

一、增值税纳税人的一般规定

增值税纳税人是指在中华人民共和国境内销售货物或者提供加工、修理修配劳务以及进口货物的单位和个人。其中,单位指国有企业、集体企业、私有企业、外商投资企业、外国企业、股份制企业、其他企业和行政单位、事业单位、军事单位、社会团体及其他单位;个人包括个体经营者和其他个人。所谓的境内指销售货物的起运地或所在地在中国境内,以及提供的应税劳务发生在中国境内。

二、增值税纳税人的分类

增值税虽以增值额为征税对象,但在我国,增值税的征收采用的是间接计税法,该方法不直接计算出应税商品和劳务的增值额,而是先计算出当期全部应纳税额,然后从中扣除外购项目的已纳税额,计算后的余额即为纳税人对增值额部分应当缴纳的增值税税额。我国具体实务中采取凭增值税专用发票抵扣税款的制度,这要求增值税纳税人会计核算健全,能够准确计算销项税额、进项税额和应纳税额。鉴于我国目前众多纳税人的会计核算水平参差不齐等客观情况,我国《增值税暂行条例》将增值税的纳税人分为一般纳税人和小规模纳税人,划分的基本依据是纳税人的会计核算是否健全,是否能准确提供税务资料以及企业的规模。企业的规模一般以企业的年应税销售额为依据。

根据《增值税暂行条例》、《增值税暂行条例实施细则》以及《增值税一般纳税人资格管理办法》,符合下列条件的视为一般纳税人:

1. 从事货物生产或者提供应税劳务的纳税人,以及以从事货物生产或者提供应税劳务为主,并兼营货物批发或者零售的纳税人,年应征增值税销售额在50万元以上。

2. 从事货物批发或零售的纳税人,年应税销售额在80万元以上的。

3. 年应税销售额未超过财政部、国家税务总局规定的小规模纳税人标准以及新开业的纳税人,有固定的生产经营场所,能够按照国家统一的会计制度规定设置账簿,根据合法、有效凭证核算,能够提供准确税务资料的,可以向主管税务机关申请一般纳税人资格认定。

但根据《增值税一般纳税人资格管理办法》,如果存在下列情况,不办理一般纳税人资格认定:(1)个体工商户以外的其他个人;(2)选择按照小规模纳税人纳税的非企业性单位;(3)选择按照小规模纳税人纳税的不经常发生应税行为的企业。

根据《增值税暂行条例》及其《增值税暂行条例实施细则》的规定,凡符合下列条件的视为小规模纳税人:

1. 从事货物生产或者提供应税劳务的纳税人,以及以从事货物生产或者提供应税劳务为主①,并兼营货物批发或者零售的纳税人,年应征增值税销售额在50万元以下的;

2. 从事货物批发或零售的纳税人,年应税销售额在80万元以下的。

3. 年应税销售额超过小规模纳税人标准的其他个人按小规模纳税人纳税;

4. 非企业性单位、不经常发生应税行为的企业可选择按小规模纳税人纳税。

一般纳税人和小规模纳税人的征税方法不同,一般纳税人按照规定的税率进行纳税,并可根据进货增值税发票进行税款抵扣;小规模纳税人按简易方法征税,按销售额

① "以从事货物生产或者提供应税劳务为主"是指纳税人的年货物生产或者提供应税劳务的销售额占年应税销售额的比重在50%以上。

和规定的征收率计税,不能抵扣税款。

三、增值税的征税范围

(一) 增值税征税范围的一般规定

根据《增值税暂行条例》,我国现行增值税的征税范围为:

1. 销售货物。指有偿转让货物的所有权。“货物”指有形动产,包括电力热力、气体在内,但不包括不动产和无形资产,销售动产、转让无形资产属于营业税的征税范围。“有偿”不限于货币,还包括实物及其他经济利益。

2. 提供加工、修理修配劳务。加工指受托加工货物,即委托方提供原材料及主要材料,受托方按照委托方的要求制造货物并收取加工费的业务。修理修配指受托方对损失和丧失功能的货物进行修复,使其恢复原状和功能的业务。但单位或个体经营者聘用的员工为本单位或雇主提供加工、修理修配劳务,不属于增值税的征税范围。

3. 进口货物。申报进入中华人民共和国境内的货物应征增值税,确定一项货物是否属于进口货物,关键看其是否有报关进口手续,只要是报关进口的货物,不论是产自国外还是出口转销国内的货物,是进口自用还是在境内销售的货物,是自行采购还是国外捐赠的货物,都属于增值税的征税范围。

(二) 增值税征税范围的特殊规定

1. 视同销售货物的行为。单位或个体经营者的下列行为,视同销售货物:

(1) 将货物交付他人代销。

(2) 销售代销货物。

(3) 设有两个以上机构并实行统一核算的纳税人,将货物从一个机构移送其他机构用于销售,但相关机构设在同一县(市)的除外。

(4) 将自产或委托加工的货物用于非应税项目。

(5) 将自产、委托加工或购买的货物作为投资,提供给其他单位或个体工商户。

(6) 将自产、委托加工或购买的货物分配给股东或投资者。

(7) 将自产、委托加工或购买的货物用于集体福利或个人消费。

(8) 将自产、委托加工或购买的货物无偿赠送他人。

上述八种行为确定为视同销售货物的行为,均要征收增值税。税法作出如此规定的目的:一是保证增值税税款抵扣制度的实施,不致因发生上述行为导致税款抵扣环节的中断;二是避免因发生上述行为造成货物销售税收负担的不平衡的矛盾,防止以上述行为逃避纳税的现象。

【实例演示】

某食品厂在国庆前将自产的价值1万元的产品分给职工作为福利。这一行为并未获得经济利益,本不属于销售货物,但根据增值税法的规定,该行为属视同销售行为,属于增值税的征税范围。

2. 混合销售行为。混合销售行为是指一项销售行为既涉及货物又涉及非应税劳务①。我国对混合销售行为的税法处理主要为:从事货物的生产、批发或零售的企业、企业性单位及个体经营者(包括以从事货物的生产、批发或零售为主,并兼营非应税劳务的企业、企业性单位及个体经营者②)的混合销售行为,视为销售货物,应当征收增值税;其他单位和个人的混合销售行为,视为销售非应税劳务,不征收增值税。

【实例演示】

某电冰箱厂向A单位销售100台电冰箱,双方约定由电冰箱厂送货上门,电冰箱厂因此除了收取货物的价款外还收取一定的运费。在这项销售行为中,电冰箱厂发生了销售货物和提供非应税劳务(运输属于营业税的征税范围)的混合销售行为。对电冰箱厂因运输而取得的运费征收增值税,不再征收营业税。

3. 兼营非应税劳务。与混合销售行为相区别,兼营非应税劳务指增值税纳税人在从事货物销售或从事应税劳务的同时,还提供非应税劳务,且从事的非应税劳务与货物销售或提供应税劳务并无直接的联系和从属关系。而混合销售行为所涉及的货物和非应税劳务是针对一项销售而言,非应税劳务是为销售行为服务的。纳税人兼营非应税劳务的,应当分别核算货物或者应税劳务和非应税劳务的销售额。未分别核算销售额的,其非应税劳务和应税劳务或者货物一并征收增值税,并且非应税劳务从高适

① 所谓非应税劳务,是指属于应缴营业税的交通运输业、建筑业、金融保险业、邮电通信业、文化体育业、娱乐业、服务业税目征收范围的劳务。

② 所谓以从事货物的生产、批发或零售为主,并兼营非应税劳务的企业、企业性单位及个体经营者,是指纳税人的年货物销售额与非应税劳务营业额的合计数中,年货物销售额超过50%,非应税劳务营业额不到50%。

用税率。

【实例演示】

某商店在从事货物销售的同时还经营快餐业务,二者没有从属关系,则该商店发生了兼营非应税劳务行为,该商店的这两项业务分别属于增值税和营业税的征税范围,应分别核算,否则一并征收增值税。

第三节 增值税的税率与应纳税额的计算

一、增值税的税率

增值税的税率为比例税率,国际上有的国家采用单一的比例税率,有的采用多档比例税率。采用多档比例税率的国家一般将增值税税率分为三档:基本税率、特别税率和零税率。基本税率适用于一般商品和劳务;特别税率包括重税率和低税率,适用于国家采取限制和鼓励措施的商品和劳务;零税率适用于出口的商品和劳务。

我国增值税实行三档比例税率:基本税率、低税率、零税率。

(一) 基本税率

增值税一般纳税人销售货物、进口货物及提供加工、修理修配劳务,除属于低税率适用范围及销售个别旧货适用征收率外,税率一律为17%,即基本税率。

(二) 低税率

增值税一般纳税人销售或进口下列货物,税率为13%,即所称的低税率。

(1) 粮食、食用植物油、鲜奶。

(2) 自来水、暖气、冷气、热水、煤气、石油液化气、天然气、沼气、居民用煤炭制品。

(3) 图书、报纸、杂志。

(4) 饲料、化肥、农药、农机、农膜。

(5) 国务院规定的其他货物。

(三) 零税率

纳税人出口货物,税率为零,但国务院另有规定的除外。出口货物包括报关出境的货物及运往海关管理的保税工厂、保税仓库和免税区的货物。除外规定指计划外的出口原油、柴油、援外出口货物和国家禁止出口的货物(包括天然牛黄、麝香、铜基合金、白金等)。零税率不同于免税,零税率是对销售货物或应税劳务的全部税额的免除,既免除本环节的应纳税额,也免除其外购货物中包含的税额。出口货物适用零税率不仅指出口环节不征增值税,而且还退还该货物在生产过程中各个环节已缴纳的增值税税款。出口货物办理退税后发生退货或退关的,纳税人应依法补缴已退的税款。

增值税纳税人兼营不同税率的货物或劳务的,应分别核算货物销售额及劳务营业额,适用对应的税率,未分别核算的,从高适用税率。

(四) 征收率

增值税税率是针对一般纳税人而言的,对小规模纳税人,考虑到小规模纳税人经营规模小,且会计核算不健全,难以适用增值税专用发票抵扣进项税款,因此实行按销售额与征收率计算小规模纳税人的应纳税额。小规模纳税人增值税征收率由过去的6%和4%一律调整为3%。

二、增值税一般纳税人应纳税额的计算

一般纳税人销售货物或者提供应税劳务,应纳税额为当期销项税额扣除当期进项税额后的余额。纳税人因当期销项税额小于当期进项税额不足抵扣时,可结转下期继续抵扣。应纳税额的计算公式为:

应纳税额 = 当期销项税额 - 当期进项税额

可见增值税的当期应纳税额取决于当期销项税额和当期进项税额,确定了这两个因素后,增值税的应纳税额即可得出。

(一) 销项税额的确定

销项税额是指纳税人销售货物或者提供应税劳务,按照销售额和规定的税率计算并向购买方收取的增值税额。其计算公式为:

$$销项税额 = 销售额 \times 税率$$

销售额指纳税人销售货物或提供应税劳务向购买方收取的全部价款和价外费用。价外费用指在价外向购买方收取的手续费、补贴、基金、集资费、返还利润、奖励费、违约金（延期付款利息）、包装费、包装物租金、储备费、优质费、运输装卸费、代收款项、代垫款项及其他各种性质的货款之外的费用。但下列项目不属于价外费用：

1. 向购买方收取的销项税额。

2. 受托加工应征消费税的消费品所代收代缴的消费税。

3. 同时符合以下条件的代垫运费：承运部门的运输发票开具给购货方并且纳税人将该项发票转交给购货方。

纳税人收取的价外收费无论会计制度如何核算，均应并入销售额计算应纳税额。税法之所以规定各种性质的价外费用都要并入销售额计征增值税，是防止纳税人以各种收费的名义减少销售额来逃避纳税。

作为计税依据的销售额不包含增值税税额，若纳税人采用的销售额是以价税合计的方法计算的，应换算为不含税销售额：

$$不含税销售额 = 含税销售额 \div (1 + 适用的税率)$$

在计算销售额时，根据国家税务总局的规定，对增值税一般纳税人（包括纳税人自己或者代其他部门）向购买方收取的价外费用和逾期包装物押金，视为含税收入，在征税时换算成不含税收入再并入销售额。

【实例演示】

某商店销售一批电冰箱，开出增值税专用发票，销售额为10 000元，税额为1 700元，另收取运费117元，开具普通发票。则该笔业务的应税销售额为：

应税销售额 = 10 000 + 117 ÷ (1 + 17%) = 10 100（元）

【实例演示】

某超市（一般纳税人）11月份的销售收入为234万元（含增值税税额），则该超市11月份的应税销售额为：

应税销售额 = 234 ÷ (1 + 17%) = 200（万元）

【延伸阅读】

销售额的特殊规定

1. 采取折扣方式销售。折扣销售,指纳税人销售货物或应税劳务给予购买者的价格优惠。税法规定,如果销售额和折扣额在同一张发票上分别注明的,可按折扣后的销售额计算销项税额;如果将折扣额另开发票,不论在财务上如何处理,均不得从销售额中减除折扣额。对折扣销售之所以规定销售额和折扣额在同一张发票上注明的可减除折扣额,是从保证增值税征税、扣税相一致的角度考虑的,若允许对销售额开一张销货发票,对折扣额再开一张退款红字发票,就可能造成销货方按减除折扣额后的销售额计算销项税额,而购货方却按未减除折扣额的销售额计算进项税额进行抵扣,将会造成增值税计算征收上的混乱。纳税人将自产、委托加工和购买的货物用于实物折扣的,则该实物款额不能从货物销售额中减除,且该实物应按增值税条例"视同销售货物"中的"赠送他人"计算征收增值税。折扣销售不同于销售折扣,销售折扣指销货方在销售货物或应税劳务后,为鼓励购买方提前支付价款而许诺给予购货方的一种折扣优待,如10天内付款,货款折扣2%;20天内付款,货款折扣1%;30天内付款,无折扣。销售折扣发生在货物销售之后,是一种融资性质的理财费用,因此,销售折扣不得从销售额中扣除。折扣销售也不同于销售折让,销售折让指货物销售后,由于品种、质量等原因购货方虽未予退货,但销货方给予购货方的一种价格折让。销售折让虽然也是在销货之后发生的,但其是因为货物的品种和质量而引起的销售额的减少,因此,对销售折让可以折让后的货款为销售额。

2. 采取以旧换新方式销售。以旧换新指纳税人在销售自己的货物时,有偿收回旧货物的行为。根据税法规定,采取以旧换新方式销售货物的,应按新货物的同期销售价格确定销售额,不得扣减旧货物的收购价格。这样规定的原因是,销售货物和收购货物是两个不同的业务活动,销售额和收购额不能抵减。这也是为了严格增值税的征收,防止出现销售额不实,减少纳税的现象。但考虑到金银首饰以旧换新的特殊情况,对金银首饰以旧换新业务,可以按销售方实际收取的扣除收购额后的价款征收增值税。

3. 采取还本方式销售。还本销售指纳税人在销售货物后,在一定期限内由销售方一次或分次退还给购货方全部或部分价款。这种方式实际上是一种筹资,是以货物换取资金的使用价值,分期归还全部本金或者部分本金而不付息的资金筹集方式。采用这种方式销售货物的,销售额就是货物的销售价格,不得从销售额中减除还本支出。如A电视机厂向B商场销售一批彩电,不含税销售额为50万元,A电视机厂与B商场商定,在该批彩电销售6个月后,由A电视机厂在3个月内分3次返还B商场货款30万元。则A厂应确认的销售额为50万元,而不能扣除其在6个月后向B返还的货款。

4. 采取以物易物方式销售。以物易物指销售双方都不以货币进行结算,而是以相同价额的货物进行结算的一种购销方式。采用这种方式销售货物的,对购销双方都以购销处理,以各自发出的货物计算销售额,以各自购入的货物计算进项税额。在这里,购销双方都应开具增值税专用发票,若不能取得增值税专用发票的,不得抵扣进项税额。

5. 收取的包装物押金。纳税人为销售货物收取的包装物押金,单独核算的,时间在一年以内又未过期的,不并入销售额征税。但对因逾期未收回的包装物而不再退还的押金,应按所收取的押金并入销售额征税。对收取的一年期以上的包装物押金,无论是否退还,都并入销售额计征增值税。在将包装物押金并入销售额征税时,须将该押金换算为不含税价款,再并入销售额。对个别包装物周转时间较长的,报经税务机关批准后,可适当放宽逾期期限。但对酒类产品收取的包装物押金,自1995年6月1日起,对销售除啤酒、黄酒外的其他酒类产品而收取的包装物押金,无论会计上如何核算,均应并入当期销售额征税。对啤酒、黄酒所收取的押金,按上述一般押金的规定处理。

(二) 进项税额的确定

进项税额指纳税人购进货物或者接受应税劳务时所支付或者负担的增值税税额。进项税额是与销项税额相对应的一个概念,在购销双方中,一方的销项税额即为另一方的进项税额。纳税人在计算增值税应纳税额时一般可扣除其当期进项税额,然而,并非纳税人支付的所有进项税额都可以从其当期销项税额中抵扣,进项税额只有在符合规定时才准予扣除。

1. 准予从销项税额中抵扣的进项税额

(1) 从销售方取得的增值税专用发票上注明的增值税额。

(2) 从海关取得的完税凭证上注明的增值税额。纳税人进口货物,凡已缴纳了进口环节增值税,即可凭海关的完税凭证抵扣增值税进项税额,而不论其是否支付货款。

(3) 购进免税农产品的进项税额,按买价和规定的扣除率计算。[①]免税农产品既包括一般纳税人购进农业生产者自产的农业产品,也包括向小规模纳税人购进的农业产

---

① 2002年1月9日,财政部和国家税务总局发文《关于提高农产品进项税额抵扣率的通知》,规定经国务院批准,从2002年1月1日起,增值税一般纳税人购进农业生产者销售的免税农业产品的进项税额扣除率由10%提高到13%。

品。购买农产品的买价限于经主管税务机关批准使用的收购凭证上注明的价款,购买农产品的单位在收购价格之外按规定缴纳并负担的农业特产税,准予并入农业产品的买价,计算进项税额。

【实例演示】

某食品企业(一般纳税人)2007 年 4 月份购入粮食 10 000 千克,收购凭证上注明的收购价格为每千克 2 元,计算该笔业务的进项税额。

进项税额 = 2 × 10 000 × 13% = 2 600(元)

(4) 购进货物和销售货物所支付的运费,根据运费结算单据(普通发票)所列运费金额依 7% 的扣除率计算进项税额,准予从销项税额中扣除。但随同运费支付的装卸费、保险费等其他杂费不得计算扣除进项税额。纳税人外购免税货物(免税农业产品除外)所支付的运费不能扣除进项税额。其计算公式是:

进项税额 = 运费金额 × 7%

【实例演示】

某商场(一般纳税人)11 月份购进商品取得的增值税专用发票上注明的价款为 100 000 元,增值税税款为 17 000 元,款项以银行存款支付;同时支付运费 5 000 元,取得运输部门开具的普通发票,装卸费 1 000 元,保险费 500 元,计算该商场 11 月份可予抵扣的进项税额。

进项税额 =17 000 +5 000 ×7% =17 350(元)

(5) 生产企业增值税一般纳税人购入废旧物资回收经营单位销售的废旧物资,不能取得增值税专用发票的,可按照废旧物资回收经营单位开具的由税务机关监制的普通发票上注明的金额,按 10% 计算抵扣进项税额。

(6) 自 2004 年 1 月 1 日起,增值税一般纳税人购置税控收款机所支付的增值税税额(以购进税控收款机取得的增值税专用发票上注明的增值税税额为准),准予在该企业当期的增值税销项税额中抵扣。

2. 不得从销项税额中抵扣的进项税额

(1) 用于非应税项目的购进货物或者应税劳务的进项税额。非应税项目指提供非应税劳务、转让无形资产、出售不动产和不动产在建工程等。

(2) 用于免税项目的购进货物或者应税劳务的进项税额。

(3) 用于集体福利或者个人消费的购进货物或者应税劳务的进项税额。纳税人购进货物用于集体福利或者个人消费的,已改变了生产经营的用途,成了最终消费品,因此,其进项税额不得抵扣。

(4) 非正常损失的购进货物的进项税额。非正常损失指正常生产经营之外的损失,包括:自然灾害损失,因管理不善造成货物被盗窃、发生霉烂变质等损失及其他非正常损失。

(5) 非正常损失的在产品、产成品所耗用的购进货物或者应税劳务的进项税额。

(6) 纳税人购进货物或者应税劳务,未按照规定取得并保存增值税扣税凭证,或者增值税扣税凭证上未按照规定注明增值税额及其他有关事项的,其进项税额不得从销项税额中抵扣。

(7) 会计核算不健全,或者不能够提供准确税务资料的一般纳税人以及虽然符合一般纳税人条件,但不申请办理一般纳税人认定手续的纳税人,按其销售额依照增值税税率计算应纳税额,不得抵扣进项税额。

【实例演示】

某商场(一般纳税人)2007 年 3 月份购进货物情况如下:

购进商品 1 000 件,取得增值税专用发票,专用发票上注明的价款为 100 000 元,税款 17 000 元,货款已支付。其中 200 件用于企业福利,100 件由于管理不善被盗,其余商品用于销售。

从小规模纳税人手中购入商品 500 件,取得普通发票,发票上注明的金额为 40 000 元,款项已支付。

计算该商场 3 月份的进项税额。

购进的商品中用于企业福利的 200 件商品中所含的进项税额不得扣除,被盗的 100 件商品属于非正常损失,进项税额也不得扣除。另外,从小规模纳税人处购入的商品,未能取得增值税专用发票,该 500 件商品包含的进项税额也不得扣除。

3 月份进项税额 = 17 000 × (1 000 - 200 - 100) ÷ 1 000 = 11 900(元)

(三) 应纳税额的计算

只有纳税期限内发生的销项税额和进项税额,才能作为应纳税额的计税依据。销

项税额的发生时间,参见增值税的纳税义务发生时间。进项税额的发生时间确定如下:

1. 按照规定,增值税一般纳税人取得防伪税控系统开具的增值税专用发票进项税额抵扣时限为:增值税一般纳税人申请抵扣的防伪税控系统开具的增值税专用发票,必须自该专用发票开具之日起90日内到税务机关认证,否则不予抵扣进项税额;增值税一般纳税人认证通过的防伪税控系统开具的增值税专用发票,应在认证通过的当月按照增值税有关规定核算当期进项税额并申报抵扣,否则不予抵扣进项税额。

2. 取得非防伪税控系统开具的增值税专用发票进项税额的抵扣时限为:一般纳税人在购进货物或者接受应税劳务,必须在支付款项后,并且取得增值税专用发票(购进免税农产品及从废旧物资经营者购进废旧物资除外),方可抵扣进项税额。

【实例演示】

A商场(一般纳税人)2006年12月外购货物500万元(不含税),本月销售商品800万元(不含税),计算其12月份应纳税额。

12月份销项税额 = 800 × 17% = 136(万元)

12月份进项税额 = 500 × 17% = 85(万元)

应纳税额 = 136 − 85 = 51(万元)

【实例演示】

A电子设备生产企业(以下称A企业)2006年12月经营业务如下:

(1) A企业购进生产用原材料和零部件,取得增值税专用发票,注明货款180万元、增值税30.6万元,货物已验收入库。

(2) A企业销售电脑600台,每台不含税单价0.45万元,开具增值税专用发票,注明货款270万元、增值税45.9万元。

(3) A企业从农民手中购进免税农产品,收购凭证上注明支付收购货款30万元,支付运输公司的运输费3万元,取得普通发票。入库后,将收购的农产品40%作为职工福利消费,60%零售给消费者并取得含税收入23.4万元。

计算A企业2002年12月应缴纳的增值税。

答案:

当期销项税额：

销售电脑销项税额为 45.9 万元

销售农产品销项税额 = 23.4 ÷ (1 + 17%) × 17% = 3.4(万元)

当期销项税额 = 45.9 + 3.4 = 49.3(万元)

当期进项税额：

A 企业购入的原材料和零部件部分的进项税额可予抵扣，即 30.6 万元。

A 公司购入的农产品用于职工福利部分的进项税额不予抵扣，即：

可抵扣进项税额 = (30 × 13% + 3 × 7%) × 60% = 2.466(万元)

当期进项税额 = 30.6 + 2.466 = 33.066(万元)

应纳增值税额 = 49.3 − 33.066 = 16.234(万元)

三、小规模纳税人应纳税额的计算

小规模纳税人销售货物或者应税劳务实行简易方法计算应纳税额，即按照规定的销售额和所适用的征收率直接计算，其进项税额不得抵扣。应纳税额计算公式为：

应纳税额 = 销售额 × 征收率

小规模纳税人的销售额不包括应纳税额，小规模纳税人销售货物或者应税劳务采用价税合计定价方法的，在确定应纳税额时，应将销售额换算成不含税销售额。换算公式为：

销售额 = 含税销售额 ÷ (1 + 征收率)

小规模纳税人因销售货物退还或者折让退还给购买方的销售额，应从发生的销货退回或折让当期的销售额中扣减。

【实例演示】

某商店为小规模纳税人，其 1 月份的销售额为 24.72 万元。计算该商店 1 月份应缴纳的增值税税额。

应将 1 月份的销售额换算成不含税销售额：

不含税销售额 = 24.72 ÷ (1 + 3%) = 24(万元)

1 月份应缴纳的增值税税额：

应纳税额 = 24 × 3% = 0.72(万元)

四、进口货物应纳税额的计算

纳税人进口货物,按照组成计税价格和规定的税率计算应纳税额,不得抵扣任何税额。组成计税价格的计算公式为:

组成计税价格 = 关税完税价格 + 关税 + 消费税

或:

组成计税价格 =(关税完税价格 + 关税)÷(1 - 消费税税率)

需要注意的是,进口货物增值税的组成计税价格中包括已缴纳的关税,如果进口货物属于消费税应税消费品,其组成计税价格还包括已纳消费税税额。前述“不得抵扣任何税额”指在计算进口环节应纳增值税时不得抵扣发生在我国境外的各种税金。

应纳税额的计算公式:

应纳税额 = 组成计税价格 × 税率

【实例演示】

某工厂从美国进口一批精密仪器,离岸价为 100 000 美元,支付国外运费为 1 000 美元,支付保险费 10 000 美元,支付关税 50 000 美元。计算其进口环节应纳增值税。当日国家外汇牌价为 1 美元 =8.00 元人民币。

组成计税价格 =(100 000 + 1 000 + 10 000 + 50 000)× 8 = 1 288 000(元)

应纳税额 = 1 288 000 × 17% = 218 960(元)

第四节　增值税的征收管理

一、增值税的起征点和减免规定

(一)增值税的起征点

根据《中华人民共和国增值税暂行条例》及其实施细则的规定,对个人销售货物或提供应税劳务未达到起征点的免征增值税，达到或者超过起征点的，就其全额征收增值税。增值税起征点的幅度规定如下：

1. 销售货物的起征点为月销售额2 000元—5 000元。

2. 销售应税劳务的起征点为月销售额1 500元—3 000元。

3. 按次纳税的起征点为每次（日）销售额150元—200元。

这里的销售额为不含税销售额，即增值税税额不包括在内。具体适用的起征点，由国家税务总局直属分局在规定的幅度里，根据各地实际情况确定，并报国家税务总局备案。

（二）增值税的减免规定

根据有关规定，下列项目免征增值税：

1. 农业生产者销售的自产农业产品。农业，是指种植业、养殖业、林业、牧业、水产业。农业生产者包括从事农业生产的单位和个人。农业产品，是指初级农业产品，具体范围由国家税务总局直属分局确定。

2. 避孕药品和用具。

3. 古旧图书。古旧图书是指向社会收购的古书和旧书。

4. 直接用于科学研究、科学试验和教学的进口仪器、设备。

5. 外国政府、国际组织无偿援助的进口物资和设备。

6. 来料加工、来件装配和补偿贸易所需进口的设备。

7. 由残疾人组织直接进口供残疾人专用的物品。

8. 销售自己使用过的物品。这里的物品是指游艇、摩托车、应征消费税的汽车以外的货物。

须注意的是，纳税人兼营免税、减征增值税项目的，应当单独核算免税、减税项目的销售额，未单独核算销售额的，税务机关不予办理免税、减税。

二、增值税的纳税义务发生时间

纳税人销售货物或者应税劳务，其增值税纳税义务发生时间为收讫销售款或者取得索取销售款凭据的当天。按销售结算方式的不同，具体规定如下：

1. 采取直接收款方式销售货物，不论货物是否发出，均为收到销售额或者取得索取销售额的凭据，并将提货单交给买方的当天。

2. 采取托收承付和委托银行收款方式销售货物，为发出货物并办妥托收手续的当天。

3. 采取赊销和分期收款方式销售货物，为按合同约定的收款日期的当天。

4. 采取预收货款方式销售货物,为货物发出的当天。

5. 委托其他纳税人代销货物,为收到代销单位销售的代销清单的当天。

6. 销售应税劳务,为提供劳务同时收讫销售额或者索取销售额凭据的当天。

7. 纳税人发生的视同销售货物的行为,为货物移送的当天。

8. 进口的货物,为报关进口的当天。

三、增值税的纳税地点

1. 固定业户应当向其机构所在地主管税务机关申报纳税。总机构和分支机构不在同一县(市)的,应当分别向各自所在地主管税务机关申报纳税;经国家税务总局或其授权的税务机关批准,可以由总机构汇总向总机构所在地主管税务机关申报纳税。

2. 固定业户到外县(市)销售货物的,应当向其机构所在地主管税务机关申请开具外出经营活动税收管理证明,向其机构所在地主管税务机关申报纳税。未持有其机构所在地主管税务机关核发的外出经营活动税收管理证明,到外县(市)销售货物或者应税劳务的,应当向销售地主管税务机关申报纳税;未向销售地主管税务机关申报纳税的,由其机构所在地主管税务机关补征税款。

3. 非固定业户销售货物或者应税劳务,应当向销售地主管税务机关申报纳税。

4. 进口货物,应当由进口人或其代理人向报关地海关申报纳税。

四、增值税的纳税期限

增值税的纳税期限分别为1日、3日、5日、10日、15日、1个月或者1个季度。纳税人的具体纳税期限,由主管税务机关根据纳税人应纳税额的大小分别核定;不能按照固定期限纳税的,可以按次纳税。纳税人以1个月或者1个季度为一期纳税的,自期满之日起15日内申报纳税;以1日、3日、5日、10日或者15日为一期纳税的,自期满之日起5日内预缴税款,于次月1日起15日内申报纳税并结清上月应纳税款。纳税人进口货物,应当自海关填发税款缴纳证的次日起15日内缴纳税款。

五、增值税的出口货物退(免)税管理

(一)出口退税的基本政策

世界各国基于鼓励出口的宗旨,对出口货物实行特殊税收政策,在增值税方面,有

的国家实行零税率制度，有的国家采取对出口货物在出口前即予以免税的政策。我国根据我国实际采取出口退税与免税相结合的政策。目前，我国对出口货物的税收政策采取以下三种形式：

1. 出口免税并退税，即指不仅对货物在出口销售环节不征收增值税，而且对货物在出口之前实际承担的税款，按规定的退税率计算后予以退还。

2. 出口免税但不退税，指仅免征出口环节的增值税，不予退税，这是因为适用这个政策的出口货物在前一个生产、销售环节或进口环节是免税的，因此该出口货物的价格是不含税的，故无需退税。

3. 出口不退税也不免税，指对某些出口货物与内销货物同等对待，照常征税，并且不退还其在出口前期所负担的税款。适用这个政策的主要是国家限制或者禁止出口的货物，如天然牛黄、麝香、铜合金等。

(二) 出口退(免)税货物的适用范围

1. 有出口经营权的企业出口和代理出口的货物，除另有规定者外，可在货物报关出口并在财务上做销售处理后，凭有关凭证按月报送税务机关批准免征出口环节增值税并退税。

2. 生产企业自营出口或委托外贸企业代理出口的自产货物，给予免税并退税。

3. 小规模纳税人自营和委托出口的货物，免征出口环节增值税，其进项税额不予抵扣或退税。

(三) 出口货物退税率

出口货物的退税率指出口货物的实际退税额与计税依据的比例。退税率的确定是和国家的经济形势相适应的，其变化较为频繁。自1995年7月1日来，我国多次调整增值税的退税率，目前，出口货物的增值税退税率有七档：17%、16%、15%、14%、13%、9%、5%。

【政策指引】

部分商品出口退税率的调整

根据财政部、国家发展和改革委员会、商务部、海关总署、国家税务总局发布的《关于调整部分商品出口退税率和增补加工贸易禁止类商品目录的通知》(财税[2006]139

号),对部分商品的出口退税率进行了调整。

1. 取消下列商品的出口退税

(1)《中华人民共和国海关进口税则》第25章除盐、水泥以外的所有非金属类矿产品;煤炭、天然气、石蜡、沥青、硅、砷、石料材、有色金属及废料等。

(2) 金属陶瓷、25种农药及中间体、部分成品革、铅酸蓄电池、氧化汞电池等。

(3) 细山羊毛、木炭、枕木、软木制品、部分木材初级制品等。

2. 降低下列商品的出口退税率

(1) 钢材(142个税号)出口退税率由11%降至8%。

(2) 陶瓷、部分成品革和水泥、玻璃出口退税率分别由13%降至8%和11%。

(3) 部分有色金属材料的出口退税率由13%降至5%、8%和11%。

(4) 纺织品、家具、塑料、打火机、个别木材制品的出口退税率由13%降至11%。

(5) 非机械驱动车(手推车)及零部件由17%降至13%。

3. 提高部分商品的出口退税率

(1) 重大技术装备、部分IT产品和生物医药产品以及部分国家产业政策鼓励出口的高科技产品等,出口退税率由13%提高到17%。

(2) 部分以农产品为原料的加工品,出口退税率由5%或11%提高到13%。

(四) 出口退税的计算

出口货物只有在既免税又退税的场合,才会涉及退税的计算问题。出口退税有两种计算方法:一是"免、抵、退"税法;二是"先征后退"法。前者主要适用于自营和委托出口自产货物的生产企业,后者主要适用于收购货物出口的外贸企业。

1. "免、抵、退"税的计算方法

"免、抵、退"税中的"免"指对生产企业出口的自产货物免征出口环节增值税;"抵"指生产企业出口自产货物耗用的原材料、零部件、燃料、动力等所含的应予退还的进项税额,抵顶内销货物的应纳税额;"退"指生产企业出口的自产货物在当月应抵顶的进项税额大于应纳税额时,对未抵顶完的部分予以退税。具体计算公式如下:

当期应纳税额的计算:

当期应纳税额 = 当期内销货物的销项税额 -(当期进项税额 - 当期免抵退税不得免征和抵扣税额)- 上期留抵税额

其中:

当期免抵退税不得免征和抵扣税额 = 出口货物离岸价 × 外汇人民币牌价 ×（出口货物征税率 - 出口货物退税率）- 免抵退税不得免征和抵扣税额抵减额

免抵退税不得免征和抵扣税额抵减额 = 免税购进原材料价格 ×（出口货物征税率 - 出口货物退税率）

免抵退税的计算：

免抵退税额 = 出口货物离岸价 × 外汇人民币牌价 × 出口货物退税率 - 免抵退税抵减额

其中：

免抵退税额抵减额 = 免税购进原材料价格 × 出口货物退税率

当期应退税额和免抵税额的计算：

（1）如当期期末留抵税额≤当期免抵退税额，则：

当期应退税额 = 当期期末留抵税额

当期免抵税额 = 当期免抵退税额 - 当期应退税额

（2）如当期期末留抵税额＞当期免抵退税额，则：

当期应退税额 = 当期免抵退税额

当期免抵税额 = 0

当期期末留抵税额根据当期《增值税纳税申报表》中"期末留抵税额"确定。

【实例演示】

具有进出口经营权的某生产企业兼营内销和出口货物，2006 年 11 月，内销货物销售额 500 万元（不含税），出口货物销售额（离岸价）100 万美元（1 美元 =8.00 元人民币），购进所需原材料的进项税额为 150 万元。

已知该企业 2000 年销售货物适用税率为 17%，退税率为 8%，上期未抵扣完的进项税额 40 万元。

计算该企业当期应纳或应退增值税税额。

答案：

（1）免征出口环节的增值税。

（2）当期出口货物不予抵扣或退税的税额 = 100 × 8.00 ×（17% - 8%）= 72（万元）

(3) 当期应纳税额 = 500 × 17% - (150 - 72) - 40 = - 33(万元)

当期留抵退税额为 33 万元。

(4) 当其免抵退税额 = 100 × 8 × 8% = 64(万元)

(5) 按规定,若当期留抵退税额≤当期免抵退税额,

则当期应退税额 = 当期期末留抵退税额

即该企业当期应退税额为 33 万元。

【实例演示】

某生产企业,2007 年 2 月购进原材料的进项税额为 150 万元,内销货物 200 万元(不含税),出口货物销售额 100 万美元(1 美元 = 8.00 元人民币)。

已知该企业销售货物适用税率为 17%,退税率为 13%,上期未抵扣完的进项税额 50 万元。

计算该企业当期应纳或应退的增值税税额。

答案:

(1) 免征出口环节增值税。

(2) 当期出口货物不予抵扣或退税的税额 = 100 × 8 × (17% - 13%) = 32(万元)

(3) 当期应纳税额 = 200 × 17 % - (150 - 32) - 50 = - 134(万元)

当期留抵退税额为 = 134 万元

(4) 当期免抵退税额 = 100 × 8 × 13% = 104(万元)

(5) 按规定,若当期留抵退税额 > 当期免抵退税额,

则当期应退税额 = 当期免抵退税额

即该企业当期应退税额 = 104 万元

结转下期抵扣的进项税额 = 134 - 104 = 30(万元)

2. 先征后退的计算方法

"先征后退"法一般针对外贸企业而言,外贸企业出口货物应退税额的计算应依据购进出口货物增值税专用发票上所注明的进项金额和退税率计算。计算公式为:

应退税额 = 外贸收购不含增值税购进金额 × 退税率

【实例演示】

某进出口公司 2005 年 7 月向美国出口家电 2 000 台,进货增值税专用发票列明单

价1 000元/台,计税金额2 000 000元,退税率17%,其应退税额为:

2 000 × 1 000 × 17% = 340 000(元)

(五)出口退税的申报

出口商自营或委托出口的货物,除另有规定者外,在货物报关出口并在财务上做销售核算后,在规定期限内,收齐出口货物退(免)税所需的有关单证,使用国家税务总局认可的出口货物退(免)税电子申报系统生成电子申报数据,如实填写出口货物退(免)税申报表,向税务机关申报办理出口货物退(免)税手续。逾期申报的,除另有规定者外,税务机关不再受理该笔出口货物的退(免)税申报,该补税的应按有关规定补征税款。

【政策指引】

现行出口退税机制的改革

一、改革现行出口退税机制的必要性和紧迫性

对出口产品实行退税是国际通行做法,符合世界贸易组织规则。我国从1985年开始实行出口退税政策,1994年财税体制改革以后继续对出口产品实行退税。出口退税政策的实施,对增强我国出口产品的国际竞争力、扩大出口、增加就业、保证国际收支平衡、增加国家外汇储备、促进国民经济持续快速健康发展发挥了重要作用。

我国现行的出口退税机制存在一些亟待解决的矛盾和问题,主要是出口退税机制不利于深化外贸体制改革,出口退税结构不能适应优化产业结构的要求,出口退税的负担机制不尽合理,出口退税缺乏稳定的资金来源等。这些问题的存在使出口退税资金无法及时得到保证,导致欠退税问题十分严重,而且呈现逐年增长的势头,如不及时采取有效措施予以解决,势必影响企业正常经营和外贸发展,给财政金融运行带来隐患,损害政府的形象和信誉。从改革机制入手抓紧解决出口欠退税问题已迫在眉睫。

二、改革出口退税机制的指导思想和具体内容

(一)改革的指导思想

按照"新账不欠,老账要还,完善机制,共同负担,推动改革,促进发展"的原则,对历史上所欠退税款由中央财政负责偿还,确保改革后不再发生新欠,同时建立中央、地方共同负担的出口退税新机制,推动外贸体制深化改革,优化出口产品结构,提高出口效益,促进外贸和经济持续健康发展。

(二) 改革的具体内容

1. 适当降低出口退税率。本着"适度、稳妥、可行"的原则,区别不同产品调整退税率:对国家鼓励出口产品不降或少降,对一般性出口产品适当降低,对国家限制出口产品和一些资源性产品多降或取消退税。调整退税率的详细产品目录,由财政部会同国家发展和改革委员会、商务部、税务总局制定,报国务院审批后发布。

2. 加大中央财政对出口退税的支持力度。从2003年起,中央进口环节增值税、消费税收入增量首先用于出口退税。

3. 建立中央和地方共同负担出口退税的新机制。从2004年起,以2003年出口退税实退指标为基数,对超基数部分的应退税额,由中央和地方按75∶25的比例共同负担。

4. 推进外贸体制改革,调整出口产品结构。通过完善法律保障机制等,加快推进生产企业自营出口,积极引导外贸出口代理制发展,降低出口成本,进一步提升我国商品的国际竞争力。同时,结合调整出口退税率,促进出口产品结构优化,提高出口整体效益。

5. 累计欠退税由中央财政负担。对截至2003年底累计欠企业的出口退税款和按增值税分享体制影响地方的财政收入,全部由中央财政负担。其中,对欠企业的出口退税款,中央财政从2004年起采取全额贴息等办法予以解决。

三、做好出口退税机制改革各项工作

出口退税机制改革是一项重大的体制改革和管理制度创新,关系外贸和国民经济发展全局,各地区、各部门要统一思想,提高认识。财政、商务(外经贸)、税务、海关、外汇等部门要从大局出发,认真履行职责,严格按职能分工,密切配合,共同做好出口退税机制改革各项工作。改革方案出台后,各地区、各部门要切实抓好贯彻落实,加强对改革工作的监督检查和业务指导,密切跟踪改革方案的实施情况,加强调查研究,根据出现的新情况、新问题,及时研究解决办法,确保改革的顺利进行。对违反出口退税机制改革统一规定的行为,要追究相关地区和部门的责任。

六、增值税专用发票的使用和管理

增值税实行的是凭发票抵扣的制度,增值税专用发票不仅是销货方售货和计算销项税额的凭证,也是购货方计算进项税额和进行税款抵扣的凭证,对增值税的计算和管理起着决定性的作用,因此正确使用增值税专用发票非常重要。

(一) 增值税专用发票的印制及式样

与普通发票相比,增值税专用发票由基本联次或者基本联次附加其他联次构成,基本联次为三联:发票联、抵扣联和记账联。发票联,是购买方核算采购成本和增值税进项税额的记账凭证;抵扣联,是购买方报送主管税务机关认证和留存备查的凭证;记账联,是销售方核算销售收入和增值税销项税额的记账凭证。其他联次用途,由一般纳税人自行确定。

增值税专用发票的基本内容除一般发票应有的发票名称、发票号码、联次及用途、客户名称、商品名称或经营项目、计量单位、数量、单价、大小写金额、开票人、开票日期、开票单位名称等外,还包括购货人地址、购货人增值税登记号、增值税税率、供货方名称、地址及增值税登记号。

(二)增值税专用发票的领购使用

增值税专用发票原则上只限于增值税一般纳税人使用,自2007年1月1日起,一般纳税人应通过增值税防伪税控系统[①](以下简称防伪税控系统)使用专用发票。使用,包括领购、开具、缴销、认证纸质专用发票及其相应的数据电文。小规模纳税人和非增值税纳税人不得使用增值税专用发票。但小规模纳税人发生的应税行为需要开具增值税专用发票的,可向税务机关申请代开。

为加强对专用发票的管理,国家税务总局规定,对商业企业一般纳税人零售的烟、酒、食品、服装、鞋帽(不包括劳保专用部分)、化妆品等消费品以及销售免税货物不得开具专用发票;对工商企业销售的机械、机车、汽车、轮船、锅炉等大型机械电子设备,如购货方索取增值税专用发票,销货方可开具增值税专用发票。

(三)专用发票的开具要求

专用发票必须按下列要求开具,开具的专用发票有不符合要求者,不得作为扣税凭证,购买方有权拒收:

1. 项目齐全,与实际交易相符。
2. 字迹清楚,不得压线、错格。
3. 发票联和抵扣联加盖财务专用章或者发票专用章。
4. 按照增值税纳税义务的发生时间开具。

(四)专用发票的开具时限

一般纳税人必须按规定时限开具专用发票,不得提前或滞后,专用发票开具时限规定如下:

1. 采用预收货款、托收承付、委托银行收款结算方式的,为货物发出的当天。

---

① 防伪税控系统,指经国务院同意推行的,使用专用设备和通用设备、运用数字密码和电子存储技术管理专用发票的计算机管理系统。

2. 采用交款提货结算方式的,为收到货款的当天。

3. 采用赊销、分期付款结算方式的,为合同约定的收款日期的当天。

4. 将货物交付他人代销,为收到受托人送交的代销清单的当天。

5. 设有两个以上机构并实行统一核算的纳税人,将货物从一个机构移送其他机构用于销售,按规定应当征收增值税的,为货物移送的当天。

6. 将货物作为投资提供给其他单位或个体经营者,为货物移送的当天。

7. 将货物分配给股东,为货物移送的当天。

(五) 增值税专用发票抵扣进项税额的规定

一般纳税人通过防伪税控装置开具的专用发票经税务机关认证无误后,可作为抵扣进项税额的依据;经认证不符合增值税专用发票使用规定的,不得作为扣税依据。一般纳税人丢失已开具专用发票的发票联和抵扣联,如果已经认证相符的,购买方凭销售方提供的相应专用发票记账联复印件及销售方所在地主管税务机关出具的《丢失增值税专用发票已报税证明单》,经购买方主管税务机关审核同意后,可作为增值税进项税额的抵扣凭证;如果丢失前未认证的,购买方凭销售方提供的相应专用发票记账联复印件到主管税务机关进行认证,认证相符的凭该专用发票记账联复印件及销售方所在地主管税务机关出具的《丢失增值税专用发票已报税证明单》,经购买方主管税务机关审核同意后,可作为增值税进项税额的抵扣凭证。

(六) 处罚规定

1. 违反专用发票使用管理的,按照《中华人民共和国税收征收管理法》的有关规定处罚。

2. 虚开、伪造和非法出售增值税专用发票,情节严重构成犯罪的,移交公安部门,追究其刑事责任。

【延伸阅读】

金税工程简介

一、金税工程产生的背景

1994 年我国开始实施的增值税制度,实行"环环征、环环抵扣"的原则,凭票(增值税专用发票、海关完税凭证、农业产品收购凭证、运费普通发票等)抵扣税款,有效地避免了重复征税,促进了企业的发展。同时,由于增值税专用发票既是购销凭证,也可作为抵扣税款凭证,这种双重性体现了增值税专用发票的重要性。增值税专用发票具有经济价值,于是在利益的驱使下,一些不法分子采取虚开、代开、伪造专用发票等手段进行经济犯罪,造成国家税款的大量流失。为打击犯罪,保护国家利益,国家税务部门开始从管理抓起,研究增值税的监管问题。按照"科技加管理"的思路,加快税务部门管理信息化的进程,建设了增值税监管体系——"金税工程"。近年来的实践证明,金税工程是增值税管理的生命线,是打击偷骗税的"杀手锏",同时也对税务干部队伍建设发挥着重要的作用。

二、什么是金税工程

金税工程的全称是全国增值税专用发票计算机稽核网络系统,是吸取国际先进经验,动用高科技手段结合我国增值税管理实际设计的高科技管理系统。该系统由一个网络、四个系统构成。一个网络是指总局、省、地、县四级计算机网络;四个系统是指增值税防伪税控开票子系统、防伪税控认证子系统、增值税交叉稽核子系统和发票协查子系统。金税工程实际上是利用覆盖全国税务机关的计算机网络对增值税专用发票和企业纳税状况进行严密监控的一个体系。增值税防伪税控系统是利用数字密码和电子储存技术,强化增值税专用发票防伪功能,实现对一般纳税人税源监控的计算机管理系统,是金税工程的重要组成部分。

金税工程对于防止和查处利用增值税专用发票进行偷骗税的犯罪活动、减少税款的流失、监控纳税人的生产经营行为和税源变化、监督和规范税务人员的执法行为、促进税务机关的廉政建设,都具有至关重要的作用。

金税工程的实施将有助于建立起科学、规范的增值税税收征管体系,从根本上提高税收征管水平,以保证税法的贯彻实施;金税工程计算机稽核系统的运行将会加强对增值税纳税人的管理和检查工作,有效地提高增值税的征管质量,监督纳税人及时足额纳税,减少偷骗税和违法案件的发生,维护税法的严肃性,改善依法治税环境,增加国家财政收入,同时使新税制在规范企业市场经营行为、建立正常的市场经济秩序方面更好地发挥作用。

三、金税工程的进展情况

1994年2月1日,时任国务院副总理的朱镕基同志在听取了电子部、航天工业总公司、财政部、国家税务总局等单位的汇报后,指示要尽快实施以加强增值税管理为主要目标的金税工程。为了组织实施这项工程,成立了跨部门的国家税控系统建设协调领导小组,下设金税工程办公室,具体负责组织、协调系统建设工作。1994年3月底,金税工程试点工作正式启动。

2000年8月31日,国家税务总局向国务院汇报金税工程二期的建设方案并得到批准。2001年7月1日,增值税防伪税控发票开票、认证、交叉稽核、协查四个子系统,在全国全面开通,总体运行情况良好。金税工程对加强增值税专用发票管理,打击偷骗税犯罪行为、增加税收收入等方面起到了积极有效的作用。

2003 年进入金税工程三期建设阶段。金税工程三期是在对金税工程二期四个子系统进行功能整合、技术升级和业务与数据优化的基础上,进一步强化征管功能,扩大业务覆盖面,形成了有效的、相互联系的制约和监控考核机制。

【本章小结】

增值税是我国税收收入来源最大的税种,具有避免重复征税的特征,国际上很多国家都开征增值税,并且大部分国家实行的是消费型增值税。目前,我国实行的是消费型增值税。

增值税的纳税人包括三类:销售货物者、提供应税劳务者及进口货物者。在我国实践中,对增值税纳税人的管理区分为一般纳税人和小规模纳税人。增值税税率档次较少,体现了税收中性的特点。

增值税应纳税额的计算分为三种情况:一般纳税人应纳税额的计算、小规模纳税人应纳税额的计算和进口货物应纳税额的计算。计算应纳税额的关键在于确定当期销项税额和当期进项税额。增值税在出口环节对大部分货物实行的是零关税政策,免征出口关税并退还货物中包含的进项税额。

增值税专用发票既是商事凭证又是扣税凭证,增值税专用发票的样式、使用范围、开具要求等法律都有明确的规定,随着金税工程的推进,增值税专用发票的开具将告别手工时代,进入网络信息时代。

思考题

1. 什么是增值税?增值税具有哪些特点?增值税自产生以来,为什么能在短短的几十年时间风靡全球?
2. 划分增值税一般纳税人和小规模纳税人的标准是什么?
3. 对“混合销售行为”和“兼营非应税劳务行为”,税务处理有什么不同?
4. 简述增值税纳税义务的发生时间。
5. 简述我国出口退税制度的基本政策。
6. 简述增值税专用发票的开具时限。

第六章　消费税法律制度

【学习目的】

通过本章的学习，了解消费税的基本特点及纳税人、征税对象和纳税环节等课税要素，通晓消费税的基本原理，熟练掌握消费税的计算方法。

第一节　消费税法概述

一、消费税的概念、特点及作用

消费税是指税法规定的针对一些特定消费品、消费行为的流转额征收的一种税。各国征收消费税的主要目的是为了增加财政收入，消费税在财政收入中占有相当大的比重。在我国现行的税法体系中，消费税属于中央税，是中央财政收入中仅次于增值税的第二大类税种。

消费税与增值税同属于对流转额课征的税种，但和增值税相比，消费税具有以下特点：

1. 征收范围具有选择性，根据产业政策和消费政策的要求，我国的消费税税目主要包括特殊消费品、奢侈品、高能消耗品、不可再生的稀缺资源消费品，以及税基宽广、消费普遍、不影响人民群众生活水平、但又有一定财政意义的普通消费品。

2. 征税环节具有单一性，只在生产、流通、销售中选择一个环节征收。单一的征收环节，一方面可以避免重复征税，减轻纳税人的负担；另一方面有利于税收的源泉控制，保障国家的财政收入。

3. 税收负担具有转嫁性。消费税属于价内税，应税消费品的价格之中必然包含了消费税税额。因此,无论消费税在哪个环节征收,纳税人可以通过调整消费品的销售价格,将其所纳消费税额转嫁到消费者身上,而且这种转嫁具有隐蔽性。

4. 征收方法具有多样性。消费税既可以从价定率征收,又可以从量定额征收,还可以复合征税,计税准确,管理简便,易于操作。

消费税的上述特点决定了消费税的三大作用:

1. 增加国家的财政收入。消费税的征税范围虽然比较窄,但是为了达到其特殊调节目的,消费税的平均税率较高,同时由于应税消费品大多属于价格弹性较低的消费品,其销售价格的增长不会降低其销售量,因此,消费税收入稳定可靠,开征消费税可以保障和稳定增加国家的财政收入,为国家建设筹集资金。

2. 调节消费结构,引导消费方向。消费税是国家调节消费结构、引导消费方向的重要工具。消费税的征收对象是一些奢侈品或高档的消费品,同时消费税针对不同的税目设置了高低不同的税率,这样使得消费者明确感受到税收对其利益的调节,从而相应地控制自身的消费行为。因而,消费税可以抑制人们不合理的消费,引导健康的消费方向,促进良好社会风气的形成,使得人们的消费水平与我国经济发展水平相适应。

3. 调节收入分配。消费税的征税对象主要是奢侈型或者高档型的消费品,另外由于消费税具有转嫁性,消费税的实际负担者是有较高经济支付能力的消费者,因此开征消费税可以达到调节收入分配,体现社会公平的功能。

二、消费税的产生和发展

消费税的历史源远流长,欧洲古希腊雅典时期的内陆关税,罗马时期的盐税实质上都是对货物征收的消费税。封建社会中后期,商品经济日渐发达,消费税的征收范围也随之扩大,到资本主义初期达到鼎盛阶段,成为政府财政收入的支柱。20 世纪以后,随着累进所得税的推行,消费税的主体税种地位在西方发达资本主义国家受到削弱,为所得税所替代,但消费税具有的独特调节作用,使其在这些国家的税制中仍然是一个不可或缺的辅助税种,而在广大的发展中国家中,消费税至今仍然是国家税制中十分重要的税种。

在我国,早在春秋战国时期,就已经开征过“关市之赋”、“山泽之赋”,都是对特定的物品征收的消费税。其后,各朝代又较为普遍地征收过盐税、酒税和茶税。民国时期,为取得财政收入,更开征了专门的货物税。

解放初期我国征收的货物税、20 世纪 50 年代征收的商品流通税、1958 年至 1973 年征收的工商统一税、1973 年至 1983 年征收的工商税中相当于货物税的部分、1983 年至 1993 年征收的产品税、增值税,实际上相当于或部分相当于消费税,只是未以消费税命名而已。而我国于1983年开征的燃油特别税,1988年曾对彩色电视机和小轿车开征的特别消费税,更是一种选择性消费税,至于作为独立税种的消费税的正式确立和开征是从1994年1月1日开始的,是在原产品税、增值税、工商统一税的基础上形成的,它是在普遍征收增值税的基础上,根据消费政策、产业政策的要求,有选择地对部分消费品征收。为适应社会经济形势的客观发展需要,进一步完善消费税制,2006年3月20日,财政部、国家税务总局发文,对消费税税目、税率及相关政策进行调整。新增高尔夫球及球具、高档手表、游艇、木制一次性筷子、实木地板5个税目;取消汽油、柴油税目,增列成品油税目;取消护肤护发品税目。调整后的消费税政策更加符合我国的客观实际。

三、消费税的立法状况

我国现行的调整消费税征纳关系的法规、规章主要包括:国务院2008年11月5日修订通过的《中华人民共和国消费税暂行条例》,财政部和国家税务总局2008年12月15日修订的《中华人民共和国消费税暂行条例实施细则》以及财政部和国家税务总局2006年3月20日发布的《财政部、国家税务总局关于调整和完善消费税政策的通知》。

第二节 消费税的纳税人和征税对象

一、消费税的纳税人

消费税的纳税人为在中华人民共和国境内从事生产、委托加工和进口应税消费品的单位和个人。但金银首饰消费税的纳税人,是指在中华人民共和国境内从事金银首饰商业零售业务的单位和个人;委托加工、委托代销金银首饰的,委托方也是纳税人。纳税人出口应税消费品,除了国务院另有规定,属于国家限制出口的应税消费品以外,免征消费税。

上述单位是指企业单位、行政单位、事业单位、军事单位、社会团体以及其他单位。个人是指个体经营者及其他个人。在中华人民共和国境内是指生产、委托加工和进口属于应当征收消费税的消费品的起运地或所在地在我国境内。[①]

① 参见《中华人民共和国消费税暂行条例实施细则》第1条。

二、消费税的征税范围

在中华人民共和国境内生产、委托加工和进口的应税消费品是消费税的征税范围。从总体上说,法定的应税消费品可以分为以下五大类:

1. 过度消费会对人类健康社会秩序和生态环境等造成危害的消费品。此类消费品包括五个税目:烟、酒及酒精、鞭炮及烟、实木地板、木制一次性筷子。

2. 奢侈品和非生活必需品。这类消费品包括四个税目:化妆品、高尔夫球及球具、贵重首饰及珠宝玉石、高档手表。

3. 高能耗的高档消费品。此类消费品包括三个税目:小汽车、摩托车、游艇。

4. 石油类消费品。此类消费品包括一个税目:成品油。

5. 具有特定财政意义的消费品。此类消费品包括一个税目:汽车轮胎。

第三节　消费税的税目和税率

一、消费税的税目

我国消费税共设置了14个税目。

1. 烟

烟税目分为甲类卷烟、乙类卷烟、批发环节、雪茄烟、烟丝5个子目。自2009年5月1日起,在卷烟批发环节加征一道从价税,在中华人民共和国境内从事卷烟批发业务的单位和个人,批发销售的所有牌号规格的卷烟,按其销售额(不含增值税)征收5%的消费税。

2. 酒及酒精

酒及酒精税目分为白酒、黄酒、啤酒、其他酒、酒精5个子目。

3. 化妆品

本税目征收范围包括各类美容、修饰类化妆品、高档护肤类化妆品和成套化妆品。

美容、修饰类化妆品是指香水、香水精、香粉、口红、指甲油、胭脂、眉笔、唇笔、蓝眼油、眼睫毛以及成套化妆品。

舞台、戏剧、影视演员化妆用的上妆油、卸装油、油彩,不属于本税目的征收范围。

高档护肤类化妆品征收范围另行制定。

4. 高尔夫球及球具

高尔夫球及球具是指从事高尔夫球运动所需的各种专用装备，包括高尔夫球、高尔夫球杆及高尔夫球包（袋）等。

高尔夫球是指重量不超过45.93克、直径不超过42.67毫米的高尔夫球运动比赛、练习用球；高尔夫球杆是指被设计用来打高尔夫球的工具，由杆头、杆身和握把三部分组成；高尔夫球包（袋）是指专用于盛装高尔夫球及球杆的包（袋）。

本税目征收范围包括高尔夫球、高尔夫球杆、高尔夫球包（袋）。高尔夫球杆的杆头、杆身和握把属于本税目的征收范围。①

5. 贵重首饰及珠宝玉石

（1）各种金银、珠宝首饰，包括人造金银、合成金银首饰等。

（2）珠宝玉石。

6. 高档手表

高档手表是指销售价格（不含增值税）每只在10 000元人民币（含）以上的各类手表。

本税目征收范围包括符合以上标准的各类手表。②

7. 实木地板

实木地板是指以木材为原料，经锯割、干燥、刨光、截断、开榫、涂漆等工序加工而成的块状或条状的地面装饰材料。实木地板按生产工艺不同，可分为独板（块）实木地板、实木指接地板、实木复合地板三类；按表面处理状态不同，可分为未涂饰地板（白坯板、素板）和漆饰地板两类。

本税目征收范围包括各类规格的实木地板、实木指接地板、实木复合地板及用于装饰墙壁、天棚的侧端面为榫、槽的实木装饰板。未经涂饰的素板属于本税目征税范围。

8. 木制一次性筷子

木制一次性筷子，又称卫生筷子，是指以木材为原料经过锯段、浸泡、旋切、刨切、烘干、筛选、打磨、倒角、包装等环节加工而成的各类一次性使用的筷子。③

本税目征收范围包括各种规格的木制一次性筷子。未经打磨、倒角的木制一次性筷子属于本税目征税范围。

9. 鞭炮、烟花

体育运动使用的发令纸、鞭炮药引线，不属于鞭炮、焰火税目的征税范围，不征消费税。

---

①②③　参见2006年发布的《财政部、国家税务总局关于调整和完善消费税政策的通知》中的消费税新增和调整税目征收范围注释。

10. 成品油

本税目包括汽油、柴油、石脑油、溶剂油、航空煤油、润滑油、燃料油七个子目。

汽油、柴油的征收范围仍按原规定执行。

(1) 石脑油

石脑油又叫轻汽油、化工轻油,是以石油加工生产的或二次加工汽油经加氢精制而得的用于化工原料的轻质油。

石脑油的征收范围包括除汽油、柴油、煤油、溶剂油以外的各种轻质油。

(2) 溶剂油

溶剂油是以石油加工生产的用于涂料和油漆生产、食用油加工、印刷油墨、皮革、农药、橡胶、化妆品生产的轻质油。

溶剂油的征收范围包括各种溶剂油。

(3) 航空煤油

航空煤油也叫喷气燃料,是以石油加工生产的用于喷气发动机和喷气推进系统中作为能源的石油燃料。

航空煤油的征收范围包括各种航空煤油。

(4) 润滑油

润滑油是用于内燃机、机械加工过程的润滑产品。润滑油分为矿物性润滑油、植物性润滑油、动物性润滑油和化工原料合成润滑油。

润滑油的征收范围包括以石油为原料加工的矿物性润滑油、矿物性润滑油基础油。植物性润滑油、动物性润滑油和化工原料合成润滑油不属于润滑油的征收范围。

(5) 燃料油

燃料油也称重油、渣油。

燃料油征收范围包括用于电厂发电、船舶锅炉燃料、加热炉燃料、冶金和其他工业炉燃料的各类燃料油。

11. 汽车轮胎

汽车轮胎是指用于各种汽车、挂车、专用车和其他机动车的内外胎。自2010年12月1日起,农用拖拉机、收割机和手扶拖拉机专用轮胎不属于《消费税暂行条例》规定的应征消费税的"汽车轮胎"范围,不征收消费税。

12. 小汽车

汽车是指由动力驱动,具有四个或四个以上车轮的非轨道承载的车辆。

本税目征收范围包括含驾驶员座位在内最多不超过9个座位(含)的,在设计和技术特性上用于载运乘客和货物的各类乘用车和含驾驶员座位在内的座位数在10

座至23座(含23座)的在设计和技术特性上用于载运乘客和货物的各类中轻型商用客车。

电动汽车不属于本税目征收范围。

13. 摩托车

摩托车税目的征税范围为轻便摩托车和摩托车。包括两轮、边三轮、正三轮摩托车。①

14. 游艇

游艇是指长度大于8米小于90米,船体由玻璃钢、钢、铝合金、塑料等多种材料制作,可以在水上移动的水上浮载体。按照动力划分,游艇分为无动力艇、帆艇和机动艇。

本税目征收范围包括艇身长度大于8米(含)小于90米(含),内置发动机,可以在水上移动,一般为私人或团体购置,主要用于水上运动和休闲娱乐等非营利活动的各类机动艇。

二、消费税的税率

消费税采用比例税率和定额税率两种形式,以适应不同应税消费品的实际情况。

消费税根据不同的税目或子目确定相应的税率或单位税额。经整理汇总的消费税税目、税率(税额)见表6-1。

表6-1 消费税税目、税率(税额)表

税　目	征收范围	计税单位	税率(税额)	说　明
一、烟				
1. 卷烟				
① 甲类卷烟	每标准条(200支)调拨价在70元(含70元,不含增值税)以上的卷烟		56%	复合计税:每标准箱(50 000支)150元
② 乙类卷烟	每标准条(200支)调拨价在70元(不含增值税)以下的卷烟		36%	复合计税:每标准箱(50 000支)150元
③ 批发环节			5%	
2. 雪茄烟			36%	

① 参见2006年发布的《财政部、国家税务总局关于调整和完善消费税政策的通知》。

(续表)

税　　目	征收范围	计税单位	税率(税额)	说　　明
3. 烟丝			30%	
二、酒及酒精				
1. 白酒			20%	复合计税:0.5 元/500 g
2. 黄酒		吨	240 元	
3. 啤酒		吨	250 元或 220 元	每吨出厂价格(含包装物及包装物押金)在 3 000 元(3 000 元,不含增值税)以上的,单位税额 250 元/吨; 每吨在 3 000 元以下的,单位税额 220 元/吨; 娱乐业和饮食业自制的啤酒,单位税额 250 元/吨
4. 其他酒			10%	
5. 酒精			5%	
三、化妆品	包括成套化妆品		30%	
四、高尔夫球及球具			10%	
五、贵重首饰及珠宝玉石	包括各种金、银、珠宝首饰及珠宝玉石		5% 或 10%	
六、高档手表			20%	
七、实木地板			5%	
八、木制一次性筷子			5%	
九、鞭炮、焰火			15%	
十、成品油				

（续表）

税　　目	征收范围	计税单位	税率(税额)	说　　明
1. 汽油		升	1.40 或 1.00 元	含铅汽油按 1.40 元/升 无铅汽油按 1.00 元/升
2. 石脑油、溶剂油、润滑油		升	1.00 元	
3. 航空煤油、燃料油		升	0.80 元	
4. 柴油		升	0.80 元	
十一、汽车轮胎			3%	
十二、摩托车				
气缸容量在 250 毫升(含)以下的			3%	
气缸容量在 250 毫升以上的			10%	
十三、小汽车				
1. 乘用车				
①气缸容量(排气量，下同)在 1.5 升(含)以下的			1%	
②气缸容量在 1.0 升以上至 1.5 升(含)的			3%	
③气缸容量在 1.5 升以上至 2.0 升(含)的			5%	

(续表)

税　　目	征收范围	计税单位	税率(税额)	说　　明
④ 气缸容量在2.0升以上至2.5升(含)的			9%	
⑤ 气缸容量在2.5升以上至3.0升(含)的			12%	
⑥ 气缸容量在3.0升以上至4.0升(含)的			25%	
⑦ 气缸容量在4.0升以上的			40%	
2. 中轻型商用客车			5%	
十四、游艇			10%	

【延伸阅读】

成品油税费改革

近年来,我国经济发展与资源环境的矛盾日益突出,节能减排任务艰巨。一方面,随着经济发展和人民生活水平提高,我国对石油的需求不断增加。从1993年起,我国就由石油净出口国变为净进口国,对外依存度逐年提高,目前已达到50%。另一方面,我国石油利用效率低、单耗水平高、浪费现象严重。随着机动车保有量的快速增长,耗油量急剧增加,燃油污染也日益严重。

为了保持我国经济社会的可持续发展,抑制燃油的不合理消费,成品油税费改革提上了我国议事日程。经过近10多年的酝酿设计,2008年12月18日国务院印发了《关于实施成品油价格和税费改革的通知》,决定于2009年1月1日起实施,这标志着我国成品油税费改革正式拉开序幕。其主要内容是提高现行成品油消费税单位税额,不再新设立燃油税,利用现有税制、征收方式和征管手段,实现成品油税费改革相关工作的有效衔接。具体包括:

第一,取消公路养路费等收费。取消公路养路费、航道养护费、公路运输管理费、公路客货运附加费、水路运输管理费、水运客货运附加费等六项收费。

第二，逐步有序取消政府还贷二级公路收费。

第三，提高成品油消费税单位税额。汽油消费税单位税额每升提高0.8元，柴油消费税单位税额每升提高0.7元，其他成品油单位税额相应提高。加上现行单位税额，提高后的汽油、石脑油、溶剂油、润滑油消费税单位税额为每升1元，柴油、燃料油、航空煤油为每升0.8元。

第四，征收机关、征收环节和计征方式。成品油消费税属于中央税，由国家税务局统一征收(进口环节继续委托海关代征)。纳税人为在我国境内生产、委托加工和进口成品油的单位和个人。纳税环节在生产环节(包括委托加工和进口环节)。计征方式实行从量定额计征，价内征收。今后将结合完善消费税制度，积极创造条件，适时将消费税征收环节后移到批发环节，并改为价外征收。

第五，特殊用途成品油消费税政策。提高成品油消费税单位税额后，对进口石脑油恢复征收消费税。2010年12月31日前，对国产的用作乙烯、芳烃类产品原料的石脑油免征消费税；对进口的用作乙烯、芳烃类产品原料的石脑油已纳消费税予以返还。航空煤油暂缓征收消费税。对用外购或委托加工收回的已税汽油生产的乙醇汽油免征消费税；用自产汽油生产的乙醇汽油，按照生产乙醇汽油所耗用的汽油数量申报纳税。对外购或委托加工收回的汽油、柴油用于连续生产甲醇汽油、生物柴油的，准予从消费税应纳税额中扣除原料已纳消费税税款。

第六，新增税收收入的分配。新增成品油消费税连同由此相应增加的增值税、城市维护建设税和教育费附加具有专项用途，不作为经常性财政收入，不计入现有与支出挂钩项目的测算基数，除由中央本级安排的替代航道养护费等支出外，其余全部由中央财政通过规范的财政转移支付方式分配给地方。改革后形成的交通资金属性不变、资金用途不变、地方预算程序不变、地方事权不变。

此次成品油税费改革包含以下几个突出亮点：

1. 形成“多用油多负担，少用油少负担”机制

我国经济社会发展与资源环境的矛盾不仅十分突出，并且将长期存在。目前，我国的石油利用效率低、浪费现象十分严重，机动车百公里油耗比发达国家高20%，而且高油耗、大排量汽车发展迅速，小排量、节能环保型汽车也因发展环境不利而受阻。其重要原因之一是，在成品油价税费环节上缺少有效的手段，以引导公众的消费行为，购买、使用节能环保汽车。

此次成品油税费改革将形成“多用油多负担，少用油少负担”的机制，有助于小排量和节能环保汽车的发展，促进公共交通发展，抑制浪费。这次改革不仅不提高成品

油价格,而且因相关收费的取消减轻了社会负担,符合当前扩大内需、保持经济平稳较快增长的要求,同时有助于节能减排,推动汽车工业的技术进步和结构调整,有利于形成节约型的生产方式和消费方式,促进科学发展。

2. 规范税费制度,理顺税费关系

此次成品油税费改革的意义,是规范税费制度,进一步理顺税费关系,公平社会负担。此次调整税额后形成的税收收入一律专款专用,主要用于替代公路养路费等6项收费的支出,补助各地取消已审批的政府还贷二级公路收费,并对种粮农民、部分困难群体和公益性行业给予必要的扶持。

同时,此次成品油税费改革,是在现行税制下通过提高成品油消费税额实现的,没有单独设置新的税种,符合简化税制的原则。这样,有利于降低税收征管成本,税务部门可以不必另外设置机构、增加人员,就能够完成新增加的征收工作。

3. 调整产业结构,促进节能减排

此次改革是以经济手段促进发展方式转变,调整产业结构,实现资源优化配置,推进国家节能减排战略的必然选择。成品油消费税实行从量定额的计征方法,征税多少与用油量多少相关联,能有效反映石油资源稀缺程度,又兼顾社会各方面承受能力的形成机制,促进资源节约。

另外,此次改革还有利于汽车产业升级,促进厂家研制更高性能的发动机和节能技术。成品油消费税从燃油经济性上体现运输成本,将鼓励交通运输装备制造业和运输行业开发使用更加专业化、大型化、燃油经济性更高的运输工具,使企业升级改造,形成节能减排的运输方式。

第四节　消费税应纳税额的计算

一、消费税的一般计算方法

(一) 从价定率计税办法

从价定率计征应纳消费税税额的计算公式:

应纳消费税税额 = 销售额 × 税率

其中,销售额为纳税人销售应税消费品向购买方收取的全部价款和价外费用,不包括向购货方收取的增值税税额。如果纳税人应税消费品的销售额中包括增值税税款或因不得开具增值税专用发票而发生价款和增值税税额合并收取的，在计算消费税时，应当换算为不含增值税税款的销售额，其换算公式为：

应税消费品的销售额 = 含增值税的销售额 ÷（1 + 增值税税率或征收率）

价外费用，包括价外收取的基金、集资费、返还利润、补贴、违约金（延期付款利息）和手续费、包装费、储备费、优质费、运输装卸费、代收款项及其他各种性质的价外费用。但下列款项不包括在内：(1)承运部门的运输发票开具给购货方的；(2)纳税人将发票转交给购货方的。其他价外费用，无论是否属于纳税人的收入，均应并入销售额计算征税。

【实例演示】

某化妆品厂10月份向社会销售一批护发用品，共取得销售收入58.5万元。

要求：计算该化妆品生产企业10月应缴纳的消费税额。

答案：

化妆品适用消费税税率为30%

化妆品的应税销售额 = 58.5 ÷（1 + 17%）= 50（万元）

应缴纳的消费税额 = 50 × 30% = 15（万元）

【实例演示】

某化妆品厂为增值税一般纳税人，6月15日向某大型商场销售化妆品一批，开具增值税专用发票，取得不含增值税销售额30万元，增值税额5.1万元；10月20日向某单位销售化妆品一批，开具普通发票，取得含增值税销售额5.85万元。

要求：计算该化妆品生产企业6月应缴纳的消费税额。

答案：

化妆品适用消费税税率为30%

化妆品的应税销售额 = 30 + 5.85 ÷（1 + 17%）= 35（万元）

应缴纳的消费税额 = 35 × 30% = 10.5（万元）

（二）从量定额计税办法

从量定额办法计算应纳消费税税额的计算公式为：

$$应纳税额 = 销售数量 \times 单位税额$$

上述销售数量是指应税消费品的数量,具体为:

1. 销售应税消费品的为应税消费品的销售数量。

2. 自产自用应税消费品的为应税消费品的移送使用数量。

3. 委托加工应税消费品的为纳税人收回的应税消费品数量。

4. 进口的应税消费品为海关核定的应税消费品进口征税数量。

【实例演示】

绍兴某酒厂12月份批发黄酒100吨,取得销售收入1.5万元,计算该厂12月应纳的消费税额。黄酒的单位消费税税额为240元/吨。

该厂应纳消费税 = 100 × 240 = 24 000(元)

(三)复合计税办法

对卷烟、白酒消费税实行从价定率和从量定额相结合的复合计税办法计算应纳税额,其计算公式为:

$$应纳税额 = 销售数量 \times 定额税率 + 销售额 \times 比例税率$$

生产销售卷烟、白酒从量定额计税依据为实际销售数量。进口、委托加工、自产自用卷烟、粮食白酒、薯类白酒从量定额计税依据分别为海关核定的进口征税数量、委托方收回数量、移送使用数量。

【实例演示】

某卷烟厂12月份销售卷烟500标准箱,取得不含税收入800万元。计算该厂应纳消费税。(注:该类卷烟属于甲类卷烟)

从量定额征收的消费税税额:150 × 500 = 75 000(元),相当于7.5万元。

从价定率征收的消费税税额:800 × 56% = 448(万元)

应纳消费税:448 + 7.5 = 455.5(万元)

二、外购已税消费品生产应税消费品应纳税额的计算

纳税人用外购的已税消费品连续生产应税消费品的,按当期生产领用数量计算准

予扣除外购应税消费品已纳的消费税税款。当期准予扣除外购应税消费品已纳消费税税款的计算公式为：

当期准予扣除外购应税消费品已纳消费税税款 = 当期准予扣除的外购应税消费品买价 × 外购应税消费品适用税率

当期准予扣除的外购应税消费品买价 = 期初库存的外购应税消费品买价 + 当期购进的应税消费品买价 - 期末库存的外购应税消费品买价

三、自产自用应税消费税品应纳税额的计算

纳税人生产的应税消费品，除直接对外销售外，还可以用于连续生产应税消费品或者用于其他方面。纳税人自产自用的应税消费品，用于连续生产应税消费品的不纳税；纳税人自产自用的应税消费品用于其他方面（即用于生产非应税消费品和在建工程、管理部门、非生产机构、提供劳务，以及用于馈赠、赞助、集资、广告、样品、职工福利、奖励等方面的应税消费品）的，应于其移送使用时缴纳消费税。其计税依据为：

1. 有同类销售价格的自产自用消费品，按照纳税人生产的同类消费品的销售价格计税。

2. 无同类销售价格的自产自用应税消费品，按照组成计税价格计算纳税。组成计税价格的计算公式为：

组成计税价格 =（成本 + 利润）÷（1 - 消费税税率）

或

组成计税价格 = 生产成本 ×（1 + 成本利润率）÷（1 - 消费税率）

四、委托加工应税消费品的应纳税额的计算

（一）委托加工应税消费品的含义

委托加工的应税消费品是指由委托方提供原材料和主要材料，受托方只收取加工费和代垫部分辅助材料加工的应税消费品。对于由受托方提供原材料生产的应税消费品，或者受托方先将原材料卖给委托方，然后再接受加工的应税消费品，不论纳税人在财务上是否作销售处理，都不得作为委托加工应税消费品，而应当按照销售自制应税消费品缴纳消费税。

(二) 计税依据的确定

委托加工的应税消费品,以受托方同类消费品的销售价格为计税依据。同类消费品的销售价格是指受托方当月销售的同类消费品的销售价格,如果当月同类消费品各期销售价格高低不同,应按销售数量加权平均计算。

受托方没有同类消费品销售价格的,以组成计税价格作为计税依据。组成计税价格计算公式是:

组成计税价格 =(材料成本 + 加工费)÷(1 - 消费税税率)

公式中的材料成本是指委托方所提供加工材料的实际成本。委托加工应税消费品的纳税人,必须在委托加工合同上如实注明材料成本,凡未提供材料成本的,受托方所在地主管税务机关有权核定其材料成本。加工费是指受托方加工应税消费品向委托方收取的全部费用,包括代垫辅助材料的实际成本。

(三) 应纳税额的计算

委托加工的应税消费品实行比例税率的计算公式为:

应纳税额 = 同类消费品销售价格或组成计税价格 × 比例税率

委托加工的应税消费品实行定额税率的计算公式为:

应纳税额 = 委托加工数量 × 定额税率

委托加工的应税消费品实行复合税率的计算公式为:

应纳税额 = 委托加工数量 × 定额税率 + 同类消费品销售价格或组成计税价格 × 比例税率

【实例演示】

江南轮胎厂委托江北橡胶厂加工汽车轮胎 1 000 套,橡胶由江南轮胎厂提供,共计 2 000 千克,每套轮胎材料成本 100 元,江北橡胶厂加工一套汽车轮胎的加工费为 30 元,代垫辅助材料为 15 元。该厂没有同类消费品。受托方代收代缴委托方应纳的消费税税额为 1 000 ×(100 + 30 + 15)÷(1 - 10%)= 161 111(元),代收代缴税款为 161 111 × 10% = 16 111.1(元)

此外,委托加工应税消费品应纳税额的计算还应注意到,委托加工的应税消费品受托方代收代缴消费税后,委托方直接出售的,不再征收消费税;委托方用于连续生产应税消费品的,其已纳税款按照规定从连续生产的应税消费品应纳消费税税额中抵扣。

五、进口应税消费品应纳税额的计算

进口应税消费品,于报关进口时由收货人或办理报关手续的单位和个人向报关地海关申报纳税,进口应税消费品的消费税由海关代征。纳税人进口应税消费品,按照组成计税价格和规定的税率计算应纳税额。其计算公式如下:

实行比例税率的应税消费品,其计算公式为:

$$应纳税额 = 组成计税价格 \times 比例税率$$

$$组成计税价格 = (关税完税价格 + 关税) \div (1 - 消费税税率)$$

公式中的关税完税价格是指海关审定的到岸价格,包括货价以及货物运抵我国关境内输入地点起卸前的包装费、运费、保险费和其他劳务费等费用。进口货物的到岸价格经海关审定未能确定的,海关应按特定程序估定完税价格。

实行定额税率的应税消费品,其计算公式为:

$$应纳税额 = 进口应税消费品数量 \times 定额税率$$

实行复合税率的应税消费品,其计算公式为:

$$应纳税额 = 进口数量 \times 定额税率 + 组成计税价格 \times 比例税率$$

【实例演示】

某进出口公司从日本进口140辆小轿车,每辆轿车海关核定的关税完税价格为8万元。已知小轿车关税税率是45%,消费税税率是5%。

要求:计算进出口环节应缴纳的消费税税额。

组成计税价格 = 140 × 8 × (1 + 45%) ÷ (1 - 5%) = 1 709.47(万元)

应缴纳消费税税额 = 1 709.47 × 5% = 85.47(万元)

【实例演示】

某商贸公司2005年6月从国外进口一批应税消费品,已知该批应税消费品的关税完税价格为100万元,按规定应缴纳关税17万元,假定进口的应税消费品的消费税税率为10%。

要求:计算进出口环节应缴纳的消费税税额。

组成计税价格 = (100 + 17) ÷ (1 - 10%) = 130(万元)

应缴纳消费税税额 = 130 × 10% = 13(万元)

第五节 消费税的征收管理

一、消费税的纳税环节

消费税虽然最终是由消费者负担,但其纳税环节除特殊情况外,一般都确定在生产环节。这样做的原因是生产环节的纳税人较销售环节的要少得多,选择在该环节纳税,可以降低征收费用,减少征税的阻力。而且采用源泉控制,可以减少税款流失的风险,保证国家的财政收入。

我国现行法规关于纳税环节的具体规定如下:

1. 生产的应税消费品,于销售时纳税。

2. 纳税人自产自用的应税消费品,用于其他方面的,于移送时纳税。

3. 委托加工的应税消费品,由受托方在向委托方交货时代收代缴税款(但受托人为个体经营者时,则应由委托方收回应税消费品后在委托方所在地缴纳消费税)。

4. 进口的应税消费品,于报关进口时纳税。

5. 纳税人零售的金银首饰,于零售时纳税;用于馈赠、赞助、集资、广告、样品、职工福利、奖励等方面的金银首饰,于移送时纳税;带料加工、翻新改制的金银首饰,于受托方交货时纳税。

6. 钻石及钻石饰品的纳税环节自2002年1月1日起由生产环节、进口环节改为零售环节纳税。

二、消费税纳税义务的发生时间

纳税人销售应税消费品,其纳税义务时间分为以下几种情况:

1. 纳税人采取赊销和分期付款结算方式的,为销售合同规定的收款日期的当天。

2. 纳税人采取预收货款结算方式的,为发出应税消费品的当天。

3. 纳税人采取托收承付和委托银行收款结算方式的,为发出应税消费品并办妥托收手续的当天。

4. 纳税人采取其他结算方式的,为收讫销售货款或者取得索取销售款的凭据的当天。

5. 纳税人零售金银首饰,为收讫销售货款或者取得索取销货凭据的当天;用于馈赠、赞助、集资、广告、样品、职工福利、奖励等方面的金银首饰,为移送的当天;带料加工、翻新改制的金银首饰,为受托方交货的当天。

6. 纳税人自产自用的应税消费品,其纳税义务发生时间为移送使用的当天。

7. 纳税人委托加工的应税消费品,其纳税义务发生时间为纳税人提货的当天。

8. 纳税人进口的货物(含个人携带、邮寄金银首饰进境),其纳税义务发生时间为报关进口的当天。但经营单位进口金银首饰于零售环节征收。

三、消费税的纳税期限

消费税的纳税期限,由主管税务机关根据纳税人应纳消费税税额的大小,分别核定为1日、3日、5日、10日、15日、1个月或者1个季度。纳税人不能按照固定期限纳税的,可以按照每次取得的销售收入或销售数量计算纳税。

纳税人以1个月或者1个季度为一期纳税的,应从期满之日起15日之内申报纳税;以1日、3日、5日、10日、15日为一期纳税的,应当从期满之日起5日内预缴税款,于次月1日起15日内申报纳税,并结清上月应纳税款。

纳税人进口应税消费品,应当自海关填发税款缴款书之日起15日内缴纳税款。

四、消费税的纳税地点

1. 纳税人销售的应税消费品和自产自用的应税消费品,应当向纳税人核算地主管税务机关申报纳税。

2. 纳税人到外县(市)销售或者委托外县(市)代销自产应税消费品的,应当在应税消费品销售之后向机构所在地或者居住地主管税务机关申报纳税。

3. 纳税人的总机构与分支机构不在同一县市的,应当分别向各自机构所在地的主管税务机关申报纳税;经财政部、国家税务总局或者其授权的财政、税务机关批准,可以由总机构汇总向总机构所在地的主管税务机关申报纳税。

4. 委托加工的应税消费品,一般由受托方向所在地的主管税务机关解缴消费税税款。但是,纳税人委托个体经营者加工的应税消费品,一律由委托方收回之后在委托方所在地缴纳消费税。

5. 进口的应税消费品,由进口人或其代理人向报关地海关申报缴纳消费税。

五、出口应税消费品退(免)税管理

应纳消费税的消费品一般为非生活必需品,其购买者一般都具有较高的消费水平,也就是说消费税是由具有相应消费能力的消费者负担的一种税。没有相应的负担能力,一般不会发生购买应税消费品的消费行为。故对消费税原则上不存在需要减免的问题,不能以减税、免税来满足特殊的消费需求。但是,为鼓励出口,提高本国产品在国际市场上的竞争能力,国际上的通行做法是对出口产品免税,如果出口产品已征消费税,则应退税。

我国借鉴国际惯例,对纳税人出口的应税消费品免征消费税,但国家限制出口的产品除外。按《出口货物退(免)税管理办法》等法规的规定,免税的办法可实行先征后退或者在生产环节免税。具体有如下规定:

1. 有出口经营权的生产企业自营出口的应税消费品,可以按照实际出口数量免征消费税。

2. 外贸企业出口和代理出口的应税消费品,可以退还已经征收的消费税。其中,从价定率计征消费税的货物,按照外贸企业从生产企业购进货物时征收消费税的价格计算;从量定额计征消费税的货物,按照外贸企业购进货物和报关出口的数量计算。但出口金银首饰在出口环节不退税。应退消费税的计算公式为:

$$应退税额 = 出口货物的销售额(出口数量) \times 税率(单位税额)$$

3. 国家特许可以退还或者免征消费税的消费品主要有:

(1) 对外承包工程公司运出境外,用于对外承包项目的消费品。

(2) 企业在国内采购之后运出境外,作为境外投资的消费品。

(3) 对外承接修理、修配业务的企业用于对外修理、修配业务的消费品。

(4) 外轮供应公司、远洋运输供应公司销售给外轮和远洋国轮,并收取外汇的消费品。

(5) 经国务院批准设立,享有进出口经营权的中外合作商业企业收购自营出口的国产应税消费品。

4. 外商投资企业以来料加工、进料加工贸易方式进口的应税消费品,可以免征进口环节的消费税,加工的应税消费品出口之后,可以免征加工或委托加工应税消费品的消费税。

5. 出口退还消费税的应税消费品的退税率,按照《消费税目(税额)表》规定的税率或税额标准执行。

办理出口退、免消费税的企业,应将其适用不同税率或税额标准的应税消费品分别核算、申报。否则,税务机关将从低适用税率或税额计算退、免的消费税税额。

6. 出口应税消费品办理退、免消费税之后发生退货或者退关的,纳税人应当按照规定补缴已经退、免的消费税。

【本章小结】

消费税是流转税的第二大税种,通过对一些特定消费品征税从而起到调节收入,引导消费税的作用。本章首先从消费税的纳税主体、征税对象、税目、税率等简述了消费税的基本内容,其次着重叙述了消费税应纳税额在不同情形下的计算方法,最后,叙述了消费税的征收管理,其中包括纳税环节、纳税期限及地点以及出口应税消费品退(免)税管理。

思考题

1. 简述消费税的特点及其作用。
2. 简述复合计税办法的概念及其计算公式。
3. 简述我国关于出口应税消费品退(免)税管理的具体规定。
4. 简述消费税的纳税义务发生时间。
5. 简述兼营不同税率应税消费品的税务处理。
6. 用外购已税消费品连续生产应税消费品销售时,准予扣除外购时已纳消费税的扣除范围有哪几种情况?

第七章 营业税法律制度

【学习目的】

通过本章的学习,理解营业税的概念与特征;了解营业税的产生、发展和作用等基本内容;掌握营业税的纳税人、征税范围、扣缴义务人、税目、税率等税收要素;掌握营业税应纳税额的计算和营业税的税收优惠政策。

第一节 营业税概述

一、营业税的概念和特征

我国现行的营业税,是对我国境内提供应税劳务、转让无形资产或销售不动产的单位和个人就其营业额征收的一种流转税。营业税是我国现行流转税体系中的主要税种之一,其收入大部分划归地方,是我国地方政府财政收入的主要来源。

营业税的征收着眼于营业行为,即销售行为,只要纳税人发生了营业行为或销售行为,就要对其营业收入额或销售收入额征税。因此,从性质上看,营业税似乎可以归为行为税。"但从本质上看营业税还是属于流转税,它发生在生产、经营、分配、消费、流通的过程中,是对所获得的商品经营收入和非商品的服务收入额所征收的一种税"。①

营业税作为世界各国普遍征收的一个重要税种,一般只对第三产业征收。其特征主要表现为:

---

① 陈少英编著:《税法学教程》,北京大学出版社2005年版,第191页。

(1) 营业税是一种“对人税”或“行为税”。营业税虽然以商品(劳务)流转额为课税对象,但它不区别究竟是何种商品(劳务)。它着眼于销售行为(营业行为),而不是具体商品(劳务)。只要一个工商企业发生了销售行为(营业行为),就要对其销售收入额(营业收入额)课税。所以它实质上不是一种“对物税”,而是一种“对人税”或“行为税”。①

(2) 营业税一般以营业全额为计税依据,税额不受成本、费用高低的影响,可以确保财政收入的稳定增长。而且随着第三产业的发展,随着人民生活水平的提高,营业税收入会稳定迅速地增长。

(3) 营业税的税收负担轻、税负均衡,较好地体现了公平税负的原则。营业税实行普遍征收,现行增值税范围以外的所有经营项目均要征收营业税,因而税率的总体水平也较低。并且,根据各行业盈利水平的高低不同,营业税的税负设计上,一般实行同一行业同一税率、不同行业不同税率的制度,较好地体现了公平税负的原则。

(4) 营业税计算简单,操作方便,便于征管,容易为纳税人所理解。因为营业税一般以营业收入的全额为计税依据,实行比例税率,不受经营单位成本费用高低的影响,只要发生了应税行为,取得了营业收入就要纳税,所以计算简便、易于征收。

二、营业税的产生和发展

营业税的征收由来已久,正式以营业税命名的立法是随着西欧各国在建立资本主义制度过程中逐渐兴起和确立的。在新兴资本主义政权还处于幼年的时期,社会经济的发展程度相对较低,工业化程度也不够完善,人民生活水平也处于较为落后的阶段。因而“在20世纪初期,各资本主义国家以关税和简陋的营业税,或者说以关税和营业税作为主要税收收入”。②法国在资产阶级大革命后,先后补充和增设了盐税、火柴税、酒税、烟草税等多个营业税。营业税对商品和应税劳务征税,因此,只要应税商品和劳务可以按较高的价格顺利销售和使用,税负就可以转嫁到应税商品和劳务的购买者或消费者身上,产业资本家个人不承担任何税款。因此,营业税作为流转税的重要组成部分为各资本主义国家所接受。

随着资本主义经济的进一步发展,以营业税为主的流转税税收法律制度也显现出了许多弊端,日益成为各国经济进一步发展的障碍。一些资本主义国家在大力发展以

① 陈少英:《中国税法问题研究》,中国物价出版社2000年版,第110页。

② 刘隆亨:《流转税法》,北京大学出版社2002年版,第187页。

所得税为主的直接税税收法律制度的同时,也对传统的以营业税为主的间接税税收法律制度进行了重大的改革。从1954年法国首创增值税,随后欧洲共同体国家相继推行增值税,到最后增值税风靡全球,亚洲、非洲和拉丁美洲的许多资本主义国家也相继推行了增值税。发展至今,营业税已成为各国均在征收,但已不占税收主要地位的一个税种。

三、营业税的作用

营业税作为我国现行流转税体系的重要组成部分,是对加工、修理修配劳务以外的其他劳务和转让无形资产、销售不动产实现的营业额征收的一种流转税,是我国流转税体系中的主要税种,在我国税法体系中具有十分重要的意义:

(一)营业税具有广泛筹集财政资金、促进地方经济发展的作用

营业税的征收范围较广,纳税人一旦取得应税收入,不论成本高低,也不论是在城市还是在乡村,均需按照规定的税率纳税,且税额随着第三产业的发展而同步增长。

(二)营业税具有促进第三产业发展的作用

第三产业在各国的经济发展中占据越来越重要的地位,因而各国都很注意对第三产业采取一些优惠、扶持政策,其中也包括实行合理的税收政策。由于征收营业税的领域主要是第三产业,并且其税负较轻,因而对于第三产业的稳定发展是非常有利的。①

(三)营业税具有调节、监督和管理流通服务行业的作用

通过营业税的征收和缴纳,以及营业税的管理过程中发现的税务登记与注销、营业范围的变更、缴纳税款的及时与否、缴纳税款的足额与否、税额的增长与减少状况等情况,可以反映、了解非商品的流转情况和服务业的发展情况,从而进行有效的监督、检查和管理。

(四)营业税具有落实国家政策、协调各行业发展的作用

营业税按不同行业的经营业务及其盈利水平,设计差别税率,确定征免界限。对关系国计民生的行业采用低税率,对营业收入较高的行业适用高税率;对一些有利于社会稳定发展的福利单位和教育卫生部门,给予免税待遇,充分体现国家税收政策,发

① 张守文:《税法原理(第三版)》,北京大学出版社2001年版,第214—215页。

挥税收对国民经济的调节作用,既保证财政收入,又照顾与人民生活密切相关行业发展的立法精神。①

四、我国营业税的立法状况

1984 年和 1994 年前后我国进行了两次大规模的税制改革。如今,我国现行有效的营业税立法主要如下。

(一) 法律

第八届全国人大常委会第五次会议于 1993 年 12 月 29 日通过,于 1993 年 12 月 29 日公布实施的《全国人大常委会关于外商投资企业和外国企业适用增值税、消费税、营业税等税收暂行条例的决定》。

(二) 行政法规

国务院 1993 年 12 月 13 日发布,2008 年 11 月 5 日修订,自 2009 年 1 月 1 日起施行的《中华人民共和国营业税暂行条例》。1994 年 2 月 22 日发布,自 1994 年 1 月 1 日起施行的《国务院关于外商投资企业和外国企业适用增值税、消费税、营业税等税收暂行条例有关问题的通知》。国务院 1993 年 4 月 12 日发布,1993 年 5 月 1 日起施行的《国务院关于提高商品零售营业税税率的通知》。

(三) 部门规章

1. 财政部发布的部门规章

财政部 1993 年 12 月 27 日发布并施行的《关于营业税会计处理的规定》。

2. 国家税务总局发布的部门规章

国家税务总局 1993 年 12 月 27 日发布并施行的《营业税税目注释(试行稿)》;1994 年 4 月 30 日发布并施行的《关于人民银行贷款业务不征收营业税的具体范围的通知》;1994 年 7 月 18 日发布并施行的《关于营业税若干征税问题的通知》(已部分失效);1995 年 4 月 17 日发布并施行的《营业税问题解答(之一)》的通知;1995 年 4 月 26 日发布的《国家税务总局关于营业税若干问题的通知》;2002 年 3 月 12 日发布并施行的《国家税务总局关于交通运输企业征收营业税问题的通知》;2003 年 10 月 17 日发布并施行的《货物

① 徐孟洲主编:《税法学》,中国人民大学出版社 2005 年版,第 156 页。

运输业营业税征收管理试行办法》;2003年10月17日发布,2003年11月1日施行的《货物运输业营业税纳税人认定和年审试行办法》;2005年12月16日发布并施行的《营业税纳税人纳税申报办法》(已部分失效);2006年12月31日发布,2007年1月1日施行的《国家税务总局关于加强代理报关业务营业税征收管理有关问题的通知》等。2007年8月24日发布并施行的《国家税务总局关于代理业营业税计税依据问题的批复》;2008年3月21日发布并施行的《国家税务总局关于风景名胜区景点经营收入征收营业税问题的批复》;2010年6月28日发布并施行的《国家税务总局关于国际电信业务营业税问题的通知》等。

3. 财政部与国家税务总局联合发布的部门规章

1994年3月29日发布,1994年1月1日起施行的《财政部、国家税务总局关于对若干项目免征营业税的通知》;1994年5月5日发布,1994年6月1日起施行的《财政部、国家税务总局关于增值税、营业税若干政策规定的通知》(已部分失效);1995年8月11日发布并施行的《财政部、国家税务总局关于金融业征收营业税有关问题的通知》(已部分生效);1999年6月24日发布,1999年7月1日施行的《财政部、国家税务总局关于融资租赁业营业税计税营业额问题的通知》;2003年1月15日发布,2003年1月1日施行的《财政部、国家税务总局关于营业税若干政策问题的通知》(已部分失效);2004年12月21日发布,2005年1月1日施行的《财政部、国家税务总局关于资本市场有关营业税政策的通知》;2008年9月25日发布,2009年1月1日施行的《财政部、国家税务总局关于非居民企业征收企业所得税有关问题的通知》。财政部、国家税务总局2008年12月15日发布,2009年1月1日起施行的《中华人民共和国营业税暂行条例实施细则》。2010年4月23日发布,2010年1月1日施行的《财政部、国家税务总局关于国际运输劳务免征营业税的通知》。2011年4月14日发布并施行的《财政部、国家税务总局关于邮政企业代办邮政速递物流业务免征营业税的通知》等。

第二节 营业税的纳税人和征税范围

一、营业税纳税人的一般规定

营业税的纳税人是指在中华人民共和国境内提供《中华人民共和国营业税暂行条

例》规定的应税劳务、转让无形资产或者销售不动产的单位和个人。上述单位,是指国有企业、集体企业、私有企业、股份制企业、其他企业和行政单位、事业单位、军事单位、社会团体及其他单位,包括独立核算和非独立核算的单位。上述个人,是指个体工商户和其他有经营行为的个人,包括中国人和在中国境内有经济行为的外籍人员。此外,按照法律规定,外商投资企业和外国企业在中国境内提供应税劳务、转让无形资产或销售不动产,也应依照《中华人民共和国营业税暂行条例》的规定履行纳税义务。

二、营业税纳税人的特殊规定

(1)铁路运输的纳税人。中央铁路运营业务的纳税人为铁道部,合资铁路运营业务的纳税人为合资铁路公司,地方铁路运营业务的纳税人为地方铁路管理机构,基建临管线运营业务的纳税人为基建临管线管理机构,铁路专用线运营业务的纳税人为企业或其指定的管理机构。

(2)从事水路运输、航空运输、管道运输或其他陆路运输业务并负有营业税纳税义务的单位,为从事运输业务并计算盈亏的单位。从事运输业务并计算盈亏的单位是指利用运输工具从事运输业务并取得运输收入,在银行有结算账户,在财务上计算营业收入、营业支出、经营利润的单位。

(3)企业租赁或承包给他人经营的,以承租人或承包人为纳税人。承租人或承包人是指具有独立的经营权,在财务上独立核算,并定期向出租者或发包者上缴租金或承包费的单位或个人。单位和个体户的员工、雇工在为本单位或雇主提供劳务时,不是纳税人。建筑安装业实行分包或者转包的,以分包者或转包者为纳税人。

(4)金融保险业的纳税人分为银行金融机构、非银行金融机构和非金融机构。其中,银行金融机构包括中国人民银行、商业银行、政策银行和地区性银行等。非银行金融机构包括信托投资公司、信用合作社、企业财务公司、金融租赁公司等。非金融机构是指银行和非银行金融机构以外的发生金融业务的单位和个人,如企业、事业单位及发生金融业务的个人等。

(5)立法机关、司法机关、行政机关的收费,同时具备以下条件的不征收营业税:国务院、省级人民政府或其所属财政、物价部门以正式文件允许收费,而且收费标准符合文件规定的;所收费用由立法机关、司法机关、行政机关自己直接收取的。

三、营业税的扣缴义务人

在现实生活中,有一些实际情况难以确定纳税人,为此税法规定了营业税的扣缴

义务人。营业税的扣缴义务人是指营业税法规定负有扣缴纳税人应纳税款义务的单位和个人,主要有以下几种:

(1) 委托金融机构发放贷款的,其应纳税款以受托发放贷款的金融机构为扣缴义务人。金融机构接受其他单位或个人的委托,为其办理委托贷款业务时,如果将委托方的资金转给经办机构,由经办机构将资金贷给使用单位或个人的,由最终将贷款发放给使用单位和个人并取得贷款利息的经办机构代扣委托方应纳的营业税。

(2) 建筑安装业务实行分包或转包的,其应纳税款以总承包人为扣缴义务人。

(3) 境外单位或者个人在境内发生应税行为而在境内未设立机构的,其应纳税款以代理人为扣缴义务人;没有代理人的以受让者或者购买者为扣缴义务人。

(4) 单位或者个人举行演出由他人售票的,其应纳税款以售票者为扣缴义务人;演出经纪人为个人的,其办理演出业务的应纳税款也以售票者为扣缴义务人。

(5) 分保险业务的应纳税款以初保人为扣缴义务人。

(6) 个人转让专利权、非专利技术、商标权、著作权、商誉的,其应纳税款以受让者为扣缴义务人。

(7) 财政部规定的其他扣缴义务人。

四、营业税的征税范围

按照《中华人民共和国营业税暂行条例》的规定,我国的营业税是对在中国境内提供应税劳务、转让无形资产和销售不动产的单位和个人,就其业务收入额课征的一种税,即营业税的征税范围为在中华人民共和国境内有偿提供应税劳务、转让无形资产和销售不动产的行为。

上述"应税劳务"是指:属于交通运输业、建筑业、金融保险业、邮电通信业、文化体育业、娱乐业、服务业等税目征收范围的劳务,但不包括单位或个体经营者聘用的员工为本单位或雇主提供的应税劳务,也不包括加工、修理修配等属于增值税征收范围的劳务。

上述"有偿"是指:提供应税劳务、转让无形资产、销售不动产的行为,是以取得货币、货物或者其他经济利益为条件的有偿行为。此外,法律还规定了"视同有偿"的情形:(1)单位或者个人将不动产或者土地使用权无偿赠送其他单位或者个人;(2)单位或者个人自己新建(以下简称自建)建筑物后销售,其所发生的自建行为;(3)财政部、国家税务总局规定的其他情形。

第三节　营业税的税目、税率

一、营业税的税目

我国的营业税税目是以行业的不同为依据设计的,营业税一共规定了9个税目,各有其征税范围的解释限定。具体如下:

(一)交通运输业

交通运输业,是指使用运输工具或人力、畜力将货物或旅客送达目的地,使其空间位置得到转移的业务活动,包括陆路运输、水路运输、航空运输、管道运输和装卸运输五大类。陆路运输包括铁路运输、公路运输、缆车运输、索道运输及其他陆路运输。水路运输是指通过江、河、湖、川等天然、人工水道或海洋航道运送货物或旅客的运输业务。航空运输是指通过空中航线运送货物或旅客的运输业务。管道运输是指通过管道设施输送气体、液体、固体物资的运输业务。装卸搬运是指使用装卸搬运工具或人力、畜力将货物在运输工具之间、装卸现场之间或运输工具与装卸现场之间进行装卸和搬运的业务。

(二)建筑业

建筑业,是指建筑安装工程作业,包括建筑、安装、修缮装饰和其他工程作业五大类。建筑是指新建、改建、扩建各种建筑物、构筑物的工程作业。安装是指生产设备、动力设备、起重设备、运输设备、传动设备、医疗实验设备及其他各种设备的装配、安装工程作业,包括有线电视的安装。修缮是指对建筑物、构筑物进行修饰,使其美观或具有特定用途的工程作业。其他工程作业是指上述工程作业以外的各种工程作业,诸如代办电信工程、水利工程、道路修建、疏浚、钻井、拆除建筑物或构筑物、平整土地、搭脚手架、爆破等工程作业。

(三)金融保险业

金融保险业,是指经营金融、保险的业务,包括金融和保险两大类。金融是指经营货币资金融通活动的业务,包括贷款、融资租赁、金融商品转让、金融经纪业和其他金融业务。保险是指将通过契约集中起来的资金,用以补偿被保险人的经济利益的活动,包括中国境内保险机构除出口货物以外的保险业务和中国境外保险机构以中国境内物品为标的的保险业务。

(四)邮电通信业

邮电通信业,是指专门办理信息传递的业务,包括邮政和电信业务。邮政是指传递实物信息的业务,包括传递函件或包件、邮汇、报刊发行、邮政物品销售、邮政储蓄及其他邮政服务。电信是指用各种电传设备传输电信号而传递信息的业务,包括电报、电传、电话、电话机安装、电信物品销售及其他电信业务。

(五)文化体育业

文化体育业,是指经营文化、体育活动的业务,包括文化业务和体育业务。文化业是指经营文化活动的业务,包括表演、播映、经营游览场所和各种展览、培训活动,举办文学、艺术、科技讲座,讲演、报告会、图书馆的图书和资料的借阅业务等。体育业是指举办各种体育比赛和为体育比赛或体育活动提供场所的业务。

(六)娱乐业

娱乐业,是指为娱乐活动提供场所和服务的业务,包括经营歌厅、舞厅、卡拉OK歌舞厅、音乐茶座、台球、高尔夫球、保龄球、游艺场等娱乐场所,以及娱乐场所为顾客进行娱乐活动提供服务的业务。娱乐场所为顾客提供的饮食服务及其他各种服务也按照“娱乐业”税目征税;饭馆、餐厅及其他饮食场所,为顾客在就餐时,自娱自乐形式的歌舞活动所提供的服务也按“娱乐业”税目征收营业税。

(七)服务业

服务业,是指利用设备、工具、场所、信息或技能为社会提供服务的业务,其征税范围包括代理业、旅店业、饮食业、旅游业、仓储业、租赁业、广告业以及其他服务业。代理业包括代购代销货物、代办进出口、介绍服务、其他代理服务等。其他服务业主要包括沐浴、理发、洗染、照相、美术、裱画、誊写、打字、镌刻、计算、测试、试验、化验、录音、录像、复印、晒图、设计、制图、测绘、勘探、打包、咨询等。

(八)转让无形资产

转让无形资产,是指转让无形资产的所有权和使用权的行为,包括转让土地使用权、转让商标权、转让专利权、转让非专利技术、转让著作权和转让商誉。对于以无形资产投资入股，参与投资方的利润分配，共同承担投资风险的行为，不征收营业税，但如果转让该项股权，则应按“转让无形资产”税目的税率征收营业税。

（九）销售不动产

销售不动产，是指有偿转让不动产所有权的行为，包括销售建筑物、构筑物和销售其他土地附着物。企业单位将不动产无偿赠予他人，视同销售不动产征收营业税；而对个人无偿赠予不动产的行为，不征收营业税。在销售不动产时连同不动产所占用的土地的使用权一并转让的行为，比照销售不动产征收营业税。以不动产投资入股，参与投资方的利润分配、共同承担投资风险的行为，不征收营业税，但如果转让该项股权，则应按“销售不动产”税目的税率征收营业税。

二、营业税的税率

营业税的税目是按照行业类别的不同分别设置的，其税率也就按行业类别的不同分别采用不同的比例税率。具体而言，营业税共有 9 个税目，按税目规定税率，基本上是一个税目设一个税率。营业税税率分为3%、5%、8% 和5%—20% 四档。对娱乐业税目，设幅度税率，为 5%—20%，由省、自治区、直辖市税务局根据当地具体情况，在规定的幅度内具体确定适用税率。对于金融保险业的税率，后来由 5% 调高到 8%，经国务院批准，从 2001 年起分三年从 8% 降到 5%，每年下调一个百分点，自 2001 年 10 月 1 日起，对农村信用社减按 5% 计算征收营业税。其他情况详见下表 7-1。

表 7-1　营业税税目税率表

税　目	税率	征税范围	常见征税业务
交通运输业	3%	陆路运输、水路运输、航空运输、管道运输、装卸搬运	陆运：通过铁路、公路、缆车、索道及其他陆路运送货物或旅客的运输业务。 水运：有通过江、河、湖、川、等天然、人工水道或海洋航道运送货物或旅客的运输业务。打捞，比照水路运输征税。 航运：通过空中航线运送货物或旅客的运输业务。通用航空业务、航空地面服务业务，比照航空运输征税。 管运：通过管道设施输送气体、液体、固体物资的运输业务。 装卸搬运：使用装卸搬运工具或人力、畜力将货物在运输工具之间、装卸现场之间或运输工具之间与装卸现场之间进行装卸和搬运的业务。搬家业务比照“装卸搬运”征税。

(续表)

税　目	税率	征税范围	常见征税业务
建筑业	3%	建筑、安装、修缮、装饰及其他工程作业	建筑:新建、改建、扩建各种建筑物、构筑物的工程作业,包括与建筑物相连的各种设备或支柱、操作平台的安装或装设工程作业,以及各种窑炉和金属结构工程作业在内。 安装:生产设备、动力设备、起重设备、运输设备、传动设备、医疗实验设备及其他各种设备的装配作业、安置工程作业(包括与设备相连的工作台、梯子、栏杆的装设工程作业和被安装设备的绝缘、防腐、保温、油漆等工程作业)、有线电视安装费。修缮:对建筑物、构筑物、进行修补、加固、养护、改善,使之恢复原来的使用价值或延长其使用期限的工程作业。 装饰:有对建筑物、构筑物进行修饰,使之美观或有特定用途的工程作业。 其他工程作业:代办电信工程、水利工程、道路修建工程、钻井工程、平整土地、搭脚手架、疏浚工程、爆破工程、拆除建筑物或构筑物工程、绿化工程等工程作业。
金融保险业	5%	金融 保险	金融:贷款业务(包括自有资金贷款和转贷业务)、融资租赁业务、金融商品转让业务(包括转让外汇、有价证券、非货物期货的所有权的业务)、金融经纪业务、其他金融业务(包括银行结算和票据贴现业务)。 保险:人身保险业务、责任保险业务。
邮电通信业	3%	邮政 电信	邮政:传递函件或包件、邮汇、报刊发行、邮务物品销售、邮政储蓄和其他邮政业务。集邮公司销售集邮商品业务征收营业税。 电信:电报、电传、电话(包括有线电话、无线电话、寻呼电话、出租电话电路设备、代维修或出租广播电路、电视信号和邮电部门出售移动电话、寻呼机并为用户提供无线通信服务的业务)、电话安装(包括为用户安装固定或移动电话机的业务)、电信物品销售(包括在提供电信劳务的同时附带销售专用通用电信物品的业务)、其他电信的业务。
文化体育业	3%	文化业:表演、播映、其他文化业、经营游览场所。 体育业:举办各种比赛和为体育比赛或体育活动提供场所的业务	表演:单位和个人进行戏剧、歌舞、时装、健美、杂技、民间艺术、武术体育等表演活动的业务。 播映:通过电台、电视台、音响系统、闭路电视、卫星通讯等无线或有线装置传播作品以及在电影院、影剧院、录像厅及其他场所放映各种节目的业务。不包括广告的播映业务。电台、电视台有偿性的节目收费按"播映"征税。 其他文化业:各种展览、培训活动、举办文学、艺术、科技、讲座、演讲、报告会、图书馆的图书和资料借阅等业务。经营游览场所:公园、动(植)物园及其他各种游览场所销售门票的业务。 体育业:单位和个人为举办体育比赛或体育活动提供场所的业务。

（续表）

税 目	税率	征税范围	常见征税业务
娱乐业	20%	歌厅、舞厅、卡拉OK歌舞厅音乐茶座、网吧、高尔夫球、游艺	歌厅、舞厅、卡拉OK歌舞厅(包括夜总会、练歌房)、音乐茶座(包括酒吧)、网吧、高尔夫球、游艺(如射击、狩猎、跑马、游戏机、蹦极、卡丁车、热气球、动力伞、射箭、飞镖);娱乐活动提供场所和服务的业务(包括在顾客进行娱乐活动的同时提供的饮食服务和饭馆、餐厅及其他饮食场所,为顾客在就餐的同时进行的自娱自乐形式的歌舞活动所提供的服务)。
	5%	保龄球、台球	为顾客进行台球、保龄球活动提供场所和服务的业务。
服务业	5%	代理业、旅店业、饮食业、旅游业、仓储业、租赁业、广告业务及其他服务业	代理业:代购代销货物、代办进出口、介绍服务、其他代理服务的业务。 旅店业:提供住宿服务的业务。饮食业:有通过同时提供饮食和饮食场所的方式为顾客提供饮食消费服务的业务。 旅游业:为旅游者安排食宿、交通工具和提供导游等旅游服务的业务。 仓储业:利用仓库、货物或其他场所代客贮放、保管货物的业务。 租赁业:在约定的时间内将场地、房屋、物品、设备或设施等转让他人使用的业务。将承租的场地、物品、设备等再转租给他人的行为,按“租赁”征税。 广告业务:利用图书、报纸、杂志、广播、电视、电影、幻灯、路牌、招贴、橱窗、霓虹灯、灯箱等形式为介绍商品、经营服务项目、文体节目或通告、声明等事项进行宣传和提供相关服务的业务。 其他服务业:沐浴、理发、洗染、照相、美术、裱画、誊写、打字、镌刻、计算、测试、装潢、打包、设计、制图、咨询、试验、化验、晒图、测绘、勘探等服务性业务。
转让无形资产	5%	转让土地使用权、专利权、非专利技术、商标权、著作权、商誉	转让土地使用权:单位和个人转让其受让的土地使用权行为、单位和个人转让已完成土地前期开发或正在进行土地前期开发,但未进入施工阶段的在建项目。 转让专利权:转让专利技术的所有权或使用权的行为。 转让非专利技术:转让非专利技术的所有权或使用权的行为。 转让商标权:转让商标的所有权或使用权的行为。 转让著作权:转让文字著作、图形著作(如画册、影集)、音像著作(如电影母片、录像带母带)的所有权或使用权的行为。 转让商誉:转让商誉的使用权的行为。
销售不动产	5%	销售建筑物及其他土地附着物	有偿转让建筑物或构筑物所有权、销售其他土地附着物所有权、以转让有限产权或永久使用权方式销售建筑物、单位和个人转让进入建筑物施工阶段的在建项目的行为。

目前,包括湖北、湖南、广西、江西、广东、江苏、河南、河北、辽宁、贵州、宁夏、重庆、安徽、深圳在内的众多省份都在《营业税暂行条例》规定幅度内对原实行的娱乐业营业税税率进行了适当下调。

第四节　营业税应纳税额计算

一、计税依据的一般规定

营业额的确定和计算直接关系到纳税人的税收负担。在一般情况下,营业税的计税依据是提供应税劳务的营业额、转让无形资产的转让额或者销售不动产的销售额,统称为营业额。它包括纳税人向对方收取的全部价款和在价款之外取得的一切费用,如手续费、服务费、基金、集资费、代收款项、代垫款项以及其他各种性质的价外费用等。凡价外费用,无论会计制度如何核算,均应并入营业额计算应纳税额。

二、计税依据的具体规定

考虑到一些行业的特殊性,《中华人民共和国营业税暂行条例》及其实施细则对这些特殊行业的营业额作了具体的规定。

(一)交通运输业

交通运输业的营业额,是指纳税人从事陆路运输、水路运输、航空运输、管道运输、装卸搬运以及与运输业务有关的各项劳务活动的营业收入。具体规定:(1)交通运输企业自我国境内运输旅客或者货物出境,在境外改由其他运输企业承运旅客或者货物,以全程运费减去付给该承运企业的运费后的余额为营业额。(2)联营运输业务,以实际取得的营业收入为营业额,即运输企业开展联营业务时,以收到的收入扣除支付给以后的承运者的运费、装卸费、换装费等费用后的余额为其营业额。

(二)建筑业

建筑业的营业额,是指承包建筑、修缮、安装、装饰和其他工程作业取得的营业收入。具体规定:(1)纳税人从事建筑、修缮、装饰、工程作业,无论与对方如何结算,其营业额均应包括工程所用原材料及其他物资和动力的价款在内。(2)纳税人从事安装工程作业,凡所安装的设备的价值作为安装工程价值的,其营业额应包括设备的价值在内。(3)建筑业的总承包人将工程分包或者转包给他人的,以工程的全部承包额减去付给分包人或者转包人的价款后的余额为营业额。(4)包工包料与包工不包料的营业额,都按包工包料工程以料工费全额征收营业税。(5)自建行为的营业额根据同类工程的价格确定,没有同类工程价格的,按照计税价格确定。

(三) 金融、保险业

金融、保险业的营业额,是指纳税人从事金融保险业务所取得的劳务收入及相关费用,包括利息、手续费、差价或余额、保险费、罚息等。具体规定:(1)转贷业务以贷款利息减去借款利息后的余额为营业额。(2)外汇、有价证券、期货买卖业务以卖出价减去买入价后的余额为营业额。(3)融资租赁业务以租赁者向承租者收取的全部价款和价外费用减去出租方承担的出租物的实际成本后的余额为营业额。(4)典当业务的抵押贷款的营业额为经营者取得的利息和其他各种费用。(5)金融经纪业务和其他金融业务以买卖差价为营业额。(6)保险业实行分保险的,初保业务以全部保费收入减去付给分保人的保费后的余额为营业额。

(四) 邮电通信业

邮电通信业务包括邮政业务和电信业务。邮政业务的营业额是指传递函件或包件、邮汇、报刊发行、邮政物品销售、邮政储蓄及其他邮政业务的收入;电信业务的营业额是指提供电报、电话、电传、电话机安装、电信物品销售及其他电信业务的收入。具体规定:(1)电信部门以集中受理方式为集团客户提供跨省的出租电路业务,由受理地区的电信部门按取得的全部价款减除分割给参与提供跨省电信业务的电信部门的价款后的差额为营业额计算征收营业税。(2)对参与跨省电信业务的电信部门,按各自取得的全部价款为营业额征收营业税。

(五) 文化体育业

文化体育业的营业额,是指纳税人经营文化、体育活动所取得的收入。具体规定:(1)单位或个人进行演出,以全部票价收入或者包场收入减去付给提供演出场所的单位、演出公司或者经纪人的费用后的余额为营业额。(2)提供演出场所的单位的场租收入按"租赁业"项目征收营业税,演出公司或者经纪人的收入按"代理业"项目征收营业税。

(六) 娱乐业

娱乐业的营业额,是指纳税人经营歌厅、舞厅、卡拉OK歌舞厅、音乐茶座、台球、高尔夫球、保龄球、游艺场等娱乐场所,以及娱乐场所为顾客进行娱乐活动提供的饮食服务所取得的收入和相关费用。具体规定:娱乐业的营业额为经营娱乐业向顾客收取的各项费用,包括门票收费、台位费、点歌费、烟酒和饮料收费及经营娱乐业的其他各项收费。

(七) 服务业

服务业的营业额,是指纳税人提供代理业、旅店业、饮食业、旅游业、仓储业、租赁业、广告业及其他服务业的应税劳务向对方收取的全部价款和价外费用。具体规定:(1)旅游业务以全部收费减去为旅游者付给其他单位的食宿和交通费用后的余额为营业额。(2)旅游企业组织旅游团到境外旅游,在境外改由其他旅游企业接团的,或旅游企业组织旅客在境内旅游,改由其他旅游企业接团的,都以全程旅游费减去付给该接团旅游企业的旅游费后的余额为营业额。(3)旅游企业在境内组团旅游,其部分旅游改由其他旅游企业接团的,其营业额为全部预收收入扣除付给接团企业的费用后的余额。(4)代理业的营业额为纳税人从事代理业务向委托方实际收取的报酬;广告代理业的营业额为代理者向委托方收取的全部价款和价外费用减去付给广告发布者的广告发布费后的余额。(5)物业管理企业代有关部门收取水、电、煤气费、维修基金、房租的行为属于服务业的代理业务。

三、计税依据的特殊规定

存在下列情况时,税务机关可以核定纳税人的营业额:(1)纳税人提供应税劳务、转让无形资产或者销售不动产,价格明显偏低且无正当理由的;(2)纳税人自建建筑物后出售的;(3)单位将不动产赠予他人的。

主管税务机关按下列顺序核定其营业额:(1)按纳税人当月提供的同类应税劳务或者销售的同类不动产的平均价格核定;(2)按纳税人最近时期提供的同类应税劳务或者销售的同类不动产的平均价格核定;(3)按照成本加一定利润组成的计税价格核定。核定公式如下:

计税价格 = 营业成本或工程成本 × (1 + 成本利润率) ÷ (1 - 营业税税率)

其中,成本利润率由各省、自治区、直辖市人民政府所属税务机关确定。

四、营业税应纳税额的计算

纳税人提供应税劳务、转让无形资产或者销售不动产，按照营业额和规定的税率计算应纳税额。计算公式是：

应纳税额 = 营业额 × 税率

【实例演示】

某运输公司某月运营售票收入300万元，同月该公司转让废旧办公楼一栋，取得销售收入500万元，转让一项非专利技术，取得收入100万元。计算该公司当月应纳税额。

售票收入应纳税额 = 售票收入总额 × 运输收入适用税率 = 300 × 3% = 9(万元)

转让废旧办公楼应纳税额 = 销售收入 × 销售不动产适用税率 = 500 × 5% = 25(万元)

转让非专利技术应纳税额 = 转让所得 × 转让无形资产适用税率 = 100 × 5% = 5(万元)

应纳营业税税额合计 = 9 + 25 + 5 = 39(万元)

营业额以人民币计算。纳税人以外汇结算营业额的，须按外汇市场价格折合成人民币计算。具体而言，纳税人以外汇结算营业额的，一般应按照取得外汇收入当天或者取得外汇收入当月1日中国人民银行公布的人民币对外国货币的基准汇价折合成人民币，然后计算应纳税额。但金融机构以外汇结算营业额的，按照其收到的外汇的当天或者当季季末中国人民银行公布的基准汇价折算；保险机构以外汇结算营业额的，按照其收到的外汇的当天或者当月月末中国人民银行公布的基准汇价折算。不论是以何种方式折算，纳税人都应当事先确定，且选择之后一年内不得变动。

【实例演示】

某公司向一家外商投资企业销售一个大型仓库的永久使用权，取得收入500万美元，当日外汇牌价为1美元兑换8.12元人民币。计算该企业应纳税额。

应纳税额 = 销售额 × 汇率 × 销售不动产适用税率 = 500 × 8.12 × 5% = 203(万元)

第五节　营业税的征收管理

一、营业税的起征点

根据《中华人民共和国营业税暂行条例》的规定，营业税起征点的适用范围仅限于个人，个人纳税人的营业额没有达到财政部规定的起征点的，可以免征营业税。个人纳税人的营业税起征点的幅度规定为：按期纳税的，起征点为月营业额 1 000 元—5 000元；按次纳税的，起征点为每次(日)营业额 100 元。纳税人的营业额达到起征点的，应当按照营业额全额计算应纳税额。省、自治区、直辖市人民政府所属税务机关应在规定的幅度内，根据实际情况确定本地区适用的起征点，并报国家税务总局备案。

二、营业税的税收优惠

《中华人民共和国营业税暂行条例》及其实施细则规定的营业税减免项目有：

(1) 托儿所、幼儿园、养老院、残疾人福利机构提供的育养服务、婚姻介绍、殡葬服务。

(2) 残疾人员个人为社会提供的劳务。

(3) 医院、诊所和其他医疗机构提供的医疗服务。医疗服务具体是指对患者进行诊断、治疗和防疫、接生、计划生育方面的服务，以及与这些服务有关的提供药品、医疗用具、病房住宿和伙食的业务。

(4) 学校和其他教育机构提供的教育劳务，学生勤工俭学提供的劳务。学校和其他教育机构指普通学校以及经地市级以上人民政府或者同级政府的教育行政部门批准成立、国家承认其学员学历的各类学校。

各种形式收费的汽车、摩托车等机动车驾驶员培训班(学校)收取的培训收入，不属于上述免税范围，应按照税法规定征收营业税。对学校从事技术开发、技术转让业务和与之相关的技术咨询、技术服务业务取得的收入，免征营业税。

(5) 农业机耕、排灌、病虫害防治、植保、农牧保险以及相关技术培训业务，家禽、牲畜、水生动物的配种和疾病防治。

(6) 纪念馆、博物馆、文化馆、美术馆、展览馆、书画院、图书馆、文物保护单位举办文化活动的门票收入,宗教场所举办文化、宗教活动的门票收入。①

(7) 境内保险机构为出口货物提供的保险产品。

(8) 对个人出租住房,不区分用途,在3%税率的基础上减半征收营业税。

(9) 从事个体经营的工商业户,营业税起征点为5 000元/月。

(10) 从2009年1月起,大学毕业生、农民工创业从事个体经营,2年内免征营业税、城市维护建设税、教育费附加。

(11) 自2000年1月1日起,对为安置随军家属就业而新开办的企业,自领取税务登记证之日起,3年内免征营业税;从事个体经营的随军家属,自领取税务登记证之日起,3年内免征营业税。

(12) 对为安置自谋职业的城镇退役士兵就业而新办的服务型企业(除广告业、桑拿、按摩、网吧、氧吧外)当年新安置自谋职业的城镇退役士兵达到职工总数30%以上,并与其签订1年以上期限劳动合同的,经县级以上民政部门认定,税务机关审核,3年内免征营业税。

(13) 对自谋职业的城镇退役士兵在从事个体经营(除建筑业、娱乐业以及广告业、桑拿、按摩、网吧、氧吧外)的,自领取税务登记证之日起,3年内免征营业税。

(14) 从2004年1月1日起,对改革试点地区农村信用社取得的金融保险业应税收入,按3%的税率征收营业税。

(15) 自2006年1月1日起,对国家邮政局及其所属邮政单位提供邮政普遍服务和特殊服务业务(具体为函件、包裹、汇票、机要通信、党报党刊发行)取得的收入免征营业税。享受免税的党报党刊发行收入按邮政企业报刊发行收入的70%。

(16) 对非营利性医疗机构按照国家规定的价格取得的医疗服务收入,免征各项税收。不按照国家规定价格取得的医疗服务收入不得享受这项政策;对营利性医疗机构取得的直接用于改善医疗卫生条件的医疗服务收入,自其取得执业登记之日起,3年内免征营业税,3年免税期满后恢复征税;对疾病控制机构和妇幼保健机构等卫生机构按照国家规定的价格取得的卫生服务收入,免征各项税收。

(17) 在2009年12月31日前,个人将购买超过2年的普通商品住房对外销售的不负担营业税和个人所得税。

---

① 所称纪念馆、博物馆、文化馆、美术馆、展览馆、书画院、图书馆、文物保护单位举办文化活动,是指这些单位在自己的场所举办的属于文化体育业税目征税范围的文化活动。其售票收入,是指销售第一道门票的收入。所称宗教场所举办文化、宗教活动的售票收入,是指寺庙、宫观、清真寺和教堂举办文化、宗教活动销售门票的收入。

(18) 自2009年1月1日至12月31日,个人将购买不足2年的非普通住房对外销售的,全额征收营业税;个人将购买超过2年(含2年)的非普通住房或者不足2年的普通住房对外销售的,按照其销售收入减去购买房屋的价款后的差额征收营业税;个人将购买超过2年(含2年)的普通住房对外销售的,免征营业税。

(19) 对持《再就业优惠证》人员从事个体经营的,3年内按每户每年8 000元为限额依次扣减其当年实际应缴纳的营业税、城市维护建设税、教育费附加和个人所得税。

(20) 农民将土地承包、租赁给他人从事农业生产的免征营业税。

(21) 将土地使用权转让给农业生产者用于农业生产,免征营业税。

(22) 股权转让不征收营业税。

(23) 个人转让著作权,免征营业税。

(24) 转让企业产权的行为不属于营业税征收范围,不征收营业税。

(25) 对从事学历教育的学校提供教育劳务取得的收入,免征营业税;对学生勤工俭学提供劳务取得的收入,免征营业税。对托儿所、幼儿园提供养育服务取得的收入,免征营业税。

此外,在特殊情况下,国家出于公共利益的需要,在《中华人民共和国营业税暂行条例》及其实施细则以外,还会对一些特定的纳税主体和特定的行业制定一些税收优惠政策。

【政策指引】

上海世博会的有关营业税优惠政策①

为确保我国成功举办2010年上海世博会,充分显示我国改革开放成果和弘扬"城市,让生活更美好"的本届世博会主题,促进各国和地区间经济、社会、文化、科技成果的交流,经国务院批准,财政部和国家税务总局就2010年上海世博会有关税收政策问题作出规定。对上海世博局及其委托上海世博(集团)公司取得的世博会收入实行以下营业税优惠政策:

1. 对上海世博局取得的与国家邮政局合作发行世博会纪念邮票收入,免征应缴纳的营业税。

2. 对上海世博局取得的境内外转让无形资产特许权收入,免征上海世博局应缴纳

① 参见《财政部、国家税务总局关于2010年上海世博会有关税收政策问题的通知》(财税[2005]180号,2005年12月31日)。

的营业税。

3. 对上海世博局委托上海世博(集团)公司取得的世博会门票销售收入、场馆出租收入以及在世博园区内销售世博会纪念品收入,免征上海世博(集团)公司应缴纳的营业税。

4. 对上海世博局在世博会结束后出让资产和委托上海世博(集团)公司出让归属于上海世博局的资产所取得的收入,免征上海世博局和上海世博(集团)公司应缴纳的营业税。

三、营业税纳税义务发生时间

纳税义务发生时间是确定应税事项已经发生而负有纳税义务的时间,不同于税款缴纳期限。营业税纳税义务发生时间,为纳税人收讫营业收入款项或者取得索取营业收入款项凭据的当天。具体规定如下:

1. 纳税人转让土地使用权或者销售不动产,采取预收款方式的,其营业税纳税义务发生时间为收到预收款的当天。

2. 纳税人自建建筑物销售的,其自建行为的营业税纳税义务发生时间为销售自建建筑物并收讫营业收入款项或者取得索取营业收入款项的凭据的当天。

3. 纳税人将不动产无偿赠予他人的,其营业税纳税义务发生时间为不动产所有权转移的当天。

4. 纳税人收取会员费、席位费、资格保证金和其他类似费用的,其营业税纳税义务发生时间为会员组织收讫会员费、席位费、资格保证金和其他类似费用款项或者取得索取这些款项凭据的当天。

5. 纳税人从事金融商品转让业务的,其营业税纳税义务发生时间为金融商品所有权转移之日。

6. 纳税人从事融资租赁业务的,其营业税纳税义务发生时间为取得租金收入或取得索取租金收入价款凭据的当天。

7. 纳税人从事金融经纪业务和其他金融业务的,其营业税纳税义务发生时间为取得营业收入或取得索取营业收入价款凭据的当天。

8. 纳税人从事保险业务的,其营业税纳税义务发生时间为取得保费收入或取得索取保费收入价款凭据的当天。

9. 纳税人从事建筑业的,其营业税纳税义务发生时间区别下列情况分别确定:(1)实行合同完成后一次性结算价款办法的工程项目,其营业税的纳税义务发生时间为施工单位与发包单位进行工程合同价款结算的当天;(2)实行旬末或月中预支、月终结算、竣工后清算办法的工程项目,其营业税纳税义务发生时间为月份终了与发包单位进行已完工程价款结算的当天;(3)实行按工程形象进度划分不同阶段结算价款办法的工程项目,其营业税纳税义务发生时间为各月份终了与发包单位进行已完工程价款结算的当天;(4)实行其他结算方式的工程项目,其营业税纳税义务发生时间为与发包单位结算工程价款的当天。

10. 营业税实行代扣代缴的,其营业税扣缴义务发生时间为扣缴义务人代纳税人收讫营业收入款项或者取得索取营业收入款项凭据的当天。

11. 单位和个人提供应税劳务、转让专利权、非专利技术、商标权、著作权和商誉时,向对方收取预收性质价款的,其营业税纳税义务发生时间为按照财务会计制度的规定该项预收性质的价款被确认为收入的时间。

12. 金融企业承办委托贷款业务的,其营业税扣缴义务发生时间为受托发放贷款的金融机构代委托人收讫贷款利息的当天。

13. 电信部门销售有价电话卡的,其营业税纳税义务发生时间为售出电话卡并取得售卡收入或取得索取售卡收入凭据的当天。

14. 金融机构的逾期贷款纳税义务发生时间为纳税人取得利息收入权利的当天。

四、营业税的纳税期限

营业税的纳税期限和其他流转税不相同,为 5 日、10 日、15 日、1 个月或者 1 个季度。纳税人以 1 个月或者 1 个季度为一期纳税的,自期满之日起 15 日内申报纳税;以 5 日、10 日或者 15 日为一期纳税的,自期满之日起 5 日内预缴税款,于次月 1 日起 15 日内申报纳税并结清上月应纳税款。纳税人的具体纳税期限由主管税务机关根据纳税人应纳税额的大小分别核定,不能按照固定期限纳税的,可以按次纳税。银行、财务公司、信托投资公司、信用社、外国企业常驻代表机构的纳税期限为 1 个季度。金融业(不包括典当业)的纳税期限为 1 个季度,保险业的纳税期限为 1 个月。扣缴义务人的解缴税款期限,比照上述办法办理。

五、营业税纳税地点

营业税的纳税地点原则上采取属地征收的原则,即纳税人在经营行为发生地缴纳应纳税款。具体规定如下:

1. 纳税人提供应税劳务的,应当向其机构所在地或者居住地的主管税务机关申报纳税。但是,纳税人提供的建筑业劳务以及国务院财政、税务主管部门规定的其他应税劳务,应当向应税劳务发生地的主管税务机关申报纳税。

2. 纳税人从事运输业务的,应当向其机构所在地主管税务机关申报纳税。

3. 纳税人转让、出租土地使用权的,应当向其土地所在地主管税务机关申报纳税。

4. 纳税人转让其他无形资产的,应当向其机构所在地或者居住地的主管税务机关申报纳税。

5. 纳税人销售、出租不动产的,应当向不动产所在地主管税务机关申报纳税。

6. 纳税人提供的应税劳务发生在外县(市)的,应向应税劳务发生地主管税务机关申报纳税而未申报纳税的,由其机关所在地或者居住地主管税务机关补征税款。

7. 纳税人承包的工程跨省、自治区、直辖市的,应当向其机构所在地主管税务机关申报纳税。

8. 各航空公司所属分公司,无论是否单独计算盈亏,均作为纳税人向分公司所在地主管税务机关缴纳营业税。

9. 纳税人在本省、自治区、直辖市范围内发生应税事项,其纳税地点需要调整的,由省、自治区、直辖市税务机关确定。

10. 扣缴义务人应当向其机构所在地或者居住地的主管税务机关申报缴纳其扣缴的营业税款。但建筑安装工程业务的总承包人,扣缴分包或者转包的非跨省(自治区、直辖市)工程的营业税税款,应当向分包或者转包工程的劳务发生地主管税务机关缴纳。

【最新动态】

随着社会经济的发展,许多新兴服务业态出现,如信息服务业、会展业、现代物流业等,使得原有的营业税税目已无法涵盖现代服务业的全部行业。同时,现代服务业在发展中出现了一些综合性的服务行业,这些服务业会同时涉及不同的应税税目。现行营业税法的规定对某些综合性服务业分割过多,无法发挥整体效应,不利于一体化运作,阻碍了现代服务业的发展。

现行营业税存在着许多问题。涉及服务业的营业税税率相对较高;在涉及现代服务业内部的不同税目之间也适用不同税率,造成现代服务业内部不同行业间的税率不同,导致在现代服务业内部也产生了税负不公的问题。

现行营业税法在计税依据上以全额征收为主,在部分税目上采用差额征收的方式。按营业额全额征收的计税方式容易造成重复征税,营业税是一次交易一次征税,也就意味着分工越细,税负越重。而现代服务业正是随着社会分工的不断细化而出现的,全额计税的方式显然不利于现代服务业的发展,虽然目前已有一些税目在计税依据上以余额作为计税依据,但这种计税方式并没有适用于所有服务业。

为促进我国服务业的发展,应对营业税做如下改革:

1. 对现行营业税税目进行合理调整,删除或增加有关税目,并对划分不合理的税目重新归类;对现有部分行业的分类进行细化,以实行差别税率;明确营业税税目划分标准,解决税目交叉问题。

2. 逐步降低国家鼓励发展的现代服务业的营业税税率,减轻其税收负担,实现公平税负。

3. 调整现行营业税的计税依据,应对现代服务业按照差额征收的方式,以该企业的全部收入减去其他项目支出后的余额作为营业税的计税依据。

【本章小结】

营业税法是调整营业税征纳关系的法律规范的总称,是对经营商品和各种服务业务取得的营业收入征收的一种流转税。作为一种"对人税",具有以营业全额为计税依据,税收负担轻、税负均衡,计算简便、易于征收等特征。它是中央和地方共享税,是我国现行流转税体系中的主要税种之一。对广泛筹集财政资金,促进第三产业稳定发展,调节、监督和管理流通服务行业,以及落实国家政策、协调各行业发展发挥着重要的作用。

营业税的纳税人是指在中华人民共和国境内提供应税劳务、转让无形资产或者销售不动产的单位和个人。我国的营业税税目依据行业的不同设计了 9 个税目,分别是交通运输业、建筑业、金融保险业、邮电通信业、文化体育业、娱乐业、服务业、转让无形资产和销售不动产。税率按照税目的规定,基本上是一个税目设一个税率。分为 3%、5%和 5%—20%三档。在一般情况下,营业税的计税依据是提供应税劳务的营业额、转让无形资产的转让额或者销售不动产的销售额,统称为营业额。在特殊情况下,国家出于公共利益的需要,会对一些特定的纳税主体和特定的行业制定一些税收优惠政策。

营业税纳税义务发生时间,为纳税人收讫营业收入款项或者取得索取营业收入款项凭据的当天。纳税期限和其他流转税不相同,为 5 日、10 日、15 日、1 个月或者 1 个季度。纳税地点原则上采取属地征收的原则,即纳税人在经营行为发生地缴纳应纳税款。负有纳税义务的纳税人应当依法在纳税期限内及时办理纳税申报，并如实填写纳税申报表，否则将承担不利的法律后果。

思考题

1. 营业税具有哪些特征?
2. 简述营业税的作用。
3. 营业税的计税依据是如何确定的?
4. 简述营业税的纳税义务发生时间。

第八章　关税法律制度

【学习目的】

通过本章的学习，了解关税运作的基本原理，掌握关税完税价格的确定方法及其计算方式，并对关税征管的特殊性有深入的理解。

第一节　关税法概述

一、关税的概念和特点

关税是对进出关境的货物或物品征收的一种流转税。其课税对象是进出关境的货物或者物品的流转额。这里的货物指以贸易为目的而进出关境的贸易性物资；物品指入境旅客或者运输工具服务人员携带的行李物品、馈赠物品、邮递入境以及以其他方式进入关境的属于个人自用的非贸易性物资。关税属于流转税的一种，具有涉外性质，与其他的流转税相比，有如下特征：

1. 关税以进出境的货物或者物品为征税对象。征税对象的"跨关境性"是关税与其他流转税的主要区别，未进出关境的货物或者物品不属于关税的征税对象。作为关税征税对象的货物和物品指有形的实物商品，对进出境的无形资产，如发明专利、专有技术、商标、科学技术等，虽具有很高的价值，但不属于关税的征税对象，只有当它们的价值体现在某种实物上进出关境时，才能对其征收关税。

2. 关税是在商品进出"关境"时征收。"关境"不同于"国境"，关境可能等于国境，也可能大于或者小于国境。通常一国的关境等于国境，但当一国境内设有自由贸易港、自由贸易区时,关境小于国境;当几个国家结成关税同盟,各同盟国组成一个共同关境适用统一的关税法令和对外税则时,关境大于国境。

3. 关税的计税依据为货物或者物品的完税价格。完税价格为关税法特有的概念,通常为离岸价格或到岸价格,在货物或物品的离岸价格或到岸价格不能确定时,由海关估定。

4. 关税的征收机关为海关。我国大多数的税种由税务机关征收,但关税的征收机关为海关,这与关税的特殊性有关,也是世界各国的通行做法。

二、关税的起源和发展

关税是一种古老的税种,是随着商品交换和商品流通领域的不断扩大以及国际贸易的不断发展而产生和逐步发展的,最早出现在欧洲。据《大英百科全书》对"Customs"一词的来源解释,古时在商人进入市场交易时要向当地领主交纳一种例行的、常规的入市税(Customary Tolls),后来就把"Customs"和"Customs Duty"作为海关和关税的英文名称。最初的关税是为了增加财政收入出现的,到了现代,关税的财政目的已大大降低,关税的保护职能日趋受到重视。各国为了保护国内产业,纷纷建立统一的关税制度,关税成为保护国内产业的重要手段。纵观历史,关税的发展经历了以下三个阶段:

第一阶段:使用费时代。因为使用了道路、桥梁、港口等设施得到了方便,货物和商人受到了保护,向领主交纳费用作为报酬。

第二阶段:国内关税时代。封建领主在各自的庄园或都市领域内征税,除有使用费的意义外,还具有强制性、无偿性的税收特征。关税的征收也从实物形式逐渐转变为货币形式。这时在一国境内征收的关税与对进出其国境的货物和物品征收的关税并存。

第三个阶段:国境关税或关境关税时代。近代国家出现后,不再征收内地关税。关税具有自己的特性,除具有财政收入的作用外,更重要的是成为执行国家经济政策的一种重要手段,用以调节、保护和发展本国的经济和生产。这一时期的关税仅以进出国境或关境的货物和物品为课税对象。

三、关税的种类

根据不同的标准,关税可分为不同的种类:

(一)根据征税对象的流向,关税可分为进口关税、出口关税和过境关税

这是关税最基本、最通常的分类。进口关税指对境外运入境内的货物所征收的一种关税。一般是在货物进入国境(关境)时征收,或在货物从海关保税仓库转出,投入国内市场时征收。进口关税是当前世界各国所征关税的最主要的一种,在许多国家已不征出口关税与过境关税的情况下,它成为唯一的关税。

出口关税指对境内出口货物在运出国境时征收的一种关税。由于征收出口关税会增加出口货物的成本,不利于本国货物在国际市场的竞争,因此一般对出口货物不征收出口关税,只在特殊情况下,才征收出口关税,如为了保护本国的稀缺资源,或限制、调整某些商品的出口以稳定其市场价格,或输往国家市场容量有限,需要限制货物的出口。当然,当一国对某些商品具有独占地位,征收关税不影响其出口,此时出于财政收入的考虑,往往会征收出口关税,如巴西对咖啡征收出口关税,古巴对烟草课征出口关税。

过境关税指对经过一国国境(关境)运往另一国的货物所征收的关税。过境关税旨在获取财政收入,是重商主义时期的产物。这种关税阻碍了贸易的发展,负面影响较多,当今一般国家不予课征。①

(二)根据关税征收的目的,关税可分为财政关税、保护关税

财政关税指以增加国家财政收入为主要目的而征收的关税。一般来说,对本国不能生产而又不准备生产的商品征收的关税,或与国内同样商品征收同等负担的关税,都是财政关税。资本主义发展后,关税的财政收入职能逐渐下降,财政关税日渐为保护关税替代。

保护关税指为保护本国工农业生产或经济长期、稳定的发展而征收的关税。保护关税需要根据本国的经济和生产等具体情况制定有关的保护关税政策并加以实施。

(三)根据关税的征收方式或者计征标准,关税可分为从量关税、从价关税、复合关税、选择关税和滑准关税

从量关税指以商品的重量、数量、长度、容量、面积等为标准而征收的关税。从量关税一般采定额税率,其计量方法简单,征收手续简便,主要适用于体积大、价格低的商品。实践中,从量关税广泛用于原油、饮料、动植物等初级产品中。

从价关税指以进口商品的价格为标准征收的关税,其税率为商品价格的百分比。

---

① 《关税与贸易总协定》第5条规定,对于过境运输,应免征关税以及为过境而征收的其他费用,但运输费或由于过境要承担的与行政管理支出相当的花费,或者与所提供的服务相当的费用,不在此限。

关税税额与商品价格密切相关，随着商品价格的变化而变化，有利于发挥关税的保护作用。

复合关税指对商品同时采取从量和从价两种标准计征的关税。在实践中，征税机关或采取从量为主加征从价关税，或以从价为主加征从量关税。这种关税既可抑制商品价格上下浮动对税负和财政收入的影响，又可抑制低价商品的进口。

选择关税指对同一商品既规定从量关税又规定从价关税，在具体征税时由征税机关选择一种方式课征。这种关税的目的在于保障财政收入或鼓励货物出口。

滑准关税指对进口商品规定其价格的上下限，按国内价格涨落情况，分别采取几种高低不同税率的一种税。当进口商品价格较高时，采取低税率；当进口商品价格较低时，采取高税率。其目的是保护国内生产免受国外价格波动的影响，保持国内价格稳定。

我国的关税以从价关税为主，辅之以从量关税、复合关税和滑准关税。

（四）按关税有无优惠为标准，关税可分为普通关税、加重关税和优惠关税

普通关税指既无优惠也不受歧视的关税。

加重关税，指一国为达到某种目的，增强关税的保护作用，在征收一般关税之外又加征的一种临时进口附加税。一般针对特定的商品或特定的国家征收，主要包括反倾销税、反补贴税和报复关税。

反倾销税指在外国商品以低于正常价格向国内倾销，对国内产业造成实质损害或者实质损害威胁或对建立国内产业造成实质障碍时所征收的附加税。其目的在于增加进口货物成本，保护国内产业。

反补贴税指进口国对直接或间接接受出口补贴或津贴的进口商品所征收的附加税。这种关税的目的在于抵消进口商品因得到国内补贴所产生的优势，从而保护国内产业。

报复关税指当一国商品受到另一国不公平待遇时，该国为进行报复，对另一国商品所征收的附加税。当对方取消不公平待遇时，这种报复关税随之取消。由于报复关税往往会引起别国的反报复，因此不轻易采用。

优惠关税指对来自于受惠国家或地区的进口商品所适用的关税，较一般关税税率为低，通常由于均属于同一国家集团的成员或者由于政治因素的考虑，而给予的优惠待遇。主要包括最惠国待遇关税、普遍优惠待遇关税和特惠关税。

最惠国待遇关税指在贸易互惠协定或国际条约中若使用最惠国待遇条款，则相互给予最惠关税待遇。所谓最惠关税待遇指缔约国一方承诺现在或将来给予任何第三方的一切优惠、特权或豁免等待遇，也同样给予缔约对方。这种关税是目前使用最广泛的优惠关税。

普遍优惠制关税指发达国家单方面给予发展中国家的制成品和半制成品优惠待遇的关税。这种关税具有普遍性、非歧视性和非互惠性的特点。所谓普遍性指所有实行普惠制的国家的普惠制方案中应向所有的发展中国家提供优惠关税待遇;所谓非歧视性指应给予所有的发展中国家或地区同样的优惠待遇;所谓非互惠性指发达国家给予的优惠关税待遇是单方面的,不以对方的同样优惠为条件。

特惠关税指有特殊关系的国家相互间或单方面按协定采用特别低的进口税率甚至免税的一种关税。该种关税的优惠程度优于最惠国待遇关税。

(五)按照制定关税的自主性,关税可分为国定关税和协定关税

国定关税指一国政府自主地制定关税税率及有关关税的各种法规、条例,并据以征收的关税。

协定关税指两个或两个以上的国家通过缔结关税贸易协定的方式制定关税税率及关税法规。其可分为平等互利基础上形成的自主协定关税和依据不平等条约产生的片面协定关税。

四、关税的作用

1. 增加财政收入。虽然随着经济的发展,关税的财政职能逐渐下降,但是,在一些发展中国家,尤其是那些国内工业不发达、工商税源有限、国民经济主要依赖于某种或某几种初级资源产品出口,以及国内许多消费品主要依赖于进口的国家,征收进出口关税仍然是取得财政收入的重要渠道之一。

2. 对经济起到宏观调控的作用。关税是国家的重要经济杠杆,通过税率的高低和关税的减免,可以影响进出口规模,调节国民经济活动。如通过征收出口关税,调节出口产品和出口产品生产企业的利润水平,有意识地引导各类产品的生产;调节进出口商品数量和结构,可促进国内市场商品的供需平衡,保护国内市场的物价稳定等。

3. 保护国内经济和产业。对进口货物征收关税可提高进口货物的成本,降低其竞争力,从而减少其对国内产业的冲击和对国内市场的占领,保护国内产业的发展。关税的该项职能在发展中国家表现得尤为明显。

五、我国关税法立法状况

新中国建立后,我国收回了关税自主权,开始建立完全独立的关税保护制度。但

在新中国成立初期，由于发达资本主义国家对我国封锁禁运等一些历史原因，我国关税工作比较简单，关税不被重视。自20世纪80年代实施对外开放政策后，国际间的经济贸易往来大量增多，经济改革使关税的作用越来越受到重视，国际间的关税协定有关关税的事务日益繁多，我国关税制度不断改革和完善，逐步实现了现代化和国际化。

我国的关税变化经历了三个时期：

第一时期是1949—1979年。这一时期我国对外贸易额很小，对外经济交往也很少，国家实行高关税保护本国产业的政策。该段时期，国家公布实施了《中华人民共和国暂行海关法》、《中华人民共和国海关进出口税则》、《中华人民共和国海关进出口税则暂行实施条例》等。

第二个时期是1980—1992年。这一时期我国的经济体制仍以计划经济为主，关税政策虽然作了一些调整，但在进出口贸易中大量采用许可证和配额经营，关税形同虚设。该段时期，国家颁布了《中华人民共和国海关法》，同时废止了《中华人民共和国暂行海关法》。

第三个时期是从1992年初开始。此时我国进入改革开放新阶段，为使关税制度更符合国际惯例，国务院于1992年3月18日修订了《中华人民共和国进出口关税条例》，修改主要是在海关估价等方面。国务院于2003年11月23日再次修订《中华人民共和国进出口关税条例》，这次对原关税条例作了比较全面的修订，是一部制度完善、结构清晰、权利义务明确的行政法规，为今后的海关关税的征管工作提供了法律保障。这次修订也是对我国加入WTO所履行的承诺，既对《中华人民共和国海关估价协定》中的强制性、义务性的要求予以了明确，也充分利用WTO所赋予的权利，完善了以关税为手段的各种贸易救济措施，对维护对外贸易和公平竞争，促进我国对外贸易的健康发展起到了重要作用。另外，全国人民代表大会于2000年7月修订《中华人民共和国海关法》。

【税务博览】

我国关税的起源

西周时期（约公元前11世纪至公元前771年）就在边境设立关卡（最初主要是为了防卫）。《周礼·地官》中有了“关市之征”的记载，春秋时期以后，诸侯割据，纷纷在各自领地边界设立关卡，“关市之征”的记载也多起来。关税从其本来意义上是对进出关卡的物品征税；市税是在领地内商品聚散集市上对进出集市的商品征税，征税的目的是“关市之赋以待王之膳服”。据《周礼·天官》记载，周朝中央征收九种赋税，关市税是其中一种，直接归王室使用，关和市是相提并论的。边界关卡之处也可能是商品的交换集市。关税和市税都是对商品在流通环节中征税。《管子·问篇》曾提到“征于关者勿征于市，征于市者勿征于关”，对同一商品不主张重复征税，以减轻商人负担。关市之征是我国关税雏形，我国的“关税”的名称也是由此演进而来的。

秦统一天下以后，汉唐各代疆界不断扩大。在陆地边境关口和沿海港口征税，具有边境关税的性质。但我国古代对外贸易虽有陆上和海上“丝绸之路”的贸易往来，但较之欧洲各国，发展不快，数量不大，边境关卡征税不是财政收入的主要来源，而在国内关、津各卡征税以“供御府声色之费”，一直是官府收入的财源之一，如唐朝的“关市税”和明朝的“钞关税”主要是指在内地关卡征税。在沿海港口对进出港的货物征税，各朝代有不同的名称。如唐朝的“下碇税”、宋朝的“抽解”、明朝的“引税”、“船钞”等，由称为市舶司(使)的机关负责征税。到清朝康熙年间才在沿海设立粤、闽、浙、江四个“海关”，对进出口的货物征收船钞和货税。这时的关税概念仍包括内地关税和边境关税。直到鸦片战争后，受到西方国家的入侵，门户被迫开放，海关大权落入外人之手，尤其是英国人一直统治着我国海关，方引进了近代关税概念和关税制度，国境关税和内地关税才逐渐有所区别。1931 年取消了常关税、子口税、厘金税等国内税(转口税不久也取消)，此后，我国的关税就只指进口税和出口税，对货物只在进出境时征收关税。

第二节 关税的纳税人、征税对象和税率

一、关税的纳税人

进口货物的收货人、出口货物的发货人、进出境物品的所有人是关税的纳税人。进口货物的收货人、出口货物的发货人是指依法取得对外贸易经营权，并进口或出口货物的法人或其他社会团体。没有进出口经营权的工业企业委托有进出口经营权的企业代理进出口货物，也必须按规定缴纳进出口关税，是关税的纳税人。进出境物品的所有人包括该物品的所有人和推定为所有人的人。一般情况下，对于携带进境的物品，推定其携带人为所有人；对分离运输的行李，推定相应的进出境旅客为所有人；对

以邮递方式进境的物品，推定其收件人为所有人；以邮递或其他运输方式出境的物品，推定其寄件人或托运人为所有人。

二、关税的征税对象

关税的征税对象是准许进出境的货物和物品。货物是指贸易性商品；物品指旅客随身携带的行李物品、个人邮递物品、各种运输工具上的服务人员携带的自用物品、馈赠物品及以其他方式进境的个人物品。

三、关税的税率

（一）关税税率的种类

《中华人民共和国海关进出口税则》将关税税率分为进口税率和出口税率。进出口货物按其规定的原则归入合适的税号，并按规定的税率纳税。对非贸易性的个人物品，除另有规定外，按照《入境旅客行李物品和个人邮递物品进出口税税率表》的规定适用税率纳税。

我国关税的平均税率一直较高，降低关税税率是我国在关税方面适应社会主义市场经济体制所做的调整，也是履行加入 WTO 承诺的需要，自 1992 年以来，我国开始大幅度地降低关税税率（见表 8-1）。

表 8-1 我国关税水平

年份	算术平均税率（%）
1992	42.3
1994	35.9
1996	23
1997	17
2001	15.3
2002	12
2004	10.4
2006	9.9

1. 进口税率

在我国加入 WTO 之前，我国进口税则设有两档税率，即普通税率和优惠税率，对原产于与我国未订有关税互惠协议的国家或地区的进口货物,按照普通税率征税;对原产于与我国订有关税互惠协议的国家或地区的进口货物,按照优惠税率征税。在我国加入WTO后,为履行我国在加入之前的承诺,自2002年1月1日起,我国进口税则设有最惠国税率、协定税率、特惠税率、普通税率、关税配额税率等税率。最惠国税率适用于原产于与我国共同适用最惠国待遇条款的WTO成员国或地区的进口货物,或原产于与我国签订有相互给予最惠国待遇条款的双边贸易协定的国家或地区进口的货物,及原产于我国境内的进口货物;协定税率适用于原产于与我国共同参加含有关税优惠条款的区域性贸易协定有关缔约方的进口货物。

由上可见,进口货物的税率适用与其原产地密切相关。货物的原产地标准有“全部产地生产标准”和“实质性加工标准”两种国际通用的原产地标准。全部生产地标准指进口货物完全在一个国家内生产或制造,生产或制造国即为该货物的原产国。完全在一国生产或制造的货物包括:(1)在该国(地区)出生并饲养的活的动物;(2)在该国(地区)野外捕捉、捕捞、搜集的动物;(3)从该国(地区)的活的动物获得的未经加工的物品;(4)在该国(地区)收获的植物和植物产品;(5)在该国(地区)采掘的矿物;(6)在该国(地区)获得的除上述第(1)项至第(5)项范围之外的其他天然生成的物品;(7)在该国(地区)生产过程中产生的只能弃置或者回收用作材料的废碎料;(8)在该国(地区)收集的不能修复或者修理的物品,或者从该物品中回收的零件或者材料;(9)由合法悬挂该国旗帜的船舶从其领海以外海域获得的海洋捕捞物和其他物品;(10)在合法悬挂该国旗帜的加工船上加工第(9)项所列物品获得的产品;从该国领海以外享有专有开采权的海床或者海床底土获得的物品;(11)在该国(地区)完全从上述第(1)项至第(10)项所列物品中生产的产品。

【法条链接】

《中华人民共和国进出口关税条例》(节选)

第十条 原产于共同适用最惠国待遇条款的世界贸易组织成员的进口货物,原产于与中华人民共和国签订含有相互给予最惠国待遇条款的双边贸易协定的国家或者地区的进口货物,以及原产于中华人民共和国境内的进口货物,适用最惠国税率。

原产于与中华人民共和国签订含有关税优惠条款的区域性贸易协定的国家或者地区的进口货物,适用协定税率。

原产于与中华人民共和国签订含有特殊关税优惠条款的贸易协定的国家或者地

区的进口货物，适用特惠税率。

原产于以上所列以外国家或者地区的进口货物，以及原产地不明的进口货物，适用普通税率。

第十一条 适用最惠国税率的进口货物有暂定税率的，应当适用暂定税率；适用协定税率、特惠税率的进口货物有暂定税率的，应当从低适用税率；适用普通税率的进口货物，不适用暂定税率。

2. 出口税率

我国对出口货物一般免征关税，这也是为了提高我国货物在国际市场上的竞争力。出口关税只限于少数产品，主要是少数资源性产品，出口国市场容量有限而需要限制出口、国内紧俏的产品，以及需要规范出口秩序的产品。出口关税实行从价税，税率从20%—25%，共分五级。但适用出口税率的出口货物有暂定税率的，适用暂定税率。

3. 特别关税

特别关税包括报复性关税、反倾销税、反补贴税和保障性关税，特别关税在非常情形时适用，而且适用有着严格的标准。

（二）税率的运用

1. 进出口货物，应当适用海关接受该货物申报进口或者出口之日实施的税率。进口货物到达前，经海关核准先行申报的，应当适用装载该货物的运输工具申报进境之日实施的税率。转关运输货物税率的适用日期，由海关总署另行规定。

2. 补征和退还进出口货物关税，应当按照该货物申报进口或者出口时适用的税率办理退税。因纳税人违反规定需要追征税款的，应当适用该行为发生之日实施的税率；行为发生之日不能确定的，适用海关发现该行为之日实施的税率。

第三节 关税应纳税额的计算

一、关税的计税依据

关税的计税依据是关税的完税价格，对关税应纳税额主要采用从价计征的办法，以商品的价格为标准征收关税。关税的完税价格是为计算应纳关税而由海关审核确定的进出口货物的价格。《中华人民共和国海关法》规定,进出口货物的完税价格,由海关以该货物的成交价格为基础审查确定,成交价格不能确定的,完税价格由海关依法估定。

(一) 进口货物的完税价格

进口货物的完税价格由海关以符合规定的成交价格以及该货物运抵中华人民共和国境内输入地点起卸前的运输及其相关费用、保险费为基础审查确定。成交价格指卖方向中华人民共和国境内销售该货物时买方为进口该货物向卖方实付或应付的,并且按照规定调整后的价款总额,包括直接支付的价款和间接支付的价款。完税价格不能确定的,由海关依法估定。

【实例演示】

某进出口公司10月份进口一批货物,总价为700万元,已知该批货物运抵我国港口起卸前的运费为5万元,支付的保险费为10万元,计算该批货物的关税完税价格。

关税完税价格 = 700 + 5 + 10 = 715(万元)

【延伸阅读】

完税价格的估定①

进口货物完税价格不能确定的,海关经了解有关情况,并与纳税人进行价格磋商后,依次以下列价格估定该货物的完税价格:

1. 相同货物成交价格估价方法,指海关以与进口货物同时或者大约同时向中华人民共和国境内销售的相同货物的成交价格为基础,审查确定进口货物的完税价格的估价方法。

2. 类似货物成交价格估价方法,指海关以与进口货物同时或者大约同时向中华人民共和国境内销售的类似货物的成交价格为基础,审查确定进口货物的完税价格的估价方法。

---

① 参见《中华人民共和国进出口关税条例》。

3. 倒扣价格估价方法，指海关以进口货物、相同或者类似进口货物在境内的销售价格为基础，扣除境内发生的有关费用后，审查确定进口货物完税价格的估价方法。

4. 计算价格估价方法，指海关以下列各项的总和为基础，审查确定进口货物完税价格的估价方法：生产该货物所使用的料件成本和加工费用；向境内销售同等级或者同种类货物通常的利润和一般费用（包括直接费用和间接费用）；该货物运抵境内输入地点起卸前的运输费及相关费用、保险费。

5. 合理方法，指当海关不能根据成交价格估价方法、相同货物成交价格估价方法、类似货物成交价格估价方法、倒扣价格估价方法和计算价格估价方法确定完税价格时，海关以客观量化的数据资料为基础审查确定进口货物完税价格的估价方法。

纳税人向海关提供有关资料后，可以提出申请，颠倒前述第3项和第4项的适用次序。

（二）出口货物的完税价格

出口货物的完税价格包括货物的货价、货物运至中华人民共和国境内输出地点装载前的运费及其相关费用、保险费，但是其中包含的出口关税税额，应当予以扣除。出口货物的货价指该货物销售到我国境外时买方向卖方实付或者应付的价格，若货价中有支付给境外的佣金的，如果单独列明，应予扣除。计算公式为：

出口货物完税价格＝离岸价格÷（1＋出口税率）

完税价格不能确定的，由海关估定。

【实例演示】

某进出口公司出口5 000台彩电到美国，每台价格306美元，其中支付给境外的佣金为离岸价格的2%，彩电的出口关税为10%。计算该批货物的完税价格（已知1美元＝8.00元人民币）。

不含佣金价格＝5 000×306×8÷（1＋2%）＝1 200（万元）

完税价格＝1 200÷（1＋10%）＝10 909 090.91（元）

（三）进境物品的完税价格

进境物品的完税价格由海关按照物品的到岸价格核定，若到岸价格无法确定的，由海关参照国内市场价格审定。

二、关税应纳税额的计算

1. 从价应纳税额的计算

关税税额 = 应税进(出)口货物数量 × 单位完税价格 × 税率

2. 从量应纳税额的计算

关税税额 = 应税进(出)口货物数量 × 单位货物税额

3. 复合应纳税额的计算

关税税额 = 应税进(出)口货物数量 × 单位货物税额 + 应税进(出)口货物数量 × 单位完税价格 × 税率

4. 滑准税应纳税额的计算

滑准税应纳税额的计算,或者适用从价关税应纳税额的计算方法,或者适用从量关税应纳税额的计算方法。

【实例演示】

某商场2006年4月从国外进口1 000箱卷烟,单价50元/箱,支付运抵我国海关的运费为500元,保险费300元,问该企业应缴纳的关税(关税税率为20%)。

关税完税价格 = 1 000 × 50 + 500 + 300 = 50 800(元)

应缴纳关税 = 50 800 × 20% = 10 160(元)

第四节 关税的征收管理

一、关税的优惠

关税的优惠主要体现为进出口关税的减免。根据现行规定,关税减免分为法定减免、特定减免和临时减免。

（一）法定减免

法定减免是指《中华人民共和国进出口关税条例》和《中华人民共和国进出口税则》中明确规定的减免税。根据《中华人民共和国海关法》和《中华人民共和国进出口关税条例》，进出口下列货物和物品免征关税：

（1）关税税额在人民币10元以下的一票货物。

（2）无商业价值的广告品和货样。

（3）外国政府、国际组织无偿赠送的物资。

（4）进出境运输工具装载的途中必需的燃料、物料和饮食用品。

（5）在海关放行前损失的货物。

（二）特定减免

特定减免是指在关税基本法规确定的减免之外，根据国务院或者国务院授权的机构制定的特定减免税办法给予减征或免征关税优惠。主要有：

（1）科教用品。对科研机构和学校，不以营利为目的，进口合理数量范围内，国内不能生产的，直接用于科研或教学的，免进口关税、进口环节增值税、消费税。

（2）残疾人专用品。

（3）扶贫、慈善性捐赠物资。

（4）符合特定条件的加工贸易产品。

（三）临时减免

临时减免是指法定减免和特定减免范围以外的、由海关审批的减免税。收发货人及其代理人要求对其进出口货物临时减征或者免征进出口关税的，应当在货物进出口前书面说明理由，并附必要的证明和资料，向所在地海关申请。所在地海关审查属实后，转报海关总署，向海关总署或者海关总署会同财政部按照国务院的规定审查批准。

【延伸阅读】

海南“离岛免税”政策

财政部于2011年3月24日发布《关于开展海南离岛旅客免税购物政策试点的公告》，公告中指出，海南将在2011年4月20日试运行“离岛免税”政策，5月1日起正式实施。目前海南的“离岛免税”政策已经正式开始实施。

“离岛免税”政策是指对乘飞机离岛(不包括离境)旅客实行限次、限值、限量和限品种免进口税购物,在实施离岛免税政策的免税商店(以下简称离岛免税店)内付款,在机场隔离区提货离岛的税收优惠政策。

政策简介:

<table>
<tr><th colspan="3">离岛退税政策</th></tr>
<tr><td rowspan="2">适用对象及条件</td><td>政策适用对象</td><td>年满18周岁、乘飞机离开海南本岛但不离境的国内外旅客,包括海南省居民。</td></tr>
<tr><td>政策适用条件(需同时符合)</td><td>1. 已经购买离岛机票和持有效的身份证件,国内旅客持居民身份证(港澳台旅客持有效旅行证件),国外旅客持护照;
2. 在指定的离岛免税店内付款购买免税商品,商品品种和免税购物次数、金额、数量在国家规定的范围内,并按规定取得购物凭证;
3. 在机场隔离区凭身份证件及购物凭证,在指定的提货点提取所购免税商品,并由旅客本人乘机随身携运离岛。</td></tr>
<tr><td rowspan="3">离岛免税店、免税商品品种、免税税种</td><td>离岛免税店</td><td>具有实施离岛免税政策资格并实行特许经营的免税商店。</td></tr>
<tr><td>免税商品品种</td><td>免税商品限定为进口品,试点期间,具体商品品种限定为:首饰、工艺品、手表、香水、化妆品、笔、眼镜(含太阳镜)、丝巾、领带、毛织品、棉织品、服装服饰、鞋帽、皮带、箱包、小皮件、糖果、体育用品共18种。</td></tr>
<tr><td>免税税种</td><td>关税、进口环节增值税和消费税。</td></tr>
<tr><td rowspan="2">免税购物离岛次数、金额、数量</td><td>离岛次数</td><td>非岛内居民旅客每人每年最多可以享受2次离岛免税购物政策,岛内居民旅客每人每年最多可以享受1次。</td></tr>
<tr><td>离岛金额、数量</td><td>离岛旅客(包括岛内居民旅客)每人每次免税购物金额暂定5 000元以内(含5 000元),即单价5 000元以内(含5 000元)免税商品,每人每次累计购买金额不得超过5 000元。</td></tr>
<tr><td>离岛免税政策实施流程</td><td>流程</td><td>离岛免税店进口免税商品,离岛旅客在店内选购付款,免税店根据旅客离岛时间运送货物,旅客在机场隔离区提货并乘机携运离岛等环节。</td></tr>
</table>

政策意义:

海南作为我国最大的经济特区和唯一的热带岛屿省份,在区域发展布局中处于重要位置。为推动海南经济社会发展，国家制定了建设海南国际旅游岛的重要战略部署，并陆续出台了一系列政策措施。

为贯彻落实国务院《关于推进海南国际旅游岛建设发展的若干意见》（国发[2009]44号）有关精神，大力发展与旅游相关的现代服务业，支持海南建设成为国际购物中心和具有国际竞争力的旅游胜地，财政部会同商务部、海关总署、国家税务总局，在海南省有关部门紧密配合下，在借鉴国外成熟经验的基础上，结合我国财税体制实际情况和海南省地方特点，经过深入调研和充分论证，研究制定了开展海南离岛旅客免税购物政策试点的实施方案，并以公告形式对外公布。

在海南实施离岛免税政策试点，有利于改善海南旅游环境、扩大旅客购物的规模、提高旅游购物的档次，促进游客数量和人均消费增长，带动以旅游业为龙头的现代服务业发展；有利于保持和发挥海南的生态资源优势，支持海南绿色和可持续发展；有利于提升海南旅游业的国际竞争力，切实推进海南国际旅游岛发展战略的实施。

二、关税的缴纳

（一）进出口货物关税的申报

进口货物的纳税人应当自运输工具申报进境之日起14日内，出口货物的纳税人除海关特准的外，应当在货物运抵海关监管区后、装货的24小时以前，向货物的进出境地海关申报。进出口货物转关运输的，按照海关总署的规定执行。但在进口货物到达前，纳税人经海关核准可以先行申报。具体办法由海关总署另行规定。

纳税人在进行申报时，应如实申报，并按照海关的规定提供有关确定完税价格、进行商品归类、确定原产地以及采取反倾销、反补贴或者保障措施等所需的资料，必要时，海关可以要求纳税人补充申报。

（二）关税的缴纳

纳税人应当自海关填发税款缴款书之日起15日内向指定银行缴纳税款；进出境物品的纳税人，应当在物品放行前缴纳税款。纳税人未按期缴纳税款的，从滞纳税款之日起，按日加收滞纳税款万分之五的滞纳金。

三、进出口货物关税的补征、追征与退还

纳税人负有按规定的税额缴纳关税的义务，在纳税人少缴或漏缴关税的情况下，

海关应当自缴纳税款或货物放行之日起1年内,向纳税人补征税款。在因纳税人违反规定造成少缴税款的情形下,海关可以自缴纳税款或放行之日起3年内,向纳税人追征税款,并加收自缴纳税款或自放行之日至追征之日的滞纳金。

在海关多征税款的情形下,纳税人可以自缴纳税款之日起1年内,以书面形式要求海关退还多征的税款并加算银行同期活期存款利息;海关发现多征的,应当立即通知纳税人办理退还手续。有下列情形之一的,纳税人自缴纳税款之日起1年内,可凭有关资料向海关申请退税:

1. 已征进口关税的货物,因品质或者规格原因,原状退货复运出境的。

2. 已征出口关税的货物,因品质或者规格原因,原状退货复运进境,并已重新缴纳因出口而退还的国内环节有关税收的。

3. 已征出口关税的货物,因故未装运出口,申报退关的。

四、关税争议的处理

纳税人、担保人对海关确定纳税人、完税价格、商品归类、原产地、适用税率或者汇率、减征或者免征税款、补税、退税、征收滞纳金、计征方式以及纳税地点有异议的,可以依法向上一级海关申请复议,但同时应在规定期限内按海关的核定税缴纳关税,逾期则构成滞纳,海关有权按规定采取强制执行措施。对复议决定不服的,可以依法向人民法院提起诉讼。

【本章小结】

关税是由海关对进出关境的货物或物品征收的一种流转税。其征税对象是进出关境的货物或物品的流转额。根据不同的标准,关税可划分为不同的种类。

关税的纳税人为进口货物的收货人、出口货物的发货人、进出境物品的所有人。我国关税的税率近年来保持持续下降状态,这是适应贸易自由化的要求,也是履行我国加入世贸组织的承诺。

关税的计税依据是关税的完税价格。进出口货物的完税价格由海关以该货物的成交价格为基础审查确定;成交价格不能确定的,完税价格由海关依法估定。关税的应纳税额根据应税货物的适用税率和完税价格确定。关税的纳税人应按时进行纳税申报并缴纳税款,否则将承担不利的后果。

思考题

1. 简述关税的特征及分类。
2. 关税的完税价格是如何确定的?
3. 关税有哪些减免规定?
4. 关税的计税依据是如何规定的?

所得税法绪论

一、所得税与所得税法的概念

根据税种划分的一般标准——征税对象，所得税区别于以流转额为征税对象的流转税和以财产为征税对象的财产税，它是以应税所得为征税对象的。据此，所得税的概念可以表述如下：所谓所得税，是指以纳税人在一定期间内的应税所得为征税对象的一类税的总称。所得税几乎是所有国家（或地区）都开征的税种，曾长期被誉为"良税"，它至今仍是美国等某些发达国家的主体税种。

在现代民主宪政国家，哪里有税，哪里就有法，税与法须臾不可分离。所得税与所得税法的关系也是如此。所谓所得税法，是指调整在所得税的征纳与管理过程中产生的社会关系的法律规范的总称。所得税法对保障所得税的征收、发挥所得税在国民经济中的调节作用具有重要的意义。

二、所得税的特征

所得税作为一种现代税收制度，它除具有一般税收的强制性、无偿性和固定性等共性外，还具有以下几个显著特征：

（一）所得税是直接税

所得税是典型的直接税，其税负由纳税人直接承担，不易转嫁。所得税的直接税特征，一方面可以让公民切实感觉到自己是纳税人，从而有利于提高公民的纳税意识；另一方面，也使纳税人产生了"税痛感"①，而滋生偷税、逃税和避税的强烈动机。此外，正因为所得税是直接税，所以必须以纳税人的实际负担能力为计税依据，无所得则

---

① 税痛感是纳税人的一种因纳税而减少财产或福利的心理不平衡的感觉。由于间接税可以转嫁给别人，所以纳税人对间接税的"痛感"不如直接税强烈，甚至感觉不到它的存在。

不征税。因此,所得税相对于流转税和财产税,更符合量能课税原则。

(二) 所得税是对人税①

区别于以物为对象课征的对物税(如财产税)和以事实为对象课征的对事税(如行为税),所得税是以所得的取得者为实际纳税人的对人税。纳税人无论是因转让财产,还是提供一定的劳务而获得收入,只要有所得并符合所得税的课税要件,一律缴纳所得税。

(三) 比例税率与累进税率并用

流转税主要以适用比例税率为主,有利于提高效率;但所得税更强调保障公平,尤其是追求纵向的公平,即纳税能力不同的人应当缴纳不同的税,因而,所得税适用的税率有逐渐由比例税率向累进税率演变的趋势。另外,采用累进税率,也有利于国家对投资和消费进行调节。

(四) 自行申报与源泉扣缴结合

在征收方式上,所得税采用自行申报与源泉扣缴相结合的方式,前者由纳税人自行根据税法的规定向税务机关申报所得额,经税务机关审核后,依率计算应纳税额;后者对纳税人取得的所得不直接向纳税人征收,而是由所得的支付者代为扣缴所得税。源泉扣缴方式主要适用于对工薪、股息、利息、租金和特许权使用费等所得以及预提所得税的征收。自行申报方式则主要被企业所得税和实行综合所得税制的个人所得税采用。

三、所得税与所得税法的历史沿革

(一) 国外所得税与所得税法的产生与发展

"英国是世界上最早征收所得税的国家,素有'所得税祖国'之美称"。② 1798 年,英国首相皮特为应付英法战争筹集军费,创设了一种称作"三部课征捐"(Triple Assessment Contribution)的新税。由于方法欠周,翌年颁布所得税法改行所得税,并明确规定:国人有申报其所得的义务。该法于 1802 年随着英法战争的结束而被废止,但 1803 年英法战火再次燃起,所得税在英国获得重生,并由奥德古制定了著名的分类所

① 对人税是以财产所得和财产归属为中心并依据该人情况所课征的税,它考虑了纳税人的负税能力。参见(日)北野弘久:《税法学原论》,中国检察出版社 2001 年版,第 27—28 页。

② 刘剑文:《所得税法导论》,武汉大学出版社 1995 年版,第 17 页。

得税法。其后,这部所得税法几经修改,日趋完善。因此,“英国1799年的所得税法及分类所得税法被税法学界认为是现代所得税法的起源”。①

在此之后,美国、日本、法国和德国迫于战争对军费的需要,先后效仿英国开征了所得税。几经存废波折,所得税在各国从战时的临时税得以最终确立为经常税,适用范围扩及绝大多数国家,甚至在某些发达国家成为主体税种。②各国在确立所得税制后,又对其进行了不同程度的改革与完善。1909年,英国财政部长劳合·乔治对所得税制进行了一次较大的改革,创议征收超额税,对高收入者实施重课措施。所得税的调节作用首次得到发挥。20年后,英国又将超额税改为附加税,使之与普通所得税统一为一个所得税概念,从而将原来的分类所得税制演变为综合性的累进税制,这一改革不能不说是英国所得税制的一大贡献。德国1925年的税制改革,也将实行综合所得税制作为主要目标,并采用超额累进税率,对最低生活费和工资所得附有各种减免规定。法国1959年也进行了同样的改革。美国1913年联邦所得税法建立了个人所得税与公司所得税两套税制,个人所得税分为普通所得税与附加所得税,前者实行比例税率,后者实行累进税率;公司所得税采用比例税率,1936年公司所得税改用累进税率。1965年以后,英国也将对法人征收的所得税和利润税改称公司税。

通过上述对所得税与所得税法产生与发展的介绍,可以对所得税制的发展的一般规律作如下概括:(1)从临时税向经常税发展,(2)从比例税演变为累进税,(3)从分类所得税制趋向综合所得税制,(4)从只对个人征税到个人所得税与公司所得税并重。

(二)我国所得税与所得税法的历史演变

我国所得税制的确立较为晚近,比英国晚了一个多世纪。清末曾首议所得税法规,并已提交资政院,但未待审决,清王朝即被推翻。1914年,北洋政府颁布了我国历史上第一部所得税法规——《所得税条例》,翌年又制定了实施细则,但未能施行。直到1936年,国民党立法院才通过《所得税暂行条例》,当年还颁布了施行细则,由此,所得税终于在我国首次正式开征。

中华人民共和国成立后,废除了包括所得税法在内的国民党政府的一切法律,并于1950年将所得税并入工商业税。1958年,又把所得税从工商业税中独立出来,称为

① 刘剑文:《所得税法导论》,武汉大学出版社1995年版,第2—3页。

② 据不完全统计,世界上征收所得税的国家(或地区)达140个,其中有39个国家(或地区)的所得税占财政收入的第一位,但大部分为经济发达国家。如美国在1975年所得税占联邦总收入的75%,20世纪80年代后,虽有所降低,但仍维持在50%左右;日本所得税占国税总收入的比重曾一度达到70%,目前,这一比重为65%左右;德国所得税在税收收入总额的比重也一直维持在40%以上。由于历史原因,法国实行以增值税为主体的税收体系,因而所得税并不占重要地位,目前其所得税的比重维持在30%左右。

“工商所得税”。改革开放以后,我国的所得税制得到了迅速的发展。通过两步利改税及工商税制的全面改革,先后开征了个人所得税、中外合资经营企业所得税、外国企业所得税、国营企业所得税等十余个所得税种。

随着所得税制不统一、不简明等弊端日益突出,以及党的十四大对建立社会主义市场经济体制目标模式的确立,在1994年的税制全面改革中,我国的所得税得到了相对的统一与简化,所得税制度也更加规范、合理与健全,形成了以内资企业所得税、涉外企业所得税和个人所得税为其基本框架的所得税制度结构。2007年3月16日十届全国人大第五次会议通过了统一的企业所得税法,将内外资企业所得税合并,所得税制得到进一步的完善。

四、所得税法基本体系

各国根据各自的国情,对所得税作出了不同的分类,从而形成了繁简各易的所得税法体系。如美国将所得税分为个人所得税与公司所得税;日本则有法人所得税、资本、利息所得税和个人所得税之分;瑞典有国家所得税、公民表演所得税、公共所得税和利润分享税等;加拿大、巴西、新加坡则只有所得税一个名称。

尽管所得税的分类形形色色,但国际上通行的是以纳税人为标准,将所得税划分为个人所得税和公司所得税。世界经济合作与发展组织(OECD)和国际货币基金组织(IMF)将对所得利润和资本利润课征的税收划归为所得税,并分为三个子目:①

(1) 个人所得税,包括对个人的综合收入、专业收入、权利金收入以及非居民取得上述收入课征的税收。

(2) 公司所得税,包括对企业经营所得、资本利得以及非居民公司取得上述收入课征的税收。

(3) 其他所得税,主要指那些划不清的所得税收入。

与此相对应,所得税法基本体系应由个人所得税法、公司所得税法和其他所得税法构成。我国当前的所得税法体系是建立在企业所得税法和个人所得税法的基础之上的,未来如果能够开征社会保障税,那么可以将其纳入“其他所得税”的范畴。

五、应税所得

作为所得税的征税对象,应税所得的确定在所得税制的运行过程中处于核心地

① 刘剑文主编:《财税法学》,高等教育出版社2004年版,第484页。

位。对于何谓“应税所得”,各国理论和实践都有不同的理解,很难形成一个统一的概念。抛开争议,暂且可以把应税所得定义为:依照税法规定,将各项征税所得①减去准予扣除的成本、费用、损失等项目后的余额。针对这一定义,可以作如下分析:(1)应税所得是根据税法确定的,它区别于根据会计法(或准则)计算得出的会计利润②,后者是纯粹经济意义上的所得,它不考虑区分征税所得与非征税所得以及准予扣除项目与不得扣除项目;(2)应税所得是以各项征税所得为基础的,税法未规定征税或免于征税的所得不属于应税所得;(3)应税所得是净所得,它是各项征税所得减去准予扣除项目后的余额。这里准予扣除的项目并不是指取得所得过程中产生的所有成本、费用和损失,而是指根据税法的规定可以扣除的项目,税法规定不得扣除的项目以及对扣除标准作出限制性规定的,则不得扣除或超出标准扣除。

综观世界各国所得税法的规定,大体上可以将应税所得区分为以下五类:(1)经营所得,即纳税人从事各项生产性或非生产性经营活动所取得的净收益;(2)财产所得,即纳税人凭借占有或转让财产而取得的收益;(3)劳务所得,即纳税人从事劳务活动所获得的报酬;(4)投资所得,即纳税人通过直接和间接投资,所获得的股息、红利、利息、特许权使用费等各项收益;(5)其他所得,如遗产继承所得、财产赠予所得、彩票中奖所得等。

六、所得税管辖权

所得税管辖权是一国政府在所得税征收方面的支配力,体现了国家之间的所得税利益分配关系。一般来说,一国所得税管辖权是按属人原则或属地原则建立起来的。

(一)所得税管辖权的种类

所得税管辖权分为居民所得税管辖权与所得来源地管辖权。前者是征税国按属人原则,对本国居民(在美国、菲律宾等少数国家还包括本国公民)来源于境内外的全部所得征税的权力;后者是征税国按属地原则,对在本国境内取得所得的一切人征税的权力。目前,世界上大多数国家都是采用居民与所得来源地相结合的方式来行使所得税管辖权,只有少数国家实行单一的所得税管辖权。于是,在各国所得税法理论与实践中,形成了这样一个制度惯例:将纳税人分为居民纳税人与非居民纳税人,居民纳

① 在各国税法上,一般都有征税所得与非征税所得之分,前者是指应当征税的所得,如工资薪金所得、营业收入等;后者是指不予征税的所得,如某些国家规定对国债利息、社会保险金等所得免予征税。

② 会计利润是一个会计核算概念,反映的是企业一定时期内生产经营的财务成果。它关系到企业经营成果、投资者的权益以及企业与职工的利益。会计利润是确定应税所得的基础,但不能等同于应税所得。

税人负无限纳税义务，需要对其来源于境内外的全部所得向本国纳税；而非居民纳税人则负有限纳税义务，仅对其来源于该国境内的所得向该国纳税。

（二）所得税管辖权的冲突

由于各国行使不同类型的所得税管辖权，而且即使行使同种所得税管辖权的国家，又由于相互之间选择了不同的确定管辖权的标准，从而不可避免地会产生国际重复征税、国际避税等所得税管辖权的冲突。前者是积极冲突，是不同国家所得税管辖权在同一笔所得上的重叠；后者是消极冲突，是各国的所得税管辖权均未覆盖的某一笔所得。①举例来讲，假设A国居民甲在B国取得一笔收入，对该笔收入A国行使居民所得税管辖权，B国行使所得来源地管辖权，此时甲必须同时在A、B两国纳税，就会产生国际重复征税；即使两国共同行使居民所得税管辖权，但如果根据B国确定居民的标准，甲也是B国的居民，那么同样会产生国际重复征税的问题。又如，甲利用A、B两国间税法的漏洞，通过一定的经营安排，既使得某项收入不符合B国的所得来源地标准，又让自己不符合A国的居民身份，此时甲的该项收入即得以避免缴纳所得税。

为避免国际重复征税和国际避税，国际社会进行了不懈的努力，卓有成效。在解决国际重复征税的问题上，各国通过单边的自我约束②和双边或多边的国际税收协定，形成了免税法、抵免法和扣除法三种解决国际重复征税的法律措施。其中抵免法运用最为普遍，它是指征税国不放弃对本国居民来源于境外的所得的管辖权的前提下，又承认所得来源地国的管辖权，即允许纳税人在汇总计算应纳税额时，扣除其已在来源地国缴纳的所得税额。在解决国际避税问题方面，国际社会形成了转让定价税制、避税港对策税制和反滥用国际税收协定措施等。

---

① 造成国际重复征税和国际避税的原因还有其他许多因素，这里仅就管辖权问题而言。

② 这种方式指的是一国的主权机关从自身的根本利益出发，为解决国际重复征税所作的一种单方面的许诺。其实是对其主权进行的一种自我约束。

第九章 企业所得税法律制度

【学习目的】

通过本章的学习，了解我国新企业所得税法的基本框架，能够准确区分征税收入、不征税收入和免税收入，掌握我国企业所得税法中的税收优惠、税收抵免和纳税调整等制度。

第一节 企业所得税法概述

一、企业所得税与企业所得税法的概念

企业所得税，是指对企业在一定期间内的生产经营所得和其他所得，依法扣除成本、费用和损失等项目后的余额征收的一种所得税。企业所得税法，是指调整国家与企业之间在企业所得税的征纳和管理过程中所产生的社会关系的法律规范的总称。我国征收企业所得税的主要法律依据是2007年3月16日十届全国人大第五次会议通过的《中华人民共和国企业所得税法》（以下简称《企业所得税法》），该法从2008年1月1日起施行。

二、企业所得税的特征

与个人所得税和其他所得税相比，企业所得税主要具有以下特征：

（一）企业所得税的纳税人是企业和其他取得收入的组织

企业是法律上的拟制主体，企业所得税正是对此类带有营利性的拟制主体征收的一种所得税，它区别于对自然人征收的个人所得税。大多数国家对个人以外的组织或者实体课税，是以法人作为标准确定纳税人的，实行法人税制是我国企业所得税制改革的方向。因此，企业所得税法取消了原内资企业所得税法中有关以"独立经济核算"为标准确定纳税人的规定，将纳税人的范围确定为企业和其他取得收入的组织。即居民企业在中国境内设立不具有法人资格的营业机构的，应当汇总计算并缴纳企业所得税；非居民企业在中国境内设立两个或者两个以上机构、场所的，经税务机关审核批准，可以选择由其主要机构、场所汇总缴纳企业所得税。为避免重复征税，企业所得税法对个人独资企业和合伙企业不予适用。

（二）企业所得税应税所得的计算较为复杂

企业所得税的计征较其他所得税要复杂得多，主要表现在应税所得的确定方面。首先，在确定收入总额上，必须将企业的生产经营收入、财产收入、利息收入、股息收入、特许权使用费等各项收入汇总起来计算；其次，在扣除项目上，企业所得税法列举了名目繁多的准予扣除项目和不得扣除项目，而且对某些项目的扣除标准作出了限制性规定。因此，企业所得税的计征需要企业财务会计制度的密切配合。

（三）企业所得税以自行申报为主，源泉扣缴为辅

企业所得税纳税人在纳税年度内无论盈利或亏损，都应当按照规定的期限，向当地主管税务机关报送所得税申报表和年度会计报表。只有在对非居民企业征收预提所得税的场合，才使用源泉扣缴的方式。所以，企业所得税在征纳方式上，以自行申报为主，源泉扣缴为辅，区别于个人所得税以源泉扣缴为主，自行申报为辅的征纳方式。

三、企业所得税制度的基本模式①

在一国同时开征企业所得税和个人所得税的情形下，企业缴纳企业所得税后，投资者还需对分配的利润缴纳个人所得税，对这部分利润就存在重复征税问题，被称为"经济性重复征税"。针对这种经济性重复征税现象，各国企业所得税制发展呈现出如下三种基本模式：

---

① 参见刘剑文编：《财税法学》，高等教育出版社 2004 年版，第 498—499 页。

1. 古典制。它不考虑重复征税的问题,企业就其企业所得缴纳企业所得税,投资者就其取得的分配利润缴纳个人所得税。这种税制由于其重复征税的缺陷,现已被大多数国家所放弃。我国的企业所得税法即采用这种模式,规定向投资者支付的股息、红利等权益性投资收益款项不得从应纳税总额中扣除。

2. 归属制。它是将企业所支付的税款部分或全部归属到投资者所取得的分配利润中,也就是把企业所得税的一部分或全部看作投资者个人所得税的源泉扣缴。这种方式可以部分或完全避免经济性重复征税。

3. 双率制。它是对企业已分配的利润和保留的利润按不同的税率课征,当对前一种利润采用较低税率时,就可以在一定程度上缓解对投资者的经济性重复征税。

四、我国企业所得税法的产生与发展

中华人民共和国成立后,1950 年原政务院公布了《工商业税暂行条例》,主要是对私营企业和城乡个体工商户征税。1958 年工商税制改革之后,所得税成为一个独立的税种,称为"工商所得税"。当时规定,除国有企业外,凡是国内从事工商业等经营活动,有利润所得的经济单位和个人都要缴纳工商所得税。此后 20 多年时间里,国家对国有企业一直实行"统收统支"的制度,不征收所得税。

改革开放后,通过两步利改税,1984 年国务院发布了《中华人民共和国国有企业所得税条例(草案)》,正式对国有企业征税。从此,国家与国有企业之间的分配关系得到了初步明确。随后,适应经济体制改革的要求,国务院先后于 1985 年和 1988 年颁布了《中华人民共和国集体企业所得税暂行条例》和《中华人民共和国私营企业所得税暂行条例》,从而在内资企业所得税方面形成了国营、集体、私营三足鼎立的局面。同时,在对外开放政策的推动下,我国涉外企业所得税制也得到了长足的发展,1980 年全国人大通过了我国第一部涉外税法《中华人民共和国中外合资经营企业所得税法》,1981 年全国人大又颁布了《中华人民共和国外国企业所得税法》。这两部法律在我国改革开放初期,为维护国家利益、鼓励外商投资和促进对外经济合作发挥了重要作用。

随着改革开放的不断深入和社会主义市场经济体制模式的日益明确,内资企业所得税三足鼎立和涉外企业所得税一分为二的税制结构与经济现实之间的矛盾与冲突逐渐凸显出来。于是,1991 年七届全国人大第四次会议通过了《中华人民共和国外商投资企业和外国企业所得税法》(下称《外商投资企业和外国企业所得税法》),取代了原有的两个涉外税法;1993 年国务院发布了《中华人民共和国企业所得税暂行条例》(下称《企业所得税暂行条例》),从而统一了内资企业所得税法。自 20 世纪 70 年代末实行改革开放以来,为吸引外资、发展经济,对外资企业采取了有别于内资企业的税收政策,实践证明这样做是必要的,对改革开放、吸引外资、促进经济发展发挥了重要作用。

当前,我国经济社会情况发生了很大变化,社会主义市场经济体制初步建立。加入世界贸易组织后,国内市场对外资进一步开放,内资企业也逐渐融入世界经济体系之中,面临越来越大的竞争压力,继续采取内资、外资企业不同的税收政策,必将使内资企业处于不平等竞争地位,影响统一、规范、公平竞争的市场环境的建立。根据科学发展观和完善社会主义市场经济体制的总体要求,按照"简税制、宽税基、低税率、严征管"的税制改革原则,借鉴国际经验,建立各类企业统一适用的科学、规范的企业所得税制度,为各类企业创造公平的市场竞争环境。2007 年 3 月 16 日十届全国人大第五次会议通过了《中华人民共和国企业所得税法》,统一了内资、外资企业所得税。该法体现了"四个统一":内资、外资企业适用统一的企业所得税法;统一并适当降低企业所得税税率;统一和规范税前扣除办法和标准;统一税收优惠政策,并实行"产业优惠为主、区域优惠为辅"的新税收优惠体系。

【学者声音】

统一内外企业所得税有利于市场公平①

改革现行企业所得税制度,统一内外资企业所得税法,创造公平竞争的市场环境,是进一步完善社会主义市场经济体制的迫切需要,也是建立社会主义市场经济法律体系的客观要求。2007 年 3 月在十届全国人大五次会议审议通过的企业所得税法,正是这样一部关系我国经济社会发展全局的重要法律。

在企业所得税法领域,我国一直实行的是内外有别的"双轨制",即对外资企业适用的是《外商投资企业和外国企业所得税法》,对内资企业适用的是《企业所得税暂行条例》。这种"内外有别"在形式方面主要体现在二者分别立法,而且效力各异,对外是法律,对内是行政法规;在实质方面主要体现在企业所得税的征税主体和收益权主体不同、纳税义务人规定不同、税率高低不同、税前扣除标准不同、对资产的税务处理不同、税收优惠政策不同等。由此导致内外资企业在所得税负担方面存在很大差异,不平等的税收待遇既不符合市场公平竞争的原则,又会削弱国内企业竞争力,不利于提高我国经济整体竞争能力。

① 刘剑文:"统一内外企业所得税有利于市场公平",载《法制日报》2007 年 3 月 28 日。

"双轨制"的存在只是一种权宜之计,而不是长远之计,其存在的合理性在于能在一定时期、一定程度上吸引外资,推动本国经济发展,但从长远来看,特别是从市场经济体制的基本要求来看,"双轨制"不应当长期存在,也不可能长期存在。统一的企业所得税法是世界贸易组织国民待遇原则的要求,是市场经济进一步发展的要求,是税收公平原则的要求,也是消除恶性国际税收竞争的要求。我国自1993年底就提出了统一内外资企业所得税法的目标,但一直未能实现。十届全国人大二次会议以来,共有541位全国人大代表提出16件议案,要求制定统一的企业所得税法。

统一企业所得税法的制定,不会对吸引外资产生负面影响。自20世纪80年代改革开放以来,为吸引外资进入中国发展经济,我国对直接投资的外国资金给予诸多的税收优惠。实践证明:这一内外有别的税收办法在缓解我国改革开放初期资金紧张,引进国外先进技术,促进我国经济发展等方面曾发挥了重要作用。但随着我国社会、经济的发展,特别是加入世界贸易组织,在入世协议过渡期结束后,外国投资者进入中国的限制将大大减少。这意味着运用特殊的税收优惠政策吸引外资的必要性已经显著减弱。同时,随着外资企业进入中国服务业等经济领域,国内企业面临着与外国企业争夺国内市场份额的竞争。

更重要的是,我国稳定的社会政治环境、较低的劳动力成本、巨大的国内市场等有利条件已成为吸引外资进入中国的决定性因素,税收优惠措施在吸引外资方面的作用有所降低。统一企业所得税法在取消专门针对外资的税收优惠政策以后,我国还制定了一系列促进国内产业结构升级换代、推动地区经济和谐发展的税收优惠政策,形成了以产业政策优惠为主、区域优惠为辅的税收优惠政策新格局。对外商所得税的优惠体现产业政策导向,吸引和鼓励外商对农业、环保以及技术密集型产业、行业等进行投资。可见,外资进入我国鼓励发展的产业和地区同样可以获得巨大的收益。

统一企业所得税法将按照公平原则,实现内资企业与外资企业的无差别税收待遇。这样,既有利于提高我国引进外资的质量,提高我国产品的科技含量,又有利于优化我国的产业结构,提高内资企业和民族产业的竞争力,促进国民经济的可持续发展,从而促进平等竞争机制的形成,建立统一、规范、公平竞争的市场环境。

统一企业所得税法虽然降低了企业所得税税率,减轻了内资企业的平均税收负担,但并不会影响我国税收收入的持续稳定增长。因为降低内资企业的税收负担,可以促进内资企业平等参与市场竞争,促进内资企业的发展,从长远来看,有利于扩大企业所得税的税源,扩大企业所得税的税基,从而最终增加企业所得税收入和财政收入。

统一企业所得税法制定的过程,同样是对原有企业所得税法规清理的过程。两税合并之后，原有的企业所得税法规都将得到清理，企业在缴纳所得税过程中所要适用的法规将大幅度减少，原有的矛盾和冲突的规定将得到修正，法规的体系化和透明度得以提高。由全国人民代表大会通过新企业所得税法，提高了企业所得税法的效力位阶，其权威性和法律拘束力进一步提高，将更有利于企业在作出经营决策时预见其所可能承担的税收负担。

总之，统一企业所得税法是一部既适合中国国情，又参考国际通行做法的现代法。其制定与实施，无疑在实现内外资企业的平等税收负担，引导企业资金的流向、调整产业结构、实现区域均衡发展，构建和谐社会、建设公平竞争环境等方面将产生重大的深远影响。统一的企业所得税法，是一部具有深远历史意义的法律。

第二节　企业所得税的纳税人与征税对象

一、企业所得税的纳税人

在我国境内，企业和其他取得收入的组织（以下统称“企业”）为企业所得税的纳税人，按税法的规定缴纳企业所得税。为避免重复征税，对个人独资企业、合伙企业不征收企业所得税。根据承担纳税义务的范围不同，可以将企业所得税的纳税人区分为居民企业与非居民企业两类。

（一）居民企业

企业所得税法所称的居民企业，是指依法在我国境内成立，或者依照外国（地区）法律成立但实际管理机构[①]在我国境内的企业。居民企业应当承担无限纳税义务，就其来源于中国境内和境外的所得缴纳企业所得税。

根据企业所得税法的规定，居民企业的判断标准有两个——注册登记地和实际管

① 在国际上，居民企业的判定标准有登记注册地标准、实际管理机构地标准和总机构所在地标准等，大多数国家都采用了多个标准相结合的办法。结合我国的实际情况，新企业所得税法采用了登记注册地标准和实际管理机构地标准相结合的办法，对居民企业和非居民企业作了明确界定。原外商投资企业和外国企业所得税法采用了登记注册地标准和总机构所在地标准相结合的办法。总机构所在地标准与实际管理机构地标准的主要区别在于，前者是以一个公司的总管理机构，如总公司、总店等是否设在本国境内作为判定标准；后者以公司经营活动的实际控制和管理中心所在地为依据。采用实际管理机构地标准更有利于防止纳税人通过在低税区设立所谓的“总公司”来规避纳税义务。

理机构所在地,即只要企业在我国境内注册登记或者实际管理机构在我国境内,就是我国税法意义上的居民企业。据此,我国税法意义上的居民企业包括所有的内资企业和外商投资企业,以及实际管理机构在我国境内的外国企业。

(二) 非居民企业

非居民企业,是指依照外国(地区)法律成立且实际管理机构不在我国境内,但在我国境内设立机构、场所的,或者在我国境内未设立机构、场所,但有来源于我国境内所得的企业。非居民企业又可以分为两类,分别承担不同范围的纳税义务:(1)在我国境内设立机构、场所的,应当就其所设机构、场所取得的来源于我国境内的所得,以及发生在我国境外但与其所设机构、场所有实际联系的所得,缴纳企业所得税;(2)在我国境内未设立机构、场所的,或者虽设立机构、场所但取得的所得与其所设机构、场所没有实际联系的,应当就其来源于我国境内的所得缴纳企业所得税。

这里所说的机构、场所,是指管理机构、营业机构、办事机构、工厂、开采自然资源的场所,承包建筑、安装、装配、勘探等工程作业的场所和提供劳务的场所以及营业代理人。

【对比延伸】

新企业所得税法在区分居民企业和非居民企业的基础上,根据其税法地位的不同,对其纳税义务、税额计算和税收征管方面做了差异性的规定。在纳税义务方面,根据新企业所得税法的规定,居民企业负有无限纳税义务,就其来源于中国境内外的全部所得纳税,而非居民企业仅负有有限的纳税义务,就其来源于我国境内的所得,以及发生在境外的与其我国境内所设机构、场所有实际联系的所得纳税;在企业所得税税额计算方面,新企业所得税法规定对居民企业和非居民企业规定了不同的限额抵免政策;在税收征管方面,新企业所得税法严格规定了对非居民企业取得应纳所得税的源泉扣缴制度,特别规定了对居民企业的特别纳税调整,同时还区分了纳税地点和纳税方式。

二、企业所得税的征税对象

企业所得税的征税对象是企业的生产经营所得和其他所得。

（一）生产经营所得

生产经营所得，是指企业从事销售货物或者提供劳务及其他营利事业取得的所得。

（二）其他所得

其他所得，主要是指企业取得的转让财产收入，股息、红利等权益性投资收益，利息收入，租金收入，特许权使用费收入以及营业外收益等所得。

以上是对企业在正常生产经营情况下的征税对象的表述，当企业依法进行清算时，应当就其清算所得缴纳企业所得税。所谓清算所得，是指将企业全部资产的可变现价值减去清算费用、负债、实收资本、未分配利润以及按照国家法律、法规的规定从税后利润中提取的公积金等基金后的余额。

第三节　企业所得税的计税依据——应纳税所得额

企业所得税的应纳税所得额，即应税所得，是指企业每一纳税年度的收入总额①，减除不征税收入、免税收入、各项扣除以及允许弥补的以前年度亏损后的余额。因此，企业所得税应纳税所得额的计算公式可以归纳为：

应纳税所得额 = 法定收入总额 - 准予扣除项目金额

为便利征管，对于在我国境内未设立机构、场所的，或者虽设立机构、场所但取得的所得与其所设机构、场所没有实际联系的非居民企业，征收预提所得税②。预提所得税应纳税所得额按下列方法来确定：(1)股息、红利等权益性投资收益和利息、租金、特许权使用费所得，以收入全额为应纳税所得额；(2)转让财产所得，以收入全额减除财产净值后的余额为应纳税所得额；(3)其他所得，参照前两项规定的方法计算应纳税所得额。

---

① 企业所得税法中所讲的“收入总额”其实是企业的会计收入总额，在计算应纳税所得额时，还需要在会计收入总额中减除不征税收入和免税收入。本教材为行文的方便并有助于理解，将企业所得税法中的“收入总额”称为会计收入总额，减除不征税收入和免税收入后的收入总额称为法定收入总额。

② 预提所得税是所得来源地国家对境外纳税人从本国取得的所得，在支付款项时由支付单位扣缴所得税的一种方式。预提所得税不是一个独立的税种，而是所得税的一种源泉控制征收方式。因为征收预提所得税的收入的取得者不在本国境内，而是分散在许多国家（或地区），如果由纳税人直接申报纳税，则不便于进行征收管理。

在计算应纳税所得额时,企业财务、会计处理办法与税收法律、行政法规的规定不一致的,应当依照税收法律、行政法规的规定计算。

一、法定收入总额

根据上述计算公式,要计算企业所得税的应纳税所得额,必须首先确定纳税人的法定收入总额。所谓法定收入总额,是指依据税法的规定将企业每一纳税年度的会计收入总额减除不征税收入、免税收入后的余额。

1. 会计收入总额。企业以货币形式和非货币形式从各种来源取得的收入,为会计收入总额,主要包括:(1)销售货物收入;(2)提供劳务收入;(3)转让财产收入;(4)股息、红利等权益性投资收益;(5)利息收入;(6)租金收入;(7)特许权使用费收入;(8)接受捐赠收入;(9)其他收入。

2. 不征税收入。企业所得税法规定,会计收入总额中的下列收入为不征税收入:(1)财政拨款;(2)依法收取并纳入财政管理的行政事业性收费、政府性基金;(3)国务院规定的其他不征税收入。

3. 免税收入。企业的下列收入为免税收入:(1)国债利息收入;(2)符合条件的居民企业之间的股息、红利等权益性投资收益;(3)在中国境内设立机构、场所的非居民企业从居民企业取得与该机构、场所有实际联系的股息、红利等权益性投资收益;(4)符合条件的非营利组织的收入。

二、准予扣除项目金额

(一)准予扣除的项目

企业所得税准予扣除的项目,是指在计算企业所得税应纳税所得额时,准予从法定收入总额中扣除的项目,即企业实际发生的与取得收入有关的、合理的支出,包括:(1)成本,即生产经营成本,是指纳税人为生产、经营商品和提供劳务等所发生的各项直接费用和间接费用;(2)费用,即纳税人为生产、经营商品和提供劳务所发生的销售(经营)费用、管理费用和财务费用;(3)税金,即纳税人按规定交纳的消费税、营业税、城市维护建设税、资源税、土地增值税、教育费附加,但增值税是价外税,不得扣除;(4)损失,即纳税人生产、经营过程中的各项营业外支出、已发生的经营亏损和投资损失以及其他损失;(5)其他支出,即除上述扣除项目外的其他支出,包括公益性捐赠、资产盘亏、毁损净损失等。

其中，企业发生的公益性捐赠支出，在年度利润总额12%以内的部分，准予在计算应纳税所得额时扣除。企业纳税年度发生的亏损，准予向以后年度结转，用以后年度的所得弥补，但结转年限最长不得超过5年。其他各准予扣除项目的具体范围和标准的具体办法，由国务院财政、税务主管部门规定。

【政策比较】

新企业所得税法为激励和促进我国慈善事业的持续、健康发展，统一了现行内外资企业所得税关于公益、救济性捐赠的规定，调整了公益性捐赠的扣除依据和扣除比例。

我国原有的税收法律及相关规定对内外资企业公益、救济性捐赠的扣除标准实行有差别的税收政策。根据《中华人民共和国企业所得税暂行条例》及相关政策规定，纳税人（金融保险企业除外）用于公益、救济性的捐赠，在年度应纳税所得额3%以内的部分，准予扣除；金融保险企业用于公益、救济性的捐赠支出，在不超过企业当年应纳税所得额1.5%的部分可以据实扣除，超过部分不予扣除。而国家税务总局《关于外商投资企业公益、救济性捐赠有关税务处理问题的批复》（国税函发[1995]175号）规定，外商投资企业用于中国境内公益、救济性质的捐赠，可以作为企业当期的成本、费用列支。也就是说，外资企业的公益、救济性捐赠没有扣除额度的限制，均可全额扣除。这种内外有别的税收政策，挫伤了内资企业进行公益、救济性捐赠的积极性，客观上影响了慈善公益事业的健康、持续发展。此外，长期实行的内外有别的税收政策，使内资企业处于不平等竞争地位，影响统一、规范、公平竞争的市场环境的建立。

新企业所得税法统一了内外资企业所得税关于公益性捐赠扣除标准的规定，将企业发生的公益性捐赠支出，统一规定为在年度利润总额12%以内的部分，准予扣除。新规定与现行的内资企业所得税法相比，有两个明显的变化：一是扣除比例的变化，从3%（或1.5%）提高到12%。这是在借鉴国际上发达国家和地区的基础上，结合我国目前的实际情况，稳步推进税收优惠的一种较为理性的选择，是一个巨大的进步。二是扣除依据（即计算基数）的变化，将"应纳税所得额"改为"年度利润"。"年度利润"和"应纳税所得额"不是同一个概念。这样规定主要是为了便利公益性捐赠扣除限额的确定，因为如果采用原有的应纳税所得额为依据，在实务操作中存在很大的不统一：有的以企业扣除捐赠限额后的应纳税所得为计算基数，有的以企业扣除全部捐赠额后的应纳税所得为基数，还有的以企业扣除捐赠额之前的应纳税所得为基数。新企业所得税法统一确定为年度利润，有利于准确计算公益性捐赠扣除的限额。

（二）不得扣除的项目

在确定应纳税所得额时，我国企业所得税法还对不得扣除的项目作出了规定，有助于明确准予扣除的项目。在计算应纳税所得额时，下列支出不得扣除：(1)向投资者支付的股息、红利等权益性投资收益款项；(2)企业所得税税款；(3)税收滞纳金；(4)罚金、罚款和被没收财物的损失；(5)年度利润总额12%以外的捐赠支出；(6)赞助支出；(7)未经核定的准备金支出；(8)与取得收入无关的其他支出。我国企业所得税法还规定，企业对外投资期间，投资资产的成本在计算应纳税所得额时不得扣除；企业在汇总计算缴纳企业所得税时，其境外营业机构的亏损不得抵减境内营业机构的盈利，以免我国的税收收入流向国外。

三、资产的税务处理①

企业从事生产、经营所需的各种资产，主要表现为固定资产、流动资产、无形资产和递延资产（或称长期待摊费用）等，由于资产不是费用，不能在确定企业应纳税所得额时直接予以扣除，而只能通过将资产的损耗转化为费用才得以扣除。其中，固定资产、无形资产和递延资产的使用期限较长，其价值转化为费用需通过若干个生产周期或纳税年度逐步转化成费用，而流动资产则在一个生产周期或纳税年度内全部转化为费用；而且，各种资产的使用和损耗形式的不同，又导致各种资产价值转化为费用的形式也不一样。因此，在企业所得税法上，需要对资产进行税务处理。资产的税务处理与企业应纳税所得额的确定密切相关。

1．固定资产折旧。在计算应纳税所得额时，企业按照规定计算的固定资产折旧，准予扣除。但下列固定资产不得计算折旧扣除：(1)房屋、建筑物以外未投入使用的固定资产；(2)以经营租赁方式租入的固定资产；(3)以融资租赁方式租出的固定资产；(4)已足额提取折旧仍继续使用的固定资产；(5)与经营活动无关的固定资产；(6)单独估价作为固定资产入账的土地；(7)其他不得计算折旧扣除的固定资产。

2．无形资产摊销。在计算应纳税所得额时，企业按照规定计算的无形资产摊销费用，准予扣除。但下列无形资产不得计算摊销费用扣除：(1)自行开发的支出已在计算

① 所谓资产的税务处理，是指在计算应纳税所得额时，对企业的资产所进行的计价、折旧提取以及摊销等方面的处理，以明确每一纳税年度内，各种资产的价值有多少转化成费用。

应纳税所得额时扣除的无形资产；(2)自创商誉；(3)与经营活动无关的无形资产；(4)其他不得计算摊销费用扣除的无形资产。

3. 递延资产的扣除。在计算应纳税所得额时，企业发生的下列支出作为长期待摊费用，按照规定摊销的，准予扣除：(1)已足额提取折旧的固定资产的改建支出；(2)租入固定资产的改建支出；(3)固定资产的大修理支出；(4)其他应当作为长期待摊费用的支出。

4. 存货和资产转让的税务处理。企业使用或销售存货或者转让资产，按照规定计算的存货成本或者该项资产的净值，准予在计算应纳税所得额时扣除。

资产的税务处理的具体办法，由国务院财政、税务主管部门规定。

第四节　企业所得税的税率与应纳税额的计算

一、企业所得税的税率

企业所得税的税率，是指企业应纳所得税额与其应纳税所得额之间的比例。根据不同的纳税人及其所得的不同形态，以及国家的产业政策，可以将企业所得税的税率分为基本税率、预提所得税税率和优惠税率三类。

(一) 基本税率

新企业所得税法将企业所得税的基本税率从原来的33%调整为25%。这主要是基于如下考虑：对内资企业要减轻税负，对外资企业也尽可能少增加税负，同时要将财政减收控制在可以承受的范围内，还要考虑国际上尤其是周边国家(地区)的税率水平。我国新企业所得税法规定的25%的税率，在国际上是适中偏低的水平，有利于提高企业竞争力和吸引外商投资。

表9-1　世界各国企业所得税税率

国家	美国	德国	法国	日本	韩国	印度	澳大利亚
税率	15%—35%	30%—33%	33.3%	39.5%	25%	30%—40%	30%

注：全世界159个实行企业所得税的国家(地区)平均税率为28.6%，我国周边18个国家(地区)的平均税率为26.7%。

(二) 预提所得税税率

《企业所得税法》第3条和第4条规定,非居民企业在中国境内未设立机构、场所的,或者虽设立机构、场所但取得的所得与其所设机构、场所没有实际联系的,应当就其来源于中国境内的所得缴纳企业所得税,适用税率为20%;《企业所得税法实施条例》第9、第11条规定,对上述所得减按10%的税率征收企业所得税。需要扣缴义务人注意的是,在《企业所得税法》执行后,预提所得税法定税率仍是20%,但应减按10%的税率计算代扣,不得多扣或少扣。

(三) 优惠税率

企业所得税法还对两类企业规定了两档优惠税率,即符合条件的小型微利企业,减按20%的税率征收企业所得税;国家需要重点扶持的高新技术企业,减按15%的税率征收企业所得税。由于高新技术企业和小型微利企业在我国国民经济中占特殊地位,借鉴一些国家的经验,对国家需要重点扶持的高新技术企业和小型微利企业实行优惠税率是必要的。考虑到高新技术企业和小型微利企业的认定标准是一个执行政策的操作性问题,需要根据发展变化的情况不断加以完善,具体内容在实施条例中规定比较妥当。

二、企业所得税应纳税额的确定

企业所得税应纳税额的计算公式为:

应纳税额=应纳税所得额×适用税率

【实例演示】

某内资企业在某一纳税年度内,共发生下列收支项目:(1)产品销售收入100万元,销售成本30万元,销售费用0.5万元,销售税金8万元(不含增值税);(2)固定资产盘盈收入3万元;(3)国库券利息收入5万元;(4)从某制药企业获得股息收入20万元;(5)通过希望工程向某希望小学捐资5万元。该企业应缴纳的企业所得税税额的计算方法如下:

由于国债利息收入和符合条件的居民企业之间的股息、红利等权益性投资收益为免税收入,所以该企业的国库券利息收入5万元和从某制药企业获得的股息收入20万元不计入应纳税所得额。此外,该企业的利润总额为100-30-0.5-8+3+5+20-5=84.5(万元),因此,该企业向某希望小学的捐赠支出5万元占利润总额的比例小于12%(5÷84.5=5.92%),可以全额扣除。

该企业应纳税所得额 $=100-30-0.5-8+3-5=59.5$(万元)

该企业应纳税额 $=59.5\times25\%=14.875$(万元)

在确定企业的应纳所得税额时,还应当考虑下一节将要讲到的税收优惠和税收抵免等因素,因此,企业的实际应纳所得税额为企业的应纳税所得额乘以适用税率,减除依照税法关于税收优惠的规定减免和抵免的税额后的余额。

第五节 企业所得税的税收优惠与税收抵免

一、企业所得税的税收优惠

(一) 税收优惠的基本导向

为体现国家的经济政策,实现税法的宏观调控功能,我国企业所得税法对某些行业和企业给予了减免税优惠,建立了"产业优惠为主、区域优惠为辅"的新税收优惠体系。

1. 产业性优惠。国家对重点扶持和鼓励发展的产业和项目,给予企业所得税优惠。企业的下列所得,可以免征、减征企业所得税:(1)从事农、林、牧、渔业项目的所得;(2)从事国家重点扶持的公共基础设施项目投资经营的所得;(3)从事符合条件的环境保护、节能节水项目的所得;(4)符合条件的技术转让所得;(5)非居民企业在中国境内未设立机构、场所的,或者虽设立机构、场所但取得的所得与其所设机构、场所没有实际联系的。

2. 区域性优惠。民族自治地方的自治机关对本民族自治地方的企业应缴纳的企业所得税中属于地方分享的部分,可以决定减征或者免征。自治州、自治县决定减征或者免征的,须报省、自治区、直辖市人民政府批准。

法律设置的发展对外经济合作和技术交流的特定地区内,以及国务院已规定执行上述地区特殊政策的地区内新设立的国家需要重点扶持的高新技术企业,可以享受过渡性税收优惠,具体办法由国务院规定。

(二) 税收优惠的方式

1. 税基式优惠

税基式优惠是通过减少应纳税所得额的方式给予纳税人优惠的。税法规定的税

基式优惠主要有以下几个方面:

(1) 企业的下列支出,可以在计算应纳税所得额时加计扣除:(1)开发新技术、新产品、新工艺发生的研究开发费用;(2)安置残疾人员及国家鼓励安置的其他就业人员所支付的工资。

(2) 创业投资企业从事国家需要重点扶持和鼓励的创业投资,可以按投资额的一定比例抵扣应纳税所得额。

(3) 企业的固定资产由于技术进步等原因,确需加速折旧的,可以缩短折旧年限或者采取加速折旧的方法。

(4) 企业综合利用资源,生产符合国家产业政策规定的产品所取得的收入,可以在计算应纳税所得额时减计收入。

2. 税额式优惠

税额式优惠是通过直接减少应纳所得税额使纳税人获得优惠的措施。根据企业所得税法规定,企业购置用于环境保护、节能节水、安全生产等专用设备的投资额,可以按一定比例实行税额抵免。

【拓展阅读】

新《企业所得税法》及其实施细则实施后,原有的税收法律、法规和政策规定的企业所得税优惠政策原则上停止执行,但为了保持税收政策的连续性,国务院、财政部和国家税务总局依据新《企业所得税法》第57条的规定,出台了一系列企业所得税过渡优惠政策。企业所得税法公布前已经批准设立的企业,依照当时的税收法律、行政法规规定,原享受低税率优惠政策的,自2008年1月1日起,5年内过渡到25%的法定税率。享受定期减免税优惠的,可以在税法施行后继续享受到期满为止,但因未获利而尚未享受优惠的,优惠期限从税法施行年度起计算。

二、企业所得税的税收抵免

企业所得税的税收抵免是国家对企业来自境外的所得征税时,允许企业将其已在境外缴纳的所得税款从其应向本国缴纳的税款中扣除。税收抵免的方法有全额抵免和限额抵免,我国企业所得税法采用后者,规定企业取得的下列所得已在境外缴纳的所得税税额,可以从其当期应纳税额中抵免,抵免限额为该项所得依照税法规定计算的应纳税额;超过抵免限额的部分,可以在以后5个年度内,用每年度抵免限额抵免当年应抵税额后的余额进行抵补：(1)居民企业来源于中国境外的应税所得；(2)非居民企业在中国境内设立机构、场所，取得发生在中国境外但与该机构、场所有实际联系的应税所得。其计算公式为：

抵免限额＝境内、境外所得按税法计算的应纳税总额×来源于某外国的所得额÷境内、境外所得总额

根据上述规定，纳税人来源于境外所得在境外实际缴纳的税款，低于按照上述公式计算的抵免限额的，可以从应纳税额中据实扣除；超过抵免限额的，其超过部分不得在本年度应纳税额中扣除，也不得列为费用支出，但可以用以后年度的税收抵免的余额补扣，但补扣期限最长不得超过5年。

居民企业从其直接或者间接控制的外国企业分得的来源于中国境外的股息、红利等权益性投资收益，外国企业在境外实际缴纳的所得税税额中属于该项所得负担的部分，可以作为该居民企业的可抵免境外所得税税额，在税法规定的抵免限额内抵免。

【实例演示】

某居民企业2006年度境内所得总额为500万元，另外从美国取得收入100万元，该项收入在美国实际缴纳所得税为26万元。那么，在计算应纳税额时，该居民企业的抵免限额为(500＋100)×25%×100÷(500＋100)＝25(万元)，所以该居民企业在2006年度只能抵免境外所得税额25万元(而不是26万元)，当年实际应缴纳企业所得税(500＋100)×25%－25＝125(万元)。至于未抵免的1万元，可以在以后年度的抵免余额中补扣，但直到2011年底还未抵免完的，则不再给予抵免。

第六节　特别纳税调整

一、特别纳税调整概述

特别纳税调整是指，税务机关出于实施反避税目的而对纳税人特定纳税事项所作的税务调整，包括针对纳税人转让定价、资本弱化、避税港避税及其他避税情况所进行

的税务调整。它不同于一般纳税调整。一般纳税调整是指,在计算应纳税所得额时,如果企业财务、会计处理办法与税收制度规定不一致,应当依照税收法律、行政法规的规定计算纳税所作的税务调整,并据此重新调整计算纳税。《企业所得税实施条例》第111条就此规定了六种方法,包括:可比非受控价格法、再销售价格法、成本加成法、交易净利润法、利润分割法以及其他符合独立交易原则的方法。

二、特别纳税调整具体措施

新的《企业所得税法》及其实施条例均增设了"特别纳税调整"一章,对关联交易的税收处理以及其他反避税措施作出规定。特别纳税调整管理,依据《关于印发〈特别纳税调整实施办法(试行)的通知〉》(国税发[2009]2号)规定,适用于税务机关对企业的转让定价、预约定价安排、成本分摊协议、受控外国企业、资本弱化以及一般反避税等特别纳税调整事项的管理。

(一)转移定价税制

关联方企业之间利用转移定价进行避税是企业集团特别是跨国公司规避税收的常用手段。预约定价制是转让定价税收管理的新机制,其实质就是把转让定价的事后调整改为预先约定,纳税人从事有关交易活动,必须事先将其和境内外关联企业之间的内部交易所涉及的转让定价方法,向税务机关报告,并达成一致协议,作为计征所得税的依据。

成本分摊协议指企业按照独立交易原则与其关联方共同开发、受让无形资产,或者共同提供、接受劳务发生的成本,在计算应纳税所得额时应当按照独立交易原则进行分摊。随着跨国集团公司在我国投资的数量和规模不断扩大,构架适当的成本分摊协议也是跨国公司解决转让定价争端的有效途径之一。

(二)受控外国公司税制

受控外国企业税制规制指由居民企业,或者由居民企业和中国居民控制的设立在实际税负明显低于所得税法规定的25%税率水平的国家(地区)的企业,并非由于合理的经营需要而对利润不作分配或者减少分配的,其利润中应归属于该居民企业的部分,应当计入该居民企业的当期收入。这一原则性条款的引入便可规制设立在中国香港、开曼群岛和英维尔京群岛这三个著名的避税地的公司。

（三）资本弱化税制

资本弱化指企业通过改变资本结构，即股权与债权的比例，不恰当地提高贷款比重从而降低股本比重，利用债务利息可以在所得税前扣除的规定，以减少应纳税所得额。企业从其关联方接受的债权性投资与权益性投资的比例超过规定标准而发生的利息支出，不应在计算应纳税所得额时扣除。

（四）兜底条款

一般反避税条款是指企业实施其他不具有合理商业目的的安排而减少其应纳税收入或者所得额的，税务机关有权按照合理方法调整。作为“兜底”性质的反避税补充性条款，是以前中国税务法规体系中从未体现的新规定。根据此条款，税务部门有充分的权利调整企业多样隐蔽的避税行为，这将对企业实施纳税筹划产生直接的影响和压力。

三、特别纳税调整的作用

特别纳税调整制度是为了反避税而生的，是促进国家税收稳定发展和进步的重要法律制度。社会公共产品的建设需要国家财政税收的支持，赋予纳税企业相应的利益，是激励企业积极纳税的重要法律机制。只有国家与企业之间，企业与企业之间的利益达到平衡，在制度设置上权利与义务的相对均衡，构建在利益分配平衡理论下的特别纳税调整制度，才能得到很好地发挥作用，促进特别纳税调整权的行使。

第七节　企业所得税的征收管理

一、税务登记

企业在办理工商登记后的30日内，应当向主管机关办理税务登记。当企业遇有迁移、改组、合并、分立、终止以及变更注册资本、经营范围等主要登记事项时，也应当在行为发生后的法定期限内向主管税务机关办理变更登记或注销登记。

二、纳税期间

企业所得税按纳税年度计算。纳税年度为公历年度，即自公历1月1日起至12月

31日止。企业在一个纳税年度中间开业,或者终止经营活动,使该纳税年度的实际经营期不足12个月的,应当以其实际经营期为一个纳税年度。企业依法清算时,应当以清算期间作为一个纳税年度。

企业所得税分月或者分季预缴。企业应当自月份或者季度终了之日起15日内,向税务机关报送预缴企业所得税纳税申报表,预缴税款。企业应当自年度终了之日起5个月内,向税务机关报送年度企业所得税纳税申报表,并汇算清缴,结清应缴应退税款。企业在报送企业所得税纳税申报表时,应当按照规定附送财务会计报告和其他有关资料。

企业在年度中间终止经营活动的,应当自实际经营终止之日起60日内,向税务机关办理当期企业所得税汇算清缴。企业应当在办理注销登记前,就其清算所得向税务机关申报并依法缴纳企业所得税。

三、纳税地点

居民企业以企业登记注册地为纳税地点(税收法律、行政法规另有规定的除外);但登记注册地在境外的,以实际管理机构所在地为纳税地点。

在中国境内设立机构、场所的非居民企业,取得的来源于中国境内的所得,以及发生在中国境外但与其所设机构、场所有实际联系的所得,以机构、场所所在地为纳税地点。非居民企业在中国境内设立两个或者两个以上机构、场所的,经税务机关审核批准,可以选择由其主要机构、场所汇总缴纳企业所得税。

在中国境内未设立机构、场所,或者虽设立机构、场所但取得的所得与其所设机构、场所没有实际联系的非居民企业,以扣缴义务人所在地为纳税地点。

四、预提所得税的源泉扣缴

在中国境内未设立机构、场所,或者虽设立机构、场所但取得的所得与其所设机构、场所没有实际联系的非居民企业应缴纳的所得税,实行源泉扣缴,以支付人为扣缴义务人。税款由扣缴义务人在每次支付或者到期应支付时,从支付或者到期应支付的款项中扣缴。对非居民企业在我国境内取得工程作业和劳务所得应缴纳的所得税,税务机关可以指定工程价款或者劳务费的支付人为扣缴义务人。

扣缴义务人未依法扣缴或者无法履行扣缴义务的,由纳税人在所得发生地缴纳。纳税人未依法缴纳的,税务机关可以从该纳税人在我国境内其他收入项目的支付人应付的款项中,追缴该纳税人的应纳税款。

扣缴义务人每次代扣的税款,应当自代扣之日起7日内缴入国库,并向所在地的税务机关报送扣缴企业所得税申报表。

五、税款的缴纳

现行企业所得税法采用了国际上通行的法人所得税制,即以法人企业为企业所得税的纳税主体。因此,居民企业在中国境内设立不具有法人资格的营业机构的,应当汇总计算并缴纳企业所得税。对跨地区经营的企业实施实行了"统一计算、分级管理、就地预缴、汇总清算、财政调库"的企业所得税征收管理办法。所谓就地预缴,是指总机构、分支机构按规定分月或分季分别向所在地主管税务机关申报预缴企业所得税。

【拓展阅读】

由于我国企业所得税为中央与地方共享税,分支机构不再是纳税主体后,全部税款缴到总公司所在地入库,而分支机构所在地没有税收贡献,事实上分支机构分享了所在地方提供的公共产品和公共服务,必然会导致地区间财源的不公平。在我国财政转移支付制度不健全的背景下,为平衡地区间利益分配关系,三部委出台《跨省市总分机构企业所得税分配及预算管理暂行办法》(财预[2008]10号)文件,国家税务总局在此基础上发布了《跨地区经营汇总纳税企业所得税征收管理暂行办法》(国税发[2008]28号)文件,这两个文件分别从财政预算及税收征管的不同方面对企业总、分机构所在地之间如何合理分配收入加以规定,旨在合理利用税收手段妥善处理地区间利益分配关系,有效解决法人所得税制度下税源跨地区转移的问题。

思考题

1. 试述所得税的概念及其基本体系。
2. 所得税管辖权冲突如何解决?
3. 企业所得税的应纳税所得额怎样确定?
4. 我国企业所得税法规定了哪些优惠措施?
5. 预提所得税如何计税、缴纳?

第十章　个人所得税法律制度

【学习目的】

通过本章学习，了解个人所得税法的各项制度，掌握个人所得税的计算方法及其运作原理。

第一节　个人所得税法概述

一、个人所得税与个人所得税法的概念

个人所得税是对个人(自然人)取得的各项应税所得征收的一种税。个人所得税是各国普遍征收的一种税，目前世界上已有140多个国家开征了这一税种。在许多发达国家，个人所得税占税收收入的30%以上，成为主体税种。虽然我国个人所得税占税收收入总额的比例不到10%①，但普遍认为，个人所得税是我国最有发展前途的税种之一。

个人所得税法是指国家制定的调整在个人所得税征纳与管理过程中产生的社会关系的法律规范的总称。现行的个人所得税基本规范是1980年9月20日五届全国人大三次会议制定，经过1993年10月、1999年8月、2005年10月、2007年6月和2007年12月五次修正的《中华人民共和国个人所得税法》(以下简称《个人所得税法》)。2011年6月30日，十一届全国人大常委会第二十次会议已表决通过《关于

---

① 2010年我国个人所得税收入为4 837.17亿元，占税收收入总额的6.6%(税收收入总额为7.3万亿元)。

修改个人所得税法的决定》。修改后的个税法将于9月1日起施行,这是个人所得税法的第六次修正。

二、个人所得税制度的基本模式

根据征税方式的不同,世界各国采用的个人所得税制度大体上可以分为以下三类:

(一)分类所得税制

分类所得税制是将纳税人的各项所得依其来源分为若干类别,对不同类别的所得按不同标准分项计征的所得税制度。采用这种模式课税,可以对纳税人不同种类的所得区别对待,而且能够广泛采用源泉扣缴法,便于计征税款;但它无法综合收入与费用,难以按纳税人的综合税收负担能力征税,而且所得来源的复杂性必然造成征税成本日益加大。我国个人所得税法即采用这种征税模式。

(二)综合所得税制

综合所得税制是将纳税人全年各种不同来源的所得汇总后,统一扣除费用,就其余额依法计征的所得税制度。与分类所得税制相比,这种课税模式能够较好地衡量纳税人的综合税收负担能力,更好地体现量能课税原则;但由于它对纳税申报的依赖性很强,要求纳税人具有良好的纳税意识、税务代理制度完备等条件,而且它不便采用源泉扣缴,导致逃避税收的现象严重。

(三)分类综合所得税制

分类综合所得税制,又称混合所得税制,是分类所得税制与综合所得税制的一种结合。即对某些种类所得采用分类计征、源泉扣缴,到纳税年度终了时再将各类所得汇总,统一计税。这种课税模式既很好地实现了量能课税原则,又能对不同性质的收入进行区别对待,而且还可以采用源泉扣缴,减少偷逃税。

三、我国个人所得税法的产生与发展

中华人民共和国首部个人所得税法是在1980年9月10日由五届全国人大三次会议审议通过的,其主要适用对象是外籍人士(包括华侨)和港、澳、台同胞。此后,随着国内个体经济的迅速发展和公民收入水平差距的拉大,国务院于1986年先后颁布了《城乡个体工商业户所得税暂行条例》和《个人收入调节税暂行条例》,从而形成了我国对外籍人员、个体工商户和中国公民所得分别课税,三套税收法律、法规并存的局面。这些税收法律、法规的施行,对于促进对外经济交流与合作,缓解社会分配不公的矛盾,增加财政收入等都发挥了积极作用。但是,随着形势的发展,这些税收法律、法规逐渐暴露出一些矛盾和问题。

为了规范和完善对个人所得课税的制度,适应建立社会主义市场经济体制的要求,有必要对三套个人所得税的法律、法规进行修改和合并,建立一部统一的既适用于中外籍纳税人,也适用于个体工商户和其他人员的新的个人所得税法。1993年10月31日八届全国人大常委会四次会议通过了《关于修改〈中华人民共和国个人所得税法〉的决定》,自1994年1月1日起施行,同时废止了《城乡个体工商业户所得税暂行条例》和《个人收入调节税暂行条例》。从此,在个人所得税领域里开征的三个税种统一为"个人所得税"一种,个人所得税制度获得了一次质的飞跃与完善。

此后,个人所得税法又经历了1999年、2005年和2007年6月、12月的四次修订,尤其是2005年关于提高工资、薪金所得减除费用标准的调整,在社会上产生了不小的反响;①并在我国法制史上首开立法听证会,具有极其重要的意义。2007年6月的个人所得税法修订,主要是扩大了对国务院在储蓄存款利息所得税方面的授权范围,即将"对储蓄存款利息所得征收个人所得税的开征时间和征收办法由国务院规定",修改为"对储蓄存款利息所得开征、减征、停征个人所得税及其具体办法,由国务院规定"。2007年12月的个人所得税法修订,再次提高了工资薪金所得减除费用标准,从2005年的1 600元/月提高到2 000元/月。2011年对个人所得税法进行第六次修订,并将工资薪金所得减除费用标准提高到3 500元/月。

【政策解读】

1999年,为了拉动内需,刺激居民消费,国家税务总局作出决定:征收利息税。开征利息税初衷有三:一是抑制储蓄,"将存款赶出银行",刺激消费和投资;二是调节高收入,缩小贫富差距;三是增加财政收入,减少财政赤字。利息税全称为"储蓄存款利息所得个人所得税",主要指对个人在中国境内存储人民币、外币而取得的利息所得征收的个人所得税。中华人民共和国成立以来,利息税曾两度被免征,而每一次的变革都与经济

① 此次修订最终将个人所得税工资、薪金所得费用扣除标准从原来的800元/月,提高到了1 600元/月。

形势密切相关。1950年,我国颁布《中华人民共和国利息所得税条例》,规定对存款利息征收所得税。但当时国家实施低工资制度,人们的收入差距也很小,因而在1959年停征了存款利息所得税。1980年通过的《中华人民共和国个人所得税法》和1993年修订的《中华人民共和国个人所得税法》,再次把利息所得列为征税项目。但是,针对当时个人储蓄存款数额较小、物资供应比较紧张的情况,随后对储蓄利息所得又作出免税规定。根据1999年11月1日起开始施行的《对储蓄存款利息所得征收个人所得税的实施办法》,不论什么时间存入的储蓄存款,在1999年11月1日以后支取的,1999年11月1日起开始滋生的利息要按20%征收所得税,一直到2007年8月14日,都按此税率征收利息税。2007年8月15日税率由20%降至8%,2008年10月9日起暂免征收利息税。

第二节 个人所得税的纳税人与征税对象

一、个人所得税的纳税人

根据《中华人民共和国个人所得税法》的规定,我国个人所得税的纳税人是在中国境内有住所或者虽无住所但在境内居住满1年,以及无住所又不居住或者居住不满1年但从我国境内取得所得的个人。因此,以住所和居住时间为标准,个人所得税的纳税人可以分为居民纳税人和非居民纳税人两类,分别承担不同的纳税义务。

(一) 居民纳税人

居民纳税人是在我国境内有住所,或者无住所而在境内居住满1年的个人。居民纳税人应负无限纳税义务,就其来源于中国境内和境外的全部所得,依法缴纳个人所得税。具体包括以下两类纳税人:

(1) 在我国境内有住所的个人,即因户籍、家庭、经济利益关系,而在我国习惯性居住的个人。

(2) 在我国境内居住满1年的个人,即在一个纳税年度中在我国境内居住365日的个人。在计算居住天数时,对临时离境应视同在华居住,不扣减其在华居住的天数。这里所说的"临时离境"是指在一个纳税年度内,一次不超过30日或者累计不超过90日的离境。

【实例演示】

汉克斯是美国人,2005 年 3 月来到上海某公司任职,2006 年 4 月离开内地去香港某公司任职。我国现行税法中关于“中国境内”的概念,是指中国内地,目前还不包括我国港、澳、台地区,所以汉克斯在 2006 年 4 月离境了。那么,汉克斯是不是我国税法上的居民纳税人呢?这就要看他在“一个纳税年度内”,在我国境内居住是否满 1 年。一个纳税年度是指每年的 1 月 1 日到 12 月 31 日,因此,汉克斯在 2005 纳税年度居住未满 1 年(10 个月),2006 纳税年度也未满 1 年(4 个月),故汉克斯虽然在我国累计逗留超过了 1 年,仍然不是我国税法上的居民纳税人。

如果汉克斯 2005 年 3 月来到上海后,一直在某公司任职,其中 2006 年 1 月回美国探亲 20 天,5 月去中国香港旅游 10 天,8 月又回美国 15 天,那么汉克斯在 2006 年度临时离境累计 45 天,未超过 90 天,所以他在 2006 年度是我国税法上的居民纳税人。

(二) 非居民纳税人

非居民纳税人是在我国境内无住所又不居住,或者无住所且居住不满 1 年的个人。非居民纳税人承担有限纳税义务,仅就其来源于我国境内的所得,依法缴纳个人所得税。具体来讲,非居民纳税人主要包括以下两类:

(1) 在我国境内无住所且不居住在我国的个人。

(2) 在我国境内无住所且居住在我国境内不满 1 年的个人。

(三) 所得来源地的确定

由于非居民纳税人承担有限纳税义务,仅就其来源于我国境内的所得,依法缴纳个人所得税,因此,判断其所得来源地就显得十分重要。《中华人民共和国个人所得税法实施条例》规定,下列所得不论支付地点是否在我国境内,均为来源于我国境内的所得:

(1) 因任职、受雇、履约等而在中国境内提供劳务取得的所得。

(2) 将财产出租给承租人在中国境内使用而取得的所得。

(3) 转让中国境内的建筑物、土地使用权等财产或者在中国境内转让其他财产取得的所得。

(4) 许可各种特许权在中国境内使用而取得的所得。

(5) 从中国境内的公司、企业以及其他经济组织或者个人取得的利息、股息、红利所得。

二、个人所得税的征税对象

个人所得税以自然人取得的各项所得为征税对象,因此,《中华人民共和国个人所得税法》根据纳税人取得收入的实际情况,列举了11项应税所得,并在《中华人民共和国个人所得税法实施条例》中具体规定了各项个人所得的征税范围:

1. 工资、薪金所得。即个人因任职或受雇而取得的工资、薪金、奖金、年终加薪、劳动分红、津贴、补贴,以及与任职或者受雇有关的其他所得。一般而言,工资、薪金指非独立的个人劳动所得。所谓非独立的个人劳动,是指由他人指定或安排并接受管理的劳动。

2. 个体工商户的生产、经营所得。包括:(1)个体工商户从事工业、手工业、建筑业、交通运输业、商业、饮食业、服务业、修理业以及其他行业生产、经营取得的所得;(2)个人经政府有关部门批准,取得执照,从事办学、医疗、咨询以及其他有偿服务活动取得的所得;(3)其他个人从事个体工商业生产、经营取得的所得;(4)上述个体工商户和个人取得的与生产、经营有关的各项应税所得。依照《中华人民共和国个人独资企业法》、《中华人民共和国合伙企业法》、《中华人民共和国私营企业暂行条例》、《中华人民共和国律师法》等登记成立的个人独资企业、合伙企业的投资者,其所取得的生产经营所得,参照本项征税。

3. 对企事业单位的承包经营、承租经营所得。即个人承包经营、承租经营以及转包、转租取得的所得,包括个人按月或者按次取得的工资、薪金性质的所得。

4. 劳务报酬所得。即个人从事设计、装潢、安装、制图、化验、测试、医疗、法律、会计、咨询、讲学、新闻、广播、翻译、审稿、书画、雕刻、影视、录音、录像、演出、表演、广告、展览、技术服务、介绍服务、经纪服务、代办服务以及其他劳务取得的所得。劳务报酬所得一般属于个人独立从事自由职业或个人独立劳动取得的所得,是否为个人独立劳动所得,是否存在雇佣关系,是区分劳务报酬所得与工资、薪金所得的主要依据。

5. 稿酬所得。即个人因其作品以图书、报刊形式出版、发表而取得的所得。将稿酬所得独立划归一个税目,而对不以图书、报刊形式出版、发表的翻译、审稿、书画所得归为劳务报酬所得,主要是考虑到了出版、发表作品的特殊性:第一,它是一种依靠较高智力创作的精神产品;第二,它具有普遍性;第三,它与社会主义精神文明和物质文明密切相关;第四,它的报酬相对偏低。因此,稿酬所得应当与一般劳务报酬所得相区别,并给予适当优惠照顾。

6. 特许权使用费所得。即个人提供专利权、商标权、著作权、非专利技术以及其他特许权的使用权取得的所得。其中,提供著作权的使用权取得的所得,不包括稿酬所得。

7. 利息、股息、红利所得。即个人拥有债权、股权而取得的利息、股息、红利所得。利息是指个人拥有债权而取得的利息,包括存款利息、贷款利息和各种债券利息。按税法规定,个人取得的利息所得,除国债和国家发行的金融债券的利息外,应当依法缴纳个人所得税。股息、红利,指个人拥有股权取得的股息、红利。按照一定的比例对每股发给的息金叫股息;公司、企业应分配的利润,按股份分配的叫红利。股息、红利所得,除另有规定外,都应当缴纳个人所得税。

8. 财产租赁所得。即个人出租建筑物、土地使用权、机器设备、车船以及其他财产取得的所得。

9. 财产转让所得。即个人转让有价证券、股权、建筑物、土地使用权、机器设备、车船以及其他财产取得的所得。个人将书画作品、古玩等公开拍卖取得的收入,也按财产转让所得征税。此外,对股票转让所得目前暂不征税。①

10. 偶然所得。即个人得奖、中奖、中彩以及其他偶然性质的所得。

11. 经国务院财政部门确定征税的其他所得。除上述列举的各项个人应纳税所得外,其他确有必要征税的个人所得,由国务院财政部确定。

个人取得的所得,难以界定应纳税所得项目的,由主管税务机关确定。

第三节 个人所得税的计税依据、税率与应纳税额的计算

一、个人所得税的计税依据

个人所得税的计税依据,是纳税人取得的应纳税所得额。应纳税所得额是指个人取得的每项收入减去税法规定的扣除项目或扣除金额后的余额。由于我国个人所得税实行的是分类所得税制,税法对各项个人收入的费用扣除的范围和标准分别作出了

① 根据《中华人民共和国个人所得税法实施条例》第9条的规定,对股票转让所得征收个人所得税的办法,由财政部另行制定,报国务院批准施行。由于我国的证券市场还不健全,到目前为止,财政部还没有对个人转让股票的收入作出开征个人所得税的规定。

不同的规定：

1. 工资、薪金所得，以每月收入额减除费用3 500元后的余额，为应纳税所得额。此外，对于在我国境内无住所而在我国境内取得工资、薪金所得的纳税人，以及在我国境内有住所而在我国境外任职或受雇取得工资、薪金所得的纳税人，实际费用扣除为4 800元/月。适用附加减除费用的范围是：(1)在中国境内的外商投资企业和外国企业中工作的外籍人员；(2)应聘在中国境内的企业、事业单位、社会团体、国家机关中工作的外籍专家；(3)在中国境内有住所而在中国境外任职或者受雇取得工资、薪金所得的个人；(4)财政部确定的其他人员。华侨和港、澳、台同胞，参照上述有关附加减除费用的规定执行。

2. 个体工商户的生产、经营所得，以每一纳税年度的收入总额减除成本、费用以及损失后的余额，为应纳税所得额。从事生产经营的个体工商户未提供完整、准确的纳税资料，不能正确计算应纳税所得额的，由主管税务机关核定其应纳税所得额。

3. 对企事业单位的承包经营、承租经营所得，以每一纳税年度的收入总额，减除必要费用后的余额，为应纳税所得额。这里所说的每一纳税年度的收入总额，是指纳税人按照承包经营、承租经营合同规定分得的经营利润和工资、薪金性质的所得；减除必要费用，是指按月减除2 000元。

4. 劳务报酬所得、稿酬所得、特许权使用费所得、财产租赁所得，每次收入不超过4 000元的，减除费用800元；4 000元以上的，减除20%的费用，其余额为应纳税所得额。这里的"每次收入"是指：(1)劳务报酬所得，属于一次性收入的，以取得该项收入为一次；属于同一项目连续性收入的，以一个月内取得的收入为一次。(2)稿酬所得，以每次出版、发表取得的收入为一次。(3)特许权使用费所得，以一项特许权的一次许可使用所取得的收入为一次。(4)财产租赁所得，以一个月内取得的收入为一次。

5. 财产转让所得，以转让财产的收入额减除财产原值和合理费用后的余额，为应纳税所得额。财产原值是指：(1)有价证券，为买入价以及买入时按照规定缴纳的有关费用；(2)建筑物，为建造费或者购进价格以及其他费用；(3)土地使用权，为取得土地使用权所支付的金额，开发土地的费用以及其他有关费用；(4)机器设备、车船，为购进价格、运输费、安装费以及其他有关费用；(5)其他财产，参照上述方法确定。合理费用，是指卖出财产时按照规定交付的有关费用。

6. 利息、股息、红利所得、偶然所得和其他所得，以每次收入额为应纳税所得额。利息、股息、红利所得，以支付利息、股息、红利时取得的收入为一次；偶然所得，以每次取得该项收入为一次。

在确定应纳税所得额时，还应注意以下几个问题：

(1) 共同所得的应纳税所得额。两个或两个以上的个人共同取得同一项目收入的,应当对每个人取得的收入分别依法减除费用后分别计税。

(2) 公益、救济性捐赠的扣除。个人将其所得通过我国境内的社会团体、国家机关向教育和其他社会公益事业以及遭受严重自然灾害的地区、贫困地区的公益性、救济性捐赠,捐赠额未超过纳税人申报的应纳税所得额30%的部分,可以从其应纳税所得额中扣除。

(3) 非现金所得应纳税所得额的确定。个人取得的应纳税所得,包括现金、实物、有价证券和其他形式的经济利益。所得为实物的,应当按照取得的凭证上所注明的价格计算应纳税所得额;无凭证的实物或者凭证上所注明的价格明显偏低的,参照市场价格核定应纳税所得额。所得为有价证券的,根据票面价格和市场价格核定应纳税所得额。所得为其他形式的经济利益的,参照市场价格核定应纳税所得额。

二、个人所得税的税率

个人所得税的税率是个人所得税应纳税额与应纳税所得额之间的比例。根据不同的征税项目,我国个人所得税法规定了如下三类税率:

(一) 工资、薪金所得

工资、薪金所得适用3%—45%的7级超额累进税率,按月应纳税所得额计算征税(见表10-1)。

表10-1　工资、薪金所得使用税率表

级　数	全月应纳税所得额	税率(%)	速算扣除数(元)
1	不超过1 500元的	3	0
2	超过1 500元至4 500元的部分	10	105
3	超过4 500元至9 000元的部分	20	555
4	超过9 000元至35 000元的部分	25	1 005
5	超过35 000元至55 000元的部分	30	2 755
6	超过55 000元至80 000元的部分	35	5 505
7	超过80 000元的部分	45	13 505

注:本表所称全月应纳税所得额是指依照税法规定,以每月收入额减除费用3 500元以及附加减除费用后的余额。

（二）个体工商户生产经营所得和对企事业单位的承包经营、承租经营所得

个体工商户生产经营所得和对企事业单位的承包经营、承租经营所得适用5%—35%的5级超额累进税率，按全年应纳税所得额计算征收（见表10-2）。

表10-2 个体工商户生产经营所得和对企事业单位的承包经营、承租经营所得适用税率表

级数	全年应纳税所得额	税率（%）	速算扣除数（元）
1	不超过15 000元的	5	0
2	超过15 000元至30 000元的部分	10	750
3	超过30 000元至60 000元的部分	20	3 750
4	超过60 000元至100 000元的部分	30	9 750
5	超过100 000元的部分	35	14 750

注：本表所称全年应纳税所得额是指依照税法规定，以每一纳税年度的收入总额减除成本、费用以及损失后的余额。

（三）其他所得

稿酬所得、劳务报酬所得、特许权使用费所得、财产租赁所得、财产转让所得、利息、股息、红利所得、偶然所得和其他所得，适用20%的比例税率。对稿酬所得还规定按应纳税所得额减征30%，即稿酬所得实际适用14%的税率。

对劳务报酬所得一次收入畸高的，可以加成征收，即个人劳务报酬所得一次超过20 000元至50 000元的部分，依照税法规定计算应纳税额后，再加征五成；超过50 000元的部分，加征十成。因此，我国对劳务报酬所得实际上采用了20%—40%的3级超额累进税率（见表10-3）。

表10-3 劳务报酬所得适用税率表

级数	每次应纳税所得	税率（%）	速算扣除数（元）
1	不过20 000元的部分	20	0
2	超过20 000元到50 000元的部分	30	2 000
3	超过50 000元的部分	40	7 000

注：本表所称的每次应纳税所得额，是指每次劳务收入不超过4 000元时，减除费用800元后的余额；或者每次劳务收入超过4 000元时，减除劳务收入20%费用后的余额。

三、个人所得税应纳税额的计算

在分类所得税制模式下，个人取得的各项所得，其应纳税额的计算方式也不相同。

各项所得应纳税额的计算公式如下：

(一) 工资、薪金所得

应纳税额＝应纳税所得额×适用税率－速算扣除数＝(每月收入额－3 500 元或 4 800元)×适用税率－速算扣除数

这里需要说明的是，由于工资、薪金所得在计算应纳个人所得税时，适用的是超额累进税率，所以比较繁琐。运用速算扣除数计算法，可以简化计算过程。速算扣除数是指在采用超额累进税率征税的情况下，根据税率表中划分的应纳税所得额级距和税率，先用全额累进方法计算出税额，再减去用超额累进方法计算的应征税额以后的差额。

【实例演示1】

工资、薪金为3.86万元的纳税人，在个人所得税法修订前后应缴纳的税款相同(7 775元)，也就是说，3.86万元为一个临界值，工资、薪金低于3.86万元的纳税人根据新个人所得税法，将少纳税；高于3.86万元的纳税人在个人所得税法修订后，将多纳税。

假定某纳税人2011年10月工资、薪金所得5 000元，且该纳税人不适用附加减除费用的规定。依照旧的个人所得税法的费用扣除标准以及税率，他的应纳税所得额为5 000－2 000＝3 000(元)，此时适用的税率为15%，速算扣除数为125。因此，他的应纳税额为3 000×15%－125＝325(元)。依照2011年6月通过的新个人所得税法的费用扣除标准及税率，他的应纳税所得额为5 000－3 500＝1 500(元)，此时适用的税率为3%，速算扣除数为0。因此，他的应纳税额为1 500×3%－0＝45(元)。

同样，假定某纳税人2011年10月工资、薪金所得38 601万元，根据旧的个人所得税法计算，他的应纳税额为(38 601－2 000)×25%－1 375＝7 775.25(元)；根据新的个人所得税法，该纳税人应纳税额为(38 601－3 500)×30%－27 555＝7 775.3(元)。

由此可见，个人所得税法修订后，降低了中低收入者的税收负担，并且加大对高收入者的调节力度。

【实例演示2】

假设在某外商投资企业中工作的美国专家，2011年10月取得由该企业发放的工资收入 20 000 元人民币。由于该美国专家在我国境内没有住所，所以他的应纳税所得额为 20 000 - 4 800 = 15 200（元），此时适用的税率为 25%，速算扣除数为 1 005。因此，他的应纳税额为 15 200 × 25% - 1 005 = 2 795（元）。

（二）个体工商户的生产、经营所得

应纳税额 = 应纳税所得额 × 适用税率 - 速算扣除数 =（全年收入总额 - 成本、费用和损失）× 适用税率 - 速算扣除数

自 2008 年 3 月 1 日起，个体工商户业主的费用扣除标准统一确定为 24 000 元/年，即 2 000 元/月。个体工商户在生产、经营期间借款的利息支出，凡有合法证明的，不高于按金融机构同类、同期贷款利率计算的数额的部分，准予扣除。投资者及其家庭生活的费用不允许在税前扣除。

个体工商户和从事生产、经营的个人，取得与生产、经营活动无关的各项应税所得，应分别适用各应税项目的规定计算征收个人所得税。

（三）对企事业单位承包、承租经营所得

应纳税额 = 应纳税所得额 × 适用税率 - 速算扣除数 =（纳税年度收入总额 - 年必要费用）× 适用税率 - 速算扣除数

【实例演示】

假定 2012 年 1 月 1 日，某人与区政府签订承包合同经营招待所，承包期为 5 年。2012 年招待所实现承包经营利润 180 000 元，按合同规定，承包人每年应从承包经营利润中上交承包费 35 000 元。承包人 2012 年收入总额为 180 000 - 35 000 = 145 000（元），那么应纳税所得为 145 000 - 2 000 × 12 = 121 000（元），适用的税率为 35%，速算扣除数为 14 750。因此，承包人在 2012 年度的应纳税额为 121 000 × 35% - 14 750 = 27 600（元）。

（四）劳务报酬所得

每次收入不足 4 000 元的应纳税额 = 应纳税所得额 × 适用税率 =（每次收入额 - 800）× 20%

每次收入超过 4 000 元的应纳税额 = 应纳税所得额 × 适用税率 - 速算扣除数 = 每次收入额 ×（1 - 20%）× 适用税率 - 速算扣除数

【实例演示】

某歌星一次取得表演收入40 000元,应纳税额为40 000×(1－20%)=32 000(元),适用的税率为30%,速算扣除数为2 000。因此,她的应纳税额为32 000×30%－2 000=7 600(元)。

(五)稿酬所得

每次收入不足4 000元的应纳税额=应纳税所得额×适用税率×(1－30%)=(每次收入额－800)×20%×(1－30%)

每次收入超过4 000元的应纳税额=应纳税所得额×适用税率×(1－30%)=每次收入额×(1－20%)×20%×(1－30%)

(六)特许权使用费所得

每次收入不足4 000元的应纳税额=应纳税所得额×适用税率=(每次收入额－800)×20%

每次收入超过4 000元的应纳税额=应纳税所得额×适用税率=每次收入额×(1－20%)×20%

(七)利息、股息、红利所得

应纳税额=应纳税所得额×适用税率=每次收入额×20%

(八)财产租赁所得

在确定财产租赁的应纳税所得额时,纳税人在出租财产过程中缴纳的税金和教育费附加,可持完税凭证,从其财产租赁收入中扣除。准予扣除的项目除了规定费用和有关税费外,还准予扣除能够提供有效、准确凭证,证明由纳税人负担的该出租财产实际开支的修缮费用。允许扣除的修缮费用,以每次800元为限。一次扣不完的,准予在下次继续扣除,直到扣完为止。财产租赁所得的应纳税额的计算公式为:

每次收入不足4 000元的应纳税额=应纳税所得额×适用税率=(每次收入额－准予扣除项目－修缮费用－800)×20%

每次收入超过4 000元的应纳税额=应纳税所得额×适用税率=(每次收入额－

准予扣除项目－修缮费用）×（1－20%）×20%

从2001年1月1日起，对个人按市场价格出租的居民住房取得的所得，暂减按10%的税率征收个人所得税。

（九）财产转让所得

应纳税额＝应纳税所得额×适用税率＝（收入总额－财产原值－合理税费）×20%

（十）偶然所得的计算

应纳税额＝应纳税所得额×适用税率＝每次收入额×20%

【实例演示】

李某在一次足球比赛中被评为最佳球员，获得奖金20 000元，李某拿出奖金中的5 000元通过教育部门向某希望小学捐赠。根据税法规定，李某的捐赠可以全部从应纳税所得额中扣除（因为5 000÷20 000＝25%，小于捐赠扣除比例的限制30%）。李某奖金所得的应纳税所得额为20 000－5 000＝15 000（元），应纳税额为15 000×20%＝3 000（元）。

（十一）其他所得

应纳税额＝应纳税所得额×适用税率＝每次收入额×20%

第四节 个人所得税的税收优惠与税收抵免

一、个人所得税的税收优惠

（一）免税优惠

下列各项所得，免纳个人所得税：

1. 省级人民政府、国务院部委和中国人民解放军以上单位，以及外国组织、国际组织颁发的科学、教育、技术、文化、卫生、体育、环境保护等方面的奖金。

2. 国债和国家发行的金融债券利息。其中,国债利息是指个人持有中华人民共和国财政部发行的债券而取得的利息;国家发行的金融债券利息是指个人持有经国务院批准发行的金融债券而取得的利息。

3. 按照国家统一规定发给的补贴、津贴。即按国务院规定发给的政府特殊津贴、院士津贴、资深院士津贴和国务院规定免纳个人所得税的其他补贴、津贴。

4. 福利费、抚恤金、救济金。这里所说的福利费,是指按规定从企事业单位、国家机关、社会团体提留的福利费或工会经费中支付给个人的生活困难补助费;所说的救济金,是指民政部门支付给个人的生活困难补助费。

5. 保险赔款。

6. 军人的转业费、复员费。

7. 按照国家统一规定发给干部、职工的安家费、退职费、退休工资、离休工资、离休生活补助费。

8. 依照我国有关法律规定应予免税的各国驻华使馆、领事馆的外交代表、领事官员和其他人员的所得。

9. 中国政府参加的国际公约以及签订的协议中规定免税的所得。

10. 经国务院财政部门批准免税的所得。

(二) 减税优惠

有下列情形之一的,经批准可以减征个人所得税:

1. 残疾、孤老人员和烈属的所得。

2. 因严重自然灾害造成重大损失的。

3. 其他经国务院财政部门批准减税的。

(三) 对在我国境内无住所的纳税人的特别免税优惠

1. 居民纳税人境外所得的免税优惠

在我国境内无住所,但是居住1年以上5年以下的个人,其来源于我国境外的所得,经主管税务机关批准,可以只就由我国境内公司、企业以及其他经济组织或者个人支付的部分缴纳个人所得税;居住超过5年的个人,从第6年起,应当就其来源于我国境内外的全部所得缴纳个人所得税。

2. 非居民纳税人境内所得的免税优惠

在我国境内无住所,但是在一个纳税年度中在我国境内连续或者累计居住不超过90日的个人,其来源于我国境内的所得,由境外雇主支付并且不由该雇主在我国境内的机构、场所负担的部分，免予缴纳个人所得税。

二、个人所得税的税收抵免

为避免国际双重征税，我国个人所得税法作出了税收抵免的规定，即纳税人从我国境外取得的所得，准予其在应纳税额中扣除已在境外缴纳的个人所得税税额。这里需要说明两点：

一是准予抵免的应是纳税人的实缴税额，即纳税人从我国境外取得所得依照该所得来源国或地区的法律应当缴纳并且已经实际缴纳的税额。

二是准予抵免的税额不能超过规定的限额。纳税人从我国境外取得的所得，区别国家或地区和不同应税项目，依照税法规定的费用减除标准和适用税率计算的应纳税额；同一国家或者地区不同应税项目，依照我国税法计算的应纳税额之和，为该国家和地区的扣除限额。纳税人来源于境外所得在境外实际缴纳的个人所得税税款，低于依照上述规定计算出的扣除限额的，可以从应纳税额中据实扣除；超过扣除限额的，不得在本年度应纳税额中扣除，但可以在以后纳税年度的该国或者地区扣除限额的余额中补扣，补扣期限最长不得超过5年。

【实例演示】

某纳税人在同一纳税年度，从A、B两国取得应税收入。其中：在A国一公司任职，取得工资、薪金收入60 000元（5 000元/月），因提供一项专利技术，一次取得特许权使用费收入50 000元，该两项收入在A国缴纳个人所得税5 000元；因在B国出版著作，获得稿酬收入15 000元，并在B国缴纳该项收入的个人所得税1 800元。该纳税人的抵扣计算方法如下：

1. A国所纳个人所得税的抵免

（1）工资、薪金所得。该纳税人从A国取得工资、薪金所得，按我国税法规定每月应纳税额为（5 000－4 800）×3%－0＝6（元），全年应纳税额为6×12＝72（元）。

（2）特许权使用费所得。该纳税人从A国取得的特许权使用费收入，按照我国税法规定计算的应纳税额为50 000×（1－20%）×20%＝8 000（元）。

据此，该纳税人来源于A国的应税所得在A国缴纳的个人所得税的扣除限额为72＋8 000＝8 072（元），大于其在A国实际缴纳的个人所得税8 072－5 000＝3 072

(元)。因此,该纳税人在A国缴纳的个人所得税额可以全额扣除,并且需向我国补缴税款3 072元。

2. B国所纳个人所得税的抵免

该纳税人从B国取得的稿酬收入在B国缴纳个人所得税的扣除限额为15 000×(1-20%)×20%×(1-30%)=1 680(元),小于其在B国实际缴纳的个人所得税1 800-1 680=120(元)。因此,该纳税人本年度在B国缴纳的个人所得税不能全额扣除,其余额120元可以在以后5个纳税年度的B国扣除限额的余额中补扣。

第五节 个人所得税的征收管理

一、纳税申报与扣缴

现行税法规定,个人所得税以取得应税所得的个人为纳税人,以支付所得的单位或个人为扣缴义务人。可见,我国个人所得税采用个人自行申报与源泉扣缴相结合的征税方式。

(一) 自行申报

根据国务院于2006年11月8日公布的《个人所得税自行纳税申报办法(试行)》的规定,有下列情形之一的纳税人,应当按照规定办理纳税申报:

(1) 年所得12万元以上的。

(2) 从中国境内两处或者两处以上取得工资、薪金所得的。

(3) 从中国境外取得所得的。

(4) 取得应税所得,没有扣缴义务人的。

(5) 国务院规定的其他情形。

这里所称年所得12万元以上,是指纳税人在一个纳税年度取得各项应税所得的合计数额达到12万元;年所得12万元以上的纳税人,不包括在中国境内无住所,且在一个纳税年度中在中国境内居住不满1年的个人。年所得12万元以上的纳税人,无论取得的各项所得是否已足额缴纳了个人所得税,均应当按照本办法的规定,于纳税年度终了后向主管税务机关办理纳税申报。

【政策指引】

年所得12万元如何确定

年所得12万元以上,是指纳税人在一个纳税年度取得以下各项所得的合计数额达到12万元:(1)工资、薪金所得;(2)个体工商户的生产、经营所得;(3)对企事业单位的承包经营、承租经营所得;(4)劳务报酬所得;(5)稿酬所得;(6)特许权使用费所得;(7)利息、股息、红利所得;(8)财产租赁所得;(9)财产转让所得;(10)偶然所得;(11)经国务院财政部门确定征税的其他所得。但不含以下所得:

1.《中华人民共和国个人所得税法》第4条第1项至第9项规定的免税所得。

2.《中华人民共和国个人所得税法实施条例》第6条规定可以免税的来源于中国境外的所得。

3.《中华人民共和国个人所得税法实施条例》第25条规定的按照国家规定单位为个人缴付和个人缴付的基本养老保险费、基本医疗保险费、失业保险费、住房公积金。

各项所得的年所得按照下列方法计算:

1. 工资、薪金所得,按照未减除费用(每月3 500元)及附加减除费用(每月4 800元)的收入额计算。

2. 个体工商户的生产、经营所得,按照应纳税所得额计算。实行查账征收的,按照每一纳税年度的收入总额减除成本、费用以及损失后的余额计算;实行定期定额征收的,按照纳税人自行申报的年度应纳税所得额计算,或者按照其自行申报的年度应纳税经营额乘以应税所得率计算。

3. 对企事业单位的承包经营、承租经营所得,按照每一纳税年度的收入总额计算,即按照承包经营、承租经营者实际取得的经营利润,加上从承包、承租的企事业单位中取得的工资、薪金性质的所得计算。

4. 劳务报酬所得、稿酬所得、特许权使用费所得,按照未减除费用(每次800元或者每次收入的20%)的收入额计算。

5. 财产租赁所得,按照未减除费用(每次800元或者每次收入的20%)和修缮费用的收入额计算。

6. 财产转让所得,按照应纳税所得额计算,即按照以转让财产的收入额减除财产原值和转让财产过程中缴纳的税金及有关合理费用后的余额计算。

7. 利息、股息、红利所得,偶然所得和其他所得,按照收入额全额计算。

(二) 源泉扣缴

除个体工商户的生产经营所得外,扣缴义务人在向个人支付各应税项目所得时,不论纳税人是否属于本单位人员,都必须按照税法规定代扣税款,按时缴库,并专项记载备查。代扣代缴个人所得税,是扣缴义务人的法定义务,必须依法履行。

二、纳税期限

年所得12万元以上的纳税人,在纳税年度终了后3个月内向主管税务机关办理纳税申报。

工资、薪金所得应纳的税款,按月计征,由扣缴义务人或者纳税人在次月十五日内缴入国库,并向税务机关报送纳税申报表。特定行业的工资、薪金所得应纳的税款,可以实行按年计算、分月预缴的方式计征,具体办法由国务院规定。

个体工商户的生产、经营所得应纳的税款,按年计算,分月预缴,由纳税义务人在次月十五日内预缴,年度终了后三个月内汇算清缴,多退少补。

对企事业单位的承包经营、承租经营所得应纳的税款,按年计算,由纳税义务人在年度终了后三十日内缴入国库,并向税务机关报送纳税申报表。纳税义务人在一年内分次取得承包经营、承租经营所得的,应当在取得每次所得后的十五日内预缴,年度终了后三个月内汇算清缴,多退少补。

从中国境外取得所得的纳税义务人,应当在年度终了后三十日内,将应纳的税款缴入国库,并向税务机关报送纳税申报表。

【实例演示】

小卫2012年有以下几项收入:(1)2012年度承包某市A服装厂,分别在6月、12月两次取得承包收入50 000元、60 000元,预缴个人所得税11 000元、12 000元;(2)当年被评为地级市劳动模范,奖金30 000元;(3)个人储蓄存款账户孳生利息2 000元。则2012年度终了小卫该如何申报?①

(一) 取得每笔收入时

1. 承包收入年终汇算清缴

(1) 税款的计算

---

① 本案例摘自国家税务总局网站,http://www.chinatax.gov.cn/n480462/n480483/n480675/n3854440/n3876244/4719844.html,访问时间2006年12月18日。

全年应纳税额 = (50 000 + 60 000 − 2 000 × 12) × 30% − 9 750 = 16 050(元)

由于16 050 < 11 000 + 12 000,所以年终无须补缴税款。

(2) 申报内容:《个人承包承租经营所得税年度申报表》(表略)等

按照《个人所得税自行纳税申报办法(试行)》(以下简称《办法》)第9条的规定,纳税取得应税收入,但没有扣缴义务人的,应报送《个人承包承租经营所得税年度申报表》。

2. 地市级奖金收入

因地市级奖金收入不属于税法规定的免税范围,故应由发放奖金的部门在发放奖金时,按“偶然所得”项目扣缴个人所得税。

应纳税额 = 30 000 × 20% = 6 000(元)

3. 储蓄存款利息收入

由于2008年10月9日起暂免征收储蓄存款利息的个人所得税,因此该利息2 000元不用缴纳个人所得税。

(二) 年所得12万元以上的纳税申报

对小卫而言,全年有“对企事业单位的承包经营、承租经营所得”,“偶然所得”两个项目。所以,

年所得 = 年对企事业单位的承包经营、承租经营所得 + 年偶然所得

按照《办法》第8条的规定,在计算年所得时,其中:

(1) 对企事业单位的承包、承租经营所得,按照每一纳税年度的收入总额计算。

对企事业单位的承包、承租经营年所得 = 经营利润 = 50 000 + 60 000 = 110 000(元)

(2) 偶然所得,按照收入额全额计算。

年偶然所得 = 30 000(元)

综上,2012年卫某的年所得 = 110 000 + 30 000 = 140 000 > 120 000(元)

因此,2012年度终了后,小卫除进行上述第一项收入的申报外,还应当按照《办法》的有关规定办理年所得12万元以上的纳税申报。

(三) 注释

经过上述分析后,小卫在纳税期间,除了要进行承包、承租经营所得的年度汇算清缴申报外,还应该按照《办法》的相关规定,办理年所得12万元以上的纳税申报。

【本章小结】

个人所得税是对个人取得的各项应税所得征收的一种税。我国的个人所得税法

采用了分类所得税制这种征税模式,对各类所得分别计税。与企业所得税一样,个人所得税法也区分了居民纳税人和非居民纳税人,前者就境内外所得承担无限纳税义务;后者仅就来源于我国境内的所得缴纳所得税。在征管方式上,我国的个人所得税法运用了源泉扣缴与自行申报相结合的办法,其中个人所得税的自行申报方式有待进一步地扩大适用范围。

思考题

1. 试述个人所得税制度的基本模式。
2. 个人所得税的纳税人是如何区分的,其承担的责任有何不同?
3. 工资、薪金所得的计税依据怎样确定?
4. 哪些纳税人应进行个人所得税的自行申报?

【后农赋时代】

农业税取消后不能忽视的六大问题①

全面取消农业税有效减轻了农民负担,但还必须跟上相应的配套措施,才不至于将这种负担转移从而可能造成新的负担。

一、乡镇政府职能转变滞后

取消农业税后,长期围绕税费转的乡镇政府,工作量大大减少,乡镇政府的催粮派款丧失了执行空间,人浮于事的问题显得十分突出。此外,乡镇政府的财政收入不再依靠农村而主要来自上级政府的转移支付。而转移支付资金多被县政府分解到各个县级职能部门,乡镇财政完全成了"吃饭财政"。因此,乡镇政府的职能应该重新定位,将原来的部分管理职能剥离出去,由管理型向服务型转变。但是在具体实践中,基层政府职能转变严重滞后,大部分乡镇对政府职能转变基本上都停留在口头上,没有采取实际行动。

而乡镇职能转变滞后的原因是"社会稳定"的刚性约束。各级政府不愿意看到由于职能转变的冲击再增加一支乡镇干部的上访队伍。其次,虽然原则上说机构设置不

① 刘薰词:"农业税取消后不能忽视的六大问题",载《小康》2006年第5期。

要求上下对口，但是专项资金、项目等都由上级部门控制，如果乡镇没有这个部门，就要受到种种牵制。这种牵制经常直接表现为得不到上级的专项资金等非常实在的损失。再次，乡镇本身的扩张冲动强烈，编制约束力极其有限。

二、农村公共产品更显不足

取消农业税以后，乡镇政府财政收入失去了主要来源，对农村公共产品的供给更是有心无力。村委会要供给公共产品，必须筹集资金，但村委会不是一级政府，它不能有独立的公共财政权。因此农村基础设施建设短缺成为当前农村的一大难题。以水利道路基础设施建设为例，农业税、“两工”取消后，村内小型水利建设可以通过“一事一议”的方式解决，但跨乡、跨村的道路水利设施建设工程难以开展。尤其在防洪任务重的洞庭湖区，按照防洪标准每年一线防洪大堤都要加高培厚，以前采取的办法基本上都是运用“两工”中的积累工，搞部分以资代劳，筹集资金用于堤防建设，每年用于堤防建设的以资代劳资金数目都相当大。

技术服务、农业信息等公共服务供给不足。在对农民的问卷调查中询问农民“最希望从政府那里得到什么服务”，结果显示，排在第一位的为农业技术指导。近几年来，农民的科学种田水平并没有提高多少，乡镇农技站、畜牧站、水产站等涉农部门也只是一门心思忙于自己的经济利益，很少关注对农业的技术指导。而农民迫切需要种植、养殖方面的技术，现实中普遍缺乏农业技术服务。

三、乡村两级财政运转困难

乡村两级财政收支矛盾突出。税费改革以前，乡镇财政收入主要来源于各项税费收入。农业税取消以后，农业附加税自行消失，村级运转资金来源大量减少。免征农业税后，农业税附加收入消失，国家财政转移支付将成为村级正常运转的唯一来源，村级收支缺口会更大，村级组织将难以发挥自我管理、自我教育、自我服务的作用。

农业税尾欠及其余税收的收缴困难。在宣布取消农业税的同时，政府宣布暂停税改前尾欠的清收，并对欠税实行挂账停息处理。这使农业税尾欠问题成为目前农村社会的一大难题。

四、农村社会保障日益困难

中国农业人口约9亿人，其中65岁以上的老年人口约6 500万人，农村人口的生活水平普遍低下。到目前为止，社会保障的覆盖面局限于城镇地区，而农村的社会保障严重滞后。大量青壮年农民进入城市后，农村老弱人群的基本保障问题更加突出。

农村弱势群体保障问题日益突出。农村社会保障工作主要是救助社会弱势群体和优待抚恤特殊群体。对于这两类人的救助优抚，主要是县级以上政府的责任，但由于资金有限,通常都要求乡村两级给予相应的资金配套或实物兑现。

农村医疗保障需求日益增加。在收入增长缓慢的前提下,疾病、养老和贫困是农民面临的最大风险。而疾病与养老相比,风险更大。因此,医疗保障成为农民在社会保障体系中的第一保障需求。但是,目前的医疗保障基本上是农民自我保障。在医药价格猛涨的情形下,农民医疗费用支出急剧增加,医疗费用攀升的幅度超过了农民实际收入增长的幅度。据统计,医疗费用的增长幅度是农民收入增长幅度的2.5倍左右,医疗费用远远超出了农民个人和家庭的经济承受能力。在农村,小病经常不看,大病看不起,一旦出现大病,则整个家庭陷入经济困顿之中,因病致贫、因病返贫现象极为普遍。农民对社会医疗保障的需求很大。

五、农村文化教育缺乏

取消农业税以后,乡镇政府收入明显减少,也影响到农村基础教育缺乏经费,“保工资”都成了很大的问题,对农村义务教育的投入越来越少。农村基础教育将面临学校危房没有资金维修,学校办公经费严重不足的困难境地。

缺乏技能培训和市场培训是目前农村劳动力的软肋。而对于农民来讲,在农村劳动力向城市的工业和第三产业转移中,很多人并不具备足够的劳动力素质,去适应城市里的工作。而农村人口劳动力素质的关键又取决于农村教育水平,包括文化素质教育和专业的劳务技能教育。

农民的市场意识淡薄,在种养的品种、结构上随心所欲,很少考虑市场的潜在需求。地方政府对农业结构的引导与调整又常常缺乏全局的考虑,造成一哄而上、一哄而散。取消农业税后,农业被进一步推向市场,农民对市场的预期将直接影响农民的收入。因此,急需组织多种形式的培训,引导并树立农民的市场意识。

而基层干部的再教育问题尤为突出。当前亟待解决以下问题:一是观念转变难,公仆意识欠缺。取消农业税后,乡村干部与农民的关系发生了很大的转变,乡村干部很难从观念上树立一种为农民服务的公仆意识,基层干部的服务能力也有问题。

另外,农村文化传播手段滞后。乡镇文化站大多已停止了运转,农民与外界的接触只能通过电视。在农村调查中,大多数村还没有有线电视。有些农村社会风气越来越差,人们的道德观念淡化,社会责任感缺乏,赌博之风盛行和信教农民越来越多。

六、农村土地承包纠纷增多

随着农业税取消和粮食直补、良种补贴政策的落实,土地收益回升,农民种田的积极性高涨,原来拥有土地使用权的进城农民工开始大批回乡,要求转包户和乡村干部返回原承包的土地;没有赶上农村土地二轮延包的农户,则根据国家现行的农村常住人口人人享有农村土地使用权的农村政策向乡村干部施压,要求重新调整土地;而目前占有土地承包权的农户,也根据国家规定的农村土地承包30年不变的政策,极力反对重新调整农村土地。如湖南澧县某乡,失地农户高达42.2%,失地人口达31.1%。由此而引发了原承包户与现租赁户或承包户之间的矛盾,2004年该乡处理的案件就达184起,尤其是抛荒地纠纷多。这些土地承包纠纷规模大、涉及面广。总之,人多地少的矛盾,退与不退的矛盾,调与不调的矛盾,资金补偿与资金缺乏的矛盾,将伴随着农业税取消的全过程,并相互交织,牵一发而动全身,成为当前农村社会矛盾的焦点和影响着农村社会稳定的不确定的因素。

【热点聚焦】

社会保障:费与税孰优孰劣?①

——专访中国社会科学院拉丁美洲研究所所长郑秉文

一、费改税不是国际大趋势

问:近来,费改税的呼声很高,有人认为社会保障费改税是一个国际潮流,我国应与国际接轨,这个说法几乎形成了"一面倒"。你是怎样看待这个问题的?

郑秉文:是的,社会保障费改税与国际接轨这个说法由来已久,几乎所有的从税派都以此作为重要依据。就目前来看,这完全是一种误解和误导,与事实完全相反。目前世界大趋势不是社会保障费改税,正相反,而是税改费。

自19世纪80年代现代社会保障制度在德国诞生以来,全世界社会保障制度的融资形式大致上经历了一个"费→税→费"之字形的曲折改革道路。

在第二次世界大战之前,几乎所有建立社会保障制度的国家采取的都是费,他们效法的是德国的俾斯麦克模式,社会保障具有强烈的行业和职业性质,无预算、非财政性、现收现付。这就是世界社会保障制度的第一个阶段,即实行缴费制的阶段。

第二个阶段是费改税的阶段,即从1946年至20世纪80年代初。第二次世界大战以后,随着英国1946年宣布建成福利国家以来,英国普享型的贝弗里奇模式风靡全球,其中费改税是一个重要特点。北欧等许多国家都进行了彻底的改革,把社会保障费改成了社会保障税。虽然美国缴税制的社会保障制度建立于1935年,但与英国的费改税一起,共同对世界产生影响的是50年代的事情。在20世纪60年代亚非拉民族国家独立浪潮中,又有一批国家成为世界"社会保障制度大家庭"的新成员,其中有的国家采取了缴费制,有的采取了缴税制。这个时期是资本主义的黄金时期,是现收现付制的鼎盛时期,是西方福利制度历史上真正的费改税时期。

第三阶段是20世纪80年代初开始的,从那时到现在,世界范围内掀起了一个社会保障税改费的国际潮流。主要原因有四个:一是1973年第一次石油危机导致发达国家发生了自战后以来最严重的一次经济危机,主要发达国家的社会保障财政几乎都出现了问题,对现收现付制提出了挑战;二是大西洋两岸发达国家新自由主义的改革浪潮,私有化浪潮席卷了整个资本主义世界,改革的对象之一就是削减福利支出;三是20

---

① 刘泉:"社会保障:费与税孰优孰劣?",载《人民日报·海外版》2007年2月14日第5版。

世纪90年代出现的全球化浪潮，使传统的现收现付制已不适应劳动力的跨国流动；四是以智利为代表的社会保障私有化改革开历史之先河，创造出了一个崭新的个人账户积累制，并逐渐成为各国决策者和研究者的一个新兴社会保障样板。于是就出现第三阶段即税改费时期，这个时期至今也未结束，无论是老牌资本主义国家，还是转型国家，税改费的浪潮风起云涌，汹涌澎湃，方兴未艾。这些国家既包括意大利、德国等发达国家，又包括俄罗斯等转型国家，还包括拉丁美洲等十几个发展中国家。此外，美国、西班牙、葡萄牙、日本和韩国等一些国家的学者和政府也正在探讨税改费的可行性。

二、费改税不适合基本国情

问：既然国外的费改税潮流主要发生在20世纪80年代之前，那么费改税是否适合现在我国的基本国情呢？

郑秉文：费改税确实曾经是一个国际潮流，但那是20世纪80年代以前的事情了，早已是“沉舟侧畔千帆过，病树前头万木春”。重要的是，费改税不适合我国的基本国情。从理论上讲，税的三个基本特征里有两个是与费共通的，就是他们都具有“强制性”和“固定性”。但是，税与费之间有一个最大的不同之处，那就是，税的一个重要特征是它具有“无偿性”，而费则不然。纳税人从国家提供的公共物品和公共服务中获得的收益，与其缴税的数量之间没有直接的对应关系，不是对称的，国家可将税收进行转移支付，可统筹安排使用；而费则有明显的补偿性，受益人是相对固定的，受益群体有很强的针对性，是一种直接受益的关系，其缴费数量与受益程度之间基本存在一对一的对称关系，在缴费者与国家之间存在一种“有偿交换”的关系，具有一定的返还性质。

世界范围的弃税改费趋势，其目的正是为了加强个人缴款与未来受益之间的联系。对我国目前社会保障制度来说，就更应该加强这种联系，弱化“大锅饭”的税性，强化“私有性”的费性，这就是建立个人账户的目的。这既对个人来说能得到经济实惠，又对国家来说可以减少财政负担，对社会保障制度来说还可以鼓励大家尽量参保，扩大覆盖面。

加强缴费与待遇之间的联系是中国社会保障改革制度的一个根本原则。是缴费制还是缴税制这既是一个理论问题，也是一个激励问题；既是一个导向问题，也是一个制度设计问题，我们绝不可轻视。一字之差，我们将有可能改变社会保障制度的根本属性。既然就连世界“福利之窗”瑞典都把税改成费了，这就足以说明，我国社会保障制度坚持缴费制，既是社会保障制度财务可持续性的客观需要，又是保证参保人能够得到实惠的一个制度保障。老百姓的实惠要最大限度地具有透明性，要一目了然，要明确其私有性，要加强缴款与受益之间的联系，而不是割断这种内在联系。实际上，建立个人账户就等于建立了个人产权,这就是费的意义,费改税以后就不可能进入个人账户了。所以,个人账户的产权能够看得见,摸得着,实实在在,多缴多得,这就是费所具有的激励作用,是税和费在理论上的最大区别。

三、与社会保障制度架构有冲突

问:在实践上,费改税对我们当前的社会保障制度来说将会产生什么样的影响?

郑秉文:影响是非常大的,主要就是与现行的制度设计不匹配,存在很大的冲突。一是费改税与当前统账结合的制度相冲突,因为统筹部分可以改,但个人账户部分是不能改的。单位缴费划入个人账户的比例各地在执行中参差不齐,这就人为地使制度复杂化了,税费之间的比例难以全国统一。二是税的刚性要大于费的刚性,但我们的社会保障制度建设却远没有定性,更没有定型,一切都在变革探索之中,因为我国是世界上第一个实行统账结合的国家,没有现成的经验。三是费改税之后有两个很大的困难难以克服:(1)如何界定纳税人的范围和概念,(2)如何设定税率。要增加一个税种或一个税目,首先要确定其纳税对象。农民连农业税都免了,年均纯收入只有3 255元(2005年年底数据)的农民哪有能力成为社会保障纳税人?如果设立这个新的税种,这岂不是增加了他们的负担?如果将之排除在外,这又有剥夺其基本社会权利之嫌!如果城乡税费分立,这又人为地增加了制度的复杂性,弱化了可操作性,综观世界,还从未发现哪个国家实行城乡税费分立的社会保障制度。另外,农民工和务农农民的税率根据什么来确定?这些都是费改税的障碍。四是费改税并不必然提高征收的力度。法国等欧洲许多国家都是费,但征缴力度和权威性并没有受到任何影响。瑞典和意大利等国家并没有由于弃税改费就出现了大量的逃费现象。征缴力度的大小,征缴率的高低,归根到底在于制度的设计是否合理,是否科学,是否符合社会条件,是否符合经济社会发展现状,是否存在内在激励机制,而不在于什么名称。

四、与资金安全无必然联系

问:社会上有一种观点说,费改税之后就加强了社会保障基金的安全性,加大了监督力度。您怎么看这个问题?

郑秉文:从本质上,社会保障基金的征收形式是费还是税,这与资金安全性没什么必然的联系。美国社会保障制度实行的是"工薪税",欧洲的法国、德国、瑞典等许多国家实行的都是费,但他们社会保障基金的安全性都很好,没有任何差别。甚至我们也不能说,征缴主体是税务机关就会提高其安全性和征缴率;法国的保费征缴一直是由一个机构"社会保险费与家庭补助金联合征收机构"来负责执行的,就是我们常说的非政府组织,它是一个自治机构,连政府机构都不是,采取自收自支的方式,其安全性非常好。

我国社会保障基金当前出现的问题，有许多因素使然，但最重要的还是制度设计是否科学的问题，而不在于费改税，也不在于必须由税务部门来征缴。

就目前来看，降低社会保障基金安全性的主要因素是由两个最大的制度困境的威胁造成的：一是资金投资渠道比较狭窄，仅限于协议存款和国债，投资收益率比较低，容易导致暗度陈仓，违规操作；二是统筹层次太低，主要以县市级统筹为主，资金过于分散，中央无权管理，更无权调动。

其他税种法绪论

我国现行税制结构是以流转税和所得税并重为双主体,其他税种配合发挥作用的税制体系。其他辅助税种包括行为税和财产税,这些税种的收入不大,但是这些税种在整个税法体系中的辅助作用还是很重要的,特别是一些特定行为类的税种,是国家为了达到某一目的而设置的税种,可以直接体现国家的政策,实现国家的宏观调控政策,这些税种在发挥调节积累和消费的比例关系,指导社会消费,调节财力、物力和人力的流向方面都有较为突出的作用。

财产税,是以特定财产为征税对象,并以对该财产进行占有、使用或收益的主体为纳税人的一种税。我国现行财产税法律制度包括资源税法、房产税法(暂时包括房产税和城市房地产税,将来应统一为房产税一个税种)、城镇土地使用税法、土地增值税法、耕地占用税法、契税法、车船税法。

行为税,亦称特定目的税,是指为了实现特定的政策目的而以某些特定行为为征税对象的一类税。我国现行的行为税法律制度主要包括印花税法、城市维护建设税法、车辆购置税法和已暂停征收的固定资产投资方向调节税法。

第十一章　财产税法律制度

【学习目的】

通过本章的学习，掌握我国财产税的基本框架，对资源税、房产税、城市房地产税、城镇土地使用税、土地增值税、耕地占用税、契税、车辆购置税、车船税等税种法的基本知识点有所了解。

第一节　财产税法概述

一、财产税的概念

财产税，是以特定财产为征税对象，并以对该财产进行占有、使用或收益的主体为纳税人的一种税。这里的“财产”采用广义，包括自然资源以及人类创造的各种物质财富和非物质财富，但作为财产税征税对象的财产并不是广义上的全部财产，而只能是某些由法律规定的特定财产。与其他税类相比，财产税主要具有以下特点：

1. 财产税的征税对象是特定财产。作为财产税征税对象的财产多是不直接参与流转或交易的财产。这是财产税与商品税、所得税的最根本区别，由此引出了财产税的其他特点。

2. 财产税属于直接税，税负不易转嫁。财产税由对财产进行占有、使用或收益的主体直接承担，并且，由于财产税主要是对使用、消费过程中的财产征收，而不是对生产、流通领域的财产征收，因而其税负很难转嫁。

3. 财产税大多属于地方税，在税制体制中处于辅助地位。财产税的税源分散，征收管理比较困难，随着商品税和所得税的兴起与发展，财产税在各国税制体系中的主导地位已被商品税和所得税所代替,从而成为辅助性的税收,征收管理权和收入支配权均属于地方政府。

二、财产税的分类

现代财产税的分类标准多种多样,但最常见的有以下几种:

(一)以征收范围为标准,财产税可以分为一般财产税和特别财产税

所谓一般财产税,也称综合财产税,它是对纳税人的全部财产进行综合计征的财产税。但在现实中,一般财产税并非以全部财产额为计税依据,而是减去一定的扣免额。

所谓特别财产税,也称个别财产税或特种财产税,是对纳税人的一种或几种财产单独或合计课征的财产税,如对土地课征的财产税,对房产课征的房产税等,均属特别财产税。特别财产税在课征时一般不需要考虑免税或扣除。

(二)以课税对象的形态为标准,财产税可以分为静态财产税和动态财产税

所谓静态财产税是指对纳税人在一定时期内权利未发生变动的财产课征的一种财产税。其特点是纳税人在一定时期内保有财产的占有、使用、收益等权利,必须依法纳税;在征收时间上有一定规律性,通常是定期征收。如房产税、地产税等特别财产税,均属于静态财产税。

动态财产税是指对在一定时期内所有权发生变动和转移的财产征收的一种财产税。它以财产所有权的变动和转移为课征条件,其特点是在财产变动或转移时一次征收,如遗产税、赠予税、契税等。

(三)以财产存续时间为标准,财产税可分为经常财产税和临时财产税

经常财产税是指每年按期课征具有经常性收入的财产税,这种税收通常占财产税收入的大部分。临时财产税是指在非常时期政府为筹措财政资金而临时课征的财产税。

(四)以计税方法不同,财产税可以分为从量财产税和从价财产税

从量财产税是指以纳税人的应税财产的数量为计税依据,实行从量定额征收的财产税。因为纳税人应纳税额的多少取决于其拥有财产的数量,所以从量财产税一般不受价格变动的影响。

从价财产税是指以纳税人的应税财产的价值为计税依据,实行从价定率征收的财

产税。纳税人应纳税额的多少，取决于其所拥有的财产价值的大小。因此，从价财产税通常受市场价格变动的影响较大。

三、财产税的产生和发展

财产税是一个古老的税种。在古代社会，许多国家征收的“古老的直接税”，主要是财产税。据考证，早在古希腊、古罗马时期，即已开征了一般财产税。随着经济和社会的发展，财产税制度也越来越发达，财产税收入逐渐成为古代社会各国财政收入的重要来源。

现代意义上的财产税于1892年首先开征于荷兰。其后，德国等欧洲国家亦相继开征财产税。随着财产税在各国的普遍开征，财产税制度也得到了很大的发展，财产税的税种也随之发生调整。许多国家开始以个别财产税代替一般财产税，并且在个别财产税中，更侧重于对不动产征税；同时，注重征收遗产税和赠予税等动态财产税。

中华人民共和国成立以后，我国建立了以生产资料公有制为基础的社会主义经济制度，绝大部分财产属国家所有，而且社会产品实行集体平均分配，个人拥有的财产种类和数量较少，居民之间财产的占有量也相对均衡。在这种情况下既不具备对居民的财产普遍征税的可能性，也没有运用财产税来调节居民收入的必要性。

在1994年以前，我国开征的财产税种主要有：房产税、城市房地产税、车船使用税、车船使用牌照税、城镇土地使用税、耕地占用税、资源税、盐税、契税等。1994年税制改革将盐税并入资源税统一征收，并开征了土地增值税。2007年1月1日起施行的《中华人民共和国车船税暂行条例》合并了车船使用税与车船使用牌照税，统一征收车船税。此外，理论界已经提出了房产税与城市房地产税合并的设想，以解决税制不统一和内外有别的问题；开征遗产税也曾被列入立法规划。因此，我国财产税的基本框架为：资源税、房产税（暂时包括房产税和城市房地产税，将来应统一为房产税一个税种）、土地税（包括城镇土地使用税、土地增值税、耕地占用税）、契税、车船税、遗产税（尚未开征）等。

第二节　资源税法律制度

一、资源税法概述

资源税是国家对开发、利用其境内资源的单位和个人，就其所开发、利用资源的数量或价值征收的一种税。资源税法就是调整资源税征纳关系的法律规范的总称。

所谓资源,是指自然存在的、能够为人类所利用的物质财富,具体包括土地资源、矿产资源、森林资源、草原资源、海洋资源、生物资源等。资源税不是对所有的资源课征,而是选择某些特殊的资源作为征税对象,并通过列举的方式加以规定。因此,资源税是对从事法律所列举的应税资源开发利用的单位和个人,就其所开发利用的资源数量或价值征收的税种,属财产税性质。

资源税以各种自然资源为课税对象。与其他国家相比,我国的资源税具有如下特点:

1. 仅对特定的资源征税。从理论上讲,资源税的征税范围不仅包括矿产资源,也包括所有其他自然资源。世界上一些征收资源税的国家,其征收范围非常之广。而我国现行的资源税采取了列举的方法,仅把煤炭、原油、天然气、黑色金属矿原矿、有色金属矿原矿、非金属矿原矿和盐等七种资源产品列入征税范围,因而征税范围较为狭窄。

2. 资源税征收目的主要在于调节级差收入。征收资源税可以起到多方面的作用,如筹集财政收入,加强对资源开发的引导和监督等。但资源税的立法目的主要在于调节资源开采企业因资源开采条件的差异所形成的级差收入,为资源开采企业之间开展公平竞争创造条件。

3. 资源税采用差别税额,实行从量定额征收,计算简便。目前,世界各国征收资源税的方法主要为三种:一是从价定率征收,二是从量定额征收,三是以应税资源的净收入为计税依据,实行从量定额计税,有利于计征和缴纳。

4. 资源税属于中央和地方共享税。世界上征收资源税的国家,在资源税的管理权限和收入归属上,主要有三种类型:即中央税、地方税、中央和地方共享税。我国现行的资源税属于共享税。

二、资源税的立法概况及立法意义

(一)资源税法律制度的发展概况

我国春秋时期即有盐铁专卖,这被认为是资源税的萌芽。此后各朝代均重视通过盐、铁等资源获取收入。

中华人民共和国成立后,从1950年开始,就一直对盐征税。到1984年,还开征了不包含盐税的资源税,当时的资源税只对原油、天然气、煤炭三种资源课征。1993年12月25日,国务院又重新颁布了修改后的《资源税暂行条例》,该条例自1994年1月1日起施行。同年12月30日,财政部又公布了该条例的实施细则。上述《资源税暂行条例》及其实施细则，体现了“普遍征收，级差调节”的原则，并把盐税并入资源税的征税范围，并增加了一些新的税目，从而使资源税的作用大为增强。当然，资源税从其发展趋势看，仍需进一步扩大征税范围，把水资源、森林资源等纳入其中，这既符合经济与社会的发展要求，也符合资源税自身的发展趋势。

（二）资源税的立法意义

保护和合理开发、利用国有矿藏资源、土地资源，是我国的一项基本国策。开征资源税，是国家运用法律和税收手段保护国有资源、维护国家权益的重要举措，具有重要的意义：

1. 有利于国有资源的合理开采、节约使用和有效配置。我国自然资源分布广，种类多，各地自然资源的结构和开发条件差异较大，因而资源开采者的利润水平相差悬殊。如果不开征资源税，对开发、利用资源在经济利益方面缺乏有力的调整，会使资源的开发、利用处于一种无序状态，降低资源的使用效益，导致开采中出现采富弃贫、采易弃难等破坏国家资源的现象。开征资源税，可以根据资源本身及其开发条件的差异，确定不同的税率，使资源与开采者的经济利益直接挂钩，既有利于开采者从其自身利益出发，提高资源的利用率，又有利于国家资源的保护。

2. 有利于调节由于资源条件差异形成的级差收入，为资源开采企业之间展开公平竞争创造条件。随着市场机制作用的充分发挥，资源级差收益的效益会越来越明显，那些资源条件好、品位高、开采条件优越的企业，其开采成本低，利润水平自然就高；反之，利润水平就比较低。开征资源税，可以把由于自然条件优越而形成的级差收入收归国有，排除资源因素造成的利润分配上的不合理，为企业之间开展公平竞争创造条件。

3. 有利于增加国家的财政收入。我国现行资源税的征税范围虽然有限，但因各种应税资源的开采量比较大，而且随着社会经济的进一步发展，资源税的征税范围将逐步扩大，因此，通过资源税筹集到的财政收入也将不断增加。

三、资源税法的主要内容

（一）纳税人

资源税的纳税人，是指在中国境内开采或生产应税资源的单位和个人。这里的单位包括国有企业、集体企业、私营企业、股份制企业、外商投资企业、外国企业、其他企业、行政单位、事业单位、军事单位、社会团体、其他单位。个人包括个体经营者和其他个人。

独立矿山、联合企业和其他收购未税矿产品的单位为资源税的扣缴义务人。

中外合作开采石油、天然气，目前按照规定征收矿区使用费，暂不征收资源税。

（二）征税范围

根据我国现行的资源税法律制度的规定，资源税的征税范围包括：

1. 原油。开采的天然原油征税，人造石油不征税。

2. 天然气。专门开采的天然气和与原油同时开采的天然气征税，煤矿生产的天然气暂不征税。

3. 煤炭。原煤征税，洗煤、选煤的其他煤炭制品不征税。

4. 其他非金属矿原矿、黑色金属矿原矿、有色金属矿原矿。

5. 盐。包括固体盐和液体盐（卤水）。

（三）资源税的税率

资源税实行定额税率，应税产品的课税单位规定固定的税额幅度，从量计征。其具体税额幅度见表11-1。

表 11-1　资源税税率表

税　　目	税　额　幅　度
1. 原油	8元—30元/吨
2. 天然气	2元—15元/千立方米
3. 煤炭	0.3元—8元/吨
4. 其他非金属矿原矿	0.5元—20元/吨、克拉或者立方米
5. 黑色金属矿原矿	2元—30元/吨
6. 有色金属矿原矿	0.4元—30元/吨或立方米挖出量
7. 盐	
固体盐	10元—60元/吨
液体盐	2元—10元/吨

纳税人具体适用的单位税额，由财政部根据其资源和开采条件等因素的变化情况适当进行定期调整。此外，《资源税暂行条例》规定，纳税人开采或者生产不同税目应

税产品的,应当分别核算不同税目应税产品的课税数量;未分别核算或者不能准确提供不同税目应税产品的课税数量的,从高适用税额。

(四)计税依据与应纳税额计算

资源税的计税依据是应税资源产品的课税数量。资源税的应纳税额,按照应税产品的数量和规定的单位税额计算,其计算公式为:

$$应纳税额 = 课税数量 \times 单位税额$$

对于上述课税数量的确定,应注意如下几点:

1. 纳税人开采或者生产应税产品销售的,以销售数量为课税数量。

2. 纳税人开采或者生产应税产品自用的,以自用数量为课税数量。

3. 纳税人不能准确提供应税产品销售数量或者移送使用数量的,以应税产品的产量或主管税务机关确定的折算比例换算成的数量作为课税数量。

4. 原油中的稠油、高凝油与稀油划分不清或者不易划分的,一律按原油数量为课税数量。

5. 对于连续加工前无法正确计算原煤移送使用量的煤炭,可按加工产品的综合回收率,将加工产品实际销量和自用量折算成原煤数量,以此作为课税数量。

6. 金属矿与非金属矿产品原矿,因无法准确掌握纳税人移送使用原矿数量的,可将其精矿按选矿比折算成原矿数量,以此作为课税数量。其折算公式如下:

$$选矿比 = 精矿数量 \div 耗用原矿数量$$

7. 纳税人将自产的液体盐加工成固体盐,按固体盐税额征收的,以加工的固体盐数量为课税数量;纳税人以外购的液体盐加工成固体盐,其加工固体盐所耗用液体盐的已纳税额准予抵扣。

8. 扣缴义务人代扣代缴税款时,以收购的未税矿产品的数量为课税数量。

四、税收优惠

按照资源税法规规定,下列项目可以免征或者减征资源税:

1. 开采原油过程中用于加热、修井等自用的原油,可以免征资源税。

2. 纳税人在开采或者生产应税产品过程中,因意外事故或者不可抗力等原因遭受重大损失的,可以由所在省、自治区、直辖市人民政府酌情给予免征或者减征的照顾。

3. 国务院规定的其他可以减税、免税的项目。例如自 2002 年 4 月 1 日起,冶金联合企业矿山应纳的铁矿石资源税可以减征60%。

对于纳税人减征、免征资源税的项目,应当单独核算其课税数量。如果纳税人不单独核算或者不能准确地提供其免税、减税项目的课税数量,税务机关将不再办理免税、减税。

4. 自2007年1月1日起,对地面抽采煤层气暂不征收资源税。

5. 自2007年2月1日起,北方海盐资源税暂减按每吨15元征收,南方海盐、湖盐、井矿盐资源税暂减按每吨10元征收,液体盐资源税暂减按每吨2元征收。

五、征收管理

(一) 纳税义务发生时间

1. 纳税人销售应税产品的,其纳税义务发生时间是:纳税人采取分期收款结算方式的,其纳税义务发生时间为销售合同规定的收款日期当天;纳税人采取预收货款结算方式的,其纳税义务发生时间为发出应税产品的当天;纳税人采取其他结算方式的,其纳税义务发生时间为收讫销售款或取得索取销售款凭据的当天。

2. 纳税人自产自用应税产品的纳税义务发生时间为移送使用应税产品的当天。

3. 扣缴义务人代扣代缴税款的纳税义务发生时间为支付首笔货款或开具应支付货款凭据的当天。

(二) 纳税期限

资源税的纳税期限分别为1日、3日、5日、10日、15日或者1个月。具体期限由主管税务机关根据实际情况核定。不能按固定期限计算纳税的,可以按次计算纳税。

纳税人以1个月为一期纳税的,自期满之日起10日内申报缴纳税款;以1日、3日、5日、10日或15日为一期纳税的,自期满之日起5日内预缴税款,于次月1日起10日内申报纳税并结清上月税款。

扣缴义务人的纳税期限,比照上述规定执行。

(三) 纳税地点

根据资源税法规定,资源税的纳税地点为:

1. 纳税人应纳的资源税,应当向应税产品的开采或者生产所在地主管税务机关缴纳。

2. 纳税人在本省、自治区、直辖市内开采或者生产应税产品的,其纳税地点需要调整的，由所在地省、自治区、直辖市税务机关决定。

3. 跨省、自治区、直辖市开采或生产应税产品的单位。其下属单位与核算单位不在同一省、自治区、直辖市的，对其开采的矿产品，一律在开采地纳税。其应纳税款由独立核算、自负盈亏的单位，按照开采地的实际销售量（或者自用量）及适用的单位税额计算划拨。

4. 扣缴义务人代扣代缴的资源税，应当向收购地主管税务机关缴纳。

第三节　城镇土地使用税法律制度

一、城镇土地使用税概述

城镇土地使用税是指对在城市、县城、建制镇和工矿区范围内使用土地的单位和个人，按其实际占用的土地面积和规定的土地等级征收的一种税。开征城镇土地使用税有利于合理利用城镇土地，调节土地级差收入，提高土地使用效益，加强土地管理，并可以增加国家财政收入。

二、城镇土地使用税的主要内容

（一）纳税人

城镇土地使用税的纳税人为在城市、县城、建制镇、工矿区范围内使用土地的单位和个人。所称单位，包括国有企业、集体企业、私营企业、股份制企业、外商投资企业、外国企业以及其他企业和事业单位、社会团体、国家机关、军队以及其他单位；所称个人，包括个体工商户以及其他个人。

城镇土地使用税由拥有土地所有权的单位或个人缴纳。拥有土地使用权的单位和个人不在土地所在地的，由土地的实际使用人或代管人纳税；土地使用权未确定或权属纠纷未解决的，由土地的实际使用人纳税；土地使用权共有的，由共有各方分别纳税。

（二）征税对象

城镇土地使用税的征税对象为城市、县城、建制镇和工矿区内的国家所有和集体所有的土地,不包括农村集体所有的土地。其中城市包括市区和郊区;县城指县人民政府所在地的城镇;建制镇指镇人民政府所在地;工矿区为工商业比较发达、人口比较集中、符合建制镇标准,但是尚未设镇的大中型工矿企业所在地。

自2009年1月1日起,公园、名胜古迹内的索道公司经营用地,应按规定缴纳城镇土地使用税。自2009年12月1日起,对在城镇土地使用税征税范围内单独建造的地下建筑用地,按规定征收城镇土地使用税。

(三) 税率和应纳税额计算

城镇土地使用税采用幅度定额税率,每平方米土地年税额规定见表11-2。

表11-2　城镇土地使用税税率表

级　别	人口(人)	每平方米税额(元)
大城市	50万以上	1.5—30
中等城市	20—50万	1.2—24
小城市	20万以下	0.9—18
县城、建制镇、工矿区		0.6—12

省、自治区、直辖市人民政府,应当在上述规定的税额幅度内,根据市政建设状况、经济繁荣程度等条件,确定所辖地区的适用税额幅度。市、县人民政府应当根据实际情况,将本地区土地划分为若干等级,在省、自治区、直辖市人民政府确定的税额幅度内,制定相应的适用税额标准,报省、自治区、直辖市人民政府批准执行。经省、自治区、直辖市人民政府批准,经济落后地区土地使用税的适用税额标准可以适当降低,但降低额不得超过《中华人民共和国城镇土地使用税暂行条例》第4条规定最低税额的30%。经济发达地区土地使用税的适用税额标准可以适当提高,但须报经财政部批准。

城镇土地使用税以纳税人实际占用的土地面积为依据,依照规定的税额征收。纳税人实际占用的土地面积的组织测量工作,由省、自治区、直辖市人民政府根据实际情况确定。城镇土地使用税的计算公式为:

全年应纳税额 = 实际占用土地面积(平方米) × 适用税率

【实例演示】

某城市的一家公司,实际占地20 000平方米。由于经营规模扩大,年初该公司又受让了一处尚未办理土地使用证的土地5 000平方米,公司按其当年开发使用的20 000

平方米土地面积进行申报纳税，以上土地均适用每平方米3元的城镇土地使用税税率。试求该公司当年应缴纳的城镇土地使用税。

该公司应缴纳的城镇土地使用税 = (20 000 + 5 000) × 3 = 75 000(元)

三、税收优惠

根据税法规定，下列土地免缴土地使用税：

1. 国家机关、人民团体、军队自用的土地。

2. 由国家财政部门拨付事业经费的单位自用的土地。

3. 宗教寺庙、公园、名胜古迹自用的土地。

4. 市政街道、广场、绿化地带等公共用地。

5. 直接用于农、林、牧、渔业的生产用地。

6. 经批准开山填海整治的土地和改造的废弃土地，从使用的月份起免缴土地使用税5年至10年。

7. 由财政部另行规定免税的能源、交通、水利设施用地和其他用地。

除上述规定外，纳税人缴纳土地使用税确有困难需要定期减免的，由省、自治区、直辖市税务机关审核后，报国家税务总局批准。

四、征收管理

(一) 纳税期限

城镇土地使用税按年计算、分期缴纳。缴纳期限由省、自治区、直辖市人民政府确定。

1. 纳税人购置新建商品房，自房屋交付使用之次月起缴纳。

2. 纳税人购置存量房，自办理房屋权属转移、变更登记手续，房地产权属登记机关签发房屋权属证书之次月起缴纳。

3. 纳税人出租、出借房产，自交付出租、出借房产之次月起缴纳。

4. 以出让或转让方式有偿取得土地使用权的，应由受让方从合同约定交付土地时间的次月起缴纳；合同未约定时间的，由受让方从合同签订的次月起缴纳。

5. 对纳税人新征用的土地：(1)新征用的耕地，自批准征用之日起满1年时开始缴纳；(2)新征用的耕地，自批准征用之次月起缴纳。

6. 自2009年1月1日起，纳税人因土地的权力发生变化而依法终止城镇土地使用税纳税义务的，其应纳税款的计算应截止到土地权利发生变化的当月末。

(二)纳税地点

土地使用税由土地所在地的税务机关征收。纳税人使用的土地不属于同一省(自治区、直辖市)管辖范围内的,由纳税人分别向当地的主管税收机关纳税。在同一省(自治区、直辖市)管辖范围内的,纳税人跨地区使用的土地,纳税地点由省级税务机关确定。

第四节 耕地占用税法律制度

一、耕地占用税法概述

耕地占用税是对我国境内占用耕地建房或者从事其他非农业建设的单位和个人,按其实际占用的耕地面积征收的一种财产税。

我国幅员辽阔,但是耕地面积不到20亿亩,仅占国土面积的8%。近年来,农村居民建房和非农业建设占用的耕地又越来越多,若不得到控制,势必影响农业的发展,威胁国民经济的健康运行。国务院曾在1987年颁布《耕地占用税暂行条例》。但是,目前我国调整耕地占用税征纳关系的法律规范是国务院于2007年12月1日重新颁布的《耕地占用税暂行条例》,该条例自2008年1月1日起实施,与之配套的《耕地占用税暂行条例实施细则》也于同年2月施行。

二、耕地占用税法的主要内容

(一)纳税人

根据耕地占用税法的规定,耕地占用税的纳税人为在我国境内占用耕地或者从事其他非农业建设的单位和个人。单位包括国有企业、集体企业、私营企业、股份制企业、外商投资企业、外国企业以及其他企业和事业单位、社会团体、国家机关、军队以及其他单位。个人包括个体工商户以及其他个人。

(二)征税范围

耕地占用税的征税范围包括国家所有和集体所有的耕地。耕地是指种植农作物的土地，包括菜地和园地。其中园地包括花圃、苗圃、茶园、果园、桑园以及其他种植经济林木的土地。占用前三年内属于上述范围的耕地或者农用土地，视为耕地。占用鱼塘及其其他农用土地建房或者从事其他非农建设的，也视同为耕地。

占用已经开发从事种植、养殖的滩涂、草场、水面和林地等从事非农建设的是否征税，由省、自治区、直辖市本着有利于保护农用土地资源和保护生态平衡的原则，结合具体情况确定。

（三）税率及计税方法

耕地占用税实行一次征收，采用地区差别定额税率，并以县为单位，根据人均占用耕地的多少实行幅度税率。一般来说，人口稠密、人均耕地较少、经济较发达、非农业占地问题较为突出、土地质量较好的地方，税率就较高；反之，税率就较低。具体规定见表11-3。

表11-3　耕地占用税税率表

地区级别（以县为单位）	每平方米税额（元）
人均耕地不超过1亩的地区	10—50
人均耕地超过1亩但不超过2亩的地区	8—40
人均耕地超过2亩但不超过3亩的地区	6—30
人均耕地超过3亩以上的地区	5—25

农村居民占用耕地新建住宅，按照当地适用税额减半征收耕地占用税。

经济特区、经济技术开发区和经济发达而人均耕地特别少的地区，适用税额可以适当提高，但是最高不得超过规定税额的50%。

各省、自治区、直辖市对所属县（市）的适用税额，可根据不同情况，有差别地核定，但是全省核定税额的平均水平不得低于平均税额。

耕地占用税应纳税额的计算公式：

应纳税额 = 实际占用耕地面积（平方米）× 适用的单位税额

三、税收优惠

（一）免征耕地占用税

1. 军事设施占用耕地；

2. 学校、幼儿园、养老院、医院占用耕地。

(二) 减征耕地占用税

1. 铁路线路、公路线路、飞机场跑道、停机坪、港口、航道占用耕地,减按每平方米2元地税额征收;

2. 农村居民占用耕地新建住宅,按照当地适用税额减半征收。

农村烈士家属、残疾军人、鳏寡孤独以及革命老根据地、少数民族聚居区和边远贫困山区生活困难的农村居民,在规定用地标准以内新建住宅缴纳耕地占用税确有困难的,经所在地乡(镇)人民政府审核,报经县级人民政府批准后,可以免征或者减征耕地占用税。

免征或者减征耕地占用税以后,纳税人改变原占地用途,不再属于免征或者减征耕地占用税情形的,应当按照当地适用税额补缴耕地占用税。

四、征收管理

耕地占用税由地方税务机关征收。获准占用耕地的单位或个人应当在收到土地管理部门的通知之日起30日内缴纳耕地占用税。

第五节 土地增值税法律制度

一、土地增值税法概述

土地增值税是对有偿转让国有土地使用权、地上建筑物及其附着物产权,取得增值性收入的单位和个人征收的一种税。

土地增值税法是指国家制定的用以调整土地增值税征收与缴纳关系的法律规范的总称。我国关于土地增值税的法规是国务院于1993年12月13日发布的《中华人民共和国土地增值税暂行条例》、财政部于1995年1月27日颁布的《中华人民共和国土地增值税暂行条例实施细则》。土地增值税自1994年1月1日起在全国开始征收。

我国立法开征土地增值税的直接目的,是为了抑制通过炒买炒卖土地来投机获取暴利的行为，加强对房地产开发和房地产市场的规范和管理，参与土地增值税收益的分配，增加国家财政收入。

二、土地增值税法的主要内容

（一）纳税人

土地增值税的纳税人，为在中华人民共和国境内以出售或者以其他方式有偿转让国有土地使用权、地上建筑物及其附着物并取得收入的单位和个人。单位包括国有企业、集体企业、私营企业、股份制企业、其他企业、行政单位、事业单位、社会团体、其他单位；个人包括个体经营者和其他个人。

（二）征税范围

土地增值税的征税范围是指有偿转让国有土地使用权及地上建筑物和其他附着物产权所取得的增值额。

在实际工作中，准确界定土地增值税的增税范围十分重要。一般界定有三个标准：转让的土地是否国家所有；土地使用权、地上建筑物及其附着物是否发生产权转让；转让房地产是否取得收入。

土地增值税征税范围的具体情形有：(1)以出售方式转让国有土地使用权、地上建筑物及其附着物的，其中包括：出售国有土地使用权的；取得国有土地使用权后进行房屋开发建造后出售的；存量房地产的买卖。(2)以继承、赠与方式转让房地产的。(3)房地产交换。(4)以房地产进行投资、联营。(5)合作建房。(6)企业兼并转让房地产。

（三）计税依据

土地增值税的计税依据为纳税人转让房地产所取得的增值额。增值额，是指纳税人转让房地产取得的收入减除法律规定扣除项目金额之后的余额。纳税人取得的收入包括转让房地产而取得的货币形态、实物形态及其他形态的全部价款及有关的经济收益。从收入的形式看，包括货币收入、实物收入和其他收入。对边开发边转让的预售房收入，也应按规定将实收价款列入经营收入计征土地增值税。

土地增值税的法定扣除的项目包括：

1. 取得土地使用权所支付的金额，即纳税人为取得土地使用权所支付的地价款以及按国家统一规定缴纳的有关费用。

2. 房地产开发的成本、费用。房地产开发成本主要包括土地上的征用及拆迁补偿费、前期工程费、建筑安装工程费、基础设施费、公共配套设施费、开发间接费用等,在计算增值额时,允许据实扣除。房地产开发费用是指与房地产开发项目有关的销售费用、管理费用、财务费用。

3. 旧房及建筑物的评估价格。旧房及建筑物的评估价格,须经当地税务机关确认。采用评估价格而不采用建造时的造价作为扣除项目,避免了对因通货膨胀带来的土地增值征收土地增值税。

4. 与转让房地产有关的税金。纳税人在转让房地产时缴纳的营业税、城乡维护建设税和印花税允许从房地产收入中扣除。因转让房地产缴纳的营业税的教育费附加,也视同税金予以扣除。

5. 财政部规定的其他扣除项目。财政部规定,对从事房地产开发的纳税人可按取得土地使用权所支付的金额与房地产开发成本之和,加计20%的扣除。其计算公式为:

加计扣除费用 =(取得土地使用权所支付的金额 + 房地产开发成本)×20%

税法规定,纳税人有下列情形之一的,需要对房地产进行评估,并以房地产的评估价格来确定转让房地产的收入、扣除项目的金额:

1. 隐瞒、虚报房地产成交价格。该情形是指,纳税人不报或有意低报转让土地使用权、地上建筑物及其附着物价款的行为。对该情形由评估机构参照同类房地产的市场交易价格进行评估,税务机关根据评估价格确定转让房地产的收入。

2. 提供扣除项目金额不实的。该情况是指,纳税人在纳税申报时,不据实提供扣除项目金额,或是虚增被转让房地产扣除项目的内容和金额等行为。对该情形,应由房地产评估机构根据同地段、同类型房地产进行综合评定的重置成本价乘以成新度折扣率计算的房屋成本和取得土地使用权时的基准地价进行评估。税务机关根据评估价格确定扣除项目金额。

3. 转让房地产的成交价格低于房地产评估价格,又无正当理由的。该情形是指,纳税人申报的转让房地产的实际成交价格低于房地产评估机构评定的交易价,纳税人又不能提供凭据或无正当理由的行为。对该情形,应由税务机关参照房地产评估价格确定转让房地产的收入。

(四) 税率

土地增值税实行四级超率累进税率,见表11-4。

表 11-4 土地增值税四级超率累进税率表

级 数	增值额与扣除项目金额的比率	税率(%)	速算扣除系数(%)
1	不超过 50% 的部分	30	0
2	超过 50% 至 100% 的部分	40	5
3	超过 100% 至 200% 的部分	50	15
4	超过 200% 的部分	60	35

(五) 应纳税额计算

土地增值税应纳税额的计算,可以采用下列两种方法:

1. 先计算出增值额所属规定级别税率的不同部分,对不同部分适用相应的税率,以此计算各部分增值额的应纳税额,各部分应纳税额之和,即为纳税人的全部应纳税额。计算公式如下:

$$应纳税额 = \sum(增值额 \times 适用税率)$$

2. 先计算出增值额与扣除项目金额之间的比率,以确定适用的税率;然后用增值额乘以适用税率减去扣除项目金额乘以速算扣除率的方法,计算公式如下:

$$应纳税额 = 增值额 \times 适用税率 - 扣除项目金额 \times 速算扣除率$$

【实例演示】

A 公司将本公司市区内一栋办公楼出售,取得收入 2 000 万元,并按规定缴纳了有关税费。该单位为建该楼支付了地价款和有关费用共计 80 万元,能够提供有效凭据。该楼原值 1 500 万元,已提折旧 460 万元。经评估部门评定,该楼重置成本价为 2 100 万元,成新度折扣率为 70%(营业税税率 5%,城建税税率 7%,印花税税率 0.5‰,教育费附加征收率 3%)。计算该企业应纳土地增值税。

(1) 转让收入 =2 000(万元)

(2) 扣除金额为:

旧房的评估价格 = 2 100 × 70% = 1 470(万元)

支付的地价款和有关费用 = 80(万元)

营业税 = 2 000 × 5% = 100(万元)

城建税 = 100 × 7% = 7(万元)

教育费附加 = 100 × 3% = 3(万元)

印花税 = 2 000 × 0.5‰ = 1(万元)

税费合计 = 100 + 7 + 3 + 1 = 111(万元)

扣除项目金额合计 = 1 470 + 80 + 111 = 1 661(万元)

(3) 增值额 = 2 000 - 1 661 = 339(万元)

(4) 增值额与扣除金额之比 = 339 ÷ 1 661 × 100% = 20.4%。适用税率为30%。

应纳税额 = 339 × 30% - 1 661 × 0% = 101.7(万元)

三、税收优惠

根据土地增值税法法规规定,下列项目免征土地增值税:

1. 建造普通标准住宅出售,增值额未超过规定扣除项目金额20%的。

2. 由于城市实施规划、国家建设需要依法征用、收回的房地产。

3. 由于城市实施规划、国家建设需要而搬迁,由纳税人自行转让的房地产。

4. 个人之间互换自有居住房地产的。

5. 个人因工作调动或者改善居住条件而转让原自用住房,经过主管税务机关批准,在原住房居住满5年或5年以上的,免征土地增值税;居住满3年不满5年的减半征税。

6. 对1994年1月1日以前已签订的房地产转让合同,不论其房地产在何时转让,均免征土地增值税。1994年1月1日以前已签订的房地产开发合同或已立项并已按规定投入资金进行开发,其在1994年1月1日以后5年内首次转让房地产的,免征土地增值税。

四、征收管理

不论纳税人的机构所在地、经营所在地、居住所在地设在何处,均应在房地产的所在地申报纳税。

纳税人应当自转让房地产合同签订之日起7日内向房地产所在地主管税务机关办理纳税申报,并在税务机关核定的期限内缴纳土地增值税。

以一次交割、付清价款方式转让房地产的,应在办理过户、登记手续前一次性缴纳全部税款。以分期收款方式转让房地产的,可根据收款日期确定具体的纳税期限。项目全部竣工结算前转让房地产的,可以预征土地增值税。

第六节　房产税法律制度

一、房产税法概述

房产税是以房屋为征税对象,并由对房屋拥有所有权或使用权的主体缴纳的一种财产税。

房产税也是一个历史悠久的税种,在世界各国征收较为普遍。我国自周朝以来各个朝代均对房产征税,从而使房产税制度一直绵延不绝。

我国现行房产税具有以下特点:

1. 房产税属于财产税中的个别财产税。其征税对象仅限于房屋,而且是经营性房屋。

2. 征税范围限于城镇,不涉及农村。

3. 区别房屋的经营使用方式规定征税办法。拥有房屋的单位和个人,既可以将房屋用于生产性经营自用,又可以将房屋用于出租。房产税根据纳税人经营形式不同,对前一类房屋按房产计税余值征收,对后一类房屋按租金收入计税。

房产税法是指调整房产税征纳关系的法律规范的总称。1986 年 9 月 15 日国务院颁布了《中华人民共和国房产税暂行条例》(下称《房产税暂行条例》),并从当年 10 月 1 日起实施。但那时,对在我国的外商投资企业、外国企业和外籍人员的房产征税仍然适用 1951 年由原政务院颁布的《中华人民共和国城市房地产税暂行条例》。这样在未来的二十多年里房地产领域形成了内外有别的两套税制。自 2009 年 1 月 1 日起,废止《中华人民共和国城市房地产税暂行条例》,外商投资企业、外国企业和组织以及外籍个人(包括港澳台资企业和组织以及华侨、港澳台同胞),均依照《房产税暂行条例》缴纳房产税。在 2011 年初,上海市人民政府和重庆市人民政府先后颁布了《上海市开展对部分个人住房征收房产税试点的暂行办法》和《重庆市关于进行对部分个人住房征收房产税改革试点的暂行办法》,并同时于 2011 年 2 月 28 日起施行。这标志着我国正式启动了地方房产税改革的试点工作。

【政策解读】

上海市和重庆市在全国率先试点开征房产税

在世界范围来看,房产税作为地方政府财政收入主要来源的税种,其税源较为稳定持续,征收管理要求较高,并且对地方建设资金的筹集和城市环境的改善等公共事业的发展具有重要的意义,也因此被称为"良税"。然而,在我国现行的税制结构和财政体制下,要成功开征房产税,并不是一蹴而就的,房产税的改革需要渐进的过程。

2011 年 1 月,上海市和重庆市先后出台了《上海市地方税务局关于本市个人住房房产税征收管理有关事项的公告》和《重庆市个人住房房产税征收管理实施细则》,并同时于 2011 年 1 月 28 日起正式试点开征房产税。两市房产税规定对比如下:

项　目	重　庆	上　海
试点范围	渝中、江北、沙坪坝、九龙坡、大渡口、南岸、北碚、渝北、巴南	上海市行政区域
税率	以上两年主城区新房均价为基准,3 倍以下的 0.5%,3—4 倍的 1%,4 倍以上的 1.2%。	暂定为 0.6%;应税住房每平方米市场交易价格低于本市上年度新建商品住房平均销售价格 2 倍(含 2 倍)的,税率暂减为 0.4%。
征税范围(对本地居民)	1. 个人拥有的独栋商品住宅;2. 个人新购的高档住房。高档住房是指建筑面积交易单价达到上两年主城九区新建商品住房成交建筑面积均价 2 倍(含 2 倍)以上的住房。	家庭第二套及以上住房(包括新购的二手存量住房和新建商品住房)
征税范围(对外地居民)	在重庆市同时无户籍、无企业、无工作的个人新购的第二套(含第二套)以上的普通住房	非本市居民家庭在本市新购的住房
计税依据	应税住房的计税价值为房产交易价。条件成熟时,以房产评估值作为计税依据。	参照应税住房的房地产市场价格确定的评估值,评估值按规定周期进行重估。试点初期,暂以应税住房的市场交易价格作为计税依据。房产税暂按应税住房市场交易价格的 70% 计算缴纳。

（续表）

项　目	重　庆	上　海
税收优惠	1. 一个家庭可对一套应税住房扣除免税面积，存量独栋住宅为180平方米，新购高档住房为100平方米。2. 对农民在宅基地上建造的自有住房，暂免征收房产税。3. 在重庆市同时无户籍、无企业、无工作的个人拥有的普通应税住房，如纳税人在重庆市具备户籍、有企业、有工作任一条件的，从当年起免征税，如已缴纳税款的，退还当年已缴税款。4. 因自然灾害等不可抗力因素，纳税人纳税确有困难的，可向地方税务机关申请减免税和缓缴税款。	1. 家庭全部住房面积人均不超过60平方米；2. 本市居民家庭在新购一套住房后的一年内出售该居民家庭原有唯一住房；3. 子女成年后，因婚姻等需要而首次新购住房、且该住房属于成年子女家庭唯一住房的；4. 符合国家和本市有关规定引进的高层次人才；5. 持有本市居住证满3年并在本市工作生活的购房人，其在本市新购住房、且该住房属于家庭唯一住房的。

在上海市和重庆市试点开征房产税之前，财政部、国家税务总局、住房和城乡建设部负责人表示，试点开始后，“三部委”将总结试点经验，适时研究提出逐步在全国推开的改革方案。条件成熟时，在统筹考虑对基本需求居住面积免税等因素的基础上，在全国范围内对个人拥有的住房征收房产税。可见，房产税改革势在必行，其功能和意义在于：第一，有利于健全我国财税体系，增加和稳定地方财政收入，解决土地财政的问题，完善房产生产、交易和持有环节的税收制度；第二，在房价调控方面，通过税收手段间接调控房价；第三，房产税属于二次分配，具有调节收入差距的作用；第四，适当改变公众的住房消费习惯，对于自住的人，可以达到适当降低居住面积的目的；对于囤房的人，可增加其持有成本，使其增加房屋出租量，并使出租房屋供应量增加和租房价格下降；对于炒房的人，则减少投机心理。

二、房产税法的主要内容

（一）房产税的纳税人

我国房产税的纳税人是在我国境内拥有房屋产权的单位和个人，即房产税应由房屋产权所有人缴纳。需要注意：我国房屋的产权所有人，主要分为国家（全民）、集体和个人。产权属于全民所有的，由经营管理的单位缴纳；产权属于集体和个人所有的，由集体单位和个人缴纳；产权出典的，由承典人缴纳。产权所有人、承典人不在房产所在地的，或者产权未确定及租典纠纷未解决的，由房产代管人或使用人缴纳。纳税单位和个人无租使用房产管理部门、免税单位及纳税单位的房产，应由使用人代为缴纳房产税。上述产权所有人、经营管理单位、承典人、房产代管人或者使用人,统称为房产税的纳税人。

(二)房产税征税范围

具体范围包括:建在城市、县城、建制镇、工矿区的房产,但仅限于生产经营性用房。

(三)房产税计税依据、税率与应纳税额计算

房产税的计税依据是房产的计税余值或房产的租金收入。按照房产的计税余值征税的,称为从价计征;按照房产租金收入计征的,称为从租计征。

采用从价计征的房产税是按照房产原值一次减去10%—30%后的余值计算缴纳。各地扣除比例由当地省、自治区、直辖市人民政府确定。采用从租计征的房产税是以房产租金收入为房产税的计税依据。

房产税实行比例税率。由于房产税的计税依据有从价计征和从租计征两种,因此房产税的税率也有两种。

1. 按房产原值一次减去10%—30%后的余值计征,税率为1.2%。

2. 按房产出租的租金收入计征,税率为12%。从2001年1月1日起,对个人按市场价格出租的居民住房,暂减按4%的税率征收房产税。上述税率均为年税率。

应纳税额计算公式为:

依照房产余值计算缴纳的应纳税额 = 应税房产原值 ×(1 - 扣除比例)×1.2%

按照房产租金收入计算缴纳的应纳税额 = 租金收入 ×12%(或4%)

【实例演示】

某企业2005年1月1日拥有房产原值500万元,其中一部分房产为企业幼儿园使用,原值100万元。当地政府规定,按原值一次减去20%后的余值纳税。计算该企业月应纳房产税税额。

年应纳房产税税额 = (500 - 100)×(1 - 20%)×1.2% = 3.84(万元)

月应纳税房产税税额 = 3.84 ÷ 12 = 0.32(万元)

三、房产税税收优惠规定

按照《中华人民共和国房产税暂行条例》及相关政策的规定,下列项目免征房产税:

1. 国家机关、人民团体、军队自用的房产。具体是指这些单位本身的办公用房和

公务用房。但对出租房产以及非自身业务使用的生产、营业用房，不属于免税范围。

2. 由国家财政部门拨付事业经费的单位，本身业务范围内使用的房产。

3. 企业所办的学校、托儿所、幼儿园自用的房产。

4. 非营利性医疗机构、疾病控制机构、妇幼保健机构等医疗、卫生机构自用的房产。营利性医疗机构取得收入直接用于改善医疗卫生条件的，自其取得执业登记之日起三年内，自用的房产也可以免征房产税。

5. 非营利性科研机构自用的房产。

6. 符合规定的科学研究机构转为企业和进入企业，可以从转制注册之日起，五年内免征科研开发自用房产的房产税。

7. 宗教寺庙、公园、名胜古迹自用的房产。

8. 个人所有非营业用房产。这里主要指居民住房。对个人拥有的营业用房或者出租的房产，不属于免税房产。

9. 经财政部批准免税的其他房产。如地下人防设施、损坏不堪使用的房屋和危险房屋等。

除上述可以免纳房产税的情况以外，如纳税人纳税确有困难的，可由省、自治区、直辖市人民政府确定，定期减征或免征房产税。

四、征收管理

(一) 纳税义务发生的时间

1. 纳税人将原有房产用于生产经营，从生产经营之月缴纳房产税。

2. 纳税人自行新建房屋用于生产经营，从建成之次月起缴纳房产税。

3. 纳税人委托施工企业建设的房屋，从办理验收手续之次月起，缴纳房产税。纳税人在办理手续前，即已使用或出租、出借的新建房屋，应从使用或出租、出借的当月起缴纳房产税。

4. 购置新建商品房，自房屋交付使用之次月起，缴纳房产税。

5. 购置存量房，自办理房屋权属转移、变更登记手续，房地产权属登记机关签发房屋权属证书之次月起缴纳房产税。

6. 出租、出借房产，自交付出租、出借房产之次月起缴纳房产税。

7. 房地产开发企业自用、出租、出借本企业建造的商品房，自房屋使用或交付之次月起缴纳房产税。

8. 自2009年1月1日起，纳税人因房产的实物或者权利状态发生变化而依法终止房产税纳税义务的,其应纳税额的计算应截止到房产的实物或者权利状态发生变化的当月末。

(二)纳税期限

房产税实行按年计算、分期缴纳的征收方法。具体纳税期限由各省、自治区、直辖市人民政府确定。

(三)纳税地点

房产税在房产所在地缴纳。房产不在同一地方的纳税人,应按房产的坐落地分别向房产所在地的税务机关纳税。

【域外考察】

美国的不动产税归在房产税项下,税基是房产税评估价值的一定比例。目前美国50个州都征收房产税,且各州和地方政府规定的税率都不同,大约平均在1%—3%之间。日本的房产税主要是对房地产等不动产征收的不动产取得税、固定资产税、城市规划税、注册执照税等,同时还有遗产继承税和赠与税。韩国的房产税征收分为取得、转让和持有环节课税,对拥有超过一定标准的土地和房屋所有人还征收综合土地税,适用累进税率,对房产的课税税率在0.5%—2%之间,对土地的课税税率在0.75%—2%之间。香港的物业税对房产出租的收入所得征税,每一个课税年度按照土地或者楼宇的应评税净值,以标准税率向在香港拥有土地或楼宇的拥有人征收,税率在每一纳税年度调整一次,如2003—2004年为15%,2004—2005年为16%等。台湾为了抑制房地产的短期投机,于2011年5月4日颁布了《特种货物及劳务税条例》(即"奢侈税"条例)。奢侈税是针对短期买卖非供自住不动产课征特种货物及劳务税,所有权人销售持有期间在2年以内(包括2年)在台湾境内的房屋及其基地或者依法得到核发建筑执照的都市土地,都要依法缴纳奢侈税,税率在10%—15%之间。

第七节　契税法律制度

一、契税法概述

契税是以财产所有权发生转移变动的不动产为征税对象,向产权承受人征收的一种财产税，属于动态财产税。在我国，契税是指在我国境内转移土地、房屋权属为征收对象，向产权承受人征收的一种财产税。

契税法是指国家制定的用以调整契税征纳权利义务关系的法律规范。中华人民共和国成立后，当时的政务院曾于1950年4月发布了《契税暂行条例》，该条例沿用40多年，已不能适应经济发展的需要。为此，国务院于1997年7月发布了《中华人民共和国契税暂行条例》，该条例自1997年10月1日起施行。此后，财政部又于同年10月发布了《中华人民共和国契税暂行条例实施细则》，从而确立了我国新的契税制度。

二、契税法的主要内容

（一）纳税人

契税的纳税人是指在我国境内转移土地、房屋权属的承受单位和个人，包括中国公民和外籍人员。具体是指国有土地使用权出让或者土地使用权转让中的受让人、房屋的买主、房屋赠予承受人、房屋交换的双方。

（二）征税范围

根据《中华人民共和国契税暂行条例》的规定，我国现行契税的征收范围具体包括：(1)国有土地使用权出让；(2)土地使用权转让，包括出售、赠与和交换，但不包括农村集体土地承包经营权的转移；(3)房屋买卖；(4)房屋赠与；(5)房屋交换；(6)承受国有土地使用权支付的土地出让金。

以下列方式转移土地、房屋权属，视同土地使用权转让、房屋买卖或者房屋赠与，也应缴纳契税：(1)以土地、房屋权属作价投资、入股；(2)以土地、房屋权属抵债；(3)以无形资产方式承受土地、房屋权属；(4)以获奖方式承受土地、房屋权属；(5)以预购方式或者预付“集资”建房款方式承受土地、房屋权属；(6)财政部根据暂行条例确定的其他转移土地、房屋权属方式。

（三）计税依据

契税的计税依据为不动产的价格。《中华人民共和国契税暂行条例》规定，其计税依据的确定分三种情况：

1. 国有土地使用权出让、土地使用权出售、房屋买卖，以出让金、成交价格为计税依据。

2. 土地使用权赠与、房屋赠与,其计税依据由征收机关参照当地土地使用权出售、房屋买卖的市场价格确定。

3. 土地使用权交换、房屋交换,其计税依据为所交换的土地使用权、房屋的价差。对成交价格明显低于市场价格并且无正当理由的,或者所交换的土地使用权、房屋的价格差额明显不合理并且无正当理由的,其计税依据由征收机关参照当地市场价格核定。

4. 以划拨方式取得土地使用权,经批准转让房地产时,由房地产转让者补交契税。计税依据为补交的土地使用权出让费用或者土地收益。

(四) 税率和应纳税额计算

契税实行3%—5%的幅度比例税率,具体由各省、自治区、直辖市人民政府在此幅度范围内,按照本地的实际情况具体确定。契税应纳税额计算公式为:

应纳税额 = 计税依据 × 税率

【实例演示】

2005年1月,A公司以一栋房屋换取B公司的一栋房屋,房屋契约写明:A公司的房屋价值5 000万元,B公司的房屋价值为4 000万元,A公司所在地契税税率为3%,B公司所在地契税税率为5%。计算该企业应纳契税税额。

该房屋交换,B公司应是房屋产权的承受人,是多得的一方,应为契税的纳税人。

应纳契税税额 = (5 000 - 4 000) × 5% = 50(万元)

三、税收优惠规定

1. 国家机关、事业单位、社会团体、军事单位承受土地、房屋用于办公、教学、医疗、科研和军事设施的,免征契税。

2. 城镇职工按规定第一次购买公有住房的,免征契税。自2008年11月1日起,对个人首次购买90平方米及以下普通住房的,契税税率暂统一下调到1%。

3. 因不可抗力灭失住房而重新购买住房的,酌情准予减征或者免征契税。

4. 土地、房屋被县级以上人民政府征用、占用后,重新承受土地、房屋权属的,由省级人民政府确定是否减免。

5. 承受荒山、荒沟、荒丘、荒滩土地使用权，并用于农、林、牧、渔业生产的，免征契税。

6. 经外交部确认，依照我国有关法律规定以及我国缔结或者参加的双边和多边条约或协定，应当予以免税的外国驻华使馆、领事馆、联合国驻华机构及其外交代表、领事官员和其他外交人员承受土地、房屋权属。

四、征收管理

契税的纳税义务发生时间为纳税人签订土地、房屋权属转移合同的当天，或者纳税人取得土地、房屋权属转移合同性质凭据的当天。

纳税人应自纳税义务发生之日起10日内向土地、房屋所在地的契税征收机关办理纳税申报，并在契税征收机关核定的期限内缴纳税款。

纳税人办理纳税事宜后，契税征收机关应当向纳税人开具契税完税凭证。

契税征收机关为土地、房屋所在地的财政机关或者地方税务机关。具体征收机关由各省、自治区、直辖市人民政府确定。自2005年1月1日起，各级征收机关一律不得再委托其他单位代征契税。

土地管理部门、房产管理部门应当向契税征收机关提供有关资料，包括有关土地、房屋权属、土地出让费用、成交价格以及其他权属变更方面的资料，协助契税征收机关依法征收契税。

第八节　车船税法律制度

一、车船税法概述

车船税是对在我国境内属于依法规定的车辆、船舶的所有人或者管理人征收的一种财产税。

我国对车船征税的历史很悠久。明清时，曾对内河商船征收船钞。解放前，不少城市对车船征收牌照税。中华人民共和国成立后，中央人民政府政务院于1951年颁布了《车船使用牌照税暂行条例》，对车船征收车船使用牌照税。1986年9月国务院在实施工商税制改革时，又发布了《中华人民共和国车船使用税暂行条例》。根据有关规定,该条例不适用于外商投资企业和外国企业及外籍个人。因此,对外商投资企业和外国企业及外籍个人仍征收车船使用牌照税。

以上两个税种开征以后,虽然在组织地方财政收入,调节和促进经济发展方面发挥了积极作用,但是内外有别既不符合简化税制的要求,也不符合世贸组织有关国民待遇的规则;再者这两个税种也存在规定不合理,严重滞后于经济发展等缺陷。因此,国务院将《车船使用牌照税暂行条例》和《中华人民共和国车船使用税暂行条例》进行了合并修订,于2006年12月29日颁布了《中华人民共和国车船税暂行条例》,并自2007年1月1日起施行。同时财政部、国家税务总局也于2007年2月1日联合发布了《中华人民共和国车船税暂行条例实施细则》,对车船税的实施问题作了详细的解释和规定。2011年2月25日,第十一届全国人大常委会第十九次会议通过了《中华人民共和国车船税法》,将于2012年1月1日起正式施行。这是我国第一部由暂行条例上升为法律的税法,也是第一部地方税法和财产税法。车船税法的出台体现了税收法定原则,促进了税收法律体系的建设,对完善我国税收制度和今后的税收立法都具有重要意义。本章内容对即将实施的车船税法做简要介绍。

二、车船税法的主要内容

(一)纳税人和征税范围

车船税的纳税人,是指车船的所有人或者管理人。其中,所有人是指在我国境内拥有车船的单位和个人;管理人是指对车船具有管理使用权,但不具有所有权的单位。上述所称的单位包括国有企业、集体企业、私营企业、股份制企业、外商投资企业、外国企业以及其他企业和事业单位、社会团体、国家机关、军队以及其他单位;所称的个人,包括个体工商户以及其他个人。

依法应当在公安、交通、农业、渔业、军事等车船管理部门登记的车船是车船税的征税对象,在机场、港口以及其他企业内部场所行驶或作业,并在车船管理部门登记的车船,也应当缴纳车船税。

(二)税目与税率

车船税实行从量计征的办法,以车船的辆数、净吨位、整备质量吨数、艇身长度为计税标准。

根据《中华人民共和国车船税法》的规定,车辆和船舶的具体税额幅度见表11-5。

表 11-5　车船税税目税额表

税目		计税单位	年基准税额	备注
乘用车(按发动机汽缸容量(排放量)分档)	1.0 升(含)以下的	每辆	60—360 元	核定载客人数 9 人(含)以下
	1.0 升以上至 1.6 升(含)的		300—540 元	
	1.6 升以上至 2.0 升(含)的		360—660 元	
	2.0 升以上至 2.5 升(含)的		660—1 200 元	
	2.5 升以上至 3.0 升(含)的		1 200—2 400 元	
	3.0 升以上至 4.0 升(含)的		2 400—3 600 元	
	4.0 升以上的		3 600—5 400 元	
商用车	客车	每辆	480—1 440 元	核定载客人数 9 人以上,包括电车
	货车	整备质量每吨	16—120 元	包括半挂牵引车、三轮汽车和低速载货汽车等
挂车		整备质量每吨	按照货车税额的 50% 计算	
其他车辆	专用作业车	整备质量每吨	16—120 元	不包括拖拉机
	轮式专用机械车		16—120 元	
摩托车		每辆	36—180 元	
船舶	机动船舶	净吨位每吨	3—6 元	拖船、非机动驳船分别按照机动船舶税额的 50% 计算
	游艇	艇身长度每米	600—2 000 元	

三、车船税应纳税额的计算

(一) 计税依据

车船税的计税依据根据征税对象的不同而不同,对于乘用车、商用车中的客车以及摩托车是以每辆作为计税标准的,对于商用车中的货车、挂车、专用作业车、轮式专用机械车是以整备质量吨数计税的,对于机动船舶是以净吨位吨数计税的,对于游艇则是以艇身长度为计税标准的。

(二)应纳税额的计算方法

取得新的车船所有权或者管理权的当月为纳税义务发生的时间。计算公式为:

应纳税额 =(年应纳税额 ÷ 12)× 应纳税月份数

四、税收优惠

下列车船减免车船税:

1. 捕捞、养殖渔船。

2. 军队、武装警察部队专用的车船。

3. 警用车船。

4. 依照法律规定应当予以免税的外国驻华使领馆、国际组织驻华代表机构及其有关人员的车船。

5. 对节约能源、使用新能源的车船可以减征或者免征车船税。

6. 对受严重自然灾害影响纳税困难以及有其他特殊原因确需减税、免税的,可以减征或者免征车船税。

7. 省、自治区、直辖市人民政府根据当地实际情况,可以对公共交通车船,农村居民拥有并主要在农村地区使用的摩托车、三轮汽车和低速载货汽车定期减征或者免征车船税。

五、车船税的征收管理

(一)纳税义务发生的时间和纳税期限

车船税的纳税义务发生的时间是取得车船所有权或者管理权的当月。

车船税按年申报缴纳。纳税年度,自公历1月1日起至12月31日止。具体申报纳税期限由省、自治区、直辖市人民政府规定。

(二)纳税地点

车船税的纳税地点为车船的登记地或者车船税扣缴义务人所在地。依法不需要办理登记的车船，车船税的纳税地点为车船的所有人或者管理人所在地。

（三）车船税的征缴规定

从事机动车第三者责任强制保险业务的保险机构为机动车车船税的扣缴义务人，应当在收取保险费时依法代收车船税，并出具代收税款凭证。

公安、交通运输、农业、渔业等车船登记管理部门、船舶检验机构和车船税扣缴义务人的行业主管部门应当在提供车船有关信息等方面，协助税务机关加强车船税的征收管理。车辆所有人或者管理人在申请办理车辆相关登记、定期检验手续时，应当向公安机关交通管理部门提交依法纳税或者免税证明。公安机关交通管理部门核查后办理相关手续。

【域外考察】

我国与巴西、俄罗斯、印度四国被合称为“金砖四国”(BRIC)，同为发展中国家，巴西、俄罗斯和印度的经济情况与我国较为相似，考察这三个国家的车船税制度，对我国的车船税立法有借鉴意义。

1. 俄罗斯车船税

俄罗斯车船税属于区域税，车船税的征税对象是规定的陆、水、空运输工具，征收与否由地方自行决定。车船税的纳税人是拥有应纳税交通运输工具的法人和个人。中央根据交通运输工具的类型和发动机功率的大小、飞机起飞重量、船舶排水量等因素确定基本税率，地方可以在法定税率的上下限的基础上适当调整税率。以汽车税为例，汽车税率按不同车种、不同马力确定，在莫斯科为每马力6—26卢布，在其他地区为每马力0.5—7.15卢布。2009财年，莫斯科对100马力的客车征收700卢布的车船税，120马力的客车征2 400卢布，200马力的征45 000卢布，300马力的征45 000卢布。车辆税的征收并不考虑排放量因素。

税收征管严格。下列部门应当向税务机关提供有关税收的资料：浅吃水船国家检察机关、地区海运和河运管理局、体育运动委员会、地区空运管理局、进行交通运输工具登记的其他组织。对不向税务机关提供有关税收资料的上述机构的公职人员，可处以相当于法律规定的最低月劳动报酬5倍的罚款。

车船税每年征收一次，法人可以自行计算应纳税额，于每年2月缴纳；个人的应纳税额由税务机关核算，于每年4月缴纳。此外，车船税还设有优惠。前苏联、俄罗斯功勋卓著的军人、残疾人，或者70马力以下的小汽车等可以享受一定的税收优惠。军队的运输工具可以免税,但是政府机关的运输工具不能免税。

2. 印度车船税

同俄罗斯类似,印度地方享有车船税自主权。根据印度《宪法》的规定,税收非依法不得开征和征收。因此,在印度无论中央税还是地方税都必须依照法律开征,任何行政措施或国会任一议院的决议都不得作为开征税收和征收税款的依据。印度《宪法》授予联邦政府和邦政府立法权,并在其第七明细表(Seventh Schedule)中规定了两者各自可立法的事项(其中包括各自可征税的事项)。这些税收事项包括对适合于路上行驶的机动车和非机动车征税、对轮船征税等。

印度车船税属于财产税。以前印度车船税均按7%纳税,现在改为按三档税率征收。100万卢比以下的车辆适用7%的税率,100万卢比以上200万卢比以下的车辆适用8%的税率,200万卢比以上的车辆适用9%的税率。这一调整充分体现了税收对经济、消费的调控和引导功能:豪华汽车税率涨幅高于微型汽车;2 250公斤以上的拖拉机车船税上限由1 500卢比提高到3 000卢比;六人座汽车需交纳的最高税额为每人2 000卢比;四人座汽车需负担最高税额由900卢比提高到1 300卢比;进口汽车确定的车适用税率时需包括进口时缴纳的关税和其他税费。

印度车船税征收也比较严格。车船税代征者如果超额征收车船税10%,最小罚款数额由25 000卢比提高到50 000卢比。另外,印度还首创了网上纳税。印度Madhya Pradesh州配备了100%网上缴纳车船税的设施,计算机网络保证了Madhya Pradesh州交通部门的顺利运作,车辆交易商和车主能够在网上完成车船税的缴纳,极大地方便了纳税人,也保证了税款及时足额缴入国库。

3. 巴西车船税

巴西车船税属于财产税,纳税人为自然人或法人,州政府有制定车辆税的自主权,各州自行确定税率,税率在1%—4%之间,以车辆价值为计税依据,同时考虑车辆的构造、使用年限、现行市场价等因素,体现了车辆作为财产其价值浮动的一面。

巴西车船税的缴纳很有特点。州政府规定车辆税的缴纳期限,通常,牌照末位为0或1的车辆在每年3月缴纳车辆税,牌照末位为2或3的车辆每年4月缴纳车辆税,依此类推。车辆税按汽车当年价值每年征收一次,轿车税率为2%,卡车为1%,各种挂车为1%。车辆税可以按年一次付清,从而享受折扣,也可按月分期支付。如果车主没有按期缴纳车辆税,需要补税并缴纳罚款。巴西政府对事实上的欠税处以重罚。如经税务机关查明后确认的欠税,除了补缴欠税额外,应处以欠税额100%的罚款,另外还需要加收1%的月息,按欠税时间长短计息。对于到期未付税款者,税务机关就其应纳税额加收1%的月息,同时处以20%的滞纳金。若纳税人在到期日下月一个工作日缴付税收，则滞纳金减为1%。而且，税款还可通过网上申报缴纳，方便纳税人，节约了纳税时间。

第九节　车辆购置税法律制度

一、车辆购置税法概述

车辆购置税是对在中国境内购置应税车辆的单位和个人征收的一种税，就其性质而言，属于直接税范畴。车辆购置税是在原有的车辆购置附加费的基础上，通过“费改税”而演变过来的。我国于2000年10月22日颁布《中华人民共和国车辆购置税暂行条例》（以下简称《车辆购置税暂行条例》），从2001年1月1日起实行。

二、车辆购置税法的主要内容

（一）纳税人

在中华人民共和国境内购置《车辆购置税暂行条例》规定的车辆（以下简称应税车辆）的单位和个人，为车辆购置税的纳税人。

其中购置行为包括：(1)购买使用行为，(2)进口使用行为，(3)自产自用行为，(4)受赠使用行为，(5)获奖使用行为，(6)上述以外以其他方式取得并自用应税车辆的行为，如拍卖、抵债、罚没等方式取得并自用的应税车辆。

其中所称单位，包括国有企业、集体企业、私营企业、股份制企业、外商投资企业、外国企业以及其他企业和事业单位、社会团体、国家机关、军事单位以及其他单位；所称个人，是指个体工商户及其他个人，包括外籍个人。

（二）征税范围和税率

车辆购置税的征收范围包括汽车、摩托车、电车、挂车、农用运输车。具体征收范围参照《车辆购置税暂行条例》所附《车辆购置税征收范围表》执行。

车辆购置税征收范围的调整，由国务院决定并公布。

车辆购置税的税率为10%。车辆购置税税率的调整，由国务院决定并公布。

(三) 计税价格

车辆购置税的计税价格根据不同情况,分别按照下列规定确定:

1. 纳税人购买自用的应税车辆的计税价格

纳税人购买自用的应税车辆的计税价格为纳税人购买应税车辆而支付给销售者的全部价款和价外费用,不包括增值税税款。

所称“价外费用”,是指销售方价外向购买方收取的基金、集资费、返还利润、补贴、违约金(延期付款利息)和手续费、包装费、储存费、运输装卸费、保管费、代收款项、代垫款项以及其他各种性质的价外收费。但不包括增值税税款。如果纳税人购车发票的价格未扣除增值税税款,或者因不得开具机动车辆销售统一发票(或开具其他普通票据)而发生价款与增值税税款合并收取的,在确定车辆购置税计税价格时,应换算为不含增值税的销售价格。其换算公式为:

计税价格 = 含增值税的销售价格 ÷(1 + 增值税税率或征收率)

2. 纳税人进口自用的应税车辆的计税价格

纳税人进口自用的应税车辆的计税价格为:

计税价格 = 关税完税价格 + 关税 + 消费税

3. 纳税人自产、受赠、获奖或者以其他方式取得并自用的应税车辆的计税价格以核定的最低计税价格确定

纳税人购买自用或者进口自用应税车辆,申报的计税价格低于同类型应税车辆的最低计税价格,又无正当理由的,按照最低计税价格征收车辆购置税。

对几种特殊情形应税车辆的最低计税价格的规定:

(1) 对已经缴纳车辆购置税并办理了登记注册手续的车辆,其发动机和底盘发生更换,其最低计税价格按同类型新车最低计税价格的70%计算。

(2) 免税、减税条件消失的车辆,最低计税价格按以下办法确定:

最低计税价格 = 同类型新车最低计税价格 ×[1 -(已使用年限 ÷ 规定使用年限)]×100%

其中,规定使用年限为:国产车辆按10年计算;进口车辆按15年计算。超过规定使用年限的车辆,不再征收车辆购置税。

(3) 非贸易渠道进口车辆的最低计税价格,为同类型新车的最低计税价格。

(四) 应纳税额的计算

应纳税额 = 计税价格 × 税率

【实例演示】

陈某2003年购车一辆自用，支付含增值税价款120 000元，另支付代收临时牌照费200元，代收保险费360元，支付零件价款2 100元，装饰费260元，并取得机动车销售统一发票和有关票据。

应缴纳的车辆购置税计算如下：

1. 计税价格 = (120 000 + 200 + 360 + 2 100 + 260)/(1 + 17%) = 105 059.83 (元)

2. 应纳税额 = 105 059.82 × 10% = 10 505.98(元)

【实例演示】

某外贸进出口公司2009年6月份从国外进口20辆小轿车。该公司在报关进口该批小轿车时，海关确定关税完税价格为250 000元/辆(人民币)，关税税率为110%，并按消费税、增值税的有关规定分别代征进口环节消费税和增值税，其中消费税为27 600元。根据本单位的工作需要，该工作将其中的2辆用于本单位使用。

应缴纳的车辆购置税计算如下：

组成计税价格 = 关税完税价格 + 关税 + 消费税

应纳关税 = 250 000 × 110% = 275 000 (元)

组成计税价格 = 250 000 + 275 000 + 27 600 = 552 600 (元)

应纳车辆购置税 = 单位自用数量 × 组成计税价格 × 税率 = 2 × 552 600 × 10% = 110 520(元)

三、车辆购置税的税收优惠

(一) 车辆购置税的免税、减税规定

1. 外国驻华使馆、领事馆和国际组织驻华机构及其外交人员自用的车辆免税。

2. 中国人民解放军和中国人民武装警察部队列入军队武器装备订货计划的车辆免税。

3. 设有固定装置的非运输车辆免税。

4. 对纳税人自2009年1月20日至2009年12月31日期间购置的排气量在1.6

升及以下的小排量乘用车,暂减按5%的税率征收车辆购置税。从2010年开始将减征1.6升及以下小排量乘用车车辆购置税的政策延长至2010年底,减按7.5%征收。

5. 国务院规定予以免税或者减税的其他情形的,按照规定免税或减税。

(二) 车辆购置税的退税

纳税人已经缴纳车辆购置税但在办理车辆登记注册手续前,因下列原因需要退还车辆购置税的,由纳税人申请,原代征机构审查后办理退还车辆购置税手续:

1. 公安机关车辆管理机构不予办理车辆登记注册手续的,凭公安机关车辆管理机构出具的证明办理退税手续。

2. 因质量等原因发生退回所购车辆的,凭经销商的退货证明办理退税手续。

已经办理了车辆登记注册手续的车辆,不论出于何种原因,均不得退还已缴纳的车辆购置税。

四、车辆购置税的征收管理

(一) 纳税环节

车辆购置税纳税人应当在办理登记注册手续前,缴纳车辆购置税。车辆购置税实行一次课征制度。购置已征车辆购置税的车辆,不再征收车辆购置税。车辆购置税由国家税务局征收。

(二) 纳税地点

纳税人购置应税车辆,应当向车辆登记注册地的主管税务机关申报纳税;购置不需要办理车辆登记注册手续的应税车辆,应当向纳税人所在地的主管税务机关申报纳税。“车辆登记注册地”,是指车辆的上牌落籍地或落户地。

(三) 纳税期限

纳税人购买自用应税车辆的,应当自购买之日起60日内申报纳税;进口自用应税车辆的,应当自进口之日起60日内申报纳税;自产、受赠、获奖或者以其他方式取得并自用应税车辆的,应当自取得之日起60日内申报纳税。

【本章小结】

财产税,是以特定财产为征税对象,并以对该财产进行占有、使用或受益的主体为纳税人的一种税。我国财产税的基本框架主要由资源税、房产税、土地税(包括城镇土地使用税、土地增值税和耕地占用税)、契税、车船税、车辆购置税、遗产税(尚未开征)等构成。财产税大多属于地方税,在税制体制中处于辅助地位。

思考题

1. 什么是财产税?它有哪些特点?
2. 财产税的分类有哪些?
3. 什么是资源税?国家为什么要征收资源税?
4. 房产税的纳税人有哪些?计税依据如何确定?
5. 契税的计税范围有哪些?契税的计税依据如何确定?

第十二章　行为税法律制度

【学习目的】

本章通过对行为税法制度的介绍，使读者了解行为税法的概念、特征，以及我国现行的印花税、城市维护建设税等几种行为税法的具体规定。

第一节　行为税法概述

一、行为税与行为税法的概念

行为税，亦称特定目的税，是指为了实现特定的政策目的而以某些特定行为为征税对象的一类税。行为税法是调整行为税征纳关系的法律规范的总称。

行为税是一个泛指的集合概念。从广义上讲，几乎所有的税种都对应纳税行为征税，因而都可以归入行为税类，例如对所得额、流转额、财产的征税均可以理解为对营利行为、商品销售行为、财产的占有和转移行为征税。但行为税法中所讲的行为只能做狭义的理解。一般来说，这类行为往往是特定的行为，国家法律规定对这些行为征税，往往带有非常强的政策目的性，是国家试图通过征税而对这些行为实施一定程度的限制或监督或达成其他特定的目的。

二、行为税的特点

1. 行为税的征收具有极强的明确的政策目的性。对于特定行为征收行为税首先是为了体现某种政策意图，调节某种社会经济行为。

2. 行为税一般为辅助税、地方税。由于这类税收税源分散、税收收入小且不稳定，因而在各国税制结构中一般只能作为辅助税、地方税发挥拾遗补漏的作用。

3. 行为税的征收具有临时性、偶然性。由其政策目的性的特点所决定，当社会环境经济环境发生变迁，国家政策不得不因此而调节的时候，作为特定政策工具的行为税的具体税种也必然相应地不断地发生变化，这使得行为税往往具有临时性、偶然性的特点。

三、行为税的产生和发展

中华人民共和国成立以后就开始征收印花税、屠宰税、特种消费行为税、车船使用牌照税等四种行为税。1958 年税制改革时，印花税被并入工商统一税中，1973 年税制改革以后，行为税进一步减为屠宰税和车船使用牌照税两种。改革开放以后，随着经济的快速发展，税收作用的增强，税制改革和调整也不断进行，行为税的征税范围也不断扩大，税种不断增加，到 1993 年，我国共开征了固定资产投资方向调节税、燃油特别税、印花税等 13 种行为税。根据市场经济发展的需要，针对包括行为税在内的原有税收体制，又进行了重大调整。但随着经济形势的不断发展，现行税制也逐步不合时宜，行为税法也同样需要进一步完善：(1)应予立法课征环境保护税。随着经济的发展和技术水平的提高，人们改造自然、征服自然的能力大为增加，对自然环境的破坏随之加大，相应地，人们的环境保护意识也不断增强。之前，我国通过环保法规定排污收费制度，实践中该制度暴露出许多缺陷。因此，有必要开征环境保护税，以在更大的范围内以更大的力度对污染和破坏环境行为实施监督管理。(2)应予立法开征广告税。随着市场经济的发展，广告宣传大肆兴起，为加强对虚假广告和广告泛滥现象的治理开征广告税也变得愈来愈迫切。对刊登广告的行为按其广告费的一定比例征收广告税，不仅可以增加国家的财政收入，而且可以加强对广告的监督管理，实现对消费者权益的保护。

四、行为税的立法原则

行为税立法的基本原则是制定和修改行为税法规范的指导思想。一般来说，行为税法的立法应遵循以下原则：

1. 灵活性原则。行为税征税具有很大的灵活性。国家开征行为税一般是为了配合贯彻特定时期的国家政策。随着时代、环境、地点的改变，行为税的税种、立法形式、立法内容等也应作相应的变化,做到因地制宜、因时制宜、因事制宜,真正地使行为税的征收符合时代发展的需要。

2. 寓禁于征的原则。行为税是对纳税人某些特定行为的征税,而人们在社会生活中的行为是各式各样的,有的是积极的,有的是消极的。行为税应对那些消极的、应受到限制和约束的行为征税或征重税;对于那些积极的、应受到鼓励的行为不征税或征轻税,以体现国家的产业政策,实现宏观调控的目的。

3. 适度原则。在市场经济条件下,人们的行为主要应由市场来调节,另外,某些行为市场调节不了也非税收所能调节,而应采取其他调节手段和管理方法予以解决。因此,在决定设置行为税税种、设计具体的行为税税收法律制度的时候,应当恰当地认识该类税收的作用,避免因行为税的开征导致对人们行为的过度干预甚至扭曲。

第二节 印花税法律制度

一、印花税法概述

印花税是指对经济活动和经济交往中书立、领受的凭证征收的一种税。

印花税于1642年始创于荷兰,以后世界各国普遍实行。我国早在中华人民共和国成立后,政务院曾于1950年公布了《印花税暂行条例》,经1953年和1956年两次修订后,缩小了征收范围。1958年税制改革时,并入工商统一税,不再单独征收。近几年来,随着经济体制改革的深入进行,在经济交往中,书立、领受各种凭证越来越成为普遍现象,重新开征印花税具备了一定的客观条件。为此,国务院于1988年8月6日发布了《中华人民共和国印花税暂行条例》,同年10月1起恢复征收印花税。

二、印花税的主要内容

(一) 纳税人

印花税的纳税人,是指在我国境内书立、领受印花税法所列举凭证的单位和个人,上述单位和个人指国内各类企业、事业、机关、团体、部队以及外商投资企业、外国公司/企业和其他经济组织及其在华机构等的单位和个人。

根据书立、领受应税凭证的不同,其纳税人可分别为立合同人、立账簿人、立据人、领受人和使用人。对合同、书据等凡是由两个或两个以上当事人共同书立的,其当事人各方都是纳税人。当事人是指对凭证有直接权利义务关系的人,不包括保人、证人、鉴定人。当事人的代理人有代理纳税的义务。政府管理部门发给权利、许可证照的,领受人是纳税人。

(二)税目和税率

印花税按照凭证的不同种类,共设置了13个税目,分别采用按金额计征的比例税率和按件计征的定额税率。具体税目和税率如下:

1. 购销合同,包括供应、预购、采购、购销结合及协作、调剂、补偿、贸易等合同。此外,还包括出版单位与发行单位之间订立的图书、报纸、期刊和音像制品的应税凭证,如订购单、订数单等。税率为购销金额的3‱。

2. 建设工程勘察设计合同,包括勘察、设计合同。税率为收取费用的5‱。

3. 加工承揽合同,包括加工、定做、修缮、修理、印刷、广告、测绘、测试等合同。税率为加工承揽收入的5‱。

4. 建筑安装工程承包合同,包括建筑、安装工程承包合同。税率为承包金额的3‱。

5. 财产租赁合同,包括租赁房屋、船舶、飞机、机动车辆、机械、器具、设备等合同,还包括企业、个人出租门店、柜台等签订的合同。税率为租赁金额的1‰。税额不满1元的按1元贴花。

6. 货物运输合同,包括民用航空运输、铁路运输、海上运输、内河运输、公路运输和联运合同,以及作为合同使用的单据。税率为运输费用的5‱。

7. 仓储保管合同,包括仓储合同和保管合同,以及作为合同使用的仓单或栈单。税率为仓储保管费用的1‰。

8. 借款合同,即银行及其他金融组织和借款人所签订的借款合同,以及只填开借据并作为合同使用,取得银行借款的借据,不包括银行同业拆借。税率为借款金额的0.5‱。

9. 财产保险合同,包括财产、责任、信用等保险合同,以及作为合同使用的单据。税率为保费的1‰。

10. 技术合同,包括技术开发、转让、咨询、服务等合同及作为合同使用的单据。税率为所载金额3‱。

11. 产权转移书据,包括财产所有权、版权、商标专用权、专利权、专有技术使用权等转移书据。税率为所载金额5‰。

12. 营业账簿,即生产经营所用账册。其中记载资金的账簿,按实收资本和资本公积的合计金额5‰缴纳印花税,其他账簿实行定额税率,每件5元。

13. 权利、许可证照,包括政府部门发给的房产证、工商营业执照、商标注册证、专利证、土地使用证。实行定额税率,每件5元。

(三) 应纳税额计算方法

纳税人的应纳税额,根据应纳税凭证的性质,分别按比例税率或定额税率计算,其计算方式是:

应纳税额 = 应纳税凭证计税金额(或应税凭证件数) × 适用税率

【实例演示】

某企业2003年2月开业,当年发生以下有关业务事项:领受房屋产权证、工商营业执照、土地使用证各1件;与其他企业转移专用技术使用权书据1份,所载金额100万元;订立产品购销合同1份,所载金额为200万元;订立借款合同1份,所载金额为400万元;企业记载资金的账簿10本。

该企业2003年应缴纳的印花税额计算如下:

1. 企业领受权利,许可证照应纳税额:

应纳税额 = 3 × 5 = 15(元)

2. 企业订立产权转移书据应纳税额:

应纳税额 = 1 000 000 × 5‰ = 500(元)

3. 企业订立购销合同应纳税额:

应纳税额 = 2 000 000 × 3‰ = 600(元)

4. 企业订立借款合同应纳税额:

应纳税额 = 4 000 000 × 0.5‰ = 200(元)

5. 企业记载资金的账簿应纳税额:

应纳税额 = 8 000 000 × 5‰ = 4 000(元)

6. 企业其他营业账簿应纳税额:

应纳税额 = 10 × 5 = 50(元)

2003年企业应纳印花税额 = 15 + 500 + 600 + 200 + 4 000 + 50 = 5 365(元)

【政策指引】

调整股票交易印花税率，助股市长期稳定发展

证券交易印花税是股民从事证券买卖所强制缴纳的一种费用，根据一笔股票交易的成交金额计征。证券交易印花税是从普通印花税发展而来的，属行为税类。

1999年以来，中国证券交易印花税税率经历了七次调整。其中有一次是上调，总趋势是逐步降低，由6‰逐渐降至1‰。2007年5月30日，财政部为了推进股市持续健康发展，针对股市过热而采取一次调控，其目的在于通过适度的“预调”，以避免日后更大的系统性风险。决定调整股票交易印花税税率，由1‰调整为3‰。

证券交易印花税调控作用：

印花税率的高低可以直接改变股票的交易成本，因此监管层通过调整印花税率可以起到调控股市的作用。

印花税在牛市中暴增：

2007年第一季度，全国证券交易印花税收入达122亿元，同比增长515.9%。2006年全国证券交易印花税收入达到179.46亿元，比2005年增长166%。

再次降低股票交易印花税率：

针对2008年初以来股市的低迷，为刺激市场信心，2008年4月24日，股票交易印花税率再次从3‰调整为1‰。自2008年9月19日起，再次对证券交易印花税进行改革，由原来的双边征收改为只对卖方的单边征收，税率仍然为1‰。

三、税收优惠

1. 已缴纳印花税的凭证的副本或抄本免纳印花税，因为副本或者抄本对外不发生权利义务关系，仅作备存检查之用，但以副本或者抄本视同正本使用的，应另贴印花。

2. 财产所有人将财产赠给政府、抚养孤老伤残的社会福利单位、学校所立的书据免税。

3. 国家指定的收购部门与村民委员会、农民个人书立的农副产品收购合同免税。

4. 无息、贴息贷款合同免税。

5. 外国政府或者国际金融组织向我国政府及国家金融机构提供优惠贷款所书立的合同免税。

6. 房地产管理部门与个人签订的用于生活居住的租赁合同免税。

7. 特殊货运凭证免税。这类凭证是:(1)军事物资运输凭证;(2)抢险救灾物资运输凭证;(3)新建铁路的工程临管线运输凭证。

8. 国家对邮政局及所属各级邮政企业,从1999年1月1日起独立运营新设立的奖金账簿,凡属在邮电管理局分营前已贴花的资金免征印花税。1999年1月1日后增加的资金按规定贴花。

9. 自2004年7月1日起,对国务院和省级人民政府决定或批准进行的国有(含国有控股)企业改组、改制而发生的上市公司国有股权无偿转让行为,暂不征收证券(股票)交易印花税。对不属于上述情况的上市公司国有股权无偿转让行为,仍应征收证券(股票)交易印花税。

10. 企业改制前签订但尚未履行完的各类应税合同,改制后需要变更执行主体的,对仅改变执行主体,其余条款未做变动且改制前已贴花的,不再贴花。

11. 企业因改制签订的产权转移书据免于贴花。

12. 自2008年11月1日起,对个人销售或购买住房暂免征收印花税。

【政策指引】

国家税务局对关于印花税若干具体问题的解释和规定

1. 对印花税实施细则中指的"收购部门"和"农副产品"的范围如何划定?

我国农副产品种类繁多,地区间差异较大,随着经济发展,国家指定收购部门也有所变化。对此,可由省、自治区、直辖市税务局根据当地实际情况具体划定本地区"收购部门"和"农副产品"的范围。

2. 对以货换货业务签订的合同应如何计税贴花?

商品购销活动中,采用以货换货方式进行商品交易签订的合同,是反映既购又销双重经济行为的合同。对此,应按合同所载的购销数量依照国家牌价或市场价格计算应纳税金额。

3. 仓储保管业务的应税凭证应如何确定?

仓储保管业务的应税凭证为仓储保管合同或作为合同使用的仓单、栈单(或称入库单等)。对有些凭证使用不规范、不便计税的,可就其结算单作为计税贴花的凭证。

4. 办理借款展期业务使用的借款展期合同是否贴花?

对办理借款展期业务使用的借款展期合同或其他凭证,按信贷制度规定,仅载明延期还款事项的，可暂不贴花。

5. 在印花税上怎样确定同业拆借合同与非同业拆借合同的界限？

凡按规定的同业拆借期限和利率签订的同业拆借合同，不贴花；凡不符合规定的，应按借款合同贴花。

6. 对分立、合并和联营企业的资金账簿如何计税贴花？

对发生分立、合并和联营等变更后，凡依照有关规定办理法人登记的新企业所设立的资金账簿，应于应用时按规定计税贴花；凡无须重新进行法人登记的企业原有的资金账簿，已贴印花继续有效。

对企业兼并后并入的资金贴花问题，仍按规定执行。

7. “产权转移书据”税目中“财产所有权”转移书据的征税范围如何确定？

财产所有权转移书据的征税范围是：经政府管理机关登记注册的动产、不动产的所有权转移所立的书据，以及企业股权转让所立的书据。

8. 土地使用权出让、转让书据是否贴花？

土地使用权出让、转让书据（合同），不属于印花税列举征税的凭证，不贴花。

9. 出版合同是否贴花？

出版合同不属于印花税列举征税的凭证，不贴花。

10. 银行经理或代理国库业务设置的账簿是否贴花？

中国人民银行各级机构经理国库业务及委托各专业银行各级机构代理国库业务设置的账簿，不是核算银行本身经营业务的账簿，不贴花。

11. 代理单位与委托单位签订的代理合同，是否属于应税凭证？

在代理业务中，代理单位与委托单位之间签订的委托代理合同，凡仅明确代理事项、权限和责任的，不属于应税凭证，不贴花。

12. 怎样理解印花税实施细则中“合同在国外签订的，应在国内使用时贴花”的规定？

“合同在国外签订的，应在国内使用时贴花”，是指印花税暂行条例列举征税的合同在国外签订时，不便按规定贴花，因此，应在带入国内时办理贴花完税手续。

四、征收管理

印花税由税务机关负责征收管理，实行由纳税人根据规定自行计算应纳税额，购买并一次贴足印花税票（俗称“贴花”）的缴纳办法。为简化贴花手续，应纳税额较大或贴花次数频繁的，纳税人可向税务机关提出申请，采取以缴款书代替贴花或按期汇总缴纳的办法。纳税人对应纳税凭证应当于书立或领受时贴花。贴花时,印花税票应当粘贴在应纳税凭证上,并由纳税人在每枚税票的骑缝处盖戳、注销或划销。同一凭证,由两方或两方以上当事人签订并各执一份的,应当由各方就其所执的一份各自全额贴花。已贴花的凭证,修改后所载金额增加的,其增加部分应当补贴印花税票。

五、印花税的处罚规定

印花税法规定,纳税人有下列行为之一的,由税务机关根据情节轻重予以处罚:

1. 在应纳税凭证上未贴或少贴印花税票的,税务机关除责令其补贴印花税票外,可处以应补贴印花税票金额3倍至5倍的罚款。

2. 已粘贴在应纳税凭证上的印花税票未注销或者未划销的,税务机关可处以未注销或者未划销印花税票金额1倍至3倍的罚款。

3. 已贴用的印花税票揭下重用的,税务机关可处以重用印花税票金额5倍或者2 000元以上10 000元以下的罚款。

4. 纳税人对汇总缴纳印花税的凭证不按规定办理并保存备查的,由税务机关处以5 000元以下罚款;情节严重的,撤销其汇缴许可证。

5. 纳税人未按规定期限保存纳税凭证的,由税务机关酌情处以5 000元以下罚款。

6. 伪造印花税票的,由税务机关提请司法机关追究刑事责任。

7. 代售户对取得的税款逾期不缴或者挪作他用,或者违反合同将所领印花税票转托他人代售或者转至其他地区销售,或者未按规定详细提供领、售印花税票情况的,税务机关可视其情节轻重,给予警告或者取消其代售资格的处罚。

第三节　城市维护建设税法律制度

一、城市维护建设税法概述

(一)城市维护建设税的概念

城市维护建设税是以缴纳消费税、增值税、营业税的单位和个人为纳税人,以其实际缴纳的增值税、消费税、营业税税额为计税依据，分别与此三税同时征收的一种税。

城市维护建设税没有独立的征税对象，而是以纳税人实际缴纳的增值税、消费税和营业税的税额为计税依据，因此具有附加税的性质。城市维护建设税的税款专门用于城市的公用事业和公共设施的维护和建设，因此它又属于特定目的税。

（二）城市维护建设税的特点

1. 专款专用。我国城市维护建设税暂行条例规定了城市维护建设税应当保证用于城市的公用事业和公共设施的维护建设而不得用于其他的方面。

2. 属于附加税性质。城市维护建设税没有独立的征税对象，而是以纳税人实际缴纳的增值税、消费税和营业税的税额为计税依据，因此具有附加税的性质。

3. 具有特定目的。征收城市维护建设税有利于调动地方政府城市维护建设的积极性，使城市维护建设支出有一个比较稳定可靠的资金来源，推动地方城市建设的发展，并为促进地方经济的发展创造良好的条件。

4. 根据城市建设规模设计税率。城市维护建设税实行地区差别比例税率。按照纳税人所在地的不同对城市、县城、建制镇和工矿区采用不同的税率。

5. 征收范围较广。我国征收城市建设税的范围较广，不仅在城市范围征收，而且对县城、建制镇和工矿区也征收，并且规定了不同的适用税率。

（三）城市维护建设税发展及其重要意义

中华人民共和国成立以后，我国城市维护建设取得了很大的成就，但是随着经济社会的发展，城市维护和建设与工农业的发展和人民生活水平的提高不相适应。城市维护建设的资金不足是非常突出的问题。为了给城市维护建设提供稳定、可靠的资金来源，满足地方对公共事业、公共设施建设的资金需要，国务院于1985年2月8日发布了《中华人民共和国城市维护建设税暂行条例》，并于同年起施行。1985年开征城市维护建设税时，其计税依据是产品税、增值税、营业税的税额。1994年我国税制改革以后，城市维护建设税的计税依据也相应改为消费税、增值税、营业税的税额。

开征城市维护建设税有着重要的意义。首先，城市维护建设税以纳税人实际缴纳的消费税、增值税、营业税为计税依据，为地方进行城市维护和建设提供了稳定、可靠的资金来源，有利于推动地方城市建设的发展，并为促进地方经济的发展创造良好的条件；其次，城市维护建设税的开征，依法确定了城市维护建设资金的来源，避免了乱摊派。按照规定，开征城市维护建设税后，任何地区和部门都不得再向纳税人摊派资金和物资。如果遇到摊派情况，纳税人有权拒绝执行。

近年来,城市维护建设税开征过程的弊端逐渐显露,尤其是该税种的依附性强,容易随着“三税”的征、减、免、退、罚等的变化而变化,这样就导致了城市维护建设税作为地方税的主体税种,出现筹集资金稳定性较弱,税负不公,征收规模小等现象。这不利于调动地方政府维护建设城市公共事业和基础设施的积极性,更加违背了其专款专用的本质,阻碍了地方环境保护事业的发展。

二、城市维护建设税的主要内容

(一) 纳税人

城市维护建设税的纳税人是缴纳消费税、增值税、营业税的单位和个人。这里的单位和个人包括国有企业、集体企业、私营企业、股份制企业、其他企业和行政单位、事业单位、军事单位、社会团体、其他单位以及个体工商户及其他个人,自2010年12月1日起,对外商投资企业、外国企业和外籍个人征收城市维护建设税。

个体商贩及个人在集市上出售商品,对其征收临时经营的增值税,是否同时征收城市维护建设税,由各省、自治区、直辖市人民政府根据实际情况确定。

(二) 税率

城市维护建设税实行地区差别比例税率。按照纳税人所在地的不同,税率分为7%、5%、1%三个档次,具体适用情况如下:

1. 纳税人所在地在城市市区的,税率为7%。
2. 纳税人所在地在县城、建制镇的,税率为5%。
3. 纳税人所在地不在城市市区、县城、建制镇的,税率为1%。

纳税人缴纳城市维护建设税,应按其所在地的规定税率执行。县政府设在城市市区的,其在市区办的企业,按市区的规定税率计算纳税。纳税人所在地为工矿区的,应按照行政区划分别按照7%、5%和1%的税率缴纳城市维护建设税。但是,对于由受托方代征、代扣的消费税、增值税、营业税的单位和个人,以及流动经营无固定纳税地点的单位和个人,可以按照缴纳消费税、增值税、营业税所在地的规定税率就地缴纳城市维护建设税。

(三) 计税依据和应纳税额的计算

城市维护建设税没有独立的征税对象,其计税依据为纳税人实际缴纳的消费税、增值税、营业税税额。需要特别注意的是,纳税人因违反消费税、增值税、营业税的有关规定而被加收的滞纳金和罚款,不能作为城市维护建设税的计税依据。

在明确了计税依据和适用税率的基础上，即可以计算出城市维护建设税的应纳税额。其计算公式为：

应纳税额 = 实际缴纳的消费税、增值税、营业税税额 × 适用税率

【实例演示】

地处市区的某企业，2005 年 3 月份应缴纳增值税为 230 万元，其中因符合有关政策规定而被退税 15 万元；缴纳消费税 80 万元；缴纳营业税 12 万元，因故被加收滞纳金 0.15 万元。则该企业当月实际应缴纳的城市维护建设税为：

$$[(230-15)+80+12]\times 7\% = 21.49(\text{万元})$$

【实例演示】

地处县城的某国营企业，2003 年 9 月份实际缴纳增值税 15 万元，缴纳消费税 21 万元，缴纳营业税 18 万元。该企业应缴纳的城市维护建设税为：

城市维护建设税额 = $(15+21+18)\times 5\% = 54\times 5\% = 2.7$(万元)

三、城市维护建设税的减免

由于城市维护建设税是以消费税、增值税、营业税的实纳税额作为计税依据并同时征收的，因此在减免这三种应纳税额的同时，也就相应地减免了城市维护建设税。财政部、国家税务总局对减免税的特殊规定主要有：海关对进口产品代征增值税、消费税的，不再征收城市维护建设税；对于因减免消费税、增值税、营业税而需要进行退库的，城市维护建设税也可以同时退库；对于个别缴纳城市维护建设税确有困难的单位和个人，可由省、自治区、直辖市人民政府酌情给予减免照顾。

但是，对于出口产品退还增值税、消费税的，不退还已缴纳的城市维护建设税。

四、城市维护建设税的征收管理

城市维护建设税的征收管理、纳税环节、奖罚等事项，参照消费税、增值税、营业税的有关规定办理。

代征、代扣代缴消费税、增值税、营业税的企业单位,同时也要代征、代扣、代缴城市维护建设税。如果没有代扣城市维护建设税,应由纳税单位和个人回到其所在地申报纳税。

由于城市维护建设税是与消费税、增值税、营业税同时征收的,因此,一般情况下,不对城市维护建设税单独加收滞纳金或罚款。但是,如果纳税人缴纳消费税、增值税、营业税之后,不按照规定缴纳城市维护建设税,也可以对其单独加收滞纳金或罚款。

第四节　固定资产投资方向调节税法律制度

一、固定资产投资方向调节税法概述

固定资产投资方向调节税,是指国家对单位和个人用于固定资产投资的各种资金征收的一种税。

固定资产投资方向调节税,是在建筑税的基础上发展起来的。1983 年开始实行的建筑税,在配合国家计划管理,控制投资规模,调整投资结构,集中资金保证重点建设方面,取得了一定成效。但随着经济形势的不断发展,固定资产投资领域出现了新的问题,如投资总量过大,投资结构失衡,建设资金分散等,因此对建筑税进行改革势在必行。于是,1991 年 4 月国务院发布了《中华人民共和国固定资产投资方向调节税暂行条例》,并于当年起实施。本税从 2000 年 1 月 1 日起暂停征收。

二、固定资产投资方向调节税法的主要内容

(一)纳税人

根据税法规定,除中外合资经营企业、中外合作经营企业和外资企业外,其他利用各种资金进行固定资产投资的各级政府、机关团体、部队、国有企业、集体企业、私营企业、事业单位、个体工商户及其他单位和个人为固定资产投资方向调节税的纳税义务人。

(二)征税范围

固定资产投资方向调节税的征税范围,包括各种单位和个人用各种资金所进行的

固定资产投资。各种资金包括国家预算资金、国内外贷款、借款、赠款、自有资金、自筹资金及其他资金。

(三) 税目

固定资产投资方向调节税按照固定资产投资项目、投资单位工程分别设置税目。按照投资项目分为:(1)农、林、水利;(2)能源工业、煤炭;(3)交通运输及邮电;(4)原材料及地质;(5)机械电子工业;(6)汽车工业;(7)国防工业和国防科研;(8)轻纺工业;(9)科学;(10)文教;(11)商业、供销、物资;(12)城市建设;(13)其他;(14)综合。一共14个项目,并根据具体投资项目分别设计若干个子目。

(四) 税率

固定资产投资方向调节税,按照产业政策和项目经济规模实行差别比例税率。共分为三大类,五档税率。

1. 基本建设项目适用税率的规定

(1) 对国家急需发展的项目投资,如农、林、水利、能源、交通、通信、原材料、科教、地质勘探、矿山开采等基础产业和薄弱环节的部门项目投资,适用零税率予以优惠扶持照顾的政策。

(2) 对国家鼓励发展但受能源、交通等制约的项目投资,如钢铁、有色、化工、石油化工、水泥等部分重要原材料,以及一些重要机械、电子、轻工业、新型建筑、饲料加工等项目投资,实行5%的轻税政策。

(3) 对职工住宅(包括商品房住宅的建设投资),征税实行从优从低政策。为了支持改善职工、农民居住条件,配合房改,对城乡个人修建、购买住宅的投资,实行零税率;对单位修建、购买一般性住宅的投资,实行5%的税率。但对单位用公款修建、购买高标准别墅式住宅的投资,则实行30%的税率。

(4) 对楼堂馆所以及国家严格限制发展的项目投资,征以重税,税率为30%。

(5) 对不属于上述四种的其他项目投资,实行中等税负政策,税率为15%。

2. 更新改造项目适用税率的规定

为了鼓励企事业单位进行设备更新和技术改造,促进技术进步,体现鼓励内涵扩大再生产,限制外延扩大再生产的政策精神,实行0%和10%的两档税率。

(1) 对国家急需发展的项目投资(与基本建设项目投资相同),给予优惠扶持,适用零税率。

(2) 除上述更改项目外,一律按建筑工程投资额征收10%的固定资产投资方向调节税。

3. 计划外投资项目

计划外固定资产投资项目,指在国务院核定的各部门(公司)、各省、自治区、直辖市以及计划单列市、经济特区的固定资产投资规模之外,未经国务院批准而自行扩大投资规模进行各类建设项目。凡没有列入设计、概算中的单项或单位工程,均按计划外项目处理。除按其适用税率征税外,可处以应纳税额5倍以内的罚款;对以更新改造为名进行新建、扩建的项目投资,按照基本建设投资的税目、税率加倍征税。

(五)计税依据和应纳税额的计算

1. 计税依据

固定资产投资方向调节税的计税依据,是固定资产投资项目实际完成的投资额。具体来讲,基本建设项目,以其投资项目实际完成的投资额为计税依据;更新改造项目,以其建筑工程实际完成的投资额为计税依据。

2. 应纳税额的计算

固定资产投资方向调节税应纳税额,根据固定资产投资项目实际完成的投资额和相应的税率计算。其计算公式为:

$$应纳税额 = 固定资产投资额 \times 适用税率$$

三、税收优惠

固定资产投资方向调节税,除国务院另有规定者外,一般不得减免税。少数民族地区投资方向调节税的优惠办法另行规定。

按照国家规定不纳入计划管理,投资额不满5万元的固定资产投资,投资方向调节税的征收和减免,由省、自治区、直辖市人民政府决定。

四、征收管理

固定资产投资方向调节税的征收,实行计划统一管理和投资许可证相结合的源泉控制管理办法。这一办法的具体内容包括:

1. 各省、自治区、直辖市和计划单列市计委(计经委)汇总本地区的固定资产投资项目计划,经同级税务机关审定各固定资产投资项目适用的税目、税率和应纳税额后,由计划部门下达。

2. 纳税人在使用项目年度投资前，应当到项目所在地税务机关办理税务登记、纳税申报等手续。纳税人按照税务机关核定的税额、规定期限和填发的专用缴款书，就地到银行预缴投资方向调节税，或向委托代扣代缴单位办理纳税手续。

3. 计划部门凭纳税凭证发放投资许可证。银行和其他金融机构根据投资许可证，办理固定资产投资项目的拨款、贷款手续。

固定资产投资方向调节税，由项目所在地税务机关就地征收。个别项目不宜在所在地征收的，由上级税务机关确定征收地点。

固定资产投资方向调节税按固定资产投资项目的单位工程年度计划投资额预缴。年度终了后，按年度实际完成投资额结算，多退少补，项目竣工后，按全部实际完成投资额进行清算，多退少补。

【本章小结】

国家为了某些特定的目的对某些行为征税，以达到限制某些特定行为及取得财政收入的目的。行为税体现了国家税收的宏观调控作用。我国目前开征的行为税主要有印花税、城市维护建设税等，固定资产投资方向调节税已暂停征收。

思考题

1. 什么是行为税？行为税有哪些特点？
2. 印花税的征税范围和纳税人是如何规定的？

税收程序法绪论

一、税收程序法的概念

税收程序法是与税收实体法相对应的法律范畴。税收实体法主要是规定税收债务成立的税收要素法;而实体税收债务请求权,必须由征税机关的征税行为来具体完成。对调整征税行为及其所遵循的方式、步骤、实现的法律规定就构成了税收程序法。①

税收程序法的主要内容包括税收确定程序、税收征收程序和税收检查程序,具体规定纳税人如何进行税务登记、纳税申报和税款缴纳;扣缴义务人如何扣缴税款;税务机关的缴税通知、税务检查、税收保全和强制执行制度等。

税收程序法是具体实施实体税法的规定,是税法体系的基本组成部分。我国税收程序法的主要法律渊源是《中华人民共和国税收征收与管理法》(以下简称《税收征管法》)及其实施细则和国家税务总局颁布的诸多部门规章,在各单行税法中也有一些重要的程序法规定。

二、税收程序的分类

根据不同的区分标准,税收程序可以作如下分类:

1. 征税程序和纳税程序

根据税收程序主体及其所进行的程序行为的不同,可以把税收程序划分为征税程序和纳税程序。前者是征税机关进行税收征收行为所遵循的程序;后者是纳税人从事税款缴纳行为时所遵循的程序。通常情况下,征税程序和纳税程序是相互衔接、交叉并存的。

---

① 刘剑文主编:《财税法学》,高等教育出版社2004年版,第566页。

2．强制性程序和任意性程序

以征纳主体遵守税收程序是否具有一定的自由选择权为标准，可以将税收程序划分为强制性程序和任意性程序。强制性程序是没有自主选择余地且必须严格遵守的税收程序，违反强制性税收程序在司法审查中将导致相应行为的撤销或重作。任意性程序是可以由征纳主体自由裁量或选择的税收程序，违反任意性程序只有在超出法定的选择范围或选择极不合理的情况下，在司法审查中才会导致相应行为的撤销或重作。

3．普通税收程序和专门税收程序

这是以税收程序的范围和适用对象而进行的分类。普通税收程序是各种税收活动共同适用的程序。专门税收程序是专门税收事项或某一税种征纳活动中特别适用的程序。

4．税收立法程序、税收征纳程序和税收救济程序

这是以实施税收行为时形成的法律关系的特点所作的分类。税收立法程序是指制定税收法律规范的程序，其特点是行为内容的广泛性、行为对象的不确定性和效力的后及性。税收征纳程序是征纳主体实施税收征纳行为时所遵循的程序，其特点是行为的日常性、对象的特定性、内容的具体性和方式的多样性。税收救济程序是纳税人不服征税机关的征税决定，而依法向有权机关请求予以救济的程序。

第十三章 税收征管法律制度

【学习目的】

通过本章学习，初步掌握税务管理制度、税款征收制度、税收保障制度和税务代理制度的基本原理，尤其应理解税款征收制度中的征收方式和税收保障制度中的税收保全等制度设计。

税收征收管理，是指国家及其税务机关根据税收法律、行政法规及行政规章，指导纳税人正确履行纳税义务，并对征纳过程进行组织、管理、监督、检查等一系列工作的总称。税收征管法是调整税款征收管理过程中各种法律关系的法律，在税收法律中属于具有程序法性质的法律。

税收征管法在税法体系中具有重要的地位，是国家税收债权得以实现的重要保障，对于防止征税机关及其工作人员滥用职权、保护纳税人权利具有重要意义。在普遍重视程序建设的今天，税收征管法更具有其特殊的价值。

第一节 税务管理法律制度

一、税务登记制度

税务登记又称纳税登记，是整个税收征收管理的首要环节，它是税务机关对纳税人的开业、变动、歇业以及生产经营范围实行法定登记的一项管理制度。

（一）税务登记的种类

1．设立登记

设立登记，又称为开业税务登记，是指纳税人经由工商登记而成立，或者相关组织和个人依据法律、行政法规的规定成为纳税人时，依法向税务机关办理的税务登记。

设立登记的一般程序为：第一，由纳税人主动提交申请办理税务登记的报告并提交相关证件和资料。相关的证件、资料包括：（1）工商营业执照或其他核准执业证件；（2）有关合同、章程、协议书；（3）组织机构统一代码证书；（4）法定代表人或负责人或业主的居民身份证、护照或其他合法证件。其他需要提供的有关证件、资料，由省、自治区、直辖市税务机关确定。第二，如实填写税务登记表。税务登记表的主要内容包括：（1）单位名称、法定代表人或业主姓名及其居民身份证、护照或者其他合法证件的号码；（2）住所、经营地点；（3）登记类型；（4）核算方式；（5）生产经营方式；（6）生产经营范围；（7）注册资金（资本）、投资总额；（8）生产经营期限；（9）财务负责人、联系电话；（10）国家税务局确定的其他有关事项。第三，税务机关应当对纳税人填报的税务登记表及提供的有关证件进行审核。《税收征管法》规定，税务机关应当自收到申报之日起30日内，对纳税人填报的税务登记表和提供的证件、资料审核完毕，符合规定的，由县级以上主管税务机关核发税务登记证件。纳税人提供的证件和资料不齐全或税务登记表的填写内容不符合规定的，税务机关应通知其补正或重新填报。纳税人提供的证件和资料明显有疑点的，税务机关应进行实地调查，核实后予以发放税务登记证件。

2．变更登记

变更登记，是指纳税人办理设立登记后，因登记内容发生变化而向主管税务登记机关申请办理的税务登记。

办理变更登记的事项：（1）纳税人改变名称（或者个人改变姓名）；（2）改变隶属关系；（3）改变经营地址；（4）改变经营方式、经营范围；（5）改变开户银行及其账号。

办理变更登记的程序：第一种程序为，纳税人在工商行政管理机关办理变更登记程序的，此时应当持有下列证件向原税务登记机关申报办理变更登记：（1）变更税务登记申请书；（2）工商变更登记表及工商执照（注册登记执照）；（3）纳税人变更登记内容的决议及有关证明文件；（4）税务机关发放的原税务登记证件（登记证正、副本和登记表等）；（5）其他有关资料。第二种程序为，纳税人不需要到工商部门或其他机关办理变更登记程序的，应当持有下列证件到原税务登记机关申报办理变更登记：（1）纳税人变更登记内容的有关证明文件；（2）税务机关发放的原税务登记证件（登记证正、副本和税务登记表等）；（3）其他有关资料。

纳税人提交的有关变更登记的资料、证件齐全的,应如实填写税务登记变更表。经税务机关审核,符合规定的,税务机关应予以受理,不符合规定的,税务机关应通知其补正。

3. 注销登记

注销登记是指,纳税人发生破产、解散、撤销以及经营地点变更等情形,导致纳税人在税收征管中主体地位发生变化依法应终止纳税义务时,向税务机关办理有关取消原纳税义务的一种登记。

《税收征管法》第16条及其实施细则第15、16条对此作了相关规定:

(1) 纳税人发生解散、破产、撤销以及其他依法终止生产、经营活动的情形,应当在向工商行政管理机关或者其他机关办理注销登记前,持有关证件向原税务登记机关申报办理注销税务登记:按照规定不需要在工商行政管理机关或其他机关办理注册登记的,应当自有关机关批准或者宣告终止之日起15日内,持有关证件向原税务登记机关申报办理注销税务登记。

(2) 纳税人被工商行政管理机关吊销营业执照或者被其他机关予以撤销登记的,应当自营业执照被吊销或者被撤销登记之日起15日内,向原税务登记机关申报办理注销税务登记。

(3) 纳税人经营地点、住所变动,涉及改变税务登记机关的,应当在向工商行政管理机关或者其他机关申请办理变更或者注销登记前或者住所、经营地点变动前,向原税务登记机关申报办理注销登记,并在原税务登记机关办理注销税务登记后30日内向迁入地税务机关申报办理税务登记。

(4) 纳税人在办理注销税务登记之前,应当向税务机关结清应纳税款、滞纳金罚款,缴纳发票、税务登记证件和其他税务证件。

【实例演示】

2003年初,王某开了一家快餐店,并到主管地税机关办理了税务登记,月月按时申报纳税。由于经营不善,利润很低,王某于2003年8月将店铺转让给了一位朋友。同时把税务登记证件也转借给那位朋友。2003年12月10日,主管地税机关突然找到他,下达了《限期改正通知书》和《税务行政处罚事项告知书》,要求他在3日内办理税务登记注销手续,并对他未按规定办理注销登记处以500元的罚款,同时又以他把税务登记证件转借他人为由,处以2 000元的罚款。

此案涉及的是税务注销登记的法律问题。注销登记是指纳税人在依法办理税务登记之后，由于发生破产、解散、经营地点变更等情况，导致不在原登记地继续从事生产、经营活动，从而需要向税务机关办理有关取消原纳税义务的一种登记。我国《税收征管法》第60条第1款规定了违反税务登记注销规定所应承担的法律责任：对纳税人未按照规定的期限申报办理税务登记、变更或者注销登记的，由税务机关责令限期改正，可以处2 000元以下的罚款；情节严重的，处2 000元以上10 000元以下的罚款。由于王某没有按照法律规定办理税务登记注销手续并且违法转借税务登记证，税务机关对其下达《限期改正通知书》和《税务行政处罚事项告知书》，要求他在3日内办理税务登记注销手续，并对他未按规定办理注销登记处以500元的罚款的做法是合法的。

4. 外出经营报验登记

外出经营报验登记，是指从事生产、经营的纳税人到外县（市）临时从事生产、经营时，须向经营地税务机关申报办理的一种登记手续。

《中华人民共和国税收征收管理法实施细则》（下称《税收征管法实施细则》）第21条对此作了详细规定："从事生产、经营的纳税人到外县（市）临时从事生产、经营活动的，应当持税务登记证副本和所在地税务机关填开的外出经营活动税收管理证明，向营业地税务机关报验登记，接受税务管理。从事生产、经营的纳税人外出经营，在同一地累计超过180天的，应当在营业地办理税务登记手续。"实行外出经营报验登记制度的目的是为了加强对外出经营活动的纳税人的税务管理，以保证税款的征收。

5. 停业、复业登记

停业、复业登记，是指实行定期定额征收方式的纳税人，在营业执照核准的经营期限内需要停业时，以及停业后再恢复生产、经营时，依法向主管税务机关申请办理的一项登记手续。①

纳税人需要办理停业登记的，应如实填写申请停业登记表。税务机关应收存其税务登记证件及副本、发票领购簿、发票和其他税务证件。办理完毕后，下达核准停业通知书，核准纳税人停业。

纳税人需要恢复生产、经营的，应当于恢复生产、经营之前向税务机关申报办理复业登记，经确认后，办理复业登记，领回并启用税务登记证件、发票领购簿及其停业领购的发票。纳税人停业期满不能及时恢复生产经营的，应当在停业期满前向税务机关提出延长停业登记申请。

---

① 刘剑文主编：《财税法学》，高等教育出版社2004年版，第593页。

(二)税务登记的一些相关辅助制度

1. 登记证件管理制度

税务登记证件作为纳税人依法履行税务登记手续后由税务机关核发的书面证明,是纳税人履行纳税人义务的法定证明。《税收征管法》及其实施细则对税务登记证件的使用、悬挂和补办等诸多事项作出了详实和细化的规定。

按照《税收征管法实施细则》的规定,纳税人在下列涉税活动中必须按照规定使用税务登记证件:(1)开立银行账户;(2)申请减税、免税、退税;(3)申请办理延期申报、延期缴纳税款;(4)领购发票;(5)申请开具外出经营活动税收管理证明;(6)办理停业、歇业;(7)其他有关税务事项。

2. 税务登记代码制度

《税收征管法实施细则》第10条规定了税务登记代码制度:"国家税务局、地方税务局对同一纳税人的税务登记应当采用同一代码,信息共享。税务登记的具体办法由国家税务总局制定。"2003年11月20日国家税务总局颁布的《税务登记管理办法》第7条对此作出了具体规定:"国家税务局(分局)、地方税务局(分局)执行统一税务登记代码。税务登记代码由省级国家税务局、地方税务局联合编制,统一下发各地执行。已领取组织机构代码的纳税人税务登记代码为:区域码+国家技术监督部门设定的组织机构代码;个体工商户税务登记代码为其居民身份证号码;从事生产、经营的外籍、港、澳、台人员税务登记代码为:区域码+相应的有效证件(如护照,香港、澳门、台湾居民往来大陆通行证等)号码。"

3. 有关单位协助登记义务

(1)工商行政管理机关的登记协助义务

《税收征管法》第15条第2款规定:"工商行政管理机关应当将办理登记注册、核发营业执照的情况,定期向税务机关通报。"为了保证工商行政管理机关与税务登记机关之间登记信息的顺畅交换和有效共享,加强税务机关和工商行政机关的协作配合,2003年7月2日国家税务总局、国家工商行政管理总局颁布了《关于工商登记信息和税务登记信息交换与共享问题的通知》。

(2)银行和其他金融机构的协助义务

《税收征管法》第17条规定:"从事生产、经营的纳税人应当按照国家的有关规定,持税务登记证件,在银行或者其他金融机构开立基本存款账户和其他存款账户,并将其全部账号向税务机关报告。银行和其他金融机构应当在从事生产、经营的纳税人的账户中登录税务登记证件号码,并在税务登记证件中登录从事生产、经营的纳税人的账户号码。税务机关依法查询从事生产、经营的纳税人开立账户的情况时,有关银行和其他金融机构应当予以协助。”

二、账簿、凭证管理制度

账簿,又称会计账簿,是指以会计凭证为依据,由符合一定格式并相互联系的账页所组成的,对纳税人的全部经济业务进行全面、分类、系统、序时的登记和反映的簿册,是用来序时、分类和全面系统地记录与反映有关经济业务的会计簿册。账簿一般包括:封面、扉页和账页。我国《税收征管法》中所指的账簿,是指总账、明细账、日记账以及其他辅助性账簿。并且《实施细则》还明确规定,总账、日记账应采用订本式。

凭证,即会计凭证,就是用来记账的依据。记账必须要有证明经营业务发生的书面文件,这种证明文件就是会计凭证。会计凭证是在会计工作中的记录经营业务和明确经营责任的书面证明,是用来登记账簿的依据。会计凭证按其用途和填制程序,可分为原始凭证和记账凭证。

(一)账簿的设置制度

我国《税收征管法》第19条规定:“纳税人、扣缴义务人按照有关法律、行政法规和国务院财政、税务主管部门的规定设置账簿,根据合法、有效凭证记账,进行核算。”《税收征管法实施细则》第22条、第23条、第25条对此作出了详细的规定:

1. 从事生产、经营的纳税人应当自领取营业执照或者发生纳税义务之日起15日内,按照国家有关规定设置账簿。其中的账簿是指总账、明细账、日记账以及其他辅助性账簿。总账、日记账必须采用订本式。

2. 生产、经营规模小又无建账能力的纳税人,可以聘请经批准从事会计代理记账业务的专业机构或者经税务机关认可的财会人员代为建账和办理账务;聘请上述机构或人员有实际困难的,经县以上税务机关批准,可以按照税务机关的规定,建立收支凭证粘贴簿、进货销货登记簿或者使用税控装置。

3. 扣缴义务人应当自税收法律、行政法规规定的扣缴义务发生之日起10日内,按照所代扣、代收的税种,分别设置代扣代缴、代收代缴税款账簿。

【实例演示】

安笑大酒店是2002年底成立的股份制企业,主要经营餐饮、旅馆、歌舞厅等项目。2005年10月,市税局稽查分局在接到反映该大酒店偷税数额大、手法隐蔽、情节严重的举报后,对安笑大酒店立案稽查。据查,安笑大酒店在2002年至2005年期间,非法设置两套账簿,一套用来核算酒店的全部收支情况和经营成果,据此向主管部门报送会计报表;另一套账则隐匿了大部分的收入,仅记载其中一部分,平时根据这套账记载来申报纳税。2002年至2005年,安笑大酒店实际营业收入为3 874.96万元,已申报缴纳营业税及城建附加税49.69万元,少缴营业税、城建税、教育费附加、地方教育费附加、土地使用税、房产税、印花税以及企业所得税等共计98.63万元。税务机关除追缴了所偷逃的税款外,对其偷税行为处以9万元罚款,对其不按规定开具发票的行为处以5 000元的罚款。

安笑大酒店设置两套账簿,一套用来核算酒店的全部收支情况和经营成果,据此向主管部门报送会计报表;另一套账则隐匿了大部分的收入,仅记载其中一部分,平时根据这套账记载来申报纳税。属于设立"两本账"、"账外账"的行为。而《中华人民共和国会计法》第16条规定:"各单位发生的各项经济业务事项应当在依法设置的会计账簿上统一登记、核算,不得违反本法和国家统一的会计制度的规定私设会计账簿登记、核算。"由此可知,我国会计法律禁止设立"两本账"、"账外账"。《税收征管法》第63条第1款规定:"纳税人伪造、变造、隐匿、擅自销毁账簿、记账凭证,或者在账簿上多列支出或者不列、少列收入,或者经税务机关通知申报而拒不申报或者进行虚假的纳税申报,不缴或者少缴应纳税款的,是偷税。对纳税人偷税的,由税务机关追缴其不缴或者少缴的税款、滞纳金,并处不缴或者少缴的税款50%以上5倍以下的罚款;构成犯罪的,依法追究刑事责任。"本案中,安笑大酒店采用账外账、开大头小尾发票的手法,隐匿应税收入,已构成偷税,市地税局稽查分局对此依法处理,是正确的。

(二)财务、会计制度的报送备案制度

为了使税务机关及时了解、掌握纳税人财务会计制度及其处理办法,以便于确定和征收税款,有效开展税务检查,税法规定了财务会计制度的报送备案制度。

我国《税收征管法》第20条第1款规定:"从事生产、经营的纳税人的财务、会计制度或者财务会计处理办法和会计核算软件,应当报送税务机关备案。"《税收征管法实施细则》第24条规定:"从事生产、经营的纳税人应当自领取税务登记证件之日起15日内,将其财务、会计制度或者财务、会计处理办法报送主管税务机关备案。纳税人采用计算机记账的,应当在使用前将会计电算化系统的会计核算软件、使用说明书及有关资料报送主管税务机关备案。纳税人建立的会计电算化系统应当符合国家有关规定,并能正确、完整核算其收入或者所得。"

（三）涉税资料的使用和管理

《税收征管法实施细则》第27条、第29条对涉税资料的使用和管理作出了明确的规定。

涉税资料的种类包括：账簿、记账凭证、报表、完税凭证、发票、出口凭证以及其他有关涉税资料。

《税收征管法》和《会计法》都规定，涉税资料应当合法、真实、完整，任何人不得伪造、变造或提供虚假的财务会计报告。

账簿、会计凭证和报表原则上必须使用中文，民族自治地区可以同时使用当地通用的一种民族文字。中华人民共和国境内的外商投资企业和外国企业可以同时使用一种外国文字。

账簿、记账凭证、报表、完税凭证、发票、出口凭证以及其他有关涉税资料应当保存10年，但是，法律、行政法规另有规定的除外。

（四）税控装置的推广使用

所谓的税控装置，就是指由国家生产、安装、维护和监控的带有计算税款和税款监控功能的电子结算装置，在税收征管中主要指计税收款机。这种收款机带有税收计量仪，在收款的同时可以存储5年到10年的产品销售及应上缴税金的纪录，并有严格的物理和电子保护，由税务机关铅封，使存储的数据无法人为修改和破坏。

《税收征管法实施细则》第28条规定："纳税人应当按照税务机关的要求安装、使用税控装置，并按照税务机关的规定报送有关的数据和资料。税控装置推广应用的管理办法由国家税务局另行制定，报国务院批准后实施。"为加快税控收款机的推行工作，减轻纳税人购进使用税控收款机的负担，2004年11月9日，财政部、国家税务总局联合发布了《财政部、国家税务总局关于推广税控收款机有关税收政策的通知》，规定了有关纳税人购进使用税控收款机的税收优惠政策。

三、发票管理制度

发票，是指在购销商品、提供或者接受服务以及从事其他经营活动中，开具、收取的收付款凭证。《税收征管法》在税务管理部分对发票管理作了专门的规定。1993年12月23日，经国务院批准，财政部颁布了专门的《发票管理办法》，国家税务总局也同期发布了《发票管理办法实施细则》和《增值税专用发票使用规定》，对发票的印制、领购、开具、保管、检查、违法处理等作了详细规定。发票是财务收支的法定凭证，是会计核算的原始凭证,是一切从事生产、经营的单位和个人在销售商品、提供劳动服务以及从事其他业务活动取得收入时向付款人开具的销货票据或营业收款凭证,也是税务稽查的主要依据。

(一) 发票的印制制度

发票印制是发票管理的首要环节,也是基础环节。《税收征管法》对发票的印制作了原则的规定。《发票管理办法》则对发票的印制作了详细的规定。

发票的基本联次为三联:存根联、发票联、记账联。增值税发票的基本联次还包括抵扣联,由收执方作为抵扣税款的凭证。

《发票管理办法》规定了发票的准印证制度,省、自治区、直辖市税务机关应当按照集中印制、统一管理的原则,严格审查印制企业的资格,对指定为印制发票的企业发给税务总局同意制发的发票准印证。

由于发票在经济生活及税收征管中的作用重大,因此国家对发票印制实行严格的防伪制度。主要包括:发票防伪品专用制度、套印全国统一发票专用章制度、不定期换版制度。

【实例演示】

发票封面、封底采用本色牛皮纸印制。封面印制本发票的联次、金额版本、起讫号码、份数、合计开票金额、作废份数和作废票号等内容。封底印有发票使用须知。

江苏省×××发票	
	分类代码:132×××××××××
规格:	联次:
金额版本:	每本份数:
起讫号码:自	号至　　　　号止
作废份数:	作废票号:
开票金额合计(元):	
购票单位(人):	经办人签名(盖章):

(二) 发票的领购制度

1. 依法办理了税务登记,并领取了税务登记证件的纳税人,可以向主管税务机关申请领购或申请印制带有单位名称的发票;依法办理了税务登记,但按规定未核发税务登记证件的纳税人,可以向主管税务机关申请领购发票。

2. 依法办理了增值税一般纳税人认定手续的纳税人,可以申请领购增值税专用发票。

3. 依法不需要办理纳税登记的单位(纳税人),如某些机关、团体、部队、学校等不从事生产、经营的事业单位,需要使用发票的,可按法定程序,向主管税务机关申请领购发票。

4. 临时到本辖区以外从事经营活动的单位和个人(纳税人),可以凭所在地税务机关的证明,向经营地税务机关申请领购经营地发票。

(三)发票的开具制度

1. 发票应当按照规定的时限、顺序,逐栏、全部联次一次性地真实填开,并加盖财务印章或发票专用章。填写项目不全、内容不真实、单联填开、没有印章的发票,不能作为记账或报销的凭证。

2. 使用电子计算机开具发票,须经主管税务机关批准,并使用税务机关统一监制的机外发票,开具后的存根联应当顺序成册。

3. 任何单位和个人不得转借、转让、代开发票;未经税务机关批准,不得拆本使用;不得自行扩大专用发票的适用范围。

4. 发票限于领购单位和个人在本省、自治区、直辖市内开具。任何单位和个人未经批准不得跨规定区域使用携带、邮寄或运输空白发票;严禁携带、邮寄或运输空白发票出入境。

5. 开具发票的单位和个人应建立发票使用登记制度,设置发票登记簿,并定期向主管税务机关报告发票使用情况。

6. 开具发票的单位和个人应当在办理变更或者注销税务登记的同时,办理发票和发票领购簿的变更、缴销手续。

【实例演示】

古先生某日在饭店宴请生意上的合作伙伴花了4 500元,当古先生要求饭店开一张发票时,结账人员开了一张收据。古先生提出需要正式发票回公司报销时,该店却提出如果要正式发票,还必须加税钱,古先生当即向地税局投诉。地税稽查局接到举报后,迅速赶到这家饭店,经调查核实后,对店主未按规定开具发票的行为给予批评,并罚款200元,同时责令该店给古先生开具了正式发票。

我国法律对发票的开具作了详细的规定。《发票管理办法》第20条规定:“销售商品、提供服务以及从事其他经营活动的单位和个人,对外发生经营业务收取款项,收款方应当向付款方开具发票;特殊情况下,由付款方向收款方开具发票。”第21条规定:“所有单位和从事生产、经营活动的个人在购买商品、接受服务以及从事其他经营活动支付款项,应当向收款方取得发票。取得发票时,不得要求变更品名和金额。”

本案中,饭店的结账人员以一张收据代替正式的发票开具并且要收取额外费用的行为,显然违反了我国相关法律的规定,属于未按规定开具发票的行为。税务机关要求该饭店开具正式的发票并作出处罚是正确的。

(四) 发票的保管与缴销制度

1. 发票的保管制度

《发票管理办法》对发票的保管作了相关的规定。开具发票的单位和个人应按照税务机关的规定存放和保管发票。若丢失发票,应于丢失当日书面报告主管税务机关,并在报刊和电视传媒上公告声明作废。已经开具的发票存根和发票登记簿,应当保存5年。

2. 发票的缴销

发票缴销是纳税人按照规定向税务机关上缴已使用或者未使用的发票,由税务机关将其进行销毁。纳税人发票缴销有以下四种情况:

(1) 纳税人已使用的发票存根保管期满后,对发票存根联进行缴销;

(2) 纳税人发生合并、联营、分设、迁移、停业、歇业等事项时缴销发票;

(3) 纳税人因税务机关统一实行发票及发票监制章更换,要缴销到期的发票;

(4) 纳税人发生严重违反税务管理和发票管理行为,税务机关收缴其发票。

(五) 发票的检查制度

《发票管理办法》规定,税务机关有权依据有关法律规定对发票的印制和使用情况实行检查。税务机关人员进行发票检查时,应当出示税务检查证。印制、使用发票的单位和个人必须接受税务机关的依法检查,如实反映情况,并提供有关资料,不得拒绝、隐瞒。

税务机关发票检查的主要内容包括:(1)检查印制、领购、开具、领取和保管发票的情况;(2)调出发票进行查验;(3)查阅、复制与发票有关的凭证、资料;(4)向当事人各方询问与发票有关的各种情况;(5)在查处案件时,对于案件有关的情况和资料,可以记录、录音、录像、照相和复制；(6)对单位和个人从中国境外取得的与纳税有关的发票或凭证，若税务机关在纳税审查时认为有疑问，可以要求其提供境外公证机构或者注册会计师的确认证明。

被检查人对无税务检查证的检查人员，有权拒绝其调查；在税务机关将已开具的发票调回查验时，被检查人有权要求开具发票换票证；需要调出空白发票查验时，有权要求其开具收据，并要求其在查无问题时及时退还。

四、纳税申报法律制度

纳税申报，是指纳税人、扣缴义务人在税法规定的期限内，就纳税有关事项向税务机关进行书面报告的一项制度。我国《税收征管法》及其实施细则对纳税申报作了比较详细的规定。

（一）纳税申报的内容

《税收征管法》第25条，《税收征管法实施细则》第33条至第35条对此作了相关规定。负有纳税义务的纳税人，必须向主管税务机关申报应纳税的税种、应税项目、计税依据、税率或单位税额、扣除项目及标准、减免税项目及税额、应纳税额、税款所属期限等。纳税人办理纳税申报，应当如实填写和报送纳税申报表。同时，纳税人还应该根据具体情况报送：(1)财务、会计报表及其说明资料；(2)与纳税有关的合同和协议书；(3)外出经营活动税收征管说明；(4)境内外公证机构出具的有关证明文件；(5)税务机关规定应当报送的其他有关证件、资料。

扣缴义务人办理纳税申报，应据实填写和报送代扣代缴、代收代缴报告表，并报送扣缴税款的合法凭证及与扣缴税款有关的证件、资料。

（二）纳税申报的期限

1. 申报期限

纳税申报的期限是税法规定或税务机关根据税法确定的，纳税人、扣缴义务人进行纳税申报的时间段。每个具体的纳税人的申报期限，根据不同情形确定：

(1) 税法、行政法规明确规定了纳税申报期限的，纳税人、扣缴义务人均应在规定的期限内办理纳税申报或报送代扣代缴、代收代缴税款报告表。

(2) 税法、行政法规规定纳税申报期限有选择范围的，由税务机关根据纳税人应纳税款的多少分别核定。

2. 延期申报

延期申报是指纳税人因法定原因,不能按照税法规定的期限办理纳税申报,经税务机关批准延缓一定期限再行申报的税收管理制度。根据《税收征管法》的规定,只在下列两种情形下,才允许延期申报:(1)纳税主体因财务会计处理上的困难等主观原因导致不能按期申报纳税的情形。在该种情形下,纳税申报主体必须在规定的期限内向税务机关提出书面延期申请,经核准后,方可延期申报。但同时应在纳税期内按照上期实际缴纳的税额或税务机关的核定税额预缴税款,然后在核准的展期内办理纳税结算。(2)因不可抗力导致纳税申报主体不能办理纳税申报的情形。在发生不可抗力的情形下,纳税申报主体无需事先申请,即可延期申报。但是应当在不可抗力情形消除后立即向税务机关报告,税务机关应当查明真相,予以核准。

(三)纳税申报的方式

《税收征管法》第26条、《税收征管法实施细则》第30条、第31条、第36条对纳税申报的方式作了相关规定。按纳税申报表及有关资料送达的方式划分,可以分为直接申报、邮寄申报和电子申报。

直接申报是纳税人、扣缴义务人或委托的代理人到税务机关办理纳税申报的方式。邮寄申报是纳税人、扣缴义务人通过邮寄的方式向税务机关报送纳税申报表及有关资料的方式。电子申报是纳税人、扣缴义务人通过传真、计算机等现代化的手段向税务机关报送纳税申报表及有关资料的方式。

按纳税申报的填报人划分,可以分为自行申报和代理申报。

纳税人、扣缴义务人填报纳税申报表是自行申报;纳税人、扣缴义务人委托税务代理人填报纳税申报表是代理申报。代理申报必须出具委托代理协议书和税务代理证件,经受理纳税申报税务机关核准,代理申报方为有效。

(四)纳税申报管理的程序

1. 受理申报

税务机关有责任及时受理纳税人、扣缴义务人报送的纳税申报表及有关资料,并记录下受理的时间,以此作为判断纳税人是否按时进行纳税申报,是否承担相应法律责任的法律依据。

2. 审核监控

税务机关对纳税人、扣缴义务人报送的申报表应认真审核其逻辑性和合法性。具体审核其申报时间是否及时,内容是否真实可靠,计算是否准确无误,填写是否完整有效等。

3. 资料移送

税务机关对纳税人的纳税申报表经审核无误的,应加盖“已审核”印章后录入计算机,转送税款征收窗口征收税款,并按月装订成册,作为会计核算凭证。对经审核纳税申报表逻辑关系不符或填写有误、项目不全的,应当通知纳税人限期改正,逾期不改正的,转交稽查部门处理。对纳税人连续申报无收入或申报零税额及负税额的,由税款核算部门打印清单提交选案部门作为重点稽查对象。

4. 纳税申报的分类管理

税务机关对纳税人报送的纳税申报资料要定期进行整理、分析,依据纳税人申报税额的多少、业务处理能力的高低、纳税申报的真实程度、纳税申报态度的好坏以及税款征收部门、稽查部门反馈的信息资料等对纳税人进行分类,实行分类管理。

【实例演示】

2004 年 2 月 5 日,某区地税机关对该区三盛公司未按时进行纳税申报行为下达了一份《税收违法行为限期改正通知书》,同时对其未申报行为依法作出罚款 800 元的处罚决定。该公司及时缴纳了罚款,在税务机关限定的期限内,公司进行了补充纳税申报,并同时缴纳了所申报的上月应纳地方各税 9 000 元。尔后,税务机关又依其申报缴纳的税款处以 0.5 倍的罚款,即罚款 4 500 元。该公司对税务机关再次作出的罚款不理解。三盛公司认为:未申报行为税务机关本身已经进行了处罚,事后又罚款,违反了“一事不二罚”的原则。三盛公司在收到处罚决定书后,依法向税务机关提起行政复议。复议机关经过审理,维持了原税务机关作出的处罚决定。

本案中,该公司未按规定进行纳税申报,违反了《税收征管法》第 25 条规定,纳税人必须在规定的期限内进行纳税申报,是纳税人的法定义务。并且在《税收征管法实施细则》第 32 条中规定,纳税人在纳税期内没有应纳税款的,以及纳税人享受减免税待遇的,都应当向主管税务机关办理纳税申报,而该公司并未按规定履行申报义务。而缴纳税款是征管法规定纳税人的又一法定义务。根据《税收征管法》第 31 条规定,纳税人按照法律、行政法规规定或税务机关依照法律、行政法规的规定确定的期限缴纳税款。由此可见,纳税申报与缴纳税款是两种不同的法律行为,并且二者之间并不存在必然的联系,即纳税申报不一定必然产生缴纳税款义务,缴纳税款也并不是必须在申报之后才能缴纳。纳税人的纳税申报期限和缴纳税款的期限,均指法律、行政法规规定或税务机关依照法律、行政法规的规定确定的期限,而并不是纳税人违法之后税务机关责令限期改正的期限。本案中,该公司未按规定的期限申报和缴纳税款,属两个违法行为,而并不是一个违法行为违反了两个处罚规定或者是一个违法是另一个违法行为的必然结果。所以,税务机关对其两个违法行为的分别处罚是正确的。

第二节 税款征收法律制度

税款征收制度是税收征管的重要环节和中心环节,也是税务登记、账簿凭证管理等税务管理工作的目的和归宿。我国《税收征管法》安排了一系列的制度来保证税款征收工作及时、足额的完成。

税款征收,是指税务机关依法将纳税人、扣缴义务人依法应当缴纳或者解缴的税款依照一定的程序和方式征集入库的执法活动的总称。

一、税款征收的基本原则

(一) 唯一行政主体原则

唯一行政主体原则是指除税务机关、税务人员以及经税务机关依照法律、行政法规委托的单位和人员外,任何单位和个人不得进行税款征收活动。

(二) 严格依法征税原则

严格依法征税原则是指税务机关应当依照法律、行政法规的规定征收税款,不得违反法律、行政法规的规定开征、停征、多征、少征、提前征收、延缓征收或者摊派征收税款。

扣缴义务人依照法律、行政法规的规定履行代扣、代收税款的义务。对法律、行政法规没有规定负有代扣、代收税款义务的单位和个人,税务机关不得要求其履行代扣、代收税款义务。税务机关按照规定付给扣缴义务人代扣、代收手续费。

（三）税款优先原则

税款优先原则是指税务机关征收税款优先于无担保的债权，法律另有规定的除外。纳税人欠缴的税款发生在纳税人以其财产设定抵押、质押或者纳税人的财产被留置之前的，税收应当先于抵押权、质权和留置权执行。纳税人欠缴税款同时又被行政机关决定处以罚款、没收违法所得的，税收优先于罚款、没收违法所得。

二、应纳税款的核定制度

应纳税款的核定制度是指具备法定情形的条件下，征税机关运用税款核定权核定纳税人的应纳税款的制度。

（一）核定应纳税款的法定情形

《税收征管法》第35条、第37条及《税收征管法实施细则》第57条规定税务机关有权核定纳税人应纳税款的法定情形有：

1. 依照法律、行政法规的规定可以不设账簿的；
2. 依照法律、行政法规的规定应当设置账簿但未设置的；
3. 擅自销毁账簿或不提供纳税资料的；
4. 虽设置账簿，但账目混乱或者成本资料、收入凭证、费用凭证残缺不全，难以查账的；
5. 发生纳税义务，未按照规定的期限办理纳税申报，经过税务机关责令限期申报，逾期仍不申报的；
6. 纳税人申报的计税依据明显偏低，且无正当理由的；
7. 未按照规定办理税务登记的从事生产、经营的纳税人以及临时从事经营的纳税人，包括到外县（市）从事生产、经营而未向营业地税务机关报验登记的纳税人。

以上第3点和第6点是新税收征管法针对实践中的问题增加的内容。

（二）核定应纳税款数额的方法

根据《税收征管法实施细则》第47条的规定，纳税人有法定情形之一的，税务机关有权采取下列任何一种方式核定其应纳税款额度：

1. 参照当地同类行业或者类似行业中经营规模和收入水平相近的纳税人的税负水平核定；
2. 按照营业收入或者成本加合理的费用和利润的方法核定；
3. 按照耗用的原材料、燃料、动力等推算或者测算核定；

4. 按照其他合理方法核定。

当采用上述的一种方法不足以正确核定应纳税额时,可以同时采用两种或两种以上的方法核定。

(三) 应纳税款核定的程序以及对纳税人权利的保护

核定税款一方面要使得核定的税款额度尽量接近实际的税款额度,使得国家税收债权得以有效实现;另一方面,也要防止侵害纳税人的合法权利,注意对纳税人权利的保护。因此,就需要设计相关的制度予以保障。税收征管法特别规定,税务机关核定应纳税额的具体程序和办法由国务院税务主管部门规定,不过目前国务院税务主管部门尚未制定具体的核定税额的程序。《税收征管法实施细则》第47条规定,纳税人对税务机关采取法定方法核定的应纳税额有异议的,应当提供相关证据,经税务机关认定后,调整应纳税额。

【实例演示】

某县国税局稽查局对富强面粉厂2004年缴纳增值税情况实施稽查时,发现富强面粉厂销售价格明显偏低。该县共有两家面粉生产厂家,除富强面粉厂外,还有另一家利民面粉厂。然而,同等质量的面粉,利民面粉厂销售价格为正常市场价格55元/袋,而富强面粉厂仅售45元/袋。富强面粉厂的管理人员和财会人员都说不出正当理由。稽查人员在查阅富强面粉厂的账簿时,发现该公司账簿不健全,难以查账征收。通过税负测算,该公司2004年税负率仅为0.52%;而利民面粉厂2004年税负率为2.9%。稽查局决定按利民面粉厂的税负率核定富强面粉厂应纳税款1 845 009.65×2.9% = 53 505.28元,减除其已纳税款9 683.48元,还应补缴税款43 821.8元,并加收滞纳金1 466.82元。

该案中富强面粉厂税负率仅为0.52%,而其同类企业利民面粉厂的税负率为2.9%。富强面粉厂的计税依据明显偏低,但其管理人员和财务人员均无正当理由,且其账簿不健全,难以查账征收。因此,稽查局按照利民面粉厂的税负率对富强面粉厂的应纳税额进行核定,是符合《税收征管法》关于应纳税额核定相关制度的规定的。

三、应纳税款的调整制度

(一) 关联企业的界定

我国《税收征管法》确定的应纳税款的调整制度是专门针对关联企业的。因此必须对关联企业予以准确的界定。所谓关联企业，一般而言，是指经济上有利害关系，法律上相互独立的企业联合体。《税收征管法实施细则》第 51 条将关联企业界定为有以下关系之一的公司、企业和其他经济组织：

1. 在资金、经营、购销等方面，存在直接或者间接的拥有或者控制关系；

2. 直接或者间接地同为第三者所拥有或者控制；

3. 在利益上相关联的其他关系。

从以上规定可以看出，我国税法对关联企业的认定基本采用了国际上通行的做法，即从"控制"的角度来解释"关联企业"，并将是否存在控制作为判定"关联企业"的基本标准。同时，不仅注重股份的控制，还十分注重非股份的控制；不仅涉及直接控制，也涉及间接控制。

(二) 调整税款的原则

现在国内外企业通过关联企业转移利润逃避税收的情况非常普遍，为了保证国家税收的基础不受侵蚀，各国对关联企业的业务往来都有相应的规制。综观各国立法，防范关联企业转移定价，对关联企业进行税款调整，通常采用独立成交原则或者总利润原则。所谓独立成交原则，是指将存在关联关系的企业视为互不隶属或者受控的独立企业，完全按照无关联关系的企业那样开展自由竞争，通过讨价还价的方式来处理它们之间的内部交易。所谓总利润原则，是指将关联企业集团的所有企业看作一个整体，把该集团在全世界范围内所取得的全部利润进行汇总，再按照某种方法在所有的关联企业间重新进行利润分配，最后有关国家的税务当局即可根据其本国企业所得的利润计征税款。

我国《税收征管法》第 36 条规定，企业或外国企业在我国境内设立从事生产、经营的机构、场所与其关联企业之间的业务往来，应当按照独立企业之间的业务往来收取或者支付价款、费用；对于不按照独立企业之间的业务往来收取或者支付价款、费用，而减少其应税收入或者所得额的，税务机关有权进行合理调整。纳税人有义务就其与关联企业之间的业务往来，向当地税务机关提供有关价格、费用标准等资料。由此看来，我国对关联企业进行税款调整采取的是独立成交原则。

(三) 调整税款的法定情形

根据《税收征管法实施细则》第 54 条规定，纳税人与其关联企业之间的业务往来有下列情形之一的，税务机关可以调整纳税人应纳税额：

1. 购销业务未按照独立企业之间的业务往来作价。

2. 融通资金所支付或者收取的利息超过或者低于没有关联关系的企业之间所能同意的数额,或者利率超过或者低于同类业务的正常利率。

3. 提供劳务,未按照独立企业之间业务往来支付劳务费用。

4. 转让财产、提供财产使用权等业务往来,未按照独立企业之间业务往来作价或者收取、支付费用。

5. 未按照独立企业之间业务往来作价的其他情形。

(四)调整税款的方法

根据《税收征管法实施细则》第 55 条的规定,纳税人与其关联企业之间的业务往来有以下情形之一的,税务机关可以按照下列方法调整计税收入额或者所得额:

1. 按照独立企业之间进行的相同或者类似业务活动的价格进行调整。

2. 按照再销售给无关联关系的第三者的价格所应取得的收入和利润水平进行调整。

3. 按照成本加合理的费用和利润的方法进行调整。

4. 按照其他合理的方法进行调整。

《税收征管法实施细则》第 56 条规定,纳税人与其关联企业未按照独立企业之间的业务往来支付价款、费用的,税务机关自该业务往来发生的纳税年度起 3 年内进行调整;有特殊情况的,可以自该业务往来发生的纳税年度起 10 年内进行调整。

(五)调整税款的程序

关联企业的税款调整制度一方面是税务机关进行反避税的有力手段,另一方面对纳税人的实体权利有很大的影响。因此,对关联企业进行税款调整的程序十分重要。《税收征管法实施细则》第 51 条第 2 款规定,纳税人有义务就其与关联企业之间的业务往来,向当地税务机关提供有关的价格、费用标准等材料。具体办法由国家税务总局制定。《关联企业间业务往来税务管理实施办法》的规定相对简单。《关联企业间业务往来税务管理规程(试行)》是目前我国规定对关联企业调整制度最为详尽系统的规章。该规章规定的基本程序为:(1)业务往来的申报;(2)业务往来交易额的认定;(3)调查审计对象的选择;(4)调查审计的实施;(5)企业举证和税务机关对举证的核实;(6)调查方法的选用;(7)调查的实施;(8)复议和诉讼;(9)跟踪监管。

【实例演示】

天光机械厂是当地的一家大型公司,主要生产锅炉附机。该企业自 2004 年 1 月与某大学附属的一家校办厂签订了联营合同。合同规定,校办工厂是锅炉厂的分厂,其生产计划、原材料供应和产成品销售由锅炉厂统一安排,校办工厂只负责组织生产,产成品由天光机械厂以自定价格全部收购,双方各自独立核算。在2005年的税务检查时,税务机关发现天光机械厂2003年销售收入虽然较往年高,但是产成品成本和销售成本却非常高,账面利润反而比往年少得多。经调查发现,产品成本中,材料成本所占比重由原来的50%上升为70%,其直接原因是天光机械厂以明显高于市场价的价格购进校办厂生产的产品(注:当地对校办企业有特殊优惠)。税务机关随后对天光机械厂的2004年度应纳税所得额进行了调整,要求天光机械厂补缴税款。

该案中天光机械厂与校办厂是联营关系,校办厂的生产计划、原材料供应和产成品销售由天光机械统一安排,符合《税收征管法》关于关联企业的界定。两厂在业务往来中利用当地对校办厂的特殊优惠,未按照独立企业之间的业务往来作价,属于典型的利用关联企业的税收优惠避税的案例。因此,税务机关对天光机械厂2004年度的应纳税额进行调整是符合《税收征管法》相关规定的。

四、税款征收的方式

税款征收方式是指税务机关根据各税种的特点和征纳双方的具体条件而制定的计算、征收税款的形式和方法。实施正确的征收方式有利于对税源进行控制管理,防止税款的流失。实践中具体采用的税款征收方式主要有:查账征收、查定征收、查验征收、定期定额征收、“三自”征收、代扣代缴和代收代缴征收和委托征收等。

1. 查账征收是指纳税人自行计算应纳税额,并按规定期限向税务机关申报,经税务机关审查核实后,纳税人据以交纳税款的一种征收方式。采用这种方式要求纳税人纳税意识较强,会计核算真实准确,资料齐全,可作为计税依据。

2. 查定征收是指税务机关根据纳税人的生产能力和一定时间的实际产销情况,核定一个实物量作为计税标准,据以计算纳税期内的应纳税额,分期征收税款,期末进行结算的一种征收方式。当实际产销量超过核定量时,须由纳税人报请补征;不到核定量时,可由纳税人报请重新审定。这种征收方式,适用于经营规模较小,财务制度不够健全,凭证不够完备的小型企业。

3. 查验征收是指税务机关对某些难以进行源泉控制的征税对象,通过查验证、照和实物,据以征税的一种征收方式。该方式一般适用于城乡农贸市场、车站、码头、机场、口岸等场所的征税。

4. 定期定额征收是指税务机关根据纳税人的生产经营情况,按期核定应纳税额,分期征收税款的一种征税方式。这种征收方式主要适用于难以查清真实收入、账册不全的个体工商户。

5."三自"征收即自核自报自缴,是指对纳税人的应纳税额,由纳税人自行计算,自行填写缴税凭证,自行向当地国库按期缴纳税款的一种征收方式。采用这种征收方式要求纳税人有较强的纳税意识和健全的经济核算制度。

6. 代扣代缴、代收代缴,是指依照税法规定负有代扣代缴、代收代缴税款义务的人,按照税法规定对纳税人应纳税款进行扣缴或收缴的征收方式。我国个人所得税工资、薪金、劳务报酬等都采用的是代扣代缴的方式;我国消费税法规规定,委托加工产品,由受托方在收取其加工费时,代收委托方的应纳税款,然后向税务机关解缴。

7. 委托征收是指税务机关根据有利于税收控管和方便纳税的原则,按照国家有关规定委托有关单位和人员代征零星分散的和异地缴纳的税款,并发给委托代征证书的一种征收方式。目前,各地对零散、不易控管的税源,一般委托街道办事处、居委会、乡政府、村委会及交通管理部门等代征。委托征收与代扣代缴、代收代缴不同,后者是一种法定义务,前者是一种委托代理关系,受托人有接受与否的权利。

五、纳税期限制度

(一) 纳税期限

纳税期限是指在纳税义务发生后,纳税人依法缴纳税款的期限。具体可以分为纳税计算期限和税款缴库期限。纳税计算期限是指纳税人多长期间计缴一次税款。税款缴库期限是指纳税计算期满后,纳税人实际缴纳税款入库的法定期限。例如,《中华人民共和国增值税暂行条例》第 23 条第 2 款规定,纳税人以 1 个月为一期纳税的,自期满之日起 10 日内申报纳税,前一个期限即为纳税计算期限,后一个期限即为税款缴库期限。

纳税期限一般可以分为按次缴纳和按期缴纳。前者适用于屠宰税、耕地占用税等税种;后者适用于流转税、财产税等税种。

(二) 延期缴纳税款制度

延期缴纳税款制度是指纳税人因特殊困难不能按期纳税时,在规定的缴纳期限内,向主管税务机关提出书面申请,经其批准后延期缴纳税款的制度。

我国《税收征管法》第 31 条第 2 款规定,纳税人因有特殊困难,不能按期缴纳税款的,经省、自治区、直辖市国家税务局、地方税务局批准,可以延期缴纳税款,但最长不得超过 3 个月。即纳税人在行使延期缴纳税款这一权利时,需满足以下条件:

1. 纳税人有特殊困难，不能按期缴纳税款。其中特殊困难，《税收征管法实施细则》第41条具体化为两种情形：(1)因不可抗力，导致纳税人发生较大损失，正常生产经营受到较大影响的；(2)当期货币资金在扣除应付职工工资、社会保险费后，不足以缴纳税款的。

2. 纳税人需要延期缴纳税款的，应当在缴纳税款期限届满前，向主管税务机关提出申请。根据《税收征管法实施细则》第42条第1款规定，提出申请时需报送以下材料：申请延期缴纳税款报告、当期货币资金余额情况、所有银行存款账户的对账单、资产负债表、应付职工工资和社会保险费等税务机关要求提供的支出预算。

3. 经主管税务机关批准。《税收征管法实施细则》第42条第2款规定，税务机关应当自收到申请延期缴纳税款报告之日起20日内作出批准或者不予批准的决定；不予批准的，从缴纳税款期限届满之日起加收滞纳金。其中主管税务机关为省、自治区、直辖市国家税务局、地方税务局，计划单列市国家税务局、地方税务局可以参照以上主体行使该审批权限。

(三) 滞纳金制度

《税收征管法》第32条规定，纳税人未按照规定期限缴纳税款的，扣缴义务人未按照规定期限解缴税款的，税务机关除责令限期缴纳外，从滞纳税款之日起，按日加收滞纳税款5‱的滞纳金。

加收滞纳金的起始时间，为法律、行政法规规定或者税务机关依照法律、行政法规规定确定的税款缴纳期限届满次日起至纳税人、扣缴义务人实际缴纳或者解缴税款之日止。

六、税款的补缴、追缴制度

(一) 税款的补缴制度

《税收征管法》第52条第1款规定，因税务机关的责任，致使纳税人、扣缴义务人未缴或者少缴税款的，税务机关在3年内可以要求纳税人、扣缴义务人补缴税款，但是不得加收滞纳金。《税收征管法实施细则》第80条将税务机关的责任，界定为税务机关适用税收法律、行政法规不当或执法行为违法。

(二) 税款的追缴制度

《税收征管法》第52条第2款规定，因纳税人、扣缴义务人计算错误等失误，未缴或少缴税款的，税务机关在3年内可以追征税款、滞纳金；有特殊情况的，追征期可以延长到5年。《税收征管法实施细则》第81条、第82条将纳税人、扣缴义务人计算错误等失误界定为,非主观故意的计算公式运用错误以及明显的笔误;将特殊情况界定为,纳税人、扣缴义务人因计算错误等失误,未缴或者少缴、未扣或者少扣、未收或者少收税款,累计数额在10万元以上的。

《税收征管法》第52条第3款规定,对偷税、抗税、骗税的,税务机关追征其未缴或者少缴的税款、滞纳金或者所骗取的税款,不受前款规定期限的限制。

前述补缴和追征税款、滞纳金的期限,自纳税人、扣缴义务人应缴而未缴或者少缴税款之日起计算。

【实例演示】

某电讯公司2002年7月将自用招待所的两层楼房,出租给一家贸易公司,每月租金为3 000元。该公司在计算缴纳房产税时,对这笔收入错误地适用了1.2%的税率计纳税款。2004年4月,税务局在税务检查中,发现该笔税款适用税率错误而少缴税。据此,税务局作出决定:责令电讯公司补缴税款,加收滞纳金。

该电讯公司在计算缴纳房产税时,错误适用税率而导致少缴税款,属于因纳税人计算公式错误而导致的少缴税款的情形,符合《税收征管法》关于税款追缴制度的规定。该笔税款的追征期为3年,从2002年7月计算,截至2004年4月,尚未届满3年。因此,税务机关要求该电讯公司补缴税款等规定是符合法律规定的。

七、退税制度

退税制度是指在发生超纳、误纳的情况下,征税机关依职权或应纳税人的要求,将超纳、误纳的税款退还给纳税人的制度。

《税收征管法》第51条规定,纳税人超过应纳税额缴纳的税款,税务机关发现后应当立即退还;纳税人自结算缴纳税款之日起3年内发现的,可以向税务机关要求退还多缴的税款并加算银行同期存款利息①,税务机关及时查实后应当立即退还;涉及从国库中退还的,依照法律、行政法规有关国库管理的规定退还。在办理退税的具体时限上,《税收征管法实施细则》第78条第1款规定,税务机关发现纳税人多缴税款的,应当自发现之日起10日内办理退还手续;纳税人发现多缴税

① 《税收征管法实施细则》第78条第2款规定,加算银行同期存款利息的多缴税款退税,不包括依法预缴税款形成的结算退税、出口退税和各种减免退税。

款，要求退还的，税务机关应当自接到纳税人退还申请之日起30日内查实并办理退还手续。

退税制度上还有一个抵缴问题。《税收征管法实施细则》第79条规定，当纳税人既有应退税款又有欠缴税款的，税务机关可以将应退税款和利息先抵扣欠缴税款；抵扣后有余额的，退还纳税人。

印花税的征收不适用退税制度，凡多贴印花者，不得申请退税或抵用。这样的规定主要是由印花税的征收特点决定的。

八、税收减免制度

税收减免是我国现行税法规定的一项重要制度，税收减免的直接结果是减少了政府的税收收入，而直接赋予纳税人以利益，是税式支出的一种。税法设置这一制度的主要目的是为了发挥税法促进效率、保证公平的功能，贯彻国家在特定时期的税收政策，保证国民经济协调运行。

根据我国《税收征管法》和《税收征管法实施细则》及其他相关规定，税收减免的具体程序如下：

1. 申请减免税款的纳税人应当首先向主管税务机关提出书面的申请报告，并按照规定附送有关的资料。

2. 减税、免税的申请必须经法律、行政法规规定的减税、免税审查批准机关审批。地方各级人民政府、各级人民政府主管部门、单位和个人违反法律、行政法规规定，擅自作出的减税、免税决定无效，税务机关不应执行，并应当向上级税务机关报告。

3. 法律、行政法规规定或者经法定的审批机关批准减税、免税的纳税人，应当持有关文件到主管税务机关办理减税、免税手续。减税、免税期满，应当自期满次日起恢复纳税。

4. 享受减税、免税优惠的纳税人，减税、免税条件发生变化的，应当自发生变化之日起15内向税务机关报告；不再符合减税、免税条件的，应当依法履行纳税义务。未依法纳税的，税务机关应当予以追缴。

第三节 税款征收保障制度

在正常情况下，经过税款确定和征收程序，纳税主体的纳税义务就应履行完毕，纳税主体与税务机关之间的相关征纳关系也应该就此终止。但是,如果纳税主体的某些行为使税收债权无法实现或有无法实现的危险时,税务机关就可以采取税收保全或税收强制执行制度及其他税款征收保障法律制度,以维护国家税法的严肃性,保证税款及时足额入库。

一、税收保全制度

(一)税收保全的含义

税收保全是指在税款缴纳期限届满前由于纳税人的行为,致使国家税款有不能实现的危险时,税法规定的一系列保证国家税款及时足额缴纳的制度的总称。我国《税收征管法》完善了税收保全制度,这对于保证税款及时足额入库,促使税务机关依法行使职权,培养纳税人的纳税意识都具有重要意义。

《税收征管法》第 38 条规定,税务机关有根据认为从事生产、经营的纳税人有逃避纳税义务行为的,可以在规定的纳税期之前,责令限期缴纳应纳税款;在期限内发现纳税人有明显的转移、隐匿其应纳税的商品、货物以及其他财产或者应纳税的收入的迹象的,税务机关可以责成纳税人提供纳税担保。如果纳税人不能提供纳税担保,经县以上税务局(分局)局长批准,税务机关可以采取相应的税收保全措施;纳税人在前款规定的期限内缴纳税款的,税务机关必须立即解除税收保全措施;期限届满仍未缴纳税款的,经县以上税务局(分局)局长批准,税务机关可以将采取保全措施的财产抵缴应纳税款。我国具体的税收保全制度包括:责令限期缴纳税款,责成提供纳税担保,采取税收保全措施和抵缴应纳税款。以上保全制度具有递进关系,一般是前一种方式无法达到保全目的的情况下才采取后一种方式。下面将对税收保全制度进行具体的介绍。

(二)税收保全的具体制度

1. 责令限期缴纳税款

责令限期缴纳税款,即提前征收。根据《税收征管法》第 38 条规定,采取该措施需要具备以下条件:(1)主体为从事生产、经营的纳税人;(2)纳税期限届满前;(3)税务机关有证据证明其有逃避纳税义务的行为。

2. 责成提供纳税担保

税收具有债的属性,因此,民法上关于债的担保的法理完全可以移用到税法中来。我国《税收征管法》借鉴了民法的规定,对纳税担保作出了规定。《税收征管法》第 38 条规定,责成纳税人期前缴纳税款后,在该期限内发现纳税人有明显的转移、隐匿其应纳税的商品、货物以及其他财产或者应纳税的收入迹象的，税务机关可以责成纳税人提供担保。

《税收征管法实施细则》第 61 条、第 62 条对纳税担保进行了更详细的规定，将纳税担保界定为人的纳税担保和物的纳税担保。人的纳税担保，是指经税务机关认可的纳税担保人为纳税人提供的纳税担保。纳税担保人是指在中国境内具有纳税担保能力的自然人、法人或者其他经济组织。法律、行政法规规定的没有担保资格的单位和个人，不得作为纳税担保人。纳税担保人同意为纳税人提供担保的，应当填写纳税担保书，写明担保对象、担保期限和担保责任以及其他有关事项。担保书须经纳税人、纳税担保人签字盖章并经税务机关同意，方为有效。物的纳税担保，是指纳税人或者第三人以其未设置或者未全部设置担保物权的财产提供的担保。纳税人或者第三人以其财产提供纳税担保的，应当填写财产清单，并写明财产价值以及其他有关事项。纳税担保财产清单须经纳税人、第三人签字盖章并经纳税机关确认，方为有效。

3. 采取税收保全措施

纳税人未提供前款规定的纳税担保的，经县以上税务局（分局）局长批准，税务机关可以采取以下税收保全措施：（1）书面通知纳税人的开户银行或者其他金融机构①冻结纳税人的金额相当于应纳税款的存款②；（2）扣押、查封纳税人的价值相当于应纳税款的商品、货物或者其他财产。

根据《税收征管法实施细则》第 59 条、第 63 条、第 64 条、第 66 条、第 67 条的规定，在采取税收保全措施时应当注意以下事项或符合以下要求：

（1）以上所说的其他财产是指纳税人的房地产、现金、有价证券等不动产和动产。

（2）税务机关执行扣押、查封商品、货物或者其他财产时，应当由两名以上税务人员执行，并通知被执行人。被执行人是自然人的，应当通知被执行人本人或者其成年家属到场；被执行人是法人或者其他组织的，应当通知其法定代表人或者主要负责人到场；拒不到场的，不影响执行。

（3）扣押、查封价值相当于应纳税款的商品、货物或者其他财产时，参照同类商品的市场价、出厂价或者评估价估算。税务机关按照前款方法确定应扣押、查封的商品、货物或者其他财产的价值时，还应当包括扣押、查封、保管、拍卖、变卖所发生的费用（税收强制执行措施和针对特定主体的扣押中还包括滞纳金）。

（4）实施扣押、查封时，对有产权证件的动产或者不动产，税务机关可以责令当事人将产权证件交税务机关保管，同时可以向有关机关发出协助执行通知书，有关机关

① 参见《税收征管法实施细则》第 71 条。
② 参见《税收征管法实施细则》第 72 条。

在扣押、查封期间不再办理该动产或者不动产的过户手续。

(5) 对查封的商品、货物或者其他财产,税务机关可以指令被执行人负责保管,保管责任由被执行人承担。继续使用被查封的财产不会减少其价值的,税务机关可以允许被执行人继续使用;因被执行人保管或者使用的过错造成的损失,由被执行人承担。

《税收征管法实施细则》第 68 条规定,纳税人在税务机关采取税收保全措施后,按照税务机关规定的期限缴纳税款的,税务机关应当自收到税款或者银行转回的完税凭证之日起 1 日内解除税收保全。

4. 扣缴抵缴应纳税款

在税务机关采取税收保全措施后,纳税人在税务机关规定的期限内,仍未缴纳税款的,经县以上税务局(分局)局长批准,税务机关可以书面通知纳税人开户银行或者其他金融机构从其冻结的存款中扣缴税款,或者依法拍卖或者变卖所扣押、查封的商品、货物或者其他财产,以拍卖或者变卖所得抵缴税款。

《税收征管法实施细则》第 69 条规定,税务机关将扣押、查封的商品、货物或者其他财产变价抵缴税款时,应当交由依法成立的拍卖机构拍卖;无法委托拍卖或者不适于拍卖的可以交由当地商业企业代为销售,也可以责令纳税人限期处理;无法委托商业企业销售,纳税人也无法处理的,可以由税务机关变价处理,具体办法由国家税务总局规定。国家禁止自由买卖的商品,应当交由有关单位按照国家规定的价格收购。拍卖或者变卖所得抵缴税款、滞纳金、罚金以及扣押、查封、保管、拍卖、变卖等费用后,剩余部分应当在 3 日内退还被执行人。

(三) 税收保全的限制和纳税人权益的保障

1. 《税收征管法》第 41 条、第 42 条规定,采取税收保全措施、强制执行措施的权力不得由法定的税务机关以外的单位和个人行使。税务机关采取税收保全措施和强制执行措施必须依照法定权限和法定程序。

2. 《税收征管法》第 38 条第 2 款及 42 条规定,采取税收保全措施和强制执行措施,不得查封、扣押纳税人个人及其所抚养家属维持生活必需的住房和用品。其中《税收征管法实施细则》第 59 条规定,机动车辆、金银首饰、古玩字画、豪华住宅或者一处以上的住房不属于个人及其所抚养家属维持生活必需的住房和用品。税务机关对单价 5 000 元以下的其他生活用品,不采取税收保全措施和强制执行措施。《税收征管法实施细则》第 60 条规定,个人所抚养的家属,是指与纳税人共同居住生活的配偶、直系亲属以及无生活来源并由纳税人抚养的其他亲属。

3. 《税收征管法》第 43 条规定,税务机关滥用职权违法采取税收保全措施、强制执行措施，或者采取税收保全措施、强制措施不当，使纳税人、扣缴义务人或者纳税担保人的合法权益遭受损失的，应当依法承担赔偿责任。《税收征管法实施细则》第70条规定，前面所称损失，是指因税务机关的责任，使纳税人、扣缴义务人或者纳税担保人的合法权益遭受的直接损失。

【实例演示】

上海某民营企业集团在河北省A市投资设立了一家销售公司。因为家电产品在该市市场已基本饱和，销售潜力不大，集团决定将此销售公司撤出A市到邻市发展。2004年12月1日，公司开始停业，准备搬迁。12月5日，A市某区国税分局的税务管理员在巡查时发现该销售公司停业后，立即向分局领导作了汇报。分局遂以该公司转移财产有逃避纳税义务的嫌疑为由，以正式文书通知银行冻结了该公司账上的全部存款计11万元。

企业所得税按年计算，分月或者分季预缴，月份或季度终了后15日内预缴，年度终了后4个月内汇算缴清，多退少补。因此，该销售公司的纳税期限尚未届满，符合税收保全制度的前提条件，但采取税收保全措施应当严格按照法律规定的程序进行。该案中税务机关发现销售公司有转移财产逃避纳税义务的行为，未经责令限期缴纳和提供纳税担保程序，而直接采取税收保全措施，违反了《税收征管法》的相关规定。销售公司可以向上一级税务机关申请复议，也可以直接向人民法院提起诉讼。对某区国税分局违法采取冻结银行存款的税收保全措施给某公司带来的直接经济损失，也有权依法申请赔偿。

二、税收强制执行制度

(一) 税收强制执行的含义及构成要件

税收强制执行是指纳税人或者相关的义务主体逾期不履行税法上的债务，税务机关采取的促使其履行债务或者实现税款入库的各种间接或者直接的强制执行制度的总称。

根据《税收征管法》第40条规定，税收强制执行需包括以下构成要件：

1. 主体要件，即税收强制执行的对象为从事生产经营的纳税人、扣缴义务人以及纳税担保人。

2. 时间要件，税收债务期限已经届满。即从事生产、经营的纳税人、扣缴义务人或纳税担保人所负担的税收债务的期限已届满。

3. 前述纳税主体尚未履行税收债务。即从事生产、经营的纳税人、扣缴义务人未按照规定的期限缴纳或者解缴税款,纳税担保人未按照规定的期限缴纳所担保的税款,由税务机关责令限期缴纳后①,逾期仍未缴纳的。

4. 经县以上税务局(分局)局长批准。

(二) 税收强制执行的方式

1. 间接强制执行

间接强制执行即加收滞纳金,《税收征管法》第32条规定,纳税人未按照规定期限缴纳税款的,扣缴义务人未按照规定期限解缴税款的,税务机关除责令限期缴纳外,从滞纳税款之日起,按日加收滞纳税款5‰的滞纳金。

2. 直接强制执行

直接强制执行,即从事生产、经营的纳税人扣缴义务人未按照规定的期限缴纳或者解缴税款,纳税担保人未按照规定的期限缴纳所担保的税款,由税务机关责令限期缴纳,逾期仍未缴纳,经主管税务机关批准,可以采取强制执行措施,以保证税款的及时足额入库。

根据《税收征管法》第40条规定,税务机关可以采取以下强制执行措施:(1)书面通知其开户银行或者其他金融机构从其存款中扣缴税款;(2)扣押、查封、依法拍卖或者变卖其价值相当于应纳税款的商品、货物或者其他财产,以拍卖或者变卖所得抵缴税款。税收机关采取强制执行措施时,对前款所列纳税人、扣缴义务人、纳税担保人未缴纳的滞纳金同时强制执行。

根据《税收征管法实施细则》中的相关规定,税务机关在采取税收强制执行措施时,应当注意相关事项并符合相关要求。

【实例演示】

2004年8月12日,江阴市地税稽查局在对该市一所重点中学代扣代缴个人所得税情况进行检查时,发现该中学2004年上半年共少代扣代缴教职工工资、薪金个人所得税40.58万元。该市地税稽查局依据《税收征管法》第68条的规定,分别于2004年7月14日和7月18日向该中学下达了《税务处理决定书》和《税务行政处罚决定书》(已履行告知手续),责令该中学在接到通知后的15日内补缴40.58万元的个人所得税和少缴税款一倍的罚款。至2004年9月4日,该中学既未缴纳税款,也未缴纳罚款。

① 《税收征管法实施细则》第73条规定,由税务机关发出限期缴纳税款通知书,责令限期缴纳或解缴税款的最长期限不得超过15日。

于是，经地税稽查局局长批准，2004 年 9 月 5 日稽查局从该中学银行账户中强行扣缴了 40.58 万元的税款和 40.58 万元的罚款。

2004 年 9 月 8 日，该中学在依法提供纳税担保并经地税机关认可的情况下，向市地税局提出复议申请，要求撤销地税稽查局的处理决定和处罚决定，并退还强制执行的税款和罚款。市地税局依法作出复议决定：撤销地税稽查局的处理决定和处罚决定；退还强制执行的税款和罚款。

该稽查局在适用法律时存在以下问题：(1)代扣代缴义务人未按规定的期限解缴税款是指代扣代缴义务人已经代扣的税款没有按照规定的期限解缴，而不是指应扣未扣的税款。本案中强行扣缴了其应扣未扣的税款，是违反法律规定的；(2)税收强制措施的对象是从事生产经营的扣缴义务人，而该重点中学并不是从事生产经营的代扣代缴义务人；(3)采取税收强制执行措施应由县以上税务局(分局)局长批准，而该案是由稽查局局长批准。因此地税局撤销稽查局的处理决定和处罚决定是正确的。

(三) 税收保全措施与税收强制执行措施的比较

1. 适用对象不同。税收保全措施适用于从事生产、经营的纳税人；而税收强制执行措施适用于从事生产经营的纳税人、扣缴义务人、纳税担保人。

2. 适用时间不同。税收保全措施适用于纳税义务发生之前；税收强制执行措施适用于纳税义务发生后。

3. 执行对象不同。税收保全措施的对象是税款；税收强制执行措施的对象不仅包括税款，还包括滞纳金。

4. 对财产的控制程度不同。税收保全措施是对纳税人财产处分权的一种限制，并未剥夺其财产的所有权；税收强制执行措施则是实现了税款和滞纳金从纳税人到国家的全面转移，是一种所有权的转移。

三、税款征收保障的其他法律制度

(一) 针对特定主体的扣押制度

《税收征管法》第 37 条规定，对未按照规定办理税务登记的从事经营的纳税人以及临时从事经营的纳税人，由税务机关核定其应纳税额，责令缴纳；不缴纳的，税务机关可以扣押其价值相当于应纳税款的商品、货物。扣押后缴纳税款的，税务机关必须立即解除扣押，并归还所扣押的商品、货物；扣押后仍不缴纳税款的，经县以上税务局(分局)局长批准，依法拍卖或者变卖所扣押的商品、货物，以拍卖或者变卖所得抵缴税款。

根据《税收征管法实施细则》第57条、第58条、第63条、第64条、第66条、第67条的规定,扣押时应符合以下要求:

1. 未按照规定办理税务登记从事生产、经营的纳税人,包括到外县(市)从事生产、经营而未向营业地税务机关报验登记的纳税人。

2. 扣押纳税人商品、货物,纳税人应当自扣押之日起15日内缴纳税款。对扣押的鲜活、易腐烂变质或者易失效的商品、货物,税务机关根据被扣押物品的保质期,可以缩短前款规定的扣押期限。

3. 税务机关执行扣押、查封商品、货物或者其他财产时,应当由两名以上税务人员执行,并通知被执行人。被执行人是自然人的,应当通知被执行人本人或者其成年家属到场;被执行人是法人或者其他组织的,应当通知其法定代表人或者主要负责人到场;拒不到场的,不影响执行。

4. 扣押、查封价值相当于应纳税款的商品、货物或者其他财产时,参照同类商品的市场价、出厂价或者评估价估算。税务机关按照前款方法确定应扣押、查封的商品、货物或者其他财产的价值时,还应当包括滞纳金和扣押、查封、保管、拍卖、变卖所发生的费用。

5. 实施扣押、查封时,对有产权证件的动产或者不动产,税务机关可以责令当事人将产权证件交税务机关保管,同时可以向有关机关发出协助执行通知书,有关机关在扣押、查封期间不再办理该动产或者不动产的过户手续。

6. 对查封的商品、货物或者其他财产,税务机关可以指令被执行人负责保管,保管责任由被执行人承担。继续使用被查封的财产不会减少其价值的,税务机关可以允许被执行人继续使用;因被执行人保管或者使用的过错造成的损失,由被执行人承担。

(二)欠税公告制度

《税收征管法》第45条第3款规定,税务机关应当对纳税人欠缴税款的情况定期予以公告。这一制度与税收优先权制度密切相关,对于促使纳税人及时纳税,培养纳税人的纳税意识,维护交易安全,具有重要作用。

《税收征管法实施细则》第76条对此作出了更详细的规定,县级以上各级税务机关应当将纳税人的欠税情况,在办税场所或者广播、电视、报纸、期刊、网络等新闻媒体上定期公告。对纳税人欠缴税款的情况实行定期公告的办法,由国家税务总局制定。

(三)欠税设定担保说明制度

《税收征管法》第46条规定,纳税人有欠税情形而以其财产设定抵押、质押的,应当向抵押权人、质权人说明其欠税情况。抵押权人、质权人可以请求税务机关提供有关的欠税情况。这一制度与税收优先权制度也有密切联系，使纳税人的相对人在知晓纳税人的具体情况下，再决定抵押或质押的设定事宜，这样有助于协调税收债权和有担保的普通民事债权的矛盾。

（四）合并、分立时税款缴纳制度

《税收征管法》第48条规定，纳税人有合并、分立情形的，应当向税务机关报告，并依法缴清税款。纳税人合并时未缴清税款的，应当由合并后的纳税人继续履行未履行的纳税义务；纳税人分立时未缴清税款的，分立后的纳税人对未履行的纳税义务应当承担连带责任。

（五）处分不动产、大额资产报告制度

《税收征管法》第49条规定，欠缴税款数额较大的纳税人在处分其不动产或者大额资产之前，应当向税务机关报告。其中《税收征管法实施细则》第77条规定，欠缴税款数额较大，是指欠缴税款5万元以上。

四、私法上的债的保全与担保制度在税法上的运用

（一）私法上的债的保全在税法上的运用

鉴于欠缴税款的税收债务人长期拖欠税款，不积极行使自己的到期债权，置欠缴大量税款于不顾，经常进行高消费活动，或者擅自处置、浪费国家资产；有的还以无偿转让财产或低价转让财产的方式，逃避偿还欠缴的税款，损害了国家税收利益。对此，《税收征管法》第50条规定税务机关可以行使代位权、撤销权。

1. 税收债权人的代位权

税收债权人的代位权，是指当税收债务人怠于行使其对第三人所享有的权利而危及税收债权时，税收债权人为保全自己的债权，可以自己的名义代位行使税收债务人对第三人所享有的权利。

税收债权人的代位权与私法上债权人的代位权没有实质的区别。根据民法代位权的一般理论，税收债权人的代位权成立的要件主要有：

（1）税收债务人须对第三人享有权利。税收债务人对第三人所享有的权利是税收债权人代位权的标的，是税收债权人代位权存在的基础。《中华人民共和国合同法》第73条规定，因债务人怠于行使其到期债权，对债权人造成损害的，可以请求

人民法院以自己的名义代位行使债务人的债权,但该债权专属于债务人自身的除外。据此,税务机关代位行使的税收债务人的权利,必须是非专属于税收债务人本身的权利。

(2) 税收债务人怠于行使其权利。怠于行使其权利,是指应行使并且能够行使而不行使其权利。

(3) 税收债务人迟延纳税。

(4) 有保全税收之债的必要。

2. 税收债权人的撤销权

税收债权人的撤销权,是指税收债权人在税收债务人与他人实施处分其财产或权利的行为危害税收债权的实现时,可以申请人民法院予以撤销的权利。

税收债权人行使撤销权的要件因税收债务人所为行为系无偿行为还是有偿行为而不同。对于无偿行为,只需具备客观要件即可,无需考虑第三人的主观状态,而对于有偿行为则必须考虑税收债务人和第三人的主观状态。

(1) 客观要件。客观要件主要包括三个:①须要有税收债务人的行为。税收债务人的行为,如放弃到期债权、无偿转让财产或以明显不合理的低价转让财产等须于税收债权发生后有效成立并继续存在;②税收债务人的行为危害税收债权,使税收债权有不能实现的危险;③税收债务人的行为必须以财产为标的。不以财产为标的的行为,因与纳税人的责任财产无关,不得撤销。

(2) 主观要件。在有偿行为的情况下,税收债权人撤销权的成立以税收债务人有恶意为要件。在税收债务人以明显不合理低价转让财产对税收债权人造成危害的场合,行使撤销权须以受让人知情即知道税收债务人所为的行为有害于税收债权人的债权为要件。

(二) 税收之债的担保

《税收征管法》第 44 条规定,欠缴税款的纳税人或者它的法定代表人需要出境的,应当在出境前结清应纳税款、滞纳金或者提供担保。未结清税款、滞纳金,又不提供担保的,税务机关可以通知出境管理机关阻止其出境。《税收征管法实施细则》第 74 条规定,阻止其出境的具体办法,由国家税务总局会同公安部制定。

(三) 税收优先权

税收优先权,是指当税收债权和其他债权同时存在时,税收债权原则上优先于其他债权。承认税收优先权的原因在于,税收是国家维护公共利益的重要物质基础,具有强烈的公益性。一般而言，税收优先权是相对于私法上的债权，在税收债权相互之间并不存在优先权，即国税与地税之间，国税与国税之间，地税与地税之间不存在优先权。

根据《税收征管法》第45条规定，税收优先权主要包括以下内容，税务机关征收税款，税收优先于无担保债权，法律另有规定的除外；纳税人欠缴的税款发生在纳税人以其财产设定抵押、质押或者纳税人的财产被留置之前的，税收应当先于抵押权、质权、留置权执行；纳税人欠缴税款，同时又被行政机关决定处以罚款、没收违法所得的，税收优先于罚款、没收违法所得。

第四节　税务代理制度

民法意义上的代理是指代理人在代理权限的范围内，以被代理人的名义对第三人为意思表示或接受意思表示，使法律行为的后果（包括民事责任）直接由被代理人承受的一种制度。自17世纪起，代理已经成为一项独立的民法制度。各国将这一民法制度引入税务管理并推广，取得了良好的效果，我国立法也对代理制度予以确认。本节将对税务代理的概念、税务代理的具体制度规定以及税务代理的概况加以阐述。

一、税务代理概述

（一）税务代理的概念

税务代理是指税务代理人在国家法律规定的代理范围内，受纳税人、扣缴义务人的委托，以纳税人、扣缴人的名义，代为办理涉税事宜的各项行为的总称。税务代理是民事代理的一种，具有民事代理的特点。据统计，在日本，目前有85%以上的企业通过税理士办理纳税义务，在东京这样的企业已经高达96%。

根据代理范围的不同，代理可分为全权代理、特别代理与专项代理。依据代理权产生的根据不同，又可分为委托代理、法定代理和指定代理。税务代理是一种专项代理，同时也属于委托代理的范畴。税务代理是一项社会性中介事务。国家税务总局在《税务代理试行办法》第2条中规定：“税务代理是指税务代理人在本办法规定的代理范围内,受纳税人、扣缴义务人的委托,代为办理税务事宜的各项行为的总称。”除了不能代理税务机关从事征税、税务管理、税法宣传等任何事宜外,税务代理与一般的民事委托代理在代理权的产生、代理行为的法律后果等方面并无区别。

(二) 税务代理的特性

1. 代理主体的特定性

委托人,即被代理人,是指授权税务代理人代自己办理涉税业务的单位和个人。受托人,即税务代理人,是指受委托为委托人办理涉税业务的组织和个人。从世界范围看,委托人为纳税义务人和扣缴义务人,在某些国家是税务机关;税务代理人则是由精通税法和财务会计等知识的会计师、审计师和退职税务人员通过全国统一考试或经过挑选考核的合格者充任。我国税务代理是由注册税务师担任,注册税务师必须加入一个依法批准设立的税务师事务所才能执业。

2. 委托事项的法定性

税务代理的委托事项是由法律法规而非当事人任意设定的。如税务代理从业人员不能代理税务机关从事征税、税务管理、税法宣传等任何事宜。

3. 税收法律责任的不可转嫁性

税收代理作为民事代理的一种,它并不改变纳税人、扣缴义务人对其本身所固有的法律关系的承担。当然,税务师对于税务代理过程中因为过错所造成的纳税人、扣缴义务人的损失要承担责任。在国外,税务代理人要承担转嫁责任,被课以较高的注意义务并承担较重的责任。

4. 委托代理的公正性

税务代理的中介性为它的公正性提供了形式上的保证,唯有中立方能公正。

5. 中介性和独立性

在税收法律关系中,国家税务机关和纳税人、扣缴义务人是征纳关系的主体,税务代理人并不是征纳关系主体而是第三者,具有较强的独立性。他们依据法律法规不偏袒征纳关系主体中的任何一方,使得自己的代理行为产生预期的效果。

6. 智能性和有偿性

作为一种进入壁垒较高的行业,税务代理是以智能服务和知识转让为标志的高层次服务业,要求从业人员不但要具备高度的社会责任感和事业心,还必须精通相关的专业知识,因此这种代理服务必然是有偿服务,收费标准通常是国家统一规定的,可以避免行业内的恶性竞争。

（三）税务代理人的职业定位

税务代理人作为一个逐步完善的行业，它在税收法律关系中应处于一种什么样的地位呢？是作为税务机关的代表还是作为纳税人的权利维护者？各个国家有不同的做法。国际上通常将税务代理人视为税法专家，不仅为纳税人提供纳税服务，更是利用税法专业知识弥补纳税人税法知识的不足，以取得与征税机关相抗衡的税法知识水平。税务代理关系到对税务代理人的资格要求、考试制度、税务代理的业务范围及税务代理人的权利与惩罚等问题，是确立税务代理制度的基础，给税务代理人准确定位至关重要。

我国《税务代理业务规程》第22条规定，在税务代理过程中，税务代理人执业人员如果发现委托人有违反法律的行为，经劝告后仍然不停止的，必须及时向其所在的税务师事务所和主管税务机关报告。从这条规定可以看出，在我国，税务代理人不是单纯的中立的中介组织，而且还负有监督纳税人依法纳税的法律监督职责。这显然是与其职业性质相违背的。日本学者北野弘久认为，在现实的租税法律关系中，只存在课税厅的立场和纳税人的立场，不存在税理士的立场，"公正论"、"中庸论"不是解决问题的方法。因此主张税理士的立场就是租税法律关系中纳税人的立场。对于税务代理人的中立地位，编者认为应当作准确的理解，作为中介组织，是应当具有中立地位，但作为具体代理关系的参与者，必须有明确的利益维护主体。对此编者认为，税务代理人的职业定位理应确定为纳税人权利的维护者。

1. 由税务代理关系的基础属性所决定。税务代理属于民事代理的一种，它具有民事代理的一般属性。即代理人以被代理人的名义从事活动，由被代理人承担责任。代理人必须是为了被代理人的利益从事代理活动，否则给被代理人造成损失要承担相应的责任。这是代理关系的基础。税务代理又是一种委托代理，委托更要求被代理人对代理人有一种信任关系。在代理关系中，代理人没有独立的利益，只能作为其中一方利益的维护者。而不可能同时维护双方的利益，否则就构成了民法上的"双方代理"，这在民法上是被法律所禁止的。实践中也没有存在的可能性。税务代理中，代理人收取纳税人的费用，要求他既维护纳税人的利益，又维护国家税务机关的利益，是很难实现的。

2. 体现税收法律关系的平等性。民主法治的发展，公民权利的加强，促进了现代税法理论的发展。纳税人不再是单纯的义务承担者，同时也是权利的享有者。现在税法的发展越来重视纳税人权利的保护。强调纳税人和征税机关权利义务关系的平等性。平等性作为税收法律关系的基本属性已得到普遍承认。伴随而生的便是对这种平等性的维护。国家的公权力，需要纳税人私权利的制衡。税收法律关系双方性质和出发点不同,其利益主张存在差异性甚至对立性。征税权本身具有扩张性、侵犯性和任意性等内在基因,容易挤逼吸纳纳税人权利;纳税人权利也会被滥用或违法行使,以至侵犯公共利益和他人利益,对这二者关系进行协调,就必须保证纳税人具有与国家征税权相抗衡的能力。税收征管中,税务机关不仅掌握国家强制性的公权力,而且还拥有丰富的税法知识,在我国目前的税法体系中,还有一大部分法律和规章出自税务机关。在这种情况下,纳税人需要一个具有专门知识的人员队伍,借助他们的力量,以维护与税务机关的平等关系。如果税务代理人并不站在纳税人的立场,这种平衡就难以维护。

3. 税务代理的行业特性所决定。税务代理属于一种商事代理。它的主要业务有:税务咨询、代理记账、代理纳税、税收筹划等。每一项业务和开展都须以委托者的财务、经营信息为基础,甚至有时还会涉及深层次的商业秘密。因此税务代理人与委托人之间须有一种特殊的信任关系。为委托人保守秘密也应是税务代理人应具有的基本职业道德,没有了这种信任,税务代理就失去了其存在的基础。我国税务代理制度中规定的报告义务与税务代理人的职业角色显然是冲突的。税务代理制度也无法顺利实行。律师是犯罪人权利的维护者,这在社会上得到普遍认可,税务代理人与律师的基本法律地位也应是相同的。他的职业定位理应是纳税人权利的维护者。当然,税务代理人也要维护国家的税收法律制度,不得违反法律,但这应当是他的职业纪律和道德,由另外的法律关系来调整,并不能因此而混淆他的职业定位,让其同时负载维护双方利益的义务,尤其是向税务机关报告的义务。

二、税务代理制度

(一)税务代理的考试和注册制度

注册税务师是指经全国统一考试合格,取得《中华人民共和国注册税务师执业资格证书》并经注册登记的、从事税务代理活动的专业技术人员。

1. 注册税务师资格考试制度

1996年11月,依据《人事部、国家税务总局关于印发〈注册税务师资格制度暂行规定〉的通知》(人发〔1996〕116号),国家开始实施注册税务师资格制度。1999年1月,人事部、国家税务总局下发了《人事部、国家税务总局关于印发〈注册税务师执业资格考试实施办法〉的通知》(人发〔1999〕4号),并于当年在全国首次实施了注册税务师执业资格考试。考试工作由人事部、国家税务总局共同负责,日常工作委托国家税务总局注册税务师管理中心承担,具体考务工作由人事部人事考试中心负责。考试每年举行一次，考试时间一般安排在6月份进行。原则上只在省会城市设立考点。考试设5个科目，具体是：《税法（一）》、《税法（二）》、《税务代理实务》、《税收相关法律》、《财务与会计》。

根据国家规定，凡中华人民共和国公民，遵纪守法并具备下列条件之一者，均可参加注册税务师执业资格考试：

（1）经济类、法学类大专毕业后，或非经济类、法学类大学本科毕业后，从事经济、法律工作满6年。

（2）经济类、法学类大学本科毕业后，或非经济类、法学类第二学士或研究生班毕业后，从事经济、法律工作满4年。

（3）经济类、法学类第二学士或研究生班毕业后，或获非经济类、法学类硕士学位后，从事经济、法律工作满2年。

（4）获经济类、法学类硕士学位后，从事经济、法律工作满1年。

（5）取得经济类、法学类博士学位。

（6）在全国实行专业技术资格考试前，按照国家有关规定已评聘了经济、会计、统计、审计、法律中级专业职务或参加全国统一考试，取得经济、会计、统计、审计中级专业技术资格，并从事税务代理业务满1年。

（7）非经济类、法学类大专毕业后，从事经济、法律工作满8年。

（8）人事部、国家税务总局规定的其他条件。

同时，按照国家有关规定已评聘经济、会计、统计、审计、法律等高级专业技术职务，从事税收工作满2年的人员，可免试《税法（一）》、《税法（二）》、《财务与会计》3个科目。

根据《关于同意香港、澳门居民参加内地统一组织的专业技术人员资格考试有关问题的通知》（人发〔2005〕9号），凡符合注册税务师执业资格考试相应规定的中国香港、澳门居民均可按照文件规定的程序和要求报名参加考试。

2. 注册税务师的注册登记制度

注册税务师资格考试合格者，由各省、自治区、直辖市人事（职改）部门颁发人事部统一印制的、人事部与国家税务总局用印的《中华人民共和国注册税务师执业资格证书》。该证书在全国范围内有效。

取得《中华人民共和国注册税务师执业资格证书》者，须按规定向所在省（自治区、直辖市）注册税务师管理部门申请注册，注册税务师注册有效期为3年。有效期满前3个月，持证者须按规定到注册机构办理再次注册手续。

申请注册登记者，必须同时具备4个条件：

(1) 遵纪守法、恪守职业道德。

(2) 取得注册税务师资格证书。

(3) 身体健康,能坚持在岗工作。

(4) 经所在单位考核同意。

有下列4个条件之一者,不予注册:

(1) 不具有完全民事行为能力者。

(2) 受刑罚,自处罚执行完毕之日起未满3年者。

(3) 被开除公职,自开除之日起未满3年者。

(4) 国税总局认为其他不具备代理资格的情况。

有下列4种情况之一者,注册税务师管理中心注销其注册税务师资格:

(1) 在注册登记中弄虚作假,骗取注册税务师资格证书。

(2) 同时在两个税务代理机构执业者。

(3) 死亡或失踪。

(4) 国税总局认为其他不适合税务代理业务的情况。

(二) 注册税务师的管理

国家税务总局2005年出台的《中华人民共和国注册税务师管理暂行办法》规定:凡经考试合格取得《中华人民共和国注册税务师执业资格证书》(以下简称资格证书)的人员,应当持资格证书到所在地的省局管理中心办理备案手续。省局管理中心审核后,对在税务师事务所执业满2年的,给予执业备案,在证书备注栏加盖"执业备案"章;对在税务师事务所执业不满2年或者暂不执业的,给予非执业备案,在证书备注栏加盖"非执业备案"章。

《中华人民共和国注册税务师管理暂行办法》规定,有下列六种情形之一的,不予执业备案:(1)无民事行为能力或者限制民事行为能力的;(2)受刑事处罚,自处罚执行完毕之日起未满3年的;(3)被开除公职,自开除之日起未满2年的;(4)在从事涉税服务和鉴证业务中有违法行为,自处罚决定之日起未满2年的;(5)在从事涉税服务和鉴证业务中有违规行为,自处理决定之日起未满1年的;(6)国家税务总局规定的其他情形。

同时,《中华人民共和国注册税务师管理暂行办法》规定,执业备案的注册税务师有下列六种情形之一的,注销备案:(1)死亡或者失踪的;(2)同时在2个以上税务师事务所执业的;(3)在从事涉税服务和鉴证业务中有违法行为的;(4)年检不合格或者拒绝在规定期限内进行年检的;(5)违反行业管理规范,连续2年有不良从业记录的;(6)国家税务总局规定的其他情形。

(三)税务师事务所和税务代理业务范围与注意事项

《中华人民共和国注册税务师管理暂行办法》规定,注册税务师可承办下列涉税鉴证业务:(1)企业所得税汇算清缴纳税申报的鉴证;(2)企业税前弥补亏损和财产损失的鉴证;(3)国家税务总局和省税务局规定的其他涉税鉴证业务。

《中华人民共和国注册税务师管理暂行办法》规定,注册税务师执业时,遇有下列情形之一的,应当拒绝出具有关报告:

1. 委托人示意其作不实报告或者不当证明的。
2. 委托人故意不提供有关资料和文件的。
3. 因委托人有其他不合理要求,致使注册税务师出具的报告不能对涉税的重要事项作出正确表述的。

同时,《中华人民共和国注册税务师管理暂行办法》规定,注册税务师执业,应当按照业务规程确定的工作程序建立工作底稿、出具有关报告。

注册税务师出具报告时,不得有下列行为:

1. 明知委托人对重要涉税事项的处理与国家税收法律、法规及有关规定相抵触,而不予指明。
2. 明知委托人对重要涉税事项的处理会损害报告使用人或者其他利害关系人的合法权益,而予以隐瞒或者作不实的报告。
3. 明知委托人对重要涉税事项的处理会导致报告使用人或者其他利害关系人产生重大误解,而不予指明。
4. 明知委托人对重要涉税事项的处理有其他不实内容,而不予指明。

《中华人民共和国注册税务师管理暂行办法》同时规定注册税务师不得有下列行为:

1. 执业期间,买卖委托人的股票、债券。
2. 索取、收受委托合同约定以外的酬金或者其他财物,或者利用执业之便,谋取其他不正当的利益。
3. 允许他人以本人名义执业。
4. 向税务机关工作人员行贿或者指使、诱导委托人行贿。
5. 其他违反法律、行政法规的行为。

三、税务代理关系的产生与终止

(一)税务代理法律关系的产生

税务代理法律关系的产生也就是税务代理法律关系的确立,是指税务代理双方通过签订委托代理协议,确认彼此的权利义务,从而建立起税务代理法律关系。我国《税务代理业务规程(试行)》对税务代理的确立程序、步骤作了专门规定。根据其规定,税务代理法律关系的确立大体上分为两个阶段:签订协议之前的准备阶段和正式签订协议阶段。

签订委托协议书前,税务代理人需要做好以下工作:(1)明确委托人所需委托的税务事宜,对之进行审查,明确所委托事项不属于国家法律规定的只能由纳税人、扣缴义务人自己才能从事的业务,也不属于违法的事项;而且事务所具有相应的承办能力,以便合法地、有目的地开展税务代理工作。(2)商定收费事宜。因税务代理是由税务代理人利用自己的专门知识提供有偿服务,所以应收取一定的费用。《关于规范税务代理收费有关问题的通知》规定我国税务代理实行政府指导价,实行定额计费或按人员工时计费的方式。因此,双方对价格的约定余地很小,主要是按代理标的额的一定比率计费,但也应在规定的最高限额内。而且税务代理的收费应遵循公开、公正、诚实信用的原则和公平竞争、自愿有偿、委托人付费的原则,税务代理机构应明码标价,并自觉接受价格主管部门的监督检查。(3)明确委托人应该协助的工作内容。主要是要委托人就委托事项、代理权限、代理期限以及其他应明确的内容,并由注册税务师及其所在的税务代理机构和被代理人签名盖章。随着委托代理协议书的签订,税务代理关系随之产生。

(二) 税务代理法律关系的终止

税务代理法律关系的终止主要有两种情况:

1. 自然终止

按照法律规定,税务代理期限届满,委托代理协议书届时失效,税务代理关系自然终止。

2. 人为终止

(1) 有下列情况之一的,被代理人在代理期限内可单方终止代理行为:①注册税务师已死亡的;②注册税务师被注销资格的;③税务代理机构已破产、解体或被解散的。

(2) 有下列情况之一的,注册税务师及其代理机构在委托期限内也可单方面终止代理行为:①委托方死亡或解体;②委托方授意注册税务师实施违反国家法律、行政法规的行为,经劝告仍不停止其违法活动的;③委托方提供虚假的生产、经营情况和财务会计报表,造成代理错误或注册税务师自己实施违反国家法律、行政法规的行为。

委托方或注册税务师按规定单方终止委托代理关系的,终止方应及时通知另一方，并向当地税务机关报告，同时公布终止决定。

【本章小结】

本章主要介绍了税收征管的基本制度，主要包括税务管理制度、税款征收制度和税务代理制度。其中税务管理制度主要介绍了税务登记制度，账簿、凭证管理制度和发票管理制度。税款征收制度主要介绍了税款征收的基本原则、主要方式、纳税申报制度、纳税期限制度、税款的补缴追缴制度、退税制度、税收减免制度、税收保全制度和强制执行制度。税务代理制度主要介绍了税务代理的概念、特性、税务代理关系等制度。比较详细地阐述了税收征管的基本内容。

思考题

1. 简述发票管理制度的内容。
2. 简述纳税申报制度的内容和方式。
3. 简述税收保全措施与税收强制执行措施的异同。

第十四章　税收法律责任

【学习目的】

通过本章的学习，了解税收法律责任的主要内容、税收行政法律责任与税收刑事法律责任的基本概念、法律特征等，初步掌握税收行政法律责任与税收刑事法律责任的认定与界限，并在此基础上对税收法律责任有一个整体的认识，能够做到对税收法律风险的预防及控制。

第一节　税收法律责任概述

一、税收法律责任的概念

税收法律责任，是指税收法律关系主体以及与税收法律关系相关的其他主体，违反税法等有关法律规定的义务所应承担的不利法律后果。税收法律责任的确认必须依照法律、行政法规、规章等规范性法律文件的规定。追究税收法律责任应以税收违法行为的存在为基本前提，并且必须按照法定的程序进行。

二、税收法律责任的形式

根据目前我国法律的规定，税收法律责任的形式主要包括：

1. 行政法律责任。税法中的行政法律责任是由税收法律关系有关主体违反税收行政法的行为而引起的,它是用以调整和维护税收行政法律关系的一种有力手段。

对于纳税主体而言,其行政法律责任形式主要是行政处罚。税务行政处罚的形式主要有罚款、没收非法所得及作案工具、吊销执照、停止办理出口退税以及收缴发票或停止供应发票等。

对于征税主体而言,税务机关承担的行政法律责任,主要有行政赔偿责任和撤销违法决定等。税务机关工作人员承担的行政法律责任主要是行政处分,行政处分是一种内部责任方式,由税务人员所在的税务机关作出,包括警告、记过、记大过、降职、撤职和开除等六种形式。

对于除了纳税主体和征税主体之外的其他与税收法律关系相关的主体而言,如税务代理人等,其承担行政法律责任的形式主要是警告、罚款等。

2. 刑事法律责任。主要是刑事处罚。税收法律关系有关主体违反税法,情节严重,达到触犯刑法的程度,构成犯罪的,由司法机关依法追究有关当事人的刑事责任。

由于违法行为的主体不同,违法行为的性质不同,对社会的影响以及所要求具有的责任能力等各不相同,在责任的追究机关和程序、承担责任的方式或处罚的形式上也会有所区别。本章主要对税收法律责任的两种形式分别进行介绍。

第二节 税收行政法律责任

税收行政法律责任是指税收法律关系主体违反税法,不履行相关税收法律义务或者违反税法规定扰乱税收征收管理秩序等所应承担的不利后果。根据承担税收行政法律责任的主体的差异,本节将分别介绍纳税人、扣缴义务人应承担的税收行政法律责任、税务机关及其税务人员应承担的税收行政法律责任以及其他主体(如税务代理人)违反税法所应承担的税收行政法律责任。

一、纳税人、扣缴义务人违反税法应承担的税收行政法律责任

(一)违反税务登记管理规定应承担的税收行政法律责任

1. 纳税人未按照规定的期限申报办理税务登记、变更或者注销登记的,由税务机

关责令限期改正,可以处2 000元以下的罚款;情节严重的,处2 000元以上1万元以下的罚款。此处应该注意,有关法律规定中的"可以"应该理解为:是否处以罚款以及具体的罚款数额是多少,由税务执法机关根据违法情节、事实以及违法者的态度等方面在法律规定的区间内自由裁量决定。

【实例演示】

某从事生产、经营的企业,于2006年4月8日领取营业执照。2006年6月10日,该企业辖区的主管税务所在对其进行检查时,发现该企业尚未办理税务登记,而根据有关法律规定,该企业应该在领取营业执照之日起30日内到税务机关办理税务登记。据此,税务所在6月11日作出责令该企业于6月13日前办理税务登记并处以500元罚款的决定。

《税收征管法》第60条规定,未按照规定的期限申报办理税务登记、变更或者注销登记的,税务机关责令限期改正,可以处2 000元以下的罚款;情节严重的,处2 000元以上1万元以下的罚款。在该案中,该企业的违法情节没有达到严重情节,根据有关法律的授权,税务所拥有2 000元以下的罚款权限,所以,税务所的处理是合法的。

2. 纳税人不办理税务登记的,由税务机关责令限期改正;逾期不改正的,经税务机关提请,由工商行政管理机关吊销其营业执照。此处税务机关的提请,工商行政管理机关必须照做,没有自由裁量的余地。

3. 纳税人未按照规定使用税务登记证件,或者转借、涂改、损毁、买卖、伪造税务登记证件的,处2 000元以上1万元以下的罚款;情节严重的,处1万元以上5万元以下的罚款。

(二)违反账簿、凭证设置、保管规定应承担的税收行政法律责任

1. 纳税人未按照规定设置、保管账簿或者保管记账凭证和有关资料的,由税务机关责令限期改正,可以处2 000元以下的罚款;情节严重的,处2 000元以上1万元以下的罚款。

2. 扣缴义务人未按照规定设置、保管代扣代缴、代收代缴税款账簿或者保管代扣代缴、代收代缴税款记账凭证及有关资料的,由税务机关责令限期改正,可以处2 000元以下的罚款;情节严重的,处2 000元以上5 000元以下的罚款。

（三）违反财务资料、银行账号报送规定应承担的税收行政法律责任

1. 纳税人未按照规定将财务、会计制度或者财务、会计处理办法和会计核算软件报送税务机关备查的，未按照规定将其全部银行账号向税务机关报告的，均由税务机关责令限期改正，可以处2 000元以下的罚款；情节严重的，处2 000元以上1万元以下的罚款。

2. 扣缴义务人未按规定的期限向税务机关报送代扣代缴、代收代缴税款报告表和有关资料的，由税务机关责令限期改正，可以处2 000元以下的罚款；情节严重的，可以处2 000元以上1万元以下的罚款。

【实例演示】

某政府机关按照税法规定为个人所得税扣缴义务人。该机关认为自己是国家机关，因此，虽经税务机关多次通知，还是未按照税务机关确定的申报期限报送《代扣代缴税款报告表》，被税务机关责令限期改正并处以罚款1 000元。对此，该机关负责人非常不理解，认为自己不是个人所得税的纳税人，而是替税务机关代扣税款，只要税款没有少扣，晚几天申报不应受到处罚。

《中华人民共和国税收征收管理法》（下称《税收征管法》）第25条规定，扣缴义务人必须依照法律、行政法规或税务机关依照法律、行政法规的规定确定的申报期限、申报内容如实报送代扣代缴、代收代缴税款报告表以及税务机关根据实际需要要求扣缴义务人报送的其他有关资料。因此，该机关作为扣缴义务人与纳税人一样，也应按照规定期限及时申报。《税收征管法》第62条规定，扣缴义务人未按照规定的期限向税务机关报送代扣代缴、代收代缴报告表和有关资料的，由税务机关责令限期改正，可处以2 000元以下的罚款；情节严重的，可处以2 000元以上1万元以下的罚款。税务机关作出的处罚决定在法律所许可的范围之内，符合法律的规定，因此，税务机关作出的处罚是正确的。

（四）违反税控装置安装、使用规定应承担的税收行政法律责任

纳税人未按照规定安装、使用税控装置，或者损毁或者擅自改动税控装置的，由税务机关责令其限期改正，可以处2 000元以下的罚款；情节严重的，处2 000元以上1万元以下的罚款。

（五）违反发票管理规定应承担的税收行政法律责任

非法印制发票的，由税务机关销毁非法印制的发票，没收违法所得和作案工具，并

处以1万元以上5万元以下的罚款。

(六) 违反纳税申报规定应承担的税收行政法律责任

1. 纳税人未按照规定的期限办理纳税申报和报送纳税资料的,由税务机关责令限期改正,可以处以2 000元以下的罚款;情节严重的,可处以2 000元以上1万元以下的罚款。

2. 纳税人、扣缴义务人编造虚假计税依据的,由税务机关责令限期改正,并处5万元以下罚款。

3. 纳税人不进行纳税申报,不缴或者少缴应纳税款的,由税务机关追缴其不缴或少缴的税款、滞纳金、并处不缴或少缴税款50%以上5倍以下的罚款。

【实例演示】

某税务所2006年7月15日在实施税务检查中发现,辖区内某企业自2006年5月10日办理工商营业执照以来,一直没有办理税务登记证,也没有申报纳税。根据检查情况,该企业应纳未纳税款1 500元,该税务所于7月18日作出如下处理决定:(1)责令该企业7月20日前申报办理纳税登记并处以500元罚款;(2)补缴税款、加收滞纳金,并处1 500元的罚款。

本处理决定是正确的。因为:

(1) 根据《税收征管法》第60条的有关规定,未按照规定期限申报办理税务登记、变更或者注销税务登记的,由税务机关责令限期改正,可处以2 000元以下的罚款;情节严重的,处2 000元以上1万元以下的罚款。

(2) 根据《税收征管法》第64条的规定,纳税人不进行纳税申报,不缴或者少缴应纳税款的,由税务机关追缴其不缴或者少缴的税款、滞纳金,并处不缴或者少缴的税款50%以上5倍以下的罚款。

(3)《税收征管法》第74条规定,罚款数额在2 000元以下的行政处罚,可以由税务所决定。本案中对多个违法行为进行了处罚,并且每个行为的罚款数额都在2 000元以下,是符合法律规定的。

(七) 逃避、拒绝、阻挠税务检查应承担的税收行政法律责任

纳税人、扣缴义务人逃避、拒绝或者以其他方式阻挠税务机关检查的,由税务机关责令改正,可以处1万元以下的罚款;情节严重的,处1万元以上5万元以下的罚款。

(八) 逃避追缴欠税应承担的税收行政法律责任

纳税人欠缴应纳税款，采取转移或者隐匿财产的手段，妨碍税务机关追缴欠缴的税款的，由税务机关追缴欠缴的税款、滞纳金，并处欠缴税款50%以上5倍以下的罚款。

(九) 偷税应承担的税收行政法律责任

纳税人伪造、变造、隐匿、擅自销毁账簿、记账凭证，或者在账簿上多列支出或者不列、少列收入，或者经税务机关通知申报而拒不申报或者进行虚假的纳税申报，不缴或者少缴应纳税款的，是偷税。纳税人偷税的，由税务机关追缴其不缴或者少缴的税款、滞纳金，并处不缴或者少缴的税款50%以上5倍以下的罚款。

【实例演示】

某县地税局于2006年6月对某旅行社2005年度纳税情况依法实施了税务检查。经查，该旅行社2005年通过采取收入不入账、伪造记账凭证等方式少缴营业税等共计15万元，占其全年应纳税额的25%。

(1) 该旅行社的行为属偷税行为。《税收征管法》第63条规定，纳税人伪造、变造、隐匿、擅自销毁账簿和记账凭证，或者在账簿上多列支出、不列、少列收入，或者经税务机关通知申报而拒不申报或者进行虚假的纳税申报，不缴或者少缴应纳税款的，是偷税。

(2) 对偷税行为，税务机关首先应追缴旅行社所偷税款、按规定加收滞纳金，并依照《税收征管法》的处罚规定处以所偷税款50%以上5倍以下的罚款。

(3) 由于本案给出了偷税数额和该数额占全年应纳税总额的比例，涉及是否构成犯罪的问题，我们将在本章第二节讨论偷税的刑事责任问题。如果这里构成犯罪的话，罚金数额的起点应提高到1万元；如果已经进行行政罚款，应该从判处的刑事处罚中的罚金数额当中扣除。

(十) 骗取出口退税应承担的税收行政法律责任

以假报出口或者其他欺骗手段，骗取国家出口退税款，由税务机关追缴其骗取的退税款，并处骗取税款1倍以上5倍以下的罚款。对骗取国家出口退税款的，税务机关可以在规定期间内停止为其办理出口退税。

(十一) 抗税应承担的税收行政法律责任

以暴力、威胁方法拒不缴纳税款的是抗税。抗税情节轻微，未构成犯罪的，由税务机关追缴其拒缴的税款、滞纳金,并处拒缴税款1倍以上5倍以下的罚款。

(十二)未缴纳税款、解缴代扣代缴、代收代缴税款应负的税收行政法律责任

1. 纳税人、扣缴义务人在规定期限内不缴或者少缴应纳或者应解缴的税款,经税务机关责令限期缴纳,逾期仍未缴纳的,税务机关除采取强制执行措施追缴其不缴或者少缴的税款外,可以处不缴或者少缴的税款50%以上5倍以下的罚款。

2. 扣缴义务人应扣未扣、应收而不收税款的,由税务机关向纳税人追缴税款,对扣缴义务人处应扣未扣、应收未收税款50%以上3倍以下的罚款。但是,扣缴义务人已经将纳税人拒绝代扣、代收的情况及时报告税务机关的除外。

【实例演示】

刘某是某企业的员工,2006年6月份该企业在代扣代缴个人所得税时,遭到刘某的拒绝,因此,该企业没有扣缴刘某的税款,并且未将刘某拒绝扣税款的情况向税务机关报告。在2006年8月个人所得税专项检查中,税务机关发现了上述情况,于是税务机关决定向该企业追缴应扣未扣的税款100元,并处罚款100元。

税务机关向该企业追缴应扣未扣的税款的处理决定是不合法的,罚款100元是合法的。《税收征管法》第69条规定,扣缴义务人应扣未扣、应收而不收税款的,由税务机关向纳税人追缴税款,对扣缴义务人处以应扣未扣税款50%以上3倍以下的罚款。因此,税务机关应向刘某追缴税款。

二、税务机关及其税务人员的税收行政法律责任

税务机关及其税务人员违反税法的,可以依照有关法律规定对税务机关工作人员给予行政处分,行政处分的形式包括警告、记过、记大过、降级、撤职、开除等。其具体规定如下:

1. 税务机关违反规定擅自改变税收征收管理范围和税款入库预算级次的,责令限期改正,对直接负责的主管人员和其他直接责任人员依法给予降级或者撤职的行政处分。

2. 税务机关违反法律、行政法规的规定提前征收、延缓征收或者摊派税款的,由其上级机关责令改正,对直接负责的主管人员和其他直接责任人员依法给予行政处分。

3. 税务机关违反法律、行政法规的规定，擅自作出税收的开征、停征或者减税、免税、退税、补税以及其他同税收法律、行政法规相抵触的决定的，除依照税法规定撤销其作出的决定外，补征应征未征的税款，退还不应征收而征收的税款，并由上级机关追究直接负责的主管人员和其他直接责任人员的行政责任。

4. 税务机关、税务人员扣押、查封纳税人个人及其所扶养的家属维持生活所必需的住房和用品的，责令退回，并给予行政处分。

5. 税务人员私分所扣押、查封的商品、货物或者其他财产，尚不构成犯罪的，依法给予行政处分。

6. 税务人员与纳税人、扣缴义务人勾结，唆使或者协助纳税人、扣缴义务人实施偷税或者采取偷税性手段致使所欠税款无法追缴以及骗取国家出口退税的行为，未构成犯罪的，给予行政处分。

7. 税务人员利用职务上的便利，收受或者索取纳税人、扣缴义务人财物或者牟取其他不正当利益，尚不构成犯罪的，依法给予行政处分。

8. 税务人员徇私舞弊或者玩忽职守，不征收或者少征收应征税款，致使国家税收遭受重大损失，尚不构成犯罪的，依法给予行政处分。

9. 税务人员滥用职权，故意刁难纳税人、扣缴义务人的，调离税收工作岗位，并依法给予行政处分。税务人员利用职务之便，故意刁难印制、使用发票的单位和个人，或者有违反发票管理法规行为的，依照国家有关规定给予行政处分。

10. 税务人员对控告、检举税收违法违纪行为的纳税人、扣缴义务人以及其他检举人进行打击报复，尚不构成犯罪的，依法给予行政处分。

11. 未按照法律规定为纳税人、扣缴义务人、检举人保密的，对直接负责的主管人员和其他直接责任人员，由所在单位或者有关单位依法给予行政处分。

12. 税务人员在征收税款或者查处税收违法案件时，未按照征管法的规定进行回避的，对直接负责的主管人员和其他直接责任人员，依法给予行政处分。

13. 未经税务机关依法委托征收税款的，责令退还收取的财物，依法给予行政处分或者行政处罚。

三、其他主体违反税法的税收行政法律责任

（一）税务代理人的税收行政法律责任

税务代理人违反税收法律、行政法规，造成纳税人未缴或者少缴税款的，除由纳税人缴纳或者补缴应纳税款、滞纳金外，对税务代理人处纳税人未缴或者少缴税款50%

以上3倍以下的罚款。

(二)为纳税主体的违法行为提供便利者的税收行政法律责任

1. 纳税人、扣缴义务人的开户银行或者其他金融机构拒绝接受税务机关依法检查纳税人、扣缴义务人存款账户,或者拒绝执行税务机关作出的冻结存款或者扣缴税款的决定,或者在接到税务机关的书面通知后帮助纳税人、扣缴义务人转移存款,造成税款流失的,由税务机关处10万元以上50万元以下的罚款,对直接负责的主管人员和其他直接责任人员处1 000元以上1万元以下的罚款。

2. 为纳税人、扣缴义务人非法提供银行账户、发票、证明或者其他方便,导致未缴、少缴税款或者骗取国家出口退税款的,税务机关除没收其非法所得外,并可以处以未缴、少缴或者骗取的税款1倍以下的罚款。

第三节 税收刑事法律责任

税收刑事责任,是指行为人实施了严重的税收违法行为,触犯了刑法,国家司法机关对触犯刑法的行为人所追究的法律责任。我国1997年修订的《中华人民共和国刑法》(下称《刑法》)在第二编第三章第六节专设"危害税收征管罪"一节,共计12条;在《刑法》其他章节也有涉及税收犯罪,如税收渎职犯罪等。此外,《税收征管法》和《发票管理办法》也对税收违法者的刑事制裁作了明确规定。我国有关税收犯罪的刑事责任分为主刑和附加刑两类,其形式从人身罚到财产罚,从拘役、有期徒刑到死刑。对于纳税主体而言,自然人犯罪可并处人身罚与财产罚,对于单位犯罪,可处财产罚;对于征税主体而言,原则上可以处以财产罚,如罚金;对于税务机关工作人员,则与其他职务犯罪一样,承担刑事法律责任。本节内容将根据涉税犯罪的种类对税收刑事法律责任作一一介绍。

一、危害税款征收犯罪及刑事责任

(一)逃避缴纳税款罪及刑事责任

逃避缴纳税款罪是指纳税人采取欺骗、隐瞒手段进行虚假纳税申报或者不申报,逃避缴纳税款数额较大并且占应纳税额10%以上的行为，以及扣缴义务人采取欺骗、隐瞒手段，不缴或者少缴已扣、已收税款，数额较大的行为。

纳税人逃避缴纳税款数额较大并且占应纳税额10%以上的，处3年以下有期徒刑或者拘役，并处罚金；数额巨大并且占应纳税额30%以上的，处3年以上7年以下有期徒刑，并处罚金。扣缴义务人采取欺骗、隐瞒手段，不缴或者少缴已扣、已收税款，数额较大的，依照前述规定处罚。

对多次犯有逃避缴纳税款违法行为，未经处理的，按照累计数额计算。判处罚金的，在执行前，应当先由税务机关追缴税款。

纳税人逃避缴纳税款，经税务机关依法下达追缴通知后，补缴应纳税款，缴纳滞纳金，已受行政处罚的，不予追究刑事责任；但是，五年内因逃避缴纳税款受过刑事处罚或者被税务机关给予二次以上行政处罚的除外。

单位犯逃避缴纳税款罪的，对单位判处罚金，并对其直接负责的主管人员和其他责任人员，依照上述逃避缴纳税款罪的刑罚规定予以处罚。

【拓展阅读】

在《刑法修正案(七)》出台以前，“逃避缴纳税款罪”被称为“偷税罪”①。此次修正体现出了立法者在理念上的巨大变化。从通常意义上讲，“偷”是指将属于别人的财产据为己有，而税收是纳税人为其享受的公共产品和服务而支付的对价，应缴纳的税款原本属于纳税人的合法财产，纳税人未缴纳税款只是没有依法履行纳税义务，这种行为不能等同于平常概念中的盗窃行为。

这一罪名的改变体现了我国由以国家为主体的财政到公共财政的转变。

我国计划经济时期所建立的财政体制是以国家权力为依托、以国家为主体的财政，国家在财政收入的取得上具有绝对的主导性。正是在这种观念指导下，税收往往被视为国家的应有财产，任何无法使国家取得税收的行为都构成对国家财产权的侵害。“偷税”正是这种观念的应有之义。

---

① 《刑法》原第201条对“偷税罪”的规定：纳税人采取伪造、变造、隐匿、擅自销毁账簿、记账凭证，在账簿上多列支出或者不列、少列收入，经税务机关通知申报而拒不申报或者进行虚假的纳税申报的手段，不缴或者少缴应纳税款，偷税数额占应纳税额的百分之十以上不满百分之三十并且偷税数额在一万元以上不满十万元的，或者因偷税被税务机关给予二次行政处罚又偷税的，处三年以下有期徒刑或者拘役，并处偷税数额一倍以上五倍以下罚金；偷税数额占应纳税额的百分之三十以上并且偷税数额在十万元以上的，处三年以上七年以下有期徒刑，并处偷税数额一倍以上五倍以下罚金。

扣缴义务人采取前款所列手段，不缴或者少缴已扣、已收税款，数额占应缴税额的百分之十以上并且数额在一万元以上的，依照前款的规定处罚。

对多次犯有前两款行为，未经处理的，按照累计数额计算。

随着我国市场经济的建立和发展,财政体制由以国家为主体的财政向公共财政转变,税收观念也有着显著的改变。在这种体制下,税收法律关系是国家与纳税人之间建立的公法上的债权债务关系,纳税人不缴纳税款的行为是一种类似于违反合同义务的行为,在法律意义上不构成对国家财产权的侵害。所以,"逃避缴纳税款"的概念更加符合"纳税义务"的本质特征,体现了我国公共财政体制的基本理念。

(二) 逃避追缴欠税罪及刑事责任

逃避追缴欠税罪是指纳税人欠缴应纳税款,采取转移或者隐匿财产的手段,致使税务机关无法追缴欠缴的税款且数额较大的行为。纳税人犯逃避追缴欠税罪,除由税务机关追缴税款外,数额在1万元以上10万元以下的,处3年以下有期徒刑或者拘役,并处欠缴税款1倍以上5倍以下的罚金;欠税数额在10万元以上的,处3年以上7年以下有期徒刑,并处欠缴税款1倍以上5倍以下的罚金。

企业、事业单位犯逃避追缴欠税罪的,判处罚金,并对负有直接责任的主管人员和其他直接责任人员按照上述规定处罚。执行罚金前,应当先由税务机关追缴税款。

(三) 抗税罪及刑事责任

抗税罪是指以暴力、威胁方法拒不缴纳税款的行为。纳税人犯抗税罪,除由税务机关追缴其拒缴的税款外,处3年以下有期徒刑或者拘役,并处拒缴税款1倍以上5倍以下的罚金;情节严重的,处3年以上7年以下有期徒刑,并处拒缴税款1倍以上5倍以下罚金。

在抗税罪的认定中,实施抗税行为具有下列情形之一的,属于刑法规定的"情节严重":(1)聚众抗税的首要分子;(2)抗税数额在10万元以上的;(3)多次抗税的;(4)故意伤害致人轻伤的;(5)具有其他严重情节。

同时需要注意,实施抗税行为致人重伤、死亡,构成故意伤害罪、故意杀人罪的,分别依照故意伤害罪、故意杀人罪的规定定罪处罚。与纳税人或者扣缴义务人共同实施抗税行为的,以抗税罪的共犯依法处罚。

(四) 骗税罪及刑事责任

骗税罪是指采取假报出口或者其他欺骗手段,骗取国家出口退税款数额较大的行为。纳税人犯骗取出口退税罪的,除由税务机关追缴其所骗取的出口退税款以外,处5年以下有期徒刑或者拘役,并处骗取税款1倍以上5倍以下的罚金;骗取国家出口退税款数额巨大或者有其他严重情节的,处5年以上10年以下有期徒刑,并处骗取税款1

倍以上5倍以下的罚金;数额特别巨大或者有其他特别严重情节的,处10年以上有期徒刑或者无期徒刑,并处骗取税款1倍以上5倍以下罚金或者没收财产。单位犯骗取出口退税罪的,对单位判处1倍以上5倍以下的罚金,并对其直接负责的主管人员和其他直接责任人员依照上述规定处罚。

【案件聚焦】

2000年8月,国务院成立打击骗取出口退税领导小组,在全国范围开展了规模空前的打击骗取出口退税专项斗争。在粤东地区实施重点检查期间,办案人员发现河北葆祥公司大量接受粤东地区虚开的增值税专用发票,国务院打骗领导小组、国家税务总局、公安部立即决定成立专案组,调查此案,并将其列为重点督办案件。

葆祥公司是国内知名企业,是当时全国唯一一家以企业领导个人名字命名的大型国有企业,是河北省大型支柱性外贸企业,所谓的创汇大户,每年为省里、为国家大量"创汇",1999年曾达到3.2亿美元。葆祥公司法人代表、总经理张葆祥是全国有突出贡献的中青年科学家、教授级高级工程师、全国劳模、河北省第八届政协常委,是省管正厅级企业干部。

由于案情重大,专案组对葆祥公司1996年至2000年所有退税资料逐一进行了审核,河北省公安厅、国税局专门组织了数十人,花费大量时间清理、核查了增值税发票15 000余组,最后请全国24个省、自治区、直辖市的公安、国税部门共同协查此案。经过16个月全力攻坚,终于查清葆祥公司及其下属公司骗取出口退税的犯罪事实。

退税的关键是取得"两单两票",即海关报关单、外汇核销单、增值税专用发票、税收专用缴款书,这是国家规定企业获得出口退税的必要条件。葆祥公司作案手段的"高明"之处就在于,它没有货物出口,也不伪造单证,却凑齐了退税所需手续。

据查,潮汕地区当时有一大批虚假企业和中间人,专门从事倒卖"两单两票"的勾当。这些企业无厂房、无设备、无生产人员、无生产能力,有的注册地是一块荒地,有的是民宅,有的甚至"开"在了厕所,其全部"业务"就是开票。税收专用缴款书也是他们使用欺骗手段搞到的。获得这两票,葆祥公司只要与这些企业签订"供货"协议,提供盖好章的空白外销合同、装箱单等票证,再出点钱就行了。

取得海关报关单则需要葆祥公司多做些配合。有两种办法:一种叫"空箱闯关",不法分子钻海关对出口货物抽检的空子,以葆祥公司的名义,大量用空箱出关,骗得报关单;另一种是"借货出口",葆祥公司将一些无出口经营权企业的货物借自己名义出口,拿到报关单。专案组赴中国香港查实,所谓与葆祥公司有贸易往来的33家外商公司多是葆祥公司编造的,根本没有购进过葆祥公司的货物。最复杂的是外汇,张葆祥要在每次交易之前先与虚假企业或中间人商定一个兑换比率,待上述单证到手后,葆祥公司按比率计算出相应的人民币数量,作为“货款”汇给潮汕“供货企业”。潮汕企业把钱打到地下钱庄,从黑市上换到外汇,通过其他渠道转到中国香港,再由中国香港汇到葆祥公司账户上,便产生了外汇核销单。

这样,葆祥公司凑齐了“两单两票”,到石家庄国税局申报退税。具体操作这些勾当的是葆祥公司下属的葆祥广东进出口有限公司,专案组查明,葆祥广东公司1995年成立以后的主要活动就是骗税。

由于潮汕地区骗税问题日渐暴露,1998年起,各地国税局对购自潮汕等地区的出口货物加强了退税单证审核。这不仅加大了葆祥公司的作案风险,而且延长了其资金周转时间。于是葆祥公司转而采取了假借委托加工贸易骗税的手段。

后来经提起公诉后,法庭审理查明,在张葆祥的授意下,葆祥公司利用其下属的河北冀驰裘革皮制品有限公司(以下简称“冀驰公司”),委托潮汕企业虚假购买原材料、虚假加工,由葆祥广东公司收集这些企业虚开的购买原材料及加工费增值税发票,作为冀驰公司的进项发票进行申报抵扣,然后由冀驰公司虚开给葆祥公司增值税发票,造成货物销售给葆祥公司的假象,由葆祥公司再假借一般贸易的形式出口。税收专用缴款书由冀驰公司提供,海关报关单和外汇核销单仍由潮汕企业提供。

葆祥公司之所以加了一道手续,改由设在河北的冀驰公司取得增值税发票和税收缴款书,目的是避开对潮汕退税票证的严查,等于“洗”了一次票,降低了作案风险。同时,冀驰公司在取得税收缴款书时,向其所在地交了少量税款,为自己的犯罪活动打掩护。

2000年底,公安、国税部门冻结葆祥公司所有银行账户时,发现这个所谓河北头号外贸企业的账上只剩了130多万元,尚有3.4亿元银行贷款不能按期偿还。

2003年7月24日,河北省高级人民法院对葆祥公司骗取出口退税案作出二审判决。法院认定,葆祥公司共骗取出口退税1.93亿元,判处罚金4.8亿元;其法人代表张葆祥被判处无期徒刑,剥夺政治权利终身。

二、危害发票管理犯罪及刑事责任

(一)虚开增值税专用发票、虚开用于骗取出口退税和抵扣税款的其他发票罪及刑事责任

虚开增值税专用发票、虚开用于骗取出口退税和抵扣税款的其他发票罪是指虚开

增值税专用发票或者虚开用于骗取出口退税、抵扣税款的其他发票的行为，简称虚开专用发票罪。虚开上述发票，是指为他人虚开、为自己虚开、让他人为自己虚开、介绍他人虚开上述发票之一的行为。

纳税人犯该罪，处3年以下有期徒刑或者拘役，并处2万元以上20万元以下的罚金；虚开的税款数额较大或者情节严重的，处3年以上10年以下有期徒刑，并处5万元以上50万元以下的罚金；虚开的税款数额巨大或者有其他特别严重情节的，处10年以上有期徒刑或者无期徒刑，并处5万元以上50万元以下的罚金或者没收财产。

单位犯该罪的，对单位判处罚金，并对其直接负责的主管人员和其他直接责任人员，处3年以下有期徒刑或者拘役；虚开的税款数额较大或者有其他严重情节的，处3年以上10年以下有期徒刑；虚开的税款数额巨大或者有其他特别严重情节的，处10年以上有期徒刑或无期徒刑。

在对虚开增值税专用发票、虚开用于骗取出口退税和抵扣税款的其他发票罪的认定过程中还有以下问题需要注意：

1. 依有关司法解释，虚开税款数额10万元以上的，属于“虚开的税款数额较大”；具有下列情形之一的，属于“有其他严重情节”：(1)因虚开增值税专用发票致使国家税款被骗取5万元以上的；(2)具有其他严重情节的。

2. 依有关司法解释的规定、虚开税款数额50万元以上的，属于虚开的税款数额巨大；具有下列情形之一的，属于“有其他特别严重情节”：(1)虚开增值税专用发票致使国家税款被骗取30万元以上的；(2)虚开税款数额接近巨大并有其他严重情节的；(3)具有其他特别严重情节的。

3. 依有关司法解释的规定，利用虚开的增值税专用发票实际抵扣税款或者骗取出口退税100万元以上的属于“骗取国家税款数额特别巨大”；造成国家税款损失50万元以上并且在侦查终结前仍无法追回的，属于“给国家利益造成特别重大损失”。利用虚开的增值税专用发票骗取国家税款数额特别巨大、给国家利益造成特别重大损失，为“情节特别严重”的基本内容。

另外，根据《中华人民共和国刑法修正案(八)》，虚开上述专用发票以外的其他发票，情节严重的构成虚开其他发票罪。犯该罪的，处2年以下有期徒刑、拘役或者管制，并处罚金；情节特别严重的，处2年以上7年以下有期徒刑，并处罚金。单位犯该罪的，对单位判处罚金，并对直接负责的主管人员和其他直接责任人员，依照前述规定处罚。

(二) 伪造、出售伪造的增值税专用发票罪及刑事责任

伪造、出售伪造的增值税专用发票罪，指仿照国家增值税专用发票的式样，使用各

种方法非法制造假增值税专用发票冒充真增值税发票或者出售伪造的假增值税专用发票的行为。

犯伪造、出售伪造的增值税专用发票罪的,处3年以下有期徒刑、拘役或者管制,并处2万元以上20万元以下罚金。

情节严重的,处3年以上10年以下有期徒刑,并处5万元以上50万元以下罚金。所谓情节严重,是指伪造或出售伪造的增值税专用发票的数额较大或者具有其他严重情节。根据以往的司法实践,伪造或者出售伪造的增值税专用发票100份以上或者票面额累计50万元以上的,属于数额较大。具有下列情形之一的,属于有其他严重情节:(1)违法所得数额在1万元以上的;(2)伪造并出售伪造的增值税专用发票60份以上或者票面额累计30万元以上的;(3)造成严重后果或者具有其他严重情节的。

情节特别严重的,处10年以上有期徒刑或者无期徒刑,并处5万元以上50万元以下罚金或没收财产。所谓情节特别严重,可分为伪造、出售的数量巨大与具有其他特别严重情节两种情况。根据以往的司法实践,伪造或者出售伪造的增值税专用发票500份以上或者票面额累计250万元以上的,属于数量巨大。具有下列情形之一的,属于"有其他特别严重情节":(1)违法所得数额在5万元以上的;(2)伪造并出售伪造的增值税专用发票300份以上或者票面额累计200万元以上的;(3)伪造或者出售伪造的增值税专用发票接近数量巨大并有其他严重情节的;(4)造成特别严重后果或者具有其他特别严重情节的。

对于数量或面额的计算,根据以往的有关司法实践,如果伪造并出售同一宗增值税专用发票的,数量或者票面额不重复计算。如果伪造并出售的不属于同一宗增值税专用发票的,则应累计计算。

单位犯该罪的,对单位判处罚金,并对其直接负责的主管人员和其他直接责任人员,处3年以下有期徒刑、拘役或者管制;数量较大或者有其他严重情节的,处3年以上10年以下有期徒刑;数量巨大或者有其他特别严重情节的,处10年以上有期徒刑或者无期徒刑。

(三) 非法出售增值税专用发票罪及刑事责任

非法出售增值税专用发票罪,是指违反国家有关发票管理法规,故意非法出售增值税专用发票的行为。

犯非法出售增值税专用发票罪的,处3年以下有期徒刑、拘役或者管制,并处2万元以上20万元以下罚金。数量较大的,处3年以上10年以下有期徒刑,并处5万元以上50万元以下罚金。依有关司法解释规定,出售增值税专用发票100份以上或者票面额累计 50 万元以上的，属于“数量较大”。具有下列情形之一的，属于“有其他严重情节”：(1)违法所得数额在 1 万元以上的；(2)出售增值税专用发票 60 份以上或者票面额累计 30 万元以上的；(3)造成严重后果或者具有其他严重情节的。数量巨大的，处 10 年以上有期徒刑或者无期徒刑，并处 5 万元以上 50 万元以下罚金或者没收财产。依有关司法解释的规定，出售增值税专用发票 500 份以上或者票面额累计 250 万元以上的，属于“数量巨大”。具有下列情形之一的，属于“有其他特别严重情节”：(1)违法所得数额在 5 万元以上的；(2)出售增值税专用发票 300 份以上或者票面额累计 200 万元以上的；(3)出售增值税专用发票接近“数量巨大”并有其他严重情节的；(4)造成特别严重后果或者具有其他特别严重情节的。

(四) 非法购买增值税专用发票或者购买伪造的增值税专用发票罪及刑事责任

非法购买增值税专用发票或者购买伪造的增值税专用发票罪，是指违反国家对增值税专用发票的管理规定，非法购买增值税专用发票或者购买伪造的增值税专用发票的行为。

犯非法购买增值税专用发票或者购买伪造的增值税专用发票罪的，处 5 年以下有期徒刑或者拘役或者管制，并处或者单处 2 万元以上 20 万元以下罚金。非法购买增值税专用发票或者购买伪造的增值税专用发票又虚开或者出售的，分别按照虚开增值税专用发票罪、非法出售增值税专用发票罪、出售伪造的增值税专用发票罪量刑处罚。

(五) 非法制造、出售非法制造的用于骗取出口退税、抵扣税款发票罪

非法制造、出售非法制造的用于骗取出口退税、抵扣税款发票罪，是指违反国家发票管理制度，伪造、擅自制造或者出售伪造、擅自制造的可以用于骗取出口退税、抵扣税款的其他发票的行为。

犯本罪的，处 3 年以下有期徒刑、拘役或者管制，并处 2 万元以上 20 万元以下罚金；数量巨大的，处 3 年以上 7 年以下有期徒刑，并处 5 万元以上 50 万元以下罚金；数额特别巨大的，处 7 年以上有期徒刑，并处 5 万元以上 50 万元以下罚金或者没收财产。

单位犯本罪的，对单位判处罚金，并对其直接负责的主管人员和其他责任人员按照上述规定处罚。

(六) 非法制造、出售非法制造的其他发票罪

非法制造、出售非法制造的其他发票罪，是指违反国家发票管理法规，伪造、擅自制造或者出售伪造、擅自制造的用于骗取出口退税、抵扣税款的发票以外的其他发票

的行为。

犯本罪的,处2年以下有期徒刑、拘役或者管制,并处或者单处1万元以上5万元以下罚金;情节严重的,处2年以上7年以下有期徒刑,并处5万元以上50万元以下罚金。

单位犯本罪的,对单位判处罚金,并对其直接负责的主管人员和其他直接责任人员,按照上述规定处罚。

(七)非法出售用于骗取出口退税、抵扣税款发票罪

非法出售用于骗取出口退税、抵扣税款发票罪,是指违反国家发票管理法规,非法出售除增值税专用发票以外的可以用于骗取出口退税、抵扣税款的其他发票的行为。行为人所出售的必须是真实发票,如果出售伪造、擅自制造的可以用于骗取出口退税、抵扣税款的发票,则构成出售非法制造的用于骗取出口退税、抵扣税款的发票罪。

根据刑法的规定,犯本罪的,处3年以下有期徒刑、拘役或者管制,并处2万元以上20万元以下罚金;数量巨大的,处3年以上7年以下有期徒刑,并处5万元以上50万元以下罚金;数量特别巨大的,处7年以上有期徒刑,并处5万元以上50万元以下罚金或者没收财产。

单位犯本罪的,对单位判处罚金,并对其直接负责的主管人员和其他直接责任人员,依照上述规定处罚。

(八)非法出售其他发票罪

非法出售其他发票罪,是指违反国家发票管理法规,非法出售除增值税专用发票和可以用于骗取出口退税、抵扣税款的发票以外的其他发票的行为。行为人所出售的必须是真实发票,如果出售伪造、擅自制造的其他发票,则构成出售非法制造的发票罪。

根据刑法的规定,犯本罪的,处2年以下有期徒刑、拘役或者管制,并处或者单处1万元以上5万元以下罚金;情节严重的,处2年以上7年以下有期徒刑,并处5万元以上50万元以下罚金。

单位犯本罪的,对单位判处罚金,并对其直接负责的主管人员和直接责任人员,依照上述规定处罚。

三、税务执法人员职务犯罪及刑事责任

(一)税务人员唆使、协助纳税人、扣缴义务人犯罪的刑事责任

税务人员与纳税人、扣缴义务人勾结,唆使或者协助纳税人、扣缴义务人有《税收

征管法》第63条、第65条、第66条规定的行为，构成犯罪的，依法追究刑事责任，应按照《刑法》关于共同犯罪的规定对税务人员予以刑事处罚。

（二）税务人员收受、索取纳税人、扣缴义务人财物行为的刑事责任

税务人员利用职务上的便利，收受或者索取纳税人、扣缴义务人的财物或者谋取其他不正当利益，构成犯罪的，按照受贿罪追究刑事责任。

（三）税务人员徇私舞弊或者玩忽职守的刑事责任

如果税务人员徇私舞弊或者玩忽职守，构成犯罪的，按照渎职罪追究刑事责任。《刑法》第404条规定，税务机关的工作人员徇私舞弊，不征或者少征应征税款，致使国家税款遭受重大损失的，处5年以下有期徒刑或者拘役；造成特别重大损失的，处5年以上有期徒刑。根据《刑法》第405条第1款的规定，税务机关的工作人员违反法律、行政法规的规定，在办理发售发票、抵扣税款、出口退税工作中，徇私舞弊，致使国家利益遭受重大损失的，处5年以下有期徒刑或者拘役；致使国家利益遭受特别重大损失的，处5年以上有期徒刑。

【案件聚焦】

曹旭光受贿、徇私舞弊不征少征税款案

被告人曹旭光，男，49岁，汉族，大学文化，原上海市浦东新区税务稽查大队四队稽查员。

曹旭光一案由上海市浦东新区检察院自行发现，经立案侦查查明：1997年10月7日，上海市浦东新区税务稽查大队四中队稽查员曹旭光、吴滨根据单位安排对群众举报反映上海和力建材有限公司（以下简称和力公司）偷逃税问题进行突击稽查，查获内销进口建材不入账计35.6万余元的四本自制收据。据此，曹于同月28日制作了浦税（97）字第4-23号签报，作出了补交税款、滞纳金及罚款共计23.7万元的处理，至同年11月21日上述税款收缴入库完毕。同月26日，浦东新区税务案件侦查室又将该室收到的和力公司偷逃税的举报材料移送至稽查大队，因曹谎称对和力公司处理未结束致使该材料直接落入曹手中。曹旭光在查阅该举报材料时，发现和力公司经理刘某某在中国银行浦东分行的存放账外销售款的存折及有关单据复印件，意识到和力公司偷逃税问题十分严重。对此情况，曹既不向领导汇报，又不进行查处，而于当晚私自打电话

与和力公司会计金某某联系,以举报材料中反映的问题相要挟,向其索要20万元人民币,并许诺满足曹的要求后对举报材料反映的问题不予查处,同时约定次日在某大酒店面谈。该公司经理刘某某同意花钱平息此事。次日晚,曹旭光携带举报材料与其个人的上海顺天物资公司雇员王照明到该大酒店与和力公司总经理助理杨某某见面,出示举报材料给杨看,声称该材料举报和力公司不入账的销售款有五六百万元人民币,补税加罚款要有一二百万元。之后,曹即向该公司会计金某某索要20万元人民币,称给其朋友做生意用。曹又指使王照明与和力公司会计金某某商定,由王虚开一张金额为16.34万余元的销售发票给和力公司,由和力公司支付相应金额的支票给王。达成上述交易后,曹旭光又通知和力公司总经理助理杨某某等到税务稽查大队作笔录,曹在对杨等作笔录时故意回避举报材料中的内容,只重复了签报中的内容。事后,曹旭光将笔录装入原签报案卷,将新移送来的举报材料藏匿,并向领导谎称由税侦室移送来的材料无新内容,仍按原签报处理,掩盖了其不征税款的事实。同年12月曹旭光将和力公司开具的16.34万元转账支票打入其个人的顺天物资公司在银行的账户中,之后又借与他人收取了借款利息。由于曹旭光按事前与和力公司的约定,隐藏了该公司偷逃国税的举报材料,对该公司偷逃国税的行为不予查处,致使不征应征税款人民币37余万元。

浦东新区人民检察院认为,犯罪嫌疑人曹旭光在担任税务稽查员期间,利用职务便利,在查处上海和力建材有限公司偷逃国税的过程中,向该公司索要贿赂并对该公司偷逃国税的行为不予查处,致使国家税收遭受重大损失,其行为分别构成受贿罪和徇私舞弊不征、少征税款罪,于1998年9月4日向浦东新区人民法院提起公诉。

浦东新区人民法院对本案进行了公开审理。于1998年10月11日对被告人曹旭光分别以受贿罪判处有期徒刑11年,并处没收财产人民币1.4万元;以徇私舞弊不征税款罪判处有期徒刑3年6个月。决定执行有期徒刑14年,并处没收财产人民币1.4万元。赃款予以没收。

被告人曹旭光不服一审判决,提出上诉。上海市中级人民法院维持原一审判决。

(四)税务人员滥用职权应承担的刑事责任

如果税务人员滥用职权构成犯罪的,依照《刑法》第397条的规定也应承担刑事责任。即国家机关工作人员滥用职权,致使公共财产、国家和人民利益遭受重大损失的,处3年以下有期徒刑或者拘役;情节特别严重的,处3年以上7年以下有期徒刑。

(五)税务人员打击报复行为的刑事责任

税务人员对控告、检举税收违法违纪行为的纳税人、扣缴义务人以及其他检举人进行打击报复的,构成犯罪的,依法追究刑事责任。

【本章小结】

本章内容参照我国现行有关税收法律规定,结合实务当中的具体案例,对税收法律责任从行政法律责任、刑事法律责任两个方面进行了全面概要地介绍,使税收法律责任整体框架得以呈现,成为整个税法体系的一个重要组成部分。在两种税收法律责任表现形式当中,又根据违法行为的发生状况,从不同角度对行政法律责任和刑事法律责任进行了介绍,使读者能够更好地把握两种税收法律责任形式的不同作用,有重点地进行本章的学习。

思考题

1. 比较税收行政、刑事两种法律责任形式的异同。
2. 比较逃避缴纳税款罪与抗税罪的异同。
3. 纳税人违反税款征收的行为有哪些？如何处罚？
4. 本章介绍的曹旭光受贿、徇私舞弊不征少征税款案对你有何启示？

第十五章　税务救济法律制度

【学习目的】

通过本章的学习，了解并掌握税务行政复议和税务行政诉讼的基本程序，对提起税务行政复议和税务行政诉讼的条件及其受案范围有较为明确的区分和理解。结合上述两大制度的基础上，深入理解税务行政赔偿的基本原理。

在租税国家，整个国家体制的运转都是依赖纳税人的付出得以维持的。在这种情况下，保护纳税人权利尤其是积极救助纳税人权利，不仅是租税国家应尽的义务，也是租税国家正常及稳健运行的基础。税务行政争议是引起税务救济的前提和基础，是研究税务救济的逻辑起点。税务救济是国家通过解决税务行政争议，制止和纠正违法或不当的税务行政行为，从而使税务行政相对人的合法权益获得补救的法律制度。

第一节　税务行政复议

一、税务行政复议概述

税务行政复议是指纳税人、扣缴义务人等税务行政相对人对税务机关及其工作人员的具体行政行为不服，依法向上一级税务机关提出申诉，请求上一级税务机关予以纠正；上一级税务机关根据纳税人的申请，对引起争议的下一级机关的具体行政行为进行审议，并依法作出维持、变更、撤销原具体行政行为或者责令下级税务机关纠正、限期履行或者重新作出具体行政行为等裁决的行政司法活动。税务行政复议是我国行政复议制度中的一个重要组成部分。在征税过程中，经常会遇到纳税主体对税务机关在适用税法、核定税价、确定税率、计算税额等方面有异议,或者对税务机关处理违章行为时的处理决定和处罚措施不服的情况。为了保障纳税主体的合法权益,防止和纠正违法或者不当的情况出现,税法特别规定了税务行政复议制度。这样可以使上一级税务机关对于下级税务机关所作的决定的正确性、合法性进行审查。有错误的,可以及时得到纠正,正确的予以维持,有效地使上级税务机关对下级税务机关的工作进行检查监督,从而使国家和纳税主体的合法权利都得到保护。

(一)税务行政复议的受案范围

1. 税务机关作出的征税行为,包括确认纳税主体、征税对象、征税范围、减税、免税、退税、抵扣税款、适用税率、计税依据、纳税环节、纳税期限、纳税地点和税款征收方式等具体行政行为,征收税款、加收滞纳金,扣缴义务人、受税务机关委托的单位和个人作出的代扣代缴、代收代缴、代征行为等。

2. 税务机关作出的行政许可、行政审批行为。

3. 税务机关作出的发票管理行为,包括发售、收缴、代开发票等。

4. 税务机关作出的税收保全措施、强制执行措施。

5. 税务机关作出的行政处罚行为:(1)罚款;(2)没收财物和违法所得;(3)停止出口退税权。

6. 税务机关不依法履行下列职责的行为:(1)颁发税务登记;(2)开具、出具完税凭证、外出经营活动税收管理证明;(3)行政赔偿;(4)行政奖励;(5)其他不依法履行职责的行为。

7. 税务机关作出的资格认定行为。

8. 税务机关不依法确认纳税担保行为。

9. 政府信息公开工作中税务机关的具体行政行为。

10. 税务机关作出的纳税信用等级评定行为。

11. 税务机关作出的通知出入境管理机关阻止出境行为。

12. 税务机关作出的其他具体行政行为。

纳税人和其他税务当事人认为税务机关的具体行政行为所依据的下列规定不合法,在对具体行政行为申请行政复议时,可以一并向复议机关提出对该规定的审查申请:(1)国家税务总局和国务院其他部门的规定;(2)其他各级税务机关的规定;(3)地方各级人民政府的规定;(4)地方人民政府工作部门的规定。

申请人对具体行政行为提出行政复议时不知道该具体行政行为所依据的规定的,可以在行政复议机关作出作政复议决定以前提出对该规定的审查申请。

需要注意的是,上述规定不含国务院各部、委员会和地方人民政府制定的规章,以及国家税务总局制定的具有规章效力的规范性文件。

(二) 税务行政复议管辖

税务行政复议管辖,是指税务行政复议机关在受理税务行政复议案件上的权限和分工。根据我国相关法律的规定,税务行政复议的管辖有以下几种情况:

1. 对各级国家税务局的具体行政行为不服的,向其上一级国家税务局申请行政复议。

2. 对各级地方税务局的具体行政行为不服的,可以选择向其上一级地方税务局或者该税务局的本级人民政府申请行政复议。

省、自治区、直辖市人民代表大会及其常务委员会、人民政府对地方税务局的行政复议管辖另有规定的,从其规定。

3. 对国家税务总局的具体行政行为不服的,向国家税务总局申请行政复议。对行政复议决定不服,申请人可以向人民法院提起行政诉讼,也可以向国务院申请裁决。国务院的裁决为最终裁决。

4. 对下列税务机关的具体行政行为不服的,按照下列规定申请行政复议:

(1) 对计划单列市税务局的具体行政行为不服的,向省税务局申请行政复议。

(2) 对税务所(分局)、各级税务局的稽查局的具体行政行为不服的,向其所属税务局申请行政复议。

(3) 对两个以上税务机关共同作出的具体行政行为不服的,向共同上一级税务机关申请行政复议;对税务机关与其他行政机关共同作出的具体行政行为不服的,向其共同上一级行政机关申请行政复议。

(4) 对被撤销的税务机关在撤销以前所作出的具体行政行为不服的,向继续行使其职权的税务机关的上一级税务机关申请行政复议。

(5) 对税务机关作出逾期不缴纳罚款加处罚款的决定不服的,向作出行政处罚决定的税务机关申请行政复议。但是对已处罚款和加处罚款都不服的,一并向作出行政处罚决定的税务机关的上一级税务机关申请行政复议。

有上述(2)、(3)、(4)、(5)项所列情形之一的,申请人也可以向具体行政行为发生地的县级地方人民政府提交行政复议申请,由接受申请的县级地方人民政府依法转送。

二、税务行政复议的申请

税务行政复议申请是指纳税人、扣缴义务人或者其他当事人认为税务机关和税务机关工作人员的具体行政行为侵犯了其合法权益，依法请求上一级税务机关对具体行政行为进行审查并作出决定的活动。

（一）税务行政复议的申请人

税务行政复议的申请人包括公民、法人、其他组织、外国人、无国籍人、外国组织。具体来讲包括纳税人、扣缴义务人、纳税担保人和其他税务当事人。

合伙企业申请行政复议的，应当以工商行政管理机关核准登记的企业为申请人，由执行合伙事务的合伙人代表该企业参加行政复议；其他合伙组织申请行政复议的，由合伙人共同申请行政复议。不具备法人资格的其他组织申请行政复议的，由该组织的主要负责人代表该组织参加行政复议；没有主要负责人的，由共同推选的其他成员代表该组织参加行政复议。股份制企业的股东大会、股东代表大会、董事会认为税务具体行政行为侵犯企业合法权益的，可以以企业的名义申请行政复议。

有权申请复议的公民死亡的，其近亲属可以申请复议；有权申请复议的公民为无行为能力人或限制行为能力的，其法定代理人可代为复议；有权申请复议的法人或者其他组织发生合并、分立或终止的，承受其权利的法人或者其他组织可以申请复议；与申请行政复议的具体行政行为有利害关系的其他公民、法人或者其他组织，可以作为第三人参加行政复议；虽非具体行政行为的相对人，但其权利直接被该具体行政行为所剥夺、限制或者被赋予义务的第三人，在行政管理相对人没有申请行政复议时，可以单独申请行政复议。

（二）申请税务行政复议的条件

1. 属于法律规定的行政复议范围。

2. 在法定申请期限内提出。

3. 有明确的申请人和符合规定的被申请人。

4. 申请人与具体行政行为有利害关系。

5. 有具体的行政复议请求和理由。

6. 法律规定申请行政复议前须先缴清税款、滞纳金、罚款或者提供担保的，已按照税务机关决定的期限缴清了税款、滞纳金、罚款或者提供了担保。

7. 属于收到行政复议申请的行政复议机关的职责范围。

8. 其他行政复议机关尚未受理同一行政复议申请，人民法院尚未受理同一主体就同一事实提起的行政诉讼。

申请人可以在知道税务机关作出具体行政行为之日起60 日内提出行政复议申

请;因不可抗力或者被申请人设置障碍等其他正当理由耽误法定申请期限的,申请期限的计算应当扣除被耽误时间。

三、税务行政复议的审查

税务行政复议原则上采用书面审查的方法,但是申请人提出要求或者法制工作机构认为有必要时,应当听取申请人、被申请人和第三人的意见,并可以向有关组织和人员调查了解情况。税务行政复议机关受案后先进行形式审查后进行实质审查。

1. 形式审查

即看申请人的申请是否符合法定条件。主要包括:是否符合法定的受案范围;是否是法定的申请人;有无明确的被申请人;是否属于本复议机关管辖;是否符合法定申请期限;是否已向其他法定复议机关申请复议,且已受理;是否已向人民法院提起行政诉讼,且已受理;是否就纳税发生争议按规定缴清税款、滞纳金,或提供担保。复议机关经过形式审查,以上这些都必须符合法律规定,才能受理。

2. 实质审查

复议机关对于受理的复议,应当自受理复议之日起 7 日内将复议申请书副本或者行政复议申请笔录复印件发送被申请人。被申请人应当自收到申请书副本或者申请笔录复印件之日起10 日内提出书面答复,并提交当初作出具体行政行为的证据、依据和其他。

四、税务行政复议决定

复议机关受理申请后,应在60 日内作出复议决定。情况复杂,不能在规定期限内作出行政复议决定的,经行政复议机关负责人批准,可以适当延期,并告知申请人和被申请人;但延期不得超过30 日。根据具体情况,可以作出以下复议决定:

1. 具体行政行为认定事实清楚,证据确凿,适用依据正确,程序合法,内容适当的,决定维持。

2. 被申请人不履行税收法律、法规和规章规定的职责的,决定其在一定期限内履行。

3. 税收具体行政行为有下列情况之一的,决定撤销、变更或确认该具体行政行为违法;决定撤销或确认该具体行政行为违法的,可以责令被申请人在一定期限内重新做出具体行政行为:(1)主要事实不清,证据不足的;(2)适用依据错误的;(3)违反法定程序的;(4)超越或滥用职权的;(5)具体行政行为明显不当的。

4. 被申请人不按照规定提出书面答复,提交当初作出具体行政行为的证据、依据和其他有关材料的,视为该具体行政行为没有证据、依据,决定撤销该具体行政行为。

五、税务行政复议决定的执行

申请人对复议决定不服的,可以在收到复议决定之日起 15 日内,或者法律、法规规定的其他期限内向人民法院起诉。对申请人逾期不起诉又不履行复议决定的,或者不履行最终裁决的行政复议决定的,分别情况予以处理:

1. 维持原具体行政行为的复议决定,由最初做出具体行政行为的行政机关申请人民法院强制执行,或者依法强制执行。

2. 改变原具体行政行为的复议决定,由复议机关申请人民法院强制执行或者依法强制执行。

【前沿趋势】

根据《税收征管法》、《税务行政复议规则》的相关规定,税务行政复议中有两个"前置"程序:

一是税务行政复议中纳税义务前置,即纳税人、扣缴义务人、纳税担保人等税务行政相对人(以下简称"申请人")同税务机关在纳税上发生争议时,必须先依照纳税决定缴纳或者解缴税款及滞纳金或者提供相应的担保,然后可以依法申请行政复议。

二是解决纳税争议时行政复议前置,即申请人与税务机关在纳税上发生争议的,在按照上述规定缴纳或者解缴税款及滞纳金或者提供相应的担保以后,必须先向行政复议机关申请行政复议;对行政复议决定不服的,才可以向人民法院提起行政诉讼。

根据以上规定,如果纳税人等税务行政相对人无能力支付全部有争议的税款及滞纳金,或无力提供税务机关认可的担保,申请延期又未得到批准的,缴纳期限一过,税务行政相对人将无法再申请税务行政复议,同时也彻底丧失了寻求税务行政诉讼救济的权利。这种规定过分强调国家征税权力的神圣不可侵犯,加大了纳税人寻求救济的成本,忽视了纳税人的申请救济权,与税务救济制度侧重保护税务行政相对人的旨趣是不相符合的。这不仅不符合行政复议的便民原则,而且有可能因此剥夺纳税人申请法律救济的权利。

对于税务行政复议之前是否缴纳税款,各国虽然规定不同,但多数国家规定纳税人有权选择在申请复议之前或之后缴纳。如:日本和德国虽然规定纳税人不能推迟纳税,但这两个国家都没有将缴纳税款作为申请税务行政复议的前提条件,而是把选择权交给了纳税人,纳税人可以在缴纳税款后申请复议,也可以不缴纳税款直接申请复议,只是后者需要承担缴纳罚款或滞纳金的风险。而英国和美国等英美法系国家持更加宽容的态度。英国对于税务行政复议之前是否缴纳税款分两种情况:一种是对增值税的复议,复议之前,必须缴清有争议的税款;另一种是对所得税的复议,可以延期缴纳,直到提起行政诉讼时,才必须缴清税款。在美国,纳税人一旦向上诉部提起上诉,税款征收程序便立即停止,也就是说,在复议阶段,纳税人不必缴纳有争议的税款,甚至在诉讼阶段,如果请求税务法院而非地区法院和索赔法院裁决,仍可以不缴纳有争议税款。这比我国严格的纳税义务前置规定要宽松得多。我国应该对日本、美国等发达国家的做法加以吸收,修改纳税义务前置的规定,赋予纳税人对争议税款是否缴纳的选择权,从而解决我国税务行政复议纳税义务前置不合理的问题。

第二节　税务行政诉讼

一、税务行政诉讼概述

税务行政诉讼是指公民、法人、其他组织、外国人、无国籍人和其他外国组织认为税务机关的具体行政行为违法或不当,侵犯其合法权益时,依照行政诉讼法和其他法律、法规的规定向人民法院提起诉讼,由人民法院进行审理,并对税务机关的具体行政行为的合法性和适当性作出裁决的一种诉讼活动。

(一)税务行政诉讼的受案范围

我国行政诉讼法规定了人民法院受理公民、法人和其他组织对下列具体行政行为不服提起的诉讼:

1. 对拘留、罚款、吊销许可证和执照、责令停产停业、没收财物等行政处罚不服的。
2. 对限制人身自由或者对财产的查封、扣押、冻结等行政强制措施不服的。
3. 认为行政机关侵犯法律规定的经营自主权的。
4. 认为符合法定条件申请行政机关颁发许可证和执照,行政机关拒绝颁发或者不予答复的。

5. 申请行政机关履行保护人身权、财产权的法定职责,行政机关拒绝履行或者不予答复的。

6. 认为行政机关没有依法发给抚恤金的。

7. 认为行政机关违法要求履行义务的。

8. 认为行政机关侵犯其他人身权、财产权的。

除以上规定外,人民法院还受理法律、法规规定可以提起诉讼的其他税务行政案件。

(二) 税务行政诉讼的提起

根据《税收征管法》的规定,税务行政诉讼的提起可以分为两种情况:

1. 纳税人、扣缴义务人、纳税担保人与税务机关发生争议的,应首先在具体行政行为发生60日内向上一级税务行政机关申请复议。对复议决定不服的,可以在接到复议决定之日起15日内向人民法院起诉。简言之,对于行政争议应当先复议后起诉。

2. 当事人对税务机关的处罚决定、强制执行措施或者税收保全措施不服时,既可以申请复议,也可以在15日内直接向人民法院起诉。

(三) 税务行政诉讼参加人

税务行政诉讼的参加人,是指与具体行政行为有利害关系,在整个或部分诉讼过程中参加行政诉讼活动的人。根据《中华人民共和国行政诉讼法》的规定,行政诉讼的参加人包括四种:原告、被告、第三人和诉讼代理人。

税务行政诉讼当事人是因具体行政行为发生争议,以自己的名义进行诉讼,并受人民法院裁判拘束的主体。在第一审程序中他们被称为原告、被告;在第二审程序中称为上诉人和被上诉人;在执行程序中称为申请执行人和被申请执行人。称谓的不同,表明他们在不同的诉讼阶段享有不同的权利并承担不同的义务。

第三人是指因与被提起税务行政诉讼的具体行政行为有利害关系,通过申请或法院通知的形式,参加到诉讼中来的其他公民、法人或者其他组织。

诉讼代理人是以当事人的名义,在代理权限内代理当事人进行诉讼活动的人。

(四) 税务行政诉讼起诉条件

税务行政诉讼的起诉必须具备下列条件:

1. 原告是认为具体行政行为侵犯其合法权益的公民、法人或者其他组织。

2. 有明确的被告,即原告起诉需明确指出实施具体行政行为的行政机关,法律、法规授权的组织的名称,即税务机关的名称。

3. 有具体的诉讼请求和事实根据。诉讼请求是指当事人通过人民法院对被告提起的,并希望获得人民法院司法保护的实体权利要求;事实根据是原告向法院起诉所依据的事实和根据。

4. 属于人民法院受案范围和受诉人民法院管辖。

5. 对下列具体行政行为不服的,应当在法定期间内经上一级税务机关复议,然后在法定起诉期内向人民法院起诉:

(1) 税务机关作出的征税行为,包括确认纳税主体、征税对象、征税范围、减税、免税及退税、适用税率、计税依据、纳税环节、纳税期限、纳税地点以及税款征收方式等具体行政行为和征收税款、加收滞纳金及扣缴义务人、受税务机关委托征收的单位作出的代扣代缴、代收代缴行为。

(2) 税务机关不予依法办理或者答复的行为:

① 不予审批减免税或者出口退税。

② 不予抵扣税款。

③ 不予退还税款。

二、税务行政诉讼的受理及审理

1. 受理

人民法院在接到起诉后应进行审查,并在7日内决定是否立案。审查的结果有两种:一为7日内裁定不予受理,对此裁决不服,当事人可以上诉;一为7日内立案受理,立案后就进入审理阶段。

2. 审理

在开庭审理期间,通常不停止执行税务具体行政行为。

人民法院审理税务行政案件,不适用调解,这点与民事案件的审理不同。

法庭审理采取合议庭制度、回避制度。这与民诉、刑诉基本相同,此处不再赘述。

三、税务行政诉讼的判决

人民法院经过审理,根据不同情况,分别作出以下判决:

1. 具体行政行为证据确凿,适用法律、法规正确,符合法定程序的,维持原判。

2. 具体行政行为有下列情形之一的，判决撤销或者部分撤销，并可以判决被告重新作出具体行政行为：(1)主要证据不足的；(2)适用法律、法规错误的；(3)违反法定程序的；(4)超越职权的；(5)滥用职权的。

3. 被告不履行或者拖延履行法定职责的，判定其在一定期限内履行。

4. 行政处罚显失公平的，可以变更判决。

5. 原告在起诉状中提出的被告不作为不成立，或者是被诉的具体行政行为不合理但合法，或因法律法规的改变需要变更或者废止的，可以驳回原告的诉讼请求。

6. 被诉具体行政行为合法，但不适宜判决维持或驳回诉讼请求的，可以确认判决。

四、税务行政诉讼的上诉

当事人不服人民法院第一审判决的，有权在判决书送达之日起15日内向上一级人民法院提起上诉。当事人不服人民法院第一审裁定的，有权在裁定书送达之日起10日内向上一级人民法院提起上诉。逾期不提起上诉的，人民法院的第一审判决或者裁定发生法律效力。

上诉案件的审理，可以开庭审理；事实清楚的，也可以书面审理。

人民法院审理上诉案件，按照下列情形，分别处理：(1)原判决认定事实清楚，适用法律、法规正确的，判决驳回上诉，维持原判；(2)原判决认定事实清楚，但适用法律、法规错误的，依法改判；(3)原判决认定事实不清，证据不足，或者由于违反法定程序可能影响案件正确判决的，裁定撤销原判。发回原审人民法院重审，但也可以查清事实后改判。当事人对重审案件的判决、裁定，可以上诉。

第三节　税务行政赔偿

一、税务行政赔偿概述

（一）税务行政赔偿的概念

税务行政赔偿是指税务机关及其工作人员违法行使职权，侵犯公民、法人或其他组织合法权益造成损害的,由国家承担赔偿责任,由致害的税务机关代表国家具体履行赔偿义务的一种救济性法律责任。①

(二) 税务行政赔偿的归责原则

税务行政赔偿的归责原则是指国家在何种情况下,对税务机关及其工作人员行使职权造成的损害要承担赔偿责任。税务机关及其工作人员行使职权侵犯公民、法人或者其他组织的合法权益造成损害后,国家在许多情况下要负赔偿责任,但有些情况不负赔偿责任,归责原则所要解决的是赔偿还是不赔偿。

我国税务行政赔偿实行违法责任原则,即税务机关及其工作人员违法行使职权侵犯了公民、法人或其他组织合法权益造成损害的,国家负赔偿责任,而不问行使职权的工作人员在主观上是否有过错。

税务行政赔偿的归责原则确定了追究责任的依据,但仅有归责原则还无法判断行为是否构成侵权,还必须明确赔偿责任的构成要件。

(三) 税务行政赔偿的构成要件

税务行政赔偿的构成要件是指国家因税务机关及其工作人员违法行使职权侵犯公民、法人或者其他组织合法权益造成损害所要承担赔偿责任的必要条件。根据前述税务行政赔偿的概念,税务行政赔偿责任的构成要件如下:

1. 税务机关及其工作人员违法行使职权。这是引起税务行政赔偿责任的原因,是判断税务机关及其工作人员职权行为是否构成侵权的前提条件。违法行使职权包括两层含义:(1)税务机关及其工作人员侵害纳税人和其他税务当事人合法权益的行为发生在履行税收征收管理职责的过程中;(2)该行为违反法律、法规、规章的规定。

2. 存在损害事实。税务行政赔偿的另一构成要件,就是税务行政违法行为造成了一定的损害事实。如果仅有税务行政违法行为固然要承担法律责任,但不足以导致税务行政赔偿。税务行政赔偿的构成还必须存在损害事实,有损害才会有赔偿。但是,作为一种国家赔偿责任,税务行政赔偿的目的并不是对所有的因税务行政违法行为而引起的任何形式的损害都负赔偿责任。因此,这里的"损害"具有特定的性质和范围。表现在:(1)损害必须是已经发生的,确实存在的现实损害。对于将来的损害,如果这种损害是必然的,不可避免的,也应视为已经发生的现实损害。对于将来可能发生的不确定的损害,不视为现实损害。(2)损害的对象只能是受法律所保护的权利或利益,

---

① 虽然各国国情不同使得人们对行政赔偿的认识不完全相同,但是各国对行政赔偿的基本含义还是大致相同的。参见张正钊、韩大元主编:《比较行政法》,中国人民大学出版社 1999 年版,第 819 页。

即合法权益。(3)损害必须是特定的损害,即特定的公民、法人或者其他组织所受到的损害。(4)国家只对物质性的损害负赔偿责任。

3. 税务机关及其工作人员违法行使职权与损害事实之间具有因果关系。税务机关和税务机关工作人员违法行使职权的行为与公民、法人和其他组织合法权益遭受损害之间存在因果关系是税务行政赔偿的必要条件。

二、税务行政赔偿的范围与方式

(一) 税务行政赔偿的范围

税务行政赔偿的范围是指能够产生税务行政赔偿的税务行政行为的范围,即国家对税务行政机关及其工作人员的哪些侵权行为承担税务行政赔偿责任。税务行政赔偿的范围包括国家应予赔偿的范围和不予赔偿的情形。国家应予赔偿的范围又包括侵犯人身权的范围和侵犯财产权的范围两个方面。

1. 侵犯人身权的赔偿范围

侵犯人身权的赔偿范围包括对人身自由权和生命健康权侵害两类。就税务行政赔偿范围而言,税务机关及其工作人员违法行使职权侵犯公民人身权造成损害,国家应予赔偿的情形有:(1)违法采取限制公民人身自由的行政强制性措施的行为。(2)非法拘禁或者以其他方法非法剥夺公民人身自由的行为。(3)以殴打等暴力行为或者唆使他人以殴打等暴力行为造成公民身体伤害的行为。(4)违法使用武器、警械造成公民身体伤害或死亡的行为。(5)造成公民身体伤害或死亡的其他违法行为。

2. 侵犯财产权的赔偿范围

税务机关及其工作人员违法行使职权侵犯公民、法人或其他组织财产权造成损害,国家应予赔偿的行为有:(1)违法征税行为。法律对征税的种类、幅度等作出了具体明确的规定,税务机关必须依法征税,造成纳税人损失的应予赔偿。(2)违法实施税务行政处罚的行为。(3)违法责令纳税人提供纳税担保的行为。(4)违法采取税收保全措施的行为。(5)违法采取税收强制执行措施或采取税收强制措施不当的行为。(6)税务机关应当作为而不作为,给管理相对人造成损害的行为,包括不予审批减免税或出口退税;不予抵扣税款;不予退还税款;不予颁发税务登记证、发售发票;不予开具完税凭证和出具票据;不予认定为增值税一般纳税人;不予核准延期申报、批准延期缴纳税款。(7)造成财产损害的其他违法行为。

3. 国家不予赔偿的情形

(1) 税务机关工作人员与行使职权无关的个人行为。(2)因公民、法人和其他组织自己的行为致使损害发生的。(3)法律规定的其他情形。

(二) 税务行政赔偿的方式

税务行政赔偿的方式指对税务行政侵权行为造成的损害采取何种形式予以赔偿。与民事赔偿不同,我国国家赔偿采用的是以金钱赔偿为主,以返还财产、恢复原状为辅的格局。

1. 金钱赔偿。金钱赔偿是以货币形式支付赔偿金的赔偿方式。这种赔偿方式省时省力,可以使受害人的赔偿请求迅速得到满足,便于税务机关正常开展工作。

2. 返还财产。比较常见于税务机关违法采取税收保全措施或强制执行措施。返还财产,是将纳税人、扣缴义务人或其他当事人已失去控制的财产重新置于其控制之下。

3. 恢复原状。是指对已经受到损害的财产进行恢复,使之恢复到受损害前的形状或性能。

三、税务行政赔偿的请求人与行政赔偿义务机关

税务行政赔偿法律关系中,存在两类主体:一类是作为权利主体的赔偿请求人;一类则是作为义务主体的行政赔偿义务机关。

(一) 税务行政赔偿请求人

税务行政赔偿请求人是指依法有权向赔偿义务机关提出税务行政赔偿请求的人。受到税务机关违法执法侵害的纳税人是税务行政赔偿请求人,可以自己的名义请求税务机关予以赔偿。这里的纳税人是指公民、法人和其他组织。如果被侵权人死亡,他的继承人和其他有抚养关系的亲属有权要求赔偿;被侵权人是无民事行为能力或限制行为能力人的,他的监护人有权请求赔偿;被侵权的法人和其他组织发生合并、分立或终止的,承受其权利的法人或其他组织有权请求赔偿。税务行政赔偿请求人是依法被确认合格的公民、法人或其他组织。①

① 关于"国家机关"能否成为行政赔偿请求人有否定说和肯定说。否定说认为如果承认作为国家具体体现的国家机关可以作为行政赔偿请求人,无异于国家自己向自己赔偿,理论上讲不通;肯定说认为国家机关与国家毕竟不同,各个国家机关在国家的共同利益之外还有自身特有利益。如在我国,有独立经费的国家机关,自成立之日起就具有法人资格。我国《国家赔偿法》规定,公民、法人和其他组织在受到行政机关及其工作人员侵害时,都有行政赔偿请求权。参见林准、马原:《国家赔偿问题研究》,人民法院出版社 1992 年版,第 226 页。

(二) 税务行政赔偿义务机关

税务行政赔偿义务机关是指代表国家处理税务行政赔偿请求、支付赔偿费用、参与赔偿复议和参加赔偿诉讼的机关。根据《中华人民共和国国家赔偿法》(下称《国家赔偿法》)第7条的规定,税务行政赔偿义务机关具体情形包括:

1. 单独的赔偿义务机关

税务机关及其工作人员行使职权侵犯了纳税人或其他税务当事人的合法权益造成损失的,该税务机关是赔偿义务机关。《税收征管法》规定的税务机关包括各级税务局、税务分局、税务所,就是说以谁的名义作出的决定,谁就是赔偿义务机关。这是确定赔偿义务机关的一般情形。

2. 共同赔偿义务机关

两个以上的税务机关或税务机关与其他行政机关共同行使职权时侵犯公民、法人或者其他组织的合法权益造成损害的,为共同赔偿义务机关。

3. 委托的税务机关

受税务机关委托行使税收征收管理权的单位,在委托职权范围内行使职权侵害了纳税人的合法权益,委托的税务机关是赔偿义务机关。

4. 行政机关被撤销时的赔偿义务机关

在税务行政赔偿中,赔偿义务机关被撤销的,继续行使其职权的税务机关为赔偿义务机关,没有继续行使其职权的机关的,撤销该赔偿义务机关的行政机关为赔偿义务机关。

5. 经复议造成侵权的赔偿义务机关

经过税务机关行政复议的,最初造成侵权行为的税务机关为赔偿义务机关,但复议机关的复议决定加重了当事人的损害的,该税务行政复议机关对加重部分履行赔偿义务。

四、税务行政赔偿的程序

税务行政赔偿的程序是指税务行政赔偿请求人提起赔偿请求,有关国家机关处理税务行政赔偿事务所应遵循的步骤、方式、方法的总称。在我国,税务行政赔偿程序包括税务行政赔偿请求人的请求程序与有关国家机关的处理程序。后者又包括税务行政赔偿先行处理程序、税务行政赔偿复议程序和税务行政赔偿诉讼程序。从广义上讲,税务行政赔偿的程序还包括税务行政追偿程序。

(一) 税务行政赔偿的请求程序

税务行政赔偿通常要以赔偿请求的提出为前提,赔偿请求的提出是税务行政赔偿程序的开始。根据《中华人民共和国行政诉讼法》、《中华人民共和国国家赔偿法》、《中华人民共和国行政复议法》的规定,税务行政赔偿请求人提出赔偿请求的方式有两种:一种是单独式,即单独就赔偿问题向赔偿义务机关提出请求;另一种是附带式,或称"一并式",即在申请税务行政复议或提起税务行政诉讼时一并提出赔偿请求。

税务行政赔偿请求权的提出,必须符合法定的期限,若超过法定期限,该税务行政赔偿请求权即自然消灭,受害人再提出赔偿请求即是无法律效力的,不能获得国家赔偿。我国《国家赔偿法》规定,请求人请求国家赔偿的时效为 2 年,自国家机关及其工作人员行使职权时的行为被确认违法之日起计算,但被羁押期间不计算在内。以附带方式提起赔偿请求,一般按申请复议或提起诉讼的法定期限确定附带请求赔偿的期限。

(二) 税务行政赔偿的处理程序①

税务行政赔偿的处理程序,是指税务机关处理税务行政赔偿案件时所遵循的程序。根据请求方式的不同,处理程序包括以下三种:

1. 税务行政赔偿先行处理程序

赔偿请求人单独要求税务机关行政赔偿,应当先向赔偿义务机关提出,由赔偿义务机关按行政程序先行予以处理。税务行政赔偿请求人对赔偿义务机关处理决定不服或赔偿义务机关逾期不予赔偿的,才可以申请复议或者提起诉讼。对未经先行程序处理而单独提起赔偿请求的,复议机关或者法院不予受理。税务行政赔偿义务机关逾期不予赔偿或者赔偿请求人对赔偿数额有异议的,请求人可以自期间届满之日起 3 个月内向人民法院提起税务行政赔偿诉讼。

2. 税务行政赔偿复议程序

申请人在申请行政复议时可以一并提出行政赔偿请求,行政复议机关对符合国家赔偿法的有关规定应当予以赔偿的,在决定撤销、变更具体行政行为或者确认具体行政行为违法时,应当同时决定被申请人依法予以赔偿。税务行政复议机关应当在收到复议申请书之日起 2 个月内作出复议决定,申请人对复议机关作出赔偿处理的复议决定不服,可以在收到决定书之日起 15 日内,向人民法院提起税务行政诉讼。如果税务行政复议机关逾期不复议的,申请人也可以向人民法院提起诉讼。

---

① 刘剑文主编:《财政税收法》,法律出版社 2003 年版,第 439 页。

3. 税务行政赔偿诉讼程序

税务行政赔偿诉讼程序是指人民法院审理税务行政赔偿案件所应遵循的程序。关于行政赔偿诉讼程序的性质，我国将其视为行政诉讼程序。但税务行政赔偿程序也有自己的特点。

(1) 税务行政赔偿诉讼的审理形式。《中华人民共和国行政诉讼法》第 67 条第 3 款规定:赔偿诉讼可以适用调解。这是行政赔偿诉讼与行政诉讼在审理方式上的区别。行政赔偿诉讼适用调解就是人民法院可以在当事人之间协商、调解，促使双方互相谅解，达成赔偿协议。

(2) 税务行政赔偿诉讼中举证责任的分配。行政诉讼中被告行政机关负举证责任。税务行政赔偿诉讼不完全采取“被告负举证责任”的原则。原告应当对被诉行政行为造成损害的事实提供证据，而被告有权提出不予赔偿或少赔偿的证据。

(3) 税务行政赔偿诉讼裁判的执行。我国对赔偿义务机关采取特殊的执行措施，即划拨、罚款、司法建议和追究刑事责任。

(三) 税务行政赔偿的追偿程序

广义的税务行政赔偿程序还包括税务行政赔偿后的追偿程序，即税务行政赔偿义务机关向受害人支付国家赔偿费用后，依法责令有故意或重大过失的工作人员或者受委托的组织或者个人承担部分或者全部费用的程序。享有追偿权的税务行政赔偿义务机关是追偿权人，在行使职权过程中有故意或重大过失的税务机关工作人员或受托的组织和个人是被追偿人。

税务行政赔偿的追偿与国家赔偿既有联系又有区别。国家赔偿表现的是国家与受害人之间的赔偿与受偿关系，即所谓外部关系；而追偿所表现的是税务赔偿义务与税务机关工作人员之间的偿还关系，即内部关系。设立行政追偿制度的实质就是在税务机关、税务机关工作人员、受害人三者之间寻找一个合理的平衡点，其目的是为了保护工作人员履行职务的积极性，同时又能对工作人员在履行职务时的故意或重大过失的违法行为采取一定的惩戒措施，以免放纵其违法侵权行为的反复出现。

【本章小结】

本章主要介绍了税务纠纷解决的主要途径，税务行政复议制度、税务行政诉讼制度和税务行政赔偿制度。税务行政复议制度主要介绍了税务行政复议的受案范围、管辖、申请、审查、决定和执行制度。税务行政诉讼制度主要介绍了税务行政诉讼的受案范围、提起、参加人、起诉条件、受理及审理、判决和执行制度。税务行政赔偿制度主要介绍了税务行政赔偿的归责原则、构成要件、范围及方式、请求人及赔偿义务机关和程序。

思考题

1. 简述税务行政复议的受案范围。
2. 简述税务行政诉讼的参加人。
3. 简述税务行政赔偿的构成要件。

参考文献

1. 刘剑文主编:《财政税收法》(第三版),法律出版社 2003 年版。
2. 刘剑文主编:《财税法学》,高等教育出版社 2004 年版。
3. 刘剑文主编:《税法学》,人民出版社 2002 年版。
4. 刘剑文:《税法专题研究》,北京大学出版社 2002 年版。
5. 刘剑文:《所得税法导论》,武汉大学出版社 1995 年版。
6. 刘剑文:《所得税法》,北京大学出版社 1999 年版。
7. 刘剑文主编:《税收征管法》,武汉大学出版社 2003 年版。
8. 张守文:《税法原理》,北京大学出版社 2004 年版。
9. 张守文主编:《财税法》,中国政法大学出版社 2005 年版。
10. 张守文:《税法通论》,北京大学出版社 2004 年版。
11. 徐孟洲主编:《税法学》,中国人民大学出版社 2005 年版。
12. 陈少英主编:《税法学教程》,北京大学出版社 2005 年版。
13. 陈少英:《公司涉税法论》,北京大学出版社 2005 年版。
14. 陈少英:《中国税法问题研究》,中国物价出版社 2000 年版。
15. 刘隆亨:《流转税法》,北京大学出版社 2002 年版。
16. 王元桢、何红编著:《增值税稽查实务》,中国税务出版社 2001 年版。
17. 汤贡亮主编:《税法》,经济科学出版社 2004 年版。
18. [美]哈维·S. 罗森:《财政学》,中国人民大学出版社 2000 年版。
19. [日]北野弘久:《税法学原论》(第四版),中国检察出版社 2001 年版。
20. 王曙光、马克和、蔡德发主编:《税法学》,东北财经大学出版社 2006 年版。
21. 刘少军主编:《税法学》,中国政法大学出版社 2002 年版。
22. 刘少军、庞淑萍主编:《税法案例教程》,知识产权出版社 2005 年版。
23. 严振生编著:《税法理论与实务》,中国政法大学出版社 1994 年版。
24. 王金兰主编:《新税法理论与实务》,中国法制出版社 1999 年版。
25. 刘亚天主编:《税法理论与实务》,中国政法大学出版社 2003 年版。
26. 高金平:《纳税疑难案例精编》,中国财政经济出版社 2003 年版。
27. 赵惠敏:《所得税课税理论创新与中国所得税课税优化设计》,中国财政经济出版社 2003 年版。

28. 肖汉奇、郑国生主编:《所得税实用教程》,中国法制出版社 1995 年版。
29. 熊英:《地方税收法律问题研究》,中国税务出版社 2001 年版。
30. 李进都编著:《房地产税收理论与实务》,中国税务出版社 2000 年版。
31. 饶立新、曾耀辉:《中国印花税与印花税票》,中国税务出版社 1999 年版。
32. 顾海裕编:《税务行政与法》,中国税务出版社 2000 年版。
33. 熊文钊主编:《税务行政法》,中国人事出版社 2000 年版。
34. 吴升文编著:《税务代理实务》,中国税务出版社 2001 年版。
35. 张正钊、韩大元主编:《比较行政法》,中国人民大学出版社 1999 年版。
36. 周林彬、王生林主编:《税务行政争讼》,中国检察出版社 1992 年版。
37. 林准、马原:《国家赔偿问题研究》,人民法院出版社 1992 年版。
38. 宋功德编著:《税务行政处罚》,武汉大学出版社 2002 年版。
39. 莫开勤:《危害税收征管犯罪的定罪与量刑》,人民法院出版社 2000 年版。
40. 周洪波主编:《税收犯罪疑难问题与司法对策》,吉林人民出版社 2001 年版。
41. 吴亚荣主编:《中国税收犯罪通论》,中国税务出版社 1994 年版。
42. 中国注册会计师协会编:《税法》,经济科学出版社 2007 年版。
43. 杨秀琴、钱晟编著:《中国税制教程》,中国人民大学出版社 1999 年版。

图书在版编目(CIP)数据

税法学/陈少英主编. —2版. —上海:格致出版社:上海人民出版社,2011.9
高等院校法学精品课教材
ISBN 978-7-5432-1997-7

Ⅰ. ①税… Ⅱ. ①陈… Ⅲ. ①税法-法的理论-中国-高等学校-教材 Ⅳ. ①D922.220.1

中国版本图书馆CIP数据核字(2011)第172227号

责任编辑 高 璇
美术编辑 路 静

高等院校法学精品课教材
税法学(第二版)
陈少英 主编

出 版 世纪出版集团 www.ewen.cc
格致出版社 www.hibooks.cn
上海人民出版社
(200001 上海福建中路193号24层)

编辑部热线 021-63914988
市场部热线 021-63914081

发 行 世纪出版集团发行中心
印 刷 上海商务联西印刷有限公司
开 本 787×1092毫米 1/16
印 张 23.75
插 页 1
字 数 429,000
版 次 2011年9月第1版
印 次 2012年5月第2次印刷
ISBN 978-7-5432-1997-7/D·48
定 价 38.00元